세계 민담 전집

세계
민담
전집

15

이스라엘 편

최창모 엮음

세계 민담 전집을 펴내면서

민담이란 한 민족이 수천 년 삶의 지혜를 온축하여 가꾸어 온 이야기들입니다. 그 민족 특유의 자연관, 인생관, 우주관, 사회 의식이 속속들이 배어 있는 민담은 진정 그 민족이 발전시켜 외부와 교통해 온 문화를 이해하는 골간입니다. 세계화 시대를 맞아 국경의 의미가 나날이 퇴색되고 많은 사람들이 인류 공통의 문제를 피부로 느끼는 지금, 한편으로는 국가와 민족 인종 간의 몰이해로 인한 충돌이 더욱 빈번해져 가고 있습니다. 서로의 문화를 진정으로 이해해야 할 필요성이 더욱 커진 오늘, 한 민족의 문화에서 민담이 갖는 중요성을 생각할 때, 우리나라에 아직 믿고 읽을 만한 민담 전집을 갖지 못했다는 것은 여러 모로 불행한 일이 아닐 수 없습니다.

지금까지 세계 여러 민족의 옛이야기들이 전혀 출판되지 않았던 것은 아니지만, 개별적으로 나와 망실되고 절판된 데다가 영어나 일본어 판에서 중역된 것이 대부분이었고, 그나마 아동용으로 축약 변형되어 온전한 모습으로 소개되지 못했습니다. 황금가지에서는 각 민족의 고유 문화를 이해하는 실마리가 될 민담을 올바르게 소개하고자 다음과 같은 원칙에 따라 편집을 진행하였습니다.

첫째, 근대 이후에 형성된 국가의 구분에 얽매이지 않고 더 본질적인 민족의 분포와 문화권을 고려하여 분류하였습니다. 국가적 동질성과 문화적 동질성이 반드시 일치하지는 않기 때문입니다.

둘째, 각 민족어 전공자가 직접 원어 텍스트를 읽은 후 이야기를 골라 번역했습니다. 영어 판이나 일본어 판을 거쳐 중역된 이야기는 영어권과 일본어권 독자들의 입맛에 맞도록 순화되는 과정에 해당 민족 고유의 사유를 손상시켰을 우려가 높습니다. 황금가지 판 『세계 민담 전집』은 해당 언어와 문화권을 잘 이해하고 있는 전공자들이 엮고 옮겨 각 민족에 가장 널리 사랑받는 이야기, 그들의 문화 유전자가 가장 생생하게 드러나는 이야기들을 가려 뽑도록 애썼습니다.

셋째, 기존에 알려져 있던 각 민족의 대표 민담들뿐 아니라 그동안 접하기 힘들었던 새로운 이야기들을 여럿 소개합니다. 또한 이미 들은 적이 있는 이야기일지라도 축약이나 왜곡이 심했던 경우에는 원형에 가까운 형태로 재소개했습니다.

황금가지 판 『세계 민담 전집』은 또한 작은 가방에도 들어가는 포켓판 형태로 제작되어 간편하게 들고 다니며 읽을 수 있게 하였습니다. 세계를 여행하면서 그 지역에 뿌리를 두고 자라난 이야기들을 읽고 확인하는 것도 이 전집을 읽는 또다른 즐거움이 될 것입니다.

세계 민담 전집 편집부

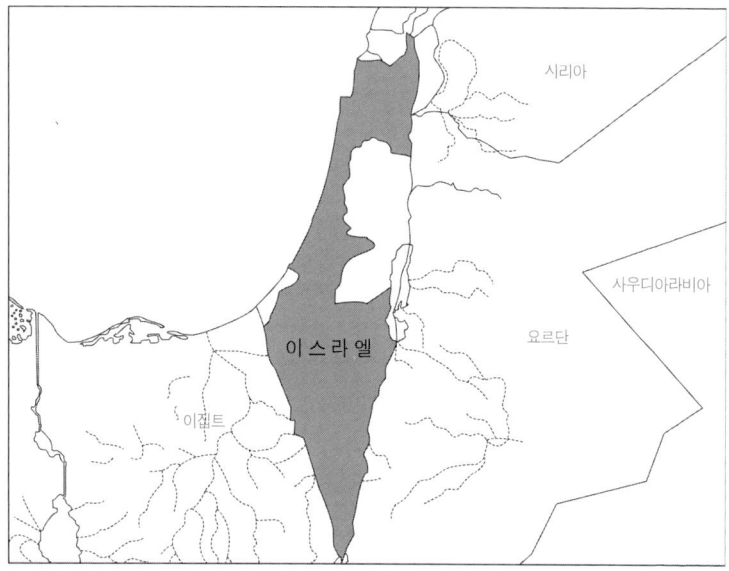

●──2,500여 년을 '영원한 방랑자'로 이집트와 바빌로니아, 페르시아와 인도, 그리스와 로마, 중세 유럽과 이슬람 세계 등 서양에서 동양으로, 다시 동양에서 서양으로 세계 곳곳에 흩어져 살던 유대인들은 생존을 위한 투쟁 속에서 민족·문화적인 정체성을 유지하며 자신만의 수많은 전설과 설화를 창조하였다. 이스라엘 민담은 선과 악, 빛과 어둠, 슬픔과 해학, 정직과 수치를 병치(竝置)시켜 삶의 자리에서 맞닥뜨린 운명과 역설을 조화롭게 풀어내고 있다. 그런 의미에서 민담은 한 민족에 대한 생생한 기록이자 생명력의 맥박이며, 가식 없는 민족의 초상화다.

차 례

황금가지 세계 민담 전집 이스라엘 편

제1부 창조 설화
  왜 히브리 성경은 알레프가 아니라 베트로 시작되는가 ●●● 15
  만물을 창조한 목적 ●●● 17
  사람과 세상 ●●● 21
  왜 아담 한 사람만인가? ●●● 23
  이상적인 사람 ●●● 25
  여자 ●●● 29
  대홍수의 세대 ●●● 33
  방주의 수용자들 ●●● 36
  거짓과 악 ●●● 40
  술 취함의 저주 ●●● 44
  바벨탑 ●●● 40

제2부 구약 성서의 주인공들 :
  아브라함, 욥, 모세, 다윗, 솔로몬까지
  참 신앙의 전도자 아브라함 ●●● 53
  모리아로 길을 떠나다 ●●● 58
  아케다 ●●● 64
  소돔과 고모라에 간 엘리제 ●●● 72
  욥과 족장들 ●●● 76
  모세의 탄생 ●●● 80
  모세의 지팡이 ●●● 85
  눈에는 눈, 이에는 이 ●●● 91
  발람의 나귀 ●●● 95

다윗과 골리앗의 대결 ●●● 98

다윗 왕의 죽음 ●●● 102

노인과 뱀과 솔로몬의 판단 ●●● 106

꾸어 온 달걀 ●●● 110

시바 여왕의 수수께끼 ●●● 114

솔로몬 왕의 성전 터 ●●● 121

솔로몬 왕과 신기한 벌레 ●●● 125

굶주림 ●●● 135

누구 책임인가? ●●● 140

돌로 변한 새들 ●●● 143

호기심 많은 아내 ●●● 146

빵 세 덩어리 ●●● 152

제3부 신실한 사람들과 유대 민족의 위인들

'망치' 유다 ●●● 161

유딧과 홀로페르네스 ●●● 170

랍비 탄훔이 사자들 속에 던져지다 ●●● 176

탄훔의 딸 미리암과 일곱 명의 어린 순교자들 ●●● 178

머리에 후광이 둘린 나단 ●●● 184

랍비 아키바 ●●● 191

낙관주의자 ●●● 198

자제력을 잃지 않은 슬픔 ●●● 200

하느님께서 왜 어리석은 자들에게는 지혜를 주지 않으셨는가 ●●● 202

두 개의 보석 ●●● 204

랍비 멘델의 비교 ●●● 208

마음의 경건 ●●● 209

엘리야와 함께 떠난 여행 ●●● 213

모든 것이 하느님의 뜻이다 ●●● 219

랍비 하나나 벤 도사 ●●● 226

시므온 벤 요하이 ●●● 232

여호수아 벤 레비와 죽음의 천사 ●●● 237

랍비 힐렐의 황금률 ●●● 241

세 남자와 율법 ●●● 242

성인과 회개한 자 ●●● 244

착한 아내의 가치 ●●● 248

랍비 사프라의 침묵 ●●● 251

고니 하메겔 ●●● 253

랍비 뢰는 어떻게 골렘을 만들었나 ●●● 259

신중한 랍비 ●●● 264

불가능한 요구 ●●● 268

랍비 솔로몬과 고드푸르아 ●●● 272

랍비 암람의 라인 여행 ●●● 275

랍비 마티티야의 선견지명 ●●● 278

파이블이 잃은 것과 얻은 것 ●●● 281

삶은 닭 ●●● 289

가장 좋은 의사 ●●● 294

아브라함 이븐 에즈라의 몸값 ●●● 300

구원의 목소리 ●●● 304

국고를 채우는 방법 ●●● 306

압바 움나의 자선 ●●● 308

제4부 신기한 이야기들

렙 쉬메를의 죄와 물의 정령 ●●● 313

수상한 길동무 ●●● 322

구두쇠의 개과천선 ●●● 328

하느님을 속일 수는 없다 ●●● 336

예루살렘 목수 아브라함과 나무 밑에 묻힌 돈 ●●● 339

아버지의 충고 ●●● 344

바시와 악마 ●●● 348

제5부 해학과 재담

좀 어처구니없는 사람들 ●●● 357

메시아께서 오시지 않는 이유 ●●● 363

랍비와 제자들 1 ●●● 367

랍비와 제자들 2 ●●● 372

지혜를 가진 사람들 ●●● 376

그럴싸한 대답 ●●● 381

거지와 도둑들 ●●● 384

구두쇠와 주정뱅이 ●●● 390

부자와 가난한 자 ●●● 398

현대의 소화 ●●● 400

웃음을 무기 삼아 ●●● 414

고난의 역사와 유대인의 해학 ●●● 416

결혼에 관한 우스개 이야기 ●●● 431

재치 있는 대응 ●●● 435

재담꾼 허셸 ●●● 439

바보 마을 체름의 유래 ●●● 447

체름의 현인들 ●●● 453

체름 사람들이 거래를 하다 ●●● 461

창조 시대 동물 유래담 ●●● 468

제6부 유대인의 지혜

꾀 밝은 여우 ●●● 475

동물들이 전해 주는 지혜 ●●● 485

섬세하신 하느님 ●●● 490

현명한 아들 ●●● 492

기적의 씨앗 ●●● 497

여인숙 관리인의 현명한 딸 ●●● 502

머리털이 수염보다 먼저 희게 되는 이유 ●●● 507

지나친 욕심쟁이 ●●● 511

지혜가 담긴 이야기들 ●●● 515

교훈을 주는 우화 ●●● 523

격언, 잠언, 금구들 ●●● 529

세상에서 가장 강한 것 ●●● 532

예루살렘이 왜 망했는가 ●●● 533

수수께끼 ●●● 535

해설 | 이스라엘 민담을 소개하며 ●●● 539

제 1 부

창 조 설 화

왜 히브리 성경은 알레프[א]가 아니라 베트[ב]로 시작되는가?

하느님이 말씀으로 세상을 창조하고자 하셨을 때, 알파벳의 스물두 글자는 하느님의 면류관에 화염 펜으로 새겨져 있었다. 글자들은 두렵도록 장엄한 면류관에서 내려와 하느님 주변에 둘러서서 차례차례 간청했다.

"저를 통해 세상을 창조하소서!"

그러나 하느님은 글자들의 간청을 모두 거절하셨다. 마지막으로 베트[beit]가 찬송 받으실 거룩한 하느님 앞으로 걸어 나와 청했다.

"오, 세상의 주인이시여, 세상에 사는 모든 사람이 '야훼여, 영원히 복되시도다. 아멘, 아멘.'이라는 말로 날마다 주를 찬양하도록 저를 통해 주님의 세상을 창조하소서."

하느님은 베트의 청을 기쁘게 받아들이셨고, 그리하여 '태초에[Breshit] 하느님이 천지를 창조하시니라.'라는 말씀과 같이 베트를 통해 세상을 창조하셨다.

스스로 삼가서 자기를 써 달라고 간청하지 않은 유일한 글자는

●──이스라엘 민담

겸손한 첫 글자 알레프^{Alef}였는데, 하느님은 나중에 그에게 십계명의 첫 자리를 주심으로써 그 겸손함에 상을 주셨다.

만물을 창조한 목적

하느님이 창조하신 것은 무엇이나 다 가치를 지닌다. 쓸모없고 해로워 보이는 동물이나 곤충들조차도 완수해야 할 사명을 갖고 있다. 습기를 따라 기어가느라 그 생명력을 다 소모시키는 달팽이는 부스럼을 치료하는 약으로 쓰인다. 장수말벌에 쏘인 상처에는 집파리를 으깨서 바르면 낫는다. 연약한 생물인 각다귀는 먹지도 않고 배설하지도 않지만 독사의 독에 특효약이고, 독사는 종기를 고치며, 도마뱀은 전갈에게 물린 상처의 해독제로 쓰인다.

모든 피조물은 사람을 섬기고 편안하게 하는 데 기여할 뿐만 아니라 하느님은 땅의 짐승들을 통해서 사람을 가르치고, 하늘의 새들을 통해서 인간을 지혜롭게 만드신다. 우리는 자기 배설물을 흙으로 덮는 고양이와 상대의 창고를 결코 건드리지 않는 개미들에게서 삶의 품위와 남의 재산을 존중하는 태도를 배울 수 있다.

여치에게도 배울 만한 점이 있다. 여치는 여름 내내 내장이 터질 때까지 노래를 부르다가 죽는다. 여치는 그것이 자신의 운명이라는

●──이스라엘 민담

것을 알지만 계속해서 노래를 부른다. 이렇게 사람은 무슨 일이 닥치더라도 하느님을 향한 자신의 의무를 다해야 한다. 또한 두 가지 점에서 사람은 황새를 본받아야 한다. 가족 생활의 순결을 열심히 지키고, 동료들에게 연민과 인정이 많은 점이다. 개구리도 사람의 선생이 될 수 있다. 물가에는 수중 생물만을 먹고 살아가는 동물들이 있다. 그들 중의 하나가 굶주리는 것을 보면, 개구리는 자발적으로 다가가서 자신을 스스로 먹이로 바침으로써 "네 원수가 굶주리거든 그에게 먹을 떡을 주고, 목마르거든 마실 물을 주라."는 말씀을 몸소 실천한다.

 피조물은 모두 하느님의 영광을 위하여 하느님에 의해 만들어졌고, 피조물마다 창조주를 찬미하는 나름대로의 노래가 있다. 하늘과 땅, 낙원과 지옥, 사람과 밭, 강과 바다는 하느님께 예를 올리는 나름대로의 방식이 있다. 땅은 "땅 끝에서부터 노래하는 소리가 우리에게 들리기를, 의로우신 이에게 영광을 돌리게 하도다."라고 찬송하고, 바다는 "수많은 물소리들, 바다의 세찬 파도들 위로 높은 곳에 계신 여호와는 강하시도다."라고 외친다.

 해와 달, 별, 구름과 바람, 번개와 이슬 등 천체와 자연력도 창조주 하느님을 찬양한다. 해는 "날아가는 주의 화살의 빛과 번쩍이는 주의 창의 광채로 말미암아 해와 달이 그 처소에 멈추었나이다."라고 말하고, 별들은 "오직 주는 여호와시라. 하늘과 하늘들의 하늘과 일월성신과 땅과 땅 위의 만물과 바다와 그 가운데 모든 것을 지으시고 다 보존하시오니 모든 천군이 주께 경배하나이다."느헤미야 9:6라고 노래한다.

 나아가 모든 식물도 찬양을 드린다. 과실수들은 "그때 숲의 모든 나무들이 여호와 앞에서 즐거이 노래하리니 그가 임하시되 땅을 심판하러 임하실 것임이라."시편 96:12-13라고 노래하고, 밭의 이삭들은 "초장은 양 떼로 옷 입었고 골짜기는 곡식으로 덮였으매 그들이 다 즐거이 외치고 또 노래하나이다."시편 65:13라고 노래한다.

  새들은 뛰어난 찬양 대원들이다. 그중에서도 단연 빼어난 것은 수탉이다. 하느님이 밤중에 낙원의 경건한 자들에게 가면 그곳의 모든 나무가 찬양을 드리고, 그들의 찬양 소리가 수탉을 깨우면 수탉은 하느님을 찬양하기 시작한다. 수탉은 일곱 번 우는데, 한 번 울 때마다 성경의 한 구절을 암송한다. 첫 번째 구절은 "문들아, 너희 머리를 들지어다. 영원한 문들아, 들릴지어다. 영광의 왕이 들어가시리로다. 영광의 왕이 누구시냐? 강하고 능한 여호와시요, 전쟁에 능한 여호와시로다."시편 24:7-8이고, 두 번째 구절은 "문들아, 너희 머리를 들지어다. 영원한 문들아, 들릴지어다. 영광의 왕이 들어가시리로다. 영광의 왕이 누구시냐? 만군의 여호와께서 곧 영광의 왕이시로다."시편 24:9-10이다. 세 번째 구절은 "너희 의인들아, 일어나라. 토라에 전념하라. 너희 상이 내세에서 많으리라."이고, 네 번째 구절은 "수여, 제가 수의 구원을 기다렸나이다."이다. 나섯 번쌔 구절은 "게으른 자여, 제가 어느 때까지 누워 있겠느냐?"잠언 6:9이고, 여섯 번째 구절은 "너는 잠자기를 좋아하지 말라. 네가 빈궁하게 될까 두려우니라. 네 눈을 뜨라. 그리하면 양식이 족하리라."잠언 20:13이다. 수탉이 노래하는 일곱 번째 구절은 "그들이 주의 법을 폐하였사오니 지금은 여호와께서 일하실 때니이다."시편 119:126이다.

  독수리의 노래는 이렇다.

  "내가 그들을 향하여 휘파람을 불어 그들을 모을 것은 내가 그들을 구속하였음이라. 그들이 전에 번성하던 것 같이 번성하리라."스가랴 10:8

●── 이스라엘 민담

이 새는 나중에 때가 이르면 메시아의 도래를 이 구절로 선포하게 될 것이다. 한 가지 다른 점이 있다면, 다른 때에는 다른 곳에 앉아서 이 노래를 부르겠지만, 메시아를 선포할 때에는 땅에 앉아서 이 노래를 부를 것이라는 점이다.

동물들도 새들 못지않게 하느님을 찬양한다. 육식동물들조차도 찬양을 드린다. 사자는 "여호와께서 용사같이 나가시며 전사같이 분발하여 외쳐 크게 부르시며 그 대적을 크게 치시리로다."[이사야 42:13] 라고 말한다. 여우는 다음과 같은 말로 정의를 권고한다.

"불의로 그 집을 세우며 부정하게 그 다락방을 지으며 자기의 이웃을 고용하고 그의 품삯을 주지 아니하는 자에게 화 있을진저."[예레미야 22:13]

말 못하는 물고기들도 그들의 주님을 어떻게 찬양해야 하는지 안다. 그들은 "여호와의 소리가 물 위에 있도다. 영광의 하느님이 우렛소리를 내시니 여호와는 많은 물 위에 계시도다."[시편 29:3]라고 노래하고, 개구리는 "주의 나라의 영광의 이름이 영원히 복되시리라." 라고 소리를 높인다.

멸시받는 기는 짐승들조차도 창조주께 찬양을 드린다. 쥐는 "주께서 내게 행하신 모든 일이 의롭습니다. 주는 올바르게 행하셨고 나는 악하게 행하였기 때문입니다."라고 하느님을 찬양하고, 고양이는 "호흡이 있는 자마다 여호와를 찬양하라. 너희는 여호와를 찬양하라."라고 노래한다.

사람과 세상

　사람은 피조물 중에서 가장 늦게 세상에 등장하였지만, 세상은 사람을 위하여 만들어졌다. 사람이 이렇게 맨 나중에 창조된 것은 하느님의 뜻이었다. 하느님은 만물을 사람을 위해 준비하셨다. 즉 하느님은 진수성찬을 마련해서 식탁을 차린 다음에 자신의 손님을 자리에 안내한 주인이었다. 이것은 사람에게 겸손하라는 권면이며, 교만하지 말라는 경고다.

　사람의 우월성은 다른 피조물들과는 판이하게 다른 창조 방식 자체에서 분명하게 드러난다. 사람은 하느님의 손으로 창조된 유일한 존재다. 나머지 피조물들은 하느님의 말씀으로 창조되었다. 사람의 몸은 세상의 축소 모형인 소우주이고, 세상은 사람의 모사다. 사람의 머리에 있는 머리카락은 땅의 숲에 해당하고, 사람의 눈물은 강에, 입은 바다에 해당한다. 또한 세상은 사람의 눈동자와 닮았다. 땅을 둘러싸고 있는 바다는 눈의 흰자위와 같고, 물은 눈의 홍채紅彩, 예루살렘은 눈동자, 성전은 눈동자에 비친 이미지와 같다.

●──이스라엘 민담

그러나 사람은 이 세상의 단순한 축소판 이상의 존재다. 사람은 하늘과 땅 두 영역의 특질들을 자신 안에 통합하고 있다. 사람은 네 가지 점에서 천사를, 네 가지 점에서 짐승을 닮았다. 사람의 언어 능력과 사물들을 분간하는 지성, 직립 보행, 눈의 광채는 사람을 천사같이 만든다. 그러나 다른 한편으로 사람은 먹고 마시고, 몸의 노폐물들을 배설하고, 종족을 번식하며, 들짐승처럼 죽는다. 그래서 하느님은 사람을 창조하기 전에 이렇게 말씀하셨다.

"천상의 존재들은 종족 번식을 하지 않지만 불멸한다. 땅의 존재들은 종족 번식을 하지만 죽는다. 나는 사람을 이 둘을 합친 존재로 창조하고자 한다. 따라서 사람이 죄를 범하고 짐승처럼 행하면 죽음이 그를 덮칠 것이고, 죄를 멀리하면 영원히 살리라."

하느님은 하늘과 땅의 모든 존재에게 사람을 창조하는 데 기여하도록 명령하셨고, 스스로 사람의 창조 작업에 참여하셨다. 이렇게 해서 하늘과 땅의 모든 존재는 사람을 사랑하게 될 것이고, 만약 사람이 죄를 범하면 어떻게 해서든 사람을 구원하려고 애쓸 것이다.

왜 아담 한 사람만인가?

하느님은 왜 한꺼번에 많은 사람을 창조하지 않으시고 아담 한 사람만 만드셨는가?

하느님은 아담이 모든 사람의 대표자라는 것을 드러내기 위하여 이렇게 하셨다. 또한 그분은 한 사람을 살인하는 사람은 세계를 파멸시키는 것과 같은 죄가 있음을 인류에게 가르쳐 주기를 원하셨다. 마찬가지로 한 사람의 생명을 건지는 사람은 인류 전체를 구한 것과 같은 가치가 있는 것이다.

하느님은 한 사람만 창조하심으로써 사람들이 서로에 대하여 우월감을 느끼려고 시도하지 않고 "나는 너보다 더 뛰어난 아담 가계 출신이다."라는 식으로 가문 자랑을 못 하도록 하셨다.

그분은 또한 이렇게 하심으로써 이교도들이 "한꺼번에 많은 사람이 생긴 것은 신#이 여럿이 있다는 결론적인 증거가 된다."라고 말하지 못하게 하셨다.

마지막으로 그분은 당신 자신의 권능과 영광을 세우기 위하여 이

●──이스라엘 민담

렇게 하셨다. 동전을 만드는 사람은 하나의 모형을 만든 후 모든 동전을 같은 모양으로 만든다. 그러나 그 이름이 찬양 받으실 만왕의 왕께서는 모든 인류를 아담의 모형으로 만드셨으면서도 심지어 한 사람도 서로 같지 않게 하셨다. 이런 이유 때문에 사람은 자신을 존중하며 다음과 같이 자부심을 가지고 말할 수 있는 것이다.

"하느님께서는 나 때문에 세상을 창조하셨다. 그러니 그릇된 열정에 빠져 내 영원한 생명을 잃어버리지 않도록 하리라!"

이상적인 사람

　창조의 여섯째 날에 만들어진 모든 피조물과 마찬가지로, 아담은 완전히 그리고 철저하게 창조주의 손으로 만들어졌다. 아담은 어린아이가 아니라 스무 살의 성인 남자로 만들어졌다. 키가 엄청나게 커서 하늘까지 닿았고, 그 몸집은 동편에서 서편까지 이르렀다. 인류의 후세들 중에서 아담의 큰 키와 거대하고 완벽한 신체 조건들을 조금이라도 닮은 사람은 극소수였다. 삼손은 아담의 힘을, 사울은 그 목을, 압살롬은 그 머리카락을, 아사헬은 그 준족(駿足)을, 웃시야는 그 이마를, 요시야는 그 콧구멍을, 시드기야는 그 눈을, 스룹바벨은 그 음성을 이어받았다.
　역사는 이러한 뛰어난 신체 조건들이 그 소유자들에게 결코 축복이 아니었음을 보여 준다. 그들은 거의 모두 파멸을 자초하였다. 삼손의 엄청난 힘은 그의 죽음을 초래하였고, 사울은 자신의 칼로 자기 목을 베어서 죽었으며, 신속하게 잘 걷던 아사헬은 아브넬의 창에 찔려 죽었다. 압살롬은 참나무에 머리카락이 걸려서 매달려 있

● ──이스라엘 민담

다가 죽음을 맞았으며, 웃시야는 이마에 문둥병이 걸렸다. 요시야는 코에 화살을 맞아 죽었으며, 시드기야는 앞을 못 보게 되었다.

인류의 대부분은 최초의 조상이 가진 경이스러울 정도로 큰 키와 아름다운 용모를 거의 물려받지 못했다. 가장 아름답다고 하는 여성들도 사라^{Sarah}에게는 미치지 못했다. 또한 사라는 하와의 아름다움을 결코 따를 수 없었다. 그리고 하와는 아담에 비하면 원숭이에 지나지 않는다. 아담의 용모는 너무도 준수해서 그의 발바닥은 찬란한 태양이 무색할 정도였다.

아담의 영적인 자질들은 그의 신체적 매력에 필적하였다. 왜냐하면 하느님이 특별한 정성을 기울여서 아담의 영혼을 만드셨기 때문이다. 영혼은 하느님의 형상이고, 하느님이 세상을 충만하게 채우고 계시듯이 영혼도 사람의 신체를 가득 채우고 있다. 하느님이 모든 것을 보시지만 아무에게도 보이지 않듯이 영혼도 모든 것을 보지만 아무에게도 보이지 않는다. 하느님이 세상을 인도하시듯이 영혼은 사람의 신체를 인도한다. 하느님이 그 거룩하심으로 순결하시듯이 영혼도 순결하고, 하느님이 은밀히 거하시듯이 영혼도 은밀히 거한다.

하느님은 흙덩어리 같은 아담의 몸에 영혼을 넣기로 하시고 이렇게 말씀하셨다.

"아담의 어느 부위에다 영혼을 불어넣을까? 입에다? 입은 이웃을 욕하는 데 쓰이기 때문에 안 돼. 눈에다? 눈으로는 음욕을 품고 윙크를 해서 안 돼. 귀에다? 귀는 남을 비방하고 하느님을 욕하는 소리를 들으니 안 돼. 콧구멍에다 영혼을 불어넣어야겠군. 콧구멍이 부정한 것들을 분간해 내서 거부하고 향기로운 것들을 받아들이듯이, 경건한 자들은 죄를 피하고 토라의 말씀에 착념하게 될 거야."

아담의 영혼의 완전함은 아직 생명이 없던 그가 영혼을 받자마자 그대로 드러났다. 하느님은 최초의 사람인 아담에게 영혼을 불어넣으신 후 그에게 인류의 역사 전체를 보여 주셨다. 각 세대와 경건한 자들, 평범한 사람들, 불경건한 자들, 그들의 수한壽限, 그들의 날수, 그들의 시간 계산, 그들의 걸음들의 크기, 이 모든 것을 하느님은 아담에게 알려 주셨다.

아담은 자발적으로 자신에게 할당된 수한 중에서 70년을 양도하였다. 그에게 할당된 수한은 여호와의 날수 중 하나인 1000년이었다. 그러나 그는 위대한 다윗의 영혼에게는 단지 일부의 생명만이 할당되어 있음을 알고는 그 영혼에게 70년을 주고 자신의 수한을 930년으로 줄였다.

아담의 지혜는 천사들보다 뛰어났다. 그리고 그 진가는 동물들에게 이름을 붙일 때 발휘되었다. 아담이 생명을 얻은 지 한 시간도 채 안 되었을 때, 하느님은 동물계 전체를 아담과 천사들 앞에 모아 놓으셨다. 그리고 천사들에게 각기 다른 종들의 이름을 불러 보도록 하셨지만, 그 일을 해낼 수가 없었다.

하지만 아담은 주저 없이 "세상의 주여! 이 동물의 이름은 황소, 이건 말, 저건 사자, 이건 낙타입니다."라고 말하였다. 이런 식으로 아담은 동물의 특성에 맞춰 가면서 하나하나 동물 전체의 이름을 불렀다. 그런 후에 하느님이 너의 이름을 무엇이라고 하면 좋겠느냐고 물으셨고, 그는 자기가 땅의 티끌, 즉 아다마Adamah로 창조되었기 때문에 아담Adam이라고 했으면 좋겠다고 하였다.

하느님은 또한 아담에게 당신의 이름이 무엇이냐고 물으셨고, 아담은 하느님이 온 피조물을 다스리시기 때문에 아도나이, 즉 주님

Lord이라고 대답했다. 이 이름은 하느님이 자신에게 붙인 이름이었고, 천사들이 하느님을 부르는 이름이며, 영원토록 변치 않을 이름이다.

그러나 아담의 지혜 역시 하느님이 주신 것이었다. 만일 하느님이 아담에게 지혜를 주시지 않았다면, 그는 모든 동물의 이름을 알아내지 못했을 것이다.

아담은 다음 세대들에게 동물들의 이름만을 전수해 준 것이 아니었다. 인류는 온갖 기예技藝들, 특히 글 쓰는 법을 아담에게 빚지고 있다. 아담은 70가지에 달하는 온갖 언어의 발명자였다. 또한 아담은 후손들을 위해서 또 하나의 일을 해 놓았다. 하느님은 아담에게 땅 전체를 보여 주셨고, 아담은 나중에 어떤 지역에 사람이 살아야 하는지, 어떤 지역을 황무지로 내버려 두어야 하는지 이미 설계하였다.

여 자

아담은 하느님이 지으신 세상을 보고 너무 놀라워서 입이 다물어지지 않았다. 그의 입술에서는 절로 하느님에 대한 찬양이 흘러나왔다.

"주여, 주의 하신 일이 어찌 그리 크신지요!"

그러나 아담이 자기를 둘러싼 세상에 대하여 발한 찬탄은 아담을 보고 온 피조물이 발한 찬탄에 비하면 아무것도 아니었다. 피조물들은 아담을 그들의 창조주로 착각하여 그에게 와서 경배를 드렸다. 그러나 아담은 "너희는 왜 내게 와서 경배하느냐? 너희와 나는 우리 모두를 창조하신 분의 위엄과 권능에 감사해야 한다. '여호와가 다스리신다.' 그는 위엄으로 옷 입으셨다."라고 말했다.

땅의 피조물들만이 아니라 천사들조차도 아담을 만유의 주로 알고 그에게 "거룩, 거룩, 거룩, 만군의 주여!"라고 경의를 표하려 했는데, 이때 하느님이 아담을 깊은 잠에 빠지게 하셨기 때문에 천사들은 비로소 아담이 단지 사람일 뿐이라는 것을 알게 되었다.

●──이스라엘 민담

하느님이 아담을 잠들게 하신 목적은 그에게 아내를 주어 인류는 생육해 나가는 존재이며, 하느님만이 경배를 받으실 분이라는 것을 온 피조물에게 깨닫게 하는 것이었다. 땅은 하느님이 하시고자 결심한 일을 듣고 벌벌 떨기 시작했다.

"내겐 아담의 후손들에게 음식을 제공할 힘이 없어요."

그러자 하느님은 당신이 땅과 힘을 합쳐서 그 무리에게 줄 음식을 찾을 것이라며 땅을 달래셨다. 이에 따라 하느님과 땅이 시간을 서로 나누어 맡았다. 하느님은 밤을 맡으셨고, 땅은 낮을 담당했다. 원기를 새롭게 하는 잠은 사람에게 자양분을 공급해 주고 튼튼하게 해 주며, 생명과 안식을 주고, 땅은 물을 대는 하느님의 도우심으로 작물을 낸다. 그렇지만 사람은 음식을 얻기 위하여 땅을 경작하여야 한다.

하느님은 동물들이 쌍쌍이 왔을 때 아담이 고독감에 빠져 있는 것을 보시고 그에게 짝을 마련해 주어야겠다고 결심하셨다. 하느님은 처음에 아담에게 릴릿^{Lilith}을 아내로 주셨다. 아담과 마찬가지로 릴릿은 땅의 티끌로 창조되었다. 그러나 그녀는 자기 남편과 완전히 대등한 대우를 받아야 한다고 우겼기 때문에 오직 짧은 시간 동안만 아담과 함께 있었다. 그녀는 아담과 자기가 같은 근원에서 나왔다는 것을 이유로 그러한 동등한 권리들을 주장하였다.

그녀가 입에 올린, 감히 말할 수 없는 이름을 지닌 이^{사람}의 도움을 얻어서, 그녀는 아담으로부터 도망쳐서 공중으로 사라졌다. 아담은 하느님이 자기에게 주신 아내가 자기를 버렸다고 하느님 앞에서 불평했고, 하느님은 그녀를 잡아 오도록 세 명의 천사를 보내셨다.

천사들은 홍해에서 그녀를 발견했고, 만일 돌아가지 않는다면 백 명의 악마 같은 자식들을 매일 한 명씩 잃을 것이라고 위협해서 그녀를 돌아가게 만들고자 했다. 그러나 릴릿은 아담과 함께 사느니 차라리 그러한 벌을 받겠다고 했다. 지금도 그녀는 아이들을 해침으로써 자신이 당한 벌에 대한 복수를 한다. 남자 아이는 태어난 첫 날밤에, 여자 아이는 20일이 지날 때까지 그녀는 아이들에게 나쁜 짓을 한다. 재앙을 막는 유일한 방법은 그녀를 잡아 오도록 파견된 세 천사의 이름이 적힌 부적을 아이들에게 붙이는 것이다. 왜냐하면 이것이 그들 사이에 맺은 합의였기 때문이다.

사람의 참된 반려가 될 여자는 아담의 몸에서 취해졌다. 왜냐하면 같은 부류끼리 결합될 때에만 그 결합이 풀리지 않기 때문이다. 남자에게서 여자를 만들어 내는 일이 가능했던 이유는 원래 아담이 두 얼굴을 지니고 있었고, 하와가 탄생할 때 그 두 얼굴이 서로 나누어졌기 때문이다.

하느님은 하와를 만들기 직전에 이렇게 말씀하셨다.

"머리를 꼿꼿이 세우고 교만하게 다닐까 봐 나는 그녀를 사람의 머리로 만들지 않을 것이다. 음탕한 눈을 지니지 않도록 눈으로도 만들지 않을 것이고, 엿듣는 자가 되지 않도록 귀로도 만들지 않을 것이다. 오만무례하지 않도록 목으로도 만들지 않을 것이며, 수다쟁이가 되지 않도록 입으로도 만들지 않을 것이다. 시기하지 않도록, 남의 일에 쓸데없이 참견하지 않도록 손으로도 만들지 않을 것이고, 할 일 없이 빈둥거리는 자가 되지 않도록 발로도 만들지 않을 것이다. 나는 그녀를 몸의 순결한 부분으로 만들겠다."

그리고 하느님은 당신이 만드신 모든 사지四肢와 기관에 "순결하라! 순결하라!"고 말씀하셨다. 그러나 심혈을 기울였음에도 불구하고 여자는 하느님이 피하시고자 했던 온갖 결점들을 다 가지고 있었다. 시온의 딸들은 오만하여 늘인 목과 음탕한 눈빛으로 걸어다

●──이스라엘 민담

녔고, 사라는 천사가 아브라함과 얘기하고 있을 때 자신의 장막에서 엿듣는 자였으며, 미리암은 모세를 고발하는 고자질쟁이였다. 라헬은 자매인 레아를 시기하였으며, 하와는 손을 뻗쳐 금지된 과실을 취하였고, 디나는 할 일 없이 빈둥거리는 여자였다.

대홍수의 세대

  가인의 후예들은 죄성과 부패에서 그 아버지를 닮았지만, 셋^{Seth}의 후예들은 경건하고 절제된 삶을 살았다. 이 두 종족의 행실의 차이는 그들의 거처에서 잘 드러났다. 셋의 종족은 낙원 부근의 산지에 정착하였고, 가인의 종족은 가인이 아벨을 살해한 다마스쿠스Damascus의 들판에 거주하였다.

  그러나 불행히도 므두셀라의 때에 아담이 죽은 후, 셋의 종족은 가인족과 마찬가지로 타락하였다. 두 종족은 서로 힘을 합쳐서 온갖 악행을 저질렀다. 그들 사이에서 태어난 자식들은 체격이 어마어마하게 큰 네피림Nephilim이었는데, 이들의 죄가 세상에 대홍수를 불러왔다. 그들은 교만하게도 자기들이 셋의 후손들과 동일한 혈통이라고 주장하였고, 고상한 혈통의 왕들 및 사람들과 같은 반열로 자처하였다.

  이 세대가 이같이 제멋대로 행한 것은 인류가 홍수 이전에 살았던 이상적인 환경 때문이기도 했다. 그들은 수고나 염려를 몰랐고,

●──이스라엘 민담

아주 잘살았기 때문에 오만방자해졌다. 그들은 교만하게 하느님을 대적하였다. 파종을 한 번 하면 40년 동안 먹을 양식을 추수할 수 있었고, 마법을 써서 해와 달도 마음대로 부릴 수 있었다. 자녀 양육도 그들에겐 전혀 골칫거리가 되지 않았다. 수일간의 임신 후면 아이들이 태어났고, 태어나자마자 아이들은 걷고 말할 수 있었다. 그들은 어머니가 탯줄을 자르는 일도 거들었다. 마귀들도 아이들을 해할 수 없었다.

한번은 갓난아이가 어머니에게 탯줄을 자를 불을 가져다주려고 달려가다가 마귀들의 대장을 만났고, 둘 사이에는 격투가 벌어졌다. 이때 갑자기 수탉이 우는 소리가 들리자 마귀는 아이에게 소리를 질렀다.

"네 어머니에게 가서 말해라. 수탉이 울지만 않았다면 너는 죽었을 것이라고!"

아이는 줄행랑을 치는 마귀를 향해 크게 외쳤다.

"네 어머니에게 가서 말해라. 내 탯줄이 잘려 있었더라면 너는 죽었을 것이라고!"

그들은 아무 걱정 없는 삶을 살았기 때문에 비행을 저지를 여가와 여력이 있었다. 한동안 하느님은 오래 참으시는 자비로 사람들의 잘못을 눈감아 주셨으나, 사람들이 음란한 삶을 살기 시작하자 인내심이 한계에 달하셨다. 왜냐하면 하느님은 모든 죄를 참으시지만 부도덕한 삶은 참지 못하시기 때문이다.

죄 많은 세대의 종말을 재촉한 또 하나의 죄는 그들의 탐욕이었다. 그들의 약탈 행위는 너무도 교묘해서 율법으로는 그것을 막을 수가 없었다. 한 시골 사람이 채소를 팔러 저자로 나오면 그들은 한 사람씩 차례로 그 채소를 야금야금 뜯어먹었는데, 한 사람이 뜯어

먹는 양은 매우 조금이지만 결국 잠시 후면 시골 사람이 팔려고 가져온 채소는 다 없어지고 말았다.

하느님은 죄인들을 멸하기로 작정하신 후에도 여전히 자비를 베푸셔서, 노아를 그들에게 보내어 120년 동안이나 그들 위에 걸려 있는 홍수를 붙잡아 두고서 그들의 행실을 고치라고 권면하셨다. 그러나 그들은 노아를 조롱할 뿐이었다. 그들은 노아가 방주를 짓는 것에 몰두하는 것을 보고는 "무엇 때문에 이 방주를 만드시오?"라고 물었다.

방주의 수용자들

방주는 『라지엘의 책』에 기록된 시방서示方書에 따라 완성되었다. 노아는 동물들을 불러 모았다. 그는 적어도 32종의 새와 365종의 파충류를 함께 방주로 데려가야 했다. 그러나 하느님이 동물들에게 방주로 모이라고 명하시자 떼를 지어 방주로 몰려왔으므로, 노아는 손가락 하나 까딱 안 하고 이 일을 마칠 수 있었다.

사실 오라고 한 것보다 더 많은 동물들이 방주 앞에 나타났다. 그래서 하느님은 노아에게 방주 입구에 앉아서 동물들이 도착했을 때 어떤 놈들이 눕고 어떤 놈들이 서 있는지 보고, 누운 동물은 방주에 들이고 서 있는 것은 들이지 말라고 하셨다. 노아는 하느님이 명하신 곳에 자리를 잡고 앉아서 두 마리 새끼를 데리고 나타난 암사자를 눈여겨보았다. 세 마리 모두 웅크리고 있었다. 그러나 두 어린 새끼가 어미와 다투기 시작하더니 어미가 일어나 새끼들 옆에 섰다. 그래서 노아는 새끼들을 방주로 들여보냈다.

방주로 들어가지 못한 들짐승과 가축과 새들은 이레 동안 방주 근처에 서 있었다. 왜냐하면 동물들을 모으는 일이 홍수가 나기 일주일 전에 시작되었기 때문이다. 동물들이 방주로 다 들어가고 나자, 해가 어두워지고 땅이 흔들리더니 번개가 번쩍거리며 천둥이 우르릉 쾅쾅 울렸다. 전에는 없던 일이었다. 그렇지만 죄인들은 여전히 회개하지 않았다. 그들은 이 이레 동안에도 악한 행실들을 전혀 고치지 않았다.

마침내 홍수가 터져 나오자, 70만 명의 사람들이 방주 주위로 몰려들어서 노아에게 보호해 달라고 애걸하였다. 노아는 큰 소리로 대꾸했다.

"너희는 '하느님이 계시나?'라고 말하며 하느님께 반역한 자들이 아니냐? 그러므로 하느님이 너희에게 파멸을 임하게 하여 너희를 멸절시키고 땅 위에서 없애려 하신다. 내가 120년 동안 이 일을 너희에게 예언했으나 너희가 하느님의 음성에 귀 기울이지 않았지 않느냐? 그러고도 이제 너희가 살기를 바라는구나!"

그러나 죄인들이 아우성쳤다.

"마음대로 하세요! 하지만 당신이 방주의 문을 열어 우리를 맞아서 우리로 죽지 않고 살게 해 준다면, 우리는 기꺼이 하느님께 돌아갈 겁니다."

노아는 대답했다.

"너희가 절박해지니까 이제야 그렇게 하려고 하는구나. 왜 여호와께서 회개 기간으로 정하셨던 120년 동안에는 하느님께 돌아오지 않았느냐? 이제 너희가 궁지에 몰려 생명이 위험하니까 와서 그렇게 말하는구나. 그러므로 하느님은 너희에게 귀 기울이지 않으실 것이고 너희 말을 듣지 않으실 것이다. 너희는 아무것도 얻지 못하리라!"

죄인들의 무리는 방주 입구를 맹공격하여 부수고 들어가려 했으나, 방주 주위를 지키고 있던 들짐승들이 그들을 덮쳐 많은 죄인들이 죽고 나머지는 도망가다가 홍수의 물에 빠져 죽었다.

사실 이 죄인들은 키가 크고 힘이 장사인 거인들이었기 때문에 물만으로는 그들을 끝장낼 수 없었다. 실제로 노아가 그들을 하느님의 징벌로 위협했을 때 그들은 "우리의 넓은 발바닥으로 홍수를 일으키는 샘들을 막으면 되지."라고 대답하곤 했다. 그러나 하느님은 물 한 방울 한 방울이 땅에 떨어지기 전에 게헨나^{지옥 불}를 지나게 하셨기 때문에 뜨거운 비는 죄인들의 피부에 화상을 입혔다. 그들에게 임한 벌은 그들의 범죄에 적절한 것이었다. 그들의 음탕한 욕구가 그들을 뜨겁게 만들고 활활 타오르게 해서 부도덕한 짓들을 저지르게 했으므로, 그들은 뜨거운 물로 징벌을 받았다.

사투의 시간에서조차도 죄인들은 그들의 비열하고 고약한 본능들을 억누를 수 없었다. 물이 샘들로부터 솟아 흐르기 시작하자, 그들은 홍수의 물줄기를 막기 위해 어린아이들을 샘 속으로 내던졌다.

엄청난 물의 힘 앞에서 노아가 방주에 피신할 수 있었던 것은 노아의 공로가 아닌 하느님의 은혜 때문이었다. 노아는 동시대인들보다 나았지만 자기를 위해서 기사^{奇事}를 행할 정도는 아니었다. 노아는 믿음이 별로 없어서 물이 발목에 찰 때까지도 방주에 들어가지 않았다. 그와 함께 에노스의 딸이자 그의 경건한 아내인 나아마, 그의 세 아들, 이 세 아들의 아내들도 이 위기를 간신히 모면하였다.

노아는 498세가 되도록 결혼을 하지 않았다. 그래서 여호와께서는 그에게 아내를 취하라고 명하셨다. 그는 자녀들이 모두 홍수로 죽어야 할 것을 생각하고 아이를 낳으려 하지 않았다. 따라서 그에게는 홍수 직전에 얻은 세 아들밖에 자손이 없었다. 하느님이 노아에게 이렇게 적은 자손을 주신 데에는 다 까닭이 있었다. 노아에게 경건한 자손들이 많을 경우 그들을 수용하기 위해 노아가 방주를 아주 크게 지어야 하는 수고를 치러야 하고, 만일 그들이 경건하지 않고 그들 세대의 다른 사람들과 마찬가지로 부패한다면 자식들의 죽음에 대한 노아의 슬픔은 자식 수가 많을수록 커질 것이기 때문이었다.

노아와 그의 가족들만이 이 세대의 부패에 참여하지 않았던 것은 아니다. 방주에 들어온 동물들도 순수한 삶을 영위해 온 존재들이었다. 당시의 동물들은 사람들처럼 부도덕하였다. 개는 늑대와 교미하였고, 수탉은 공작과 교미하였으며, 다른 많은 동물들도 성적 순결에 별로 신경을 쓰지 않았다. 구원받은 동물들은 스스로를 지켜 순결하게 살아온 동물들이었다.

홍수 전에는 부정한 동물들의 수가 정결한 동물들보다 훨씬 더 많았다. 그러나 홍수 후에는 상황이 역전되었다. 왜냐하면 정한 동물은 일곱 쌍씩 방주에 보존한 데 반해서 부정한 동물은 두 쌍씩만 보존되었기 때문이다.

노아는 레엠reem이라는 동물을 방주에 들여올 수가 없었다. 그 거대한 크기 때문에 방주에 있을 공간이 없었던 것이다. 그래서 노아는 레엠을 방주에 매달아서 뒤편에서 쫓아오게 하였다. 또한 바산 왕 옥^{Og}을 위한 자리도 만들 수 없어서, 그는 방주 꼭대기에 앉아서 홍수를 피했다. 옥이 자기와 자신의 후손들이 영원토록 종이 되어 노아를 섬기겠다고 약속했기 때문에, 노아는 자기 음식을 그에게 구멍을 통해 조금씩 나누어 주었다.

거짓과 악

노아가 방주를 다 지은 뒤 동물들은 각각 정해진 천사들에게 이끌려 방주 가까이 모여들었다. 그들은 짝을 지어 왔고 노아는 방주 문에 서서 각 동물이 둘씩 들어가는 모습을 바라보았다. 홍수의 물이 지표면 위로 올라오자마자 사람들은 저마다 자기 집으로 숨었다. 죽음의 천사가 임하였기 때문에 모든 교통과 사업이 중단되었다.

형편이 이러하고 보니 '거짓'은 자기의 업무에 힘쓸 수 없게 되었다는 사실을 깨달았다. 홍수로 물이 점점 불어나서 하늘에 계신 창조주께 반역한 악한 사람들을 이제 곧 쓸어 버릴 것이 분명하지 않은가? 이럴 때 '거짓'은 어디로 가야 무사할까?

그녀는 즉시 방주를 찾아갔지만 문이 잠겨 있었다. 이제 어떻게 해야 하나? '거짓'은 떨리는 손으로 문을 두드렸다. 노아가 방주의 창문을 열고 누가 문을 두드리는지 알아보려고 고개를 내밀었다. 문 앞에는 이상한 존재가 서 있었다. 노아는 한 번도 거짓말을 한 적이 없는 의로운 사람이었기에 전에 그녀를 본 적이 없었다.

"왜 그러시오?"

노아가 소리쳐 묻자 '거짓'은 애원했다.

"제발 절 들여보내 주세요."

노아는 대답했다.

"여기는 쌍으로만 들어올 수 있으니 당신 짝이 함께 오면 기꺼이 들여보내 주겠소."

실망하여 슬퍼하며 되돌아가던 '거짓'은 도중에 실업 중인 옛 친구 '악'을 만났다. 악이 물었다.

"사랑하는 친구, '거짓'이여! 어디에서 오시오?"

"노아 할아버지께 다녀오는 길이에요. 들어 봐요, 내가 방주 속으로 들어가게 해 달라고 했는데 당신은 내가 자기의 규칙을 따르지 않으면 넣어 주지 않겠다는군요."

"그가 요구한 게 뭔데?"

"그 착한 노인은 나한테 짝이 있어야 한다고 했어요. 왜냐하면 방주 속에 들어갈 수 있었던 모든 피조물은 쌍쌍이 들어갔기 때문이죠."

'악'은 그 악한 눈을 기쁜 듯이 찡긋하며 물었다.

"사랑하는 친구여, 그게 정말이오?"

"내 명예를 걸고 그 말은 물론 사실이에요."

'거짓'은 그렇게 말하곤 덧붙였다.

"당신이 내 짝이 되어 주지 않겠어요? 정직하고 불쌍한 존재인 우리가 함께 합하는 게 당연하지 않아요?"

그러자 '악'이 말했다.

"만약 내가 동의한다면 보답으로 무엇을 주겠소?"

'거짓'은 잠시 생각하더니 자기 친구를 교활한 눈으로 바라보며 소리쳤다.
"내가 방주 속에서 얻는 것은 모두 당신에게 주기로 약속하지요. 그 점에 대해서는 아무 염려 말아요. 난 준비가 잘되어 있고 힘이 넘치니 거기서도 놀랄 만한 활약을 할 수 있을 거예요."

'악'은 그 조건에 즉각 동의했다. 그래서 적절한 합의 문서가 작성되어 서명도 하고 봉인도 마쳤다. 그들은 바로 노아를 찾아갔고 노아는 행복해 보이는 그 쌍을 기꺼이 받아 주었다.

'거짓'은 곧 분주하게 다니면서 많은 돈을 벌었다. 하지만 자기 혼자 모든 일을 한다는 사실을 깨닫자 '악'과 맺은 약속을 후회하였다. 그래서 하루는 '악'에게 이렇게 말하기도 했다.

"이봐요, 내가 혼자 힘으로도 얼마나 쉽게 일을 해낼 수 있는가 좀 보세요."

'악'은 그저 그녀에게 협정을 상기시키면서 날마다 자기 장부(帳簿)에다가 그날의 수입 총액을 기록해 나갔다.

홍수가 12개월이나 지속되었기 때문에 그들은 그해 끝 무렵에야 방주 바깥으로 나올 수 있었다. '거짓'은 아주 많은 재물을 자기 집으로 가지고 갔으나 '악'이 그녀를 따라와서는 어렵게 번 재산을 전부 내놓으라고 요구했다. '거짓'은 속으로 생각했다.

"'악'에게 내가 번 것의 일부만 주겠다고 말해 보자.'

그녀는 '악'에게 다가가서 부드럽게 말했다.

"사랑하는 친구여, 제발 내가 정성스럽게 번 것 가운데 일부를 나에게 주세요. 일은 다 나 혼자 했잖아요."

'악'은 그녀를 경멸하듯이 바라보다가 험한 목소리로 크게 말했다.

"이 사기꾼아, 네 몫은 없어! 내가 어떻게 합의 사항을 깰 수 있겠느냐? 합의 사항을 깨는 것은 아주 악한 일이지 않느냐?"

'거짓'은 자기 친구 '악'을 속이는 일이 불가능하다는 것을 잘 알고 아무 말도 하지 않고 갔다. 그러므로 '거짓은 많은 것을 가져다주지만 악이 그 모든 것을 빼앗아 간다.'는 속담은 사실이다.

술 취함의 저주

노아는 포도나무 재배에 몰두하기 시작하면서 '경건한 자'라는 칭호를 잃고 '땅의 사람'이 되었다. 포도주를 만들려는 이 최초의 시도는 과도하게 술을 마시는 최초의 사람, 동료에게 욕하는 최초의 사람, 술주정하는 최초의 사람을 만들어 냈다. 이런 일이 일어난 경위는 다음과 같다.

노아는 아담이 낙원에서 쫓겨날 때 가지고 온 포도나무를 발견했다. 그는 포도나무에 열린 포도를 맛보았고, 맛이 기가 막힌 것을 알고는 포도나무를 기르기로 작정하였다. 그가 포도나무를 심은 그날에 열매가 맺혔고, 그는 열매를 포도즙 짜는 틀에 넣어 즙을 짜서 마신 후 취해서 망신을 당했다. 모두 하루에 일어난 일이었다. 포도나무를 재배할 때 그를 도운 자는 사탄이었다. 사탄은 노아가 포도나무를 심는 바로 그 순간에 때마침 나타났다.

사탄이 노아에게 물었다.

"여기서 뭘 하고 있습니까?"

"포도나무를 심고 있소."

"포도나무의 쓰임새를 아십니까?"

"이 나무가 내는 열매는 마른 것이든 물기가 있는 것이든 달콤하지. 그 열매는 사람의 마음을 즐겁게 해주는 포도주를 내지."

"포도나무를 심는 일에 나도 함께하지요."

"좋소!"

사탄은 곧 어린 양을 도살하였고, 다음으로는 사자, 돼지, 원숭이를 연이어 도살한 후 이 짐승들의 피를 포도나무 밑으로 흘려보냈다. 사탄은 노아에게 포도주의 특성을 이렇게 설명하였다.

"사람은 포도주를 마시기 전에는 어린 양처럼 순결합니다. 사람이 포도주를 적당히 마시면 사자처럼 강한 힘을 느낍니다. 그러나 자신의 주량을 넘어 마시면 돼지처럼 되고, 만취 상태가 되면 원숭이처럼 되어 주위를 돌면서 춤을 추고 노래하며 음탕한 얘기를 하고, 자기가 무슨 행동을 하는지 전혀 모르게 됩니다."

하지만 아담의 예에서 볼 수 있듯이 이런 말이 노아를 막지는 못했다. 사실 아담의 타락도 포도주 때문이었다. 금지된 실과는 포도였고, 아담은 포도주를 먹고 술에 취했던 것이다.

노아는 술 취한 상태에서 자기 아내의 장막으로 갔다. 그의 아들 함은 노아를 거기에서 보고 형제들에게 자기가 본 것을 말했다.

"최초의 사람에게는 단지 두 아들이 있었는데, 한 아들이 다른 아들을 죽였다. 이 사람 노아는 세 아들이 있는데도 네 번째 아들을 얻고자 한다."

함은 아버지에 대한 불손한 말로도 성이 차지 않아서, 이 불경죄에 수태를 막기 위해 아버지를 거세하려는 극악무도한 짓을 더했다.

노아는 술에서 깨어 정신을 차리고 함의 막내아들인 가나안Canaan을 통해서 함을 저주하였다. 방주를 떠날 때에 하느님이 노아와 그의 세 아들을 축복하셨기 때문에 노아는 함에게 어떤 해도 가할 수 없었다. 그래서 노아는 세 아들 외에 한 아들을 더 갖는 것을 방해한 함의 막내아들을 저주했던 것이다.

이렇게 해서 함은 아버지의 벌거벗은 모습을 보았기 때문에 가나안을 통한 함의 자손들은 눈이 붉었고, 함이 그 입술로 형제들에게 아버지의 망측한 모습을 얘기했기 때문에 그 자손들의 입술은 흉측하게 생겼으며, 함이 아버지의 벌거벗은 모습을 보기 위해 머리를 들었기 때문에 그 자손들의 머리는 곱슬머리가 되었고, 함이 아버지의 벌거벗은 모습을 덮어 주지 않았기 때문에 그 자손들은 벌거벗고 다녔다. 이런 식으로 함은 보복을 당했다. 왜냐하면 눈에는 눈, 이에는 이로 처벌하는 것이 하느님의 방식이기 때문이다.

가나안은 아버지의 죄 때문에 대신 고통을 받아야 했다. 그렇지만 처벌 중의 일부는 그의 잘못 때문에 가해진 것이다. 왜냐하면 노아의 혐오스러운 모습을 함에게 보게 한 것은 다름 아닌 가나안이었기 때문이다. 함과 가나안은 그 아버지에 그 아들이었던 것 같다. 가나안이 자녀들에게 한 마지막 유언은 다음과 같이 기록되어 있다.

'진실을 말하지 말라. 도둑질을 멀리하지 말라. 방탕한 삶을 영위하라. 너희 주인을 극도의 증오심으로 미워하라. 그리고 서로 사랑하라.'

함은 불경죄로 보복을 당하였지만, 셈과 야벳은 의복을 취하여 어깨에 메고는 얼굴을 돌리고 뒷걸음질로 걸어가서 아버지의 벌거벗은 몸을 덮어 준 정중하고 애정 어린 행실로 상을 받았다. 함의 자손들인 이집트 인들과 에티오피아 인들은 아시리아 왕에 의해 벌거벗겨진 채 사로잡혀 끌려갔지만, 셈의 후손들인 아시리아 인들은 여호와의 천사가 그들의 진영을 불태웠을 때에도 그 시체들에 입혀져 있던 의복들이 조금도 타지 않아서 알몸이 노출되지 않았다. 그리고 장래에 곡^{Gog}이 패배를 맞이하더라도 하느님은 야벳의 자손들인 그와 그의 무리에게 수의와 매장지를 마련해 주실 것이다.

셈과 야벳은 둘 다 예의바르고 정중한 모습을 보여 주었지만, 더 큰 칭찬을 받아야 할 사람은 셈이었다. 제일 먼저 아버지를 덮어 드리고자 한 사람은 셈이었고, 야벳은 이 선한 일이 시작된 후에 그와 합류하였다. 그러므로 야벳족은 토가^{toga}만을 입고 있지만, 셈의 후손들은 탈리스$^{tallith,\ 유대인\ 남자가\ 기도할\ 때\ 걸치는\ 숄}$를 특별한 상으로 받았다.

셈에게 주어진 또 하나의 특혜는 노아의 축복문에서 셈의 이름이 하느님의 이름과 함께 언급된다는 것이다. 보통 하느님의 이름은 오직 현세를 떠난 자의 이름과 결합되고 아직 살아 있는 자의 이름과는 결합되지 않는 것이 관행이었다. 그러나 노아는 "여호와, 셈의 하느님은 복되시도다."라고 말했다.

셈과 야벳의 관계는 그들에게 선포된 노아의 축복문 속에 이렇게 표현되어 있다.

'하느님이 야벳에게 아름다운 땅을 하사하시고, 그의 아들들이 셈의 장막에 거하는 개종자들이 되리라.'

아울러 노아는 자신의 축복문을 통해서 셰키나^{Shekinah}가 셈의 자손인 솔로몬이 세운 제1성전에만 거하겠고, 야벳의 후손인 고레스가 지은 제2성전에는 거하지 않을 것이라고 말하였다.

바벨탑

니므롯의 범죄와 불경은 바벨탑을 쌓는 데서 절정에 달했다. 그의 모사들은 탑을 세우자고 제안하였고, 니므롯은 이에 찬성하였다. 바벨탑의 건설은 시날 평야에서 60만 명의 인원이 동원되어 수행되었다.

탑을 쌓는 자들 중에는 세 종류의 반도(叛徒)들이 있었다. 첫 번째 부류는 우리가 하늘에 올라가서 하느님과 전쟁을 하자고 말하였고, 두 번째 부류는 우리가 하늘에 올라가서 우리의 우상들을 세우고 거기서 경배를 드리자고 말하였으며, 세 번째 부류는 우리가 하늘에 올라가서 우리의 활과 창으로 그들을 파멸시키자고 말하였다.

탑을 건설하면서 무수한 세월이 흘렀다. 탑은 매우 높아져서 꼭대기까지 오르는 데 1년이 걸렸다. 그래서 건축자들에게는 사람보다 벽돌 하나가 더 소중했다. 사람이 떨어져서 죽으면 아무도 그것에 관심을 보이는 사람이 없었지만, 벽돌 하나가 떨어지면 사람들은 슬피 울었다. 그 벽돌을 보충하는 데 1년이 걸리기 때문이었다.

사람들은 그들의 목적을 이루겠다는 결심이 확고했기 때문에 여자에게 산통이 와도 벽돌 만드는 일을 중단하지 못하게 하였다. 벽돌을 만들면서 여자는 아이를 낳았고, 자기 몸에 헝겊으로 아이를 묶어 놓고서 벽돌 만드는 일을 계속했다.

사람들은 쉬지 않고 부지런히 일했다. 또한 현기증 나게 높은 탑 꼭대기에서 끊임없이 하늘을 향하여 화살을 쏘았는데, 되돌아오는 화살에는 피가 묻어 있는 것이 보였다. 그리하여 사람들의 망상은 더욱 견고해져서 "우리가 하늘에 있는 자들을 다 죽였다."라고 소리를 쳤다.

그러자 하느님은 보좌를 둘러싼 일흔 명의 천사들을 향하여 "가라. 내려가서 그들의 언어를 혼잡하게 해서 서로 말을 이해할 수 없게 만들어라."라고 명하셨고, 그렇게 되었다. 그때부터 아무도 상대방이 하는 말을 알아듣지 못했다. 어떤 사람이 역청을 달라고 하면 상대방이 벽돌을 건네주었다. 화가 난 그 사람은 벽돌을 던져 상대방을 죽이곤 했다. 이런 식으로 많은 사람이 죽었고, 나머지는 그들의 반역의 종류에 따라 벌을 받았다.

하늘에 올라가서 그들의 우상을 세우고 거기에서 경배하자고 말한 자들은 하느님이 원숭이와 유령으로 만드셨다. 그들의 무기로 하늘을 공격하자고 제안했던 자들은 하느님이 서로 대항하여 싸우다가 죽게 하셨다. 하늘에서 하느님과 전투를 벌이겠다고 작정했던 자들은 하느님이 온 땅에 흩으셨다. 미완성된 탑의 일부는 땅속으로 가라앉았고, 일부는 불에 타서 3분의 1만이 서 있었다. 탑이 세워진 장소는 그 특이한 속성을 잃지 않아서, 그곳을 지나는 사람은 자기가 알고 있는 것을 다 망각하게 되었다.

악한 바벨탑 세대에 내린 벌은 비교적 관대한 편이었다. 약탈을 자행했다는 이유로 홍수 세대가 완전히 멸절된 것에 비하면, 바벨탑 세대는 신성 모독과 하느님을 향한 온갖 모욕적인 행위들에도 불구하고 보존되었다. 그 이유는 하느님이 화평과 화목에 높은 가치를 두셨기 때문이다. 그러므로 약탈을 일삼고 서로 미워했던 홍수 세대는 철저하게 멸절되었지만, 서로 사랑하며 사이좋게 지냈던 바벨탑 세대는 적어도 그 목숨만은 부지하였다.

제 2 부

구약 성서의 주인공들: 아브라함, 욥,
모세, 다윗, 솔로몬까지

참 신앙의 전도자 아브라함

 아브라함이 스무 살이 되었을 때 아버지 데라가 병들었다. 데라는 아들 하란과 아브라함을 불러 놓고 말했다.
 "내 아들들아, 내가 너희 생명을 걸고 부탁한다. 내게는 장례를 치를 만한 돈이 없으니 나를 위해 이 우상 두 개를 가지고 가서 팔아 오너라."
 하란은 아버지의 소원대로 우상 하나를 팔아 왔다. 그러나 어떤 사람이 우상을 사려고 아브라함에게 다가와서 값을 물으면 아브라함은 3마네maneh라고 대답하고는 이어서 물었다.
 "당신은 나이가 몇이오?"
 "서른이오."
 그러면 아브라함은 이렇게 반문했다.
 "당신은 나이가 서른 살이나 된 사람이 내가 바로 오늘 만든 이 우상에 절하려고 하시오?"
 그러면 그 사람은 그 자리를 떠나 자기 길로 갔다. 그 뒤에 또 다

●──이스라엘 민담

른 사람이 아브라함에게 와서 우상의 값을 물으면 5마네라고 대답하고는 똑같이 물었다.

"당신은 몇 살이오?"

"쉰 살이오."

"쉰 살이나 먹은 사람이 내가 오늘 만든 이 우상 앞에 절하려는 것이오?"

그러면 그 사람도 그 자리를 떠났다.

아브라함은 두 우상의 목에 밧줄을 감아 거꾸로 둘러메고 땅에 질질 끌고 다니면서 이렇게 외쳤다.

"우상에게도 우상을 사는 사람에게도 아무 쓸모없는 우상을 사서 왜 그 앞에 절하려는 것이오? 우상은 입이 있어도 말을 못하고, 눈이 있어도 보지 못하며, 걷지도 듣지도 못한단 말이오."

사람들은 아브라함의 말에 무척 놀랐다.

온종일 거리를 돌아다니다가, 아브라함은 경배하고 사랑할 크고 좋은 우상을 사기 위해 그에게 온 할머니를 만났다. 아브라함이 말했다.

"할머니, 할머니, 큰 것이든 작은 것이든 우상은 우상에게도 사람에게도 아무런 도움이 안 된다는 걸 난 알아요."

그런 다음 그는 할머니에게 물었다.

"그런데 할머니가 경배하려고 우리 형 하란에게서 산 큰 우상은 어찌 되었나요?"

"밤중에 내가 목욕하는 사이에 도적들이 들어와서 훔쳐 갔다우."

그러자 아브라함이 물었다.

"그렇다면 할머니처럼 어리석은 사람들을 불행에서 건져 주지도 못하는 건 말할 것도 없고, 자기 하나 제대로 간수도 못 하고 도적들에게 끌려간 우상을 왜 경배하려 하지요? 그러고도 어떻게 할머니가 섬기는 우상이 신이라고 말할 수 있나요? 그 우상이 신이라면 왜 도적들의 손에서 자신을 구해 내지 못했겠어요? 우상은 우상에게도 우상을 섬기는 사람들에게도 아무런 도움도 안 됩니다."

그러자 할머니가 물었다.

"자네가 말하는 것이 진실이라면 나는 누굴 섬겨야 하나?"

"모든 신들의 신이신 하느님을 섬기세요. 하늘과 땅과 바다와 그 안에 있는 것들을 창조하신 만주의 주, 니므롯의 하느님, 데라의 하느님, 동편과 서편과 남방과 북방의 신이신 하느님을 섬기세요. 신이라 자처하며 자기에게 경배하라는 니므롯은 개입니다."

아브라함은 할머니의 눈을 열어 주는 데 성공하였고, 할머니는 참 하느님을 전하는 열렬한 전도자가 되었다. 할머니의 우상을 훔쳐 간 도적들이 밝혀져서 그들이 우상을 제자리에 갖다 놓자, 할머니는 돌로 우상을 박살 내고 길거리로 나가서 크게 외쳤다.

"자기 영혼을 파멸에서 구하고 하는 일들이 다 형통하기를 바라는 자는 아브라함의 하느님을 섬길지니라."

이렇게 해서 이 할머니는 많은 남자와 여자들을 참 신앙으로 개종시켰다.

이 할머니의 말과 행동에 관한 소문은 니므롯 왕의 귀에까지 들렸고, 왕은 할머니를 호되게 꾸짖으며 자기 외에 어떻게 다른 신을 섬기게 되었는지 물었다. 할머니는 이렇게 대답했다.

"당신은 거짓말쟁이이며 신앙의 본질을 부인하는 자요. 오직 한 분 하느님이 계시니 그분 외에 다른 신은 없소. 당신도 그분의 은혜로 살고 있으면서 다른 신을 경배하고, 그분과 그분의 가르침과 그분의 종 아브라함을 부정하고 있소."

할머니는 깊은 신앙의 대가로 자신의 목숨을 바쳐야 했다. 그렇지만 사람들이 점점 더 아브라함의 가르침을 따랐기 때문에 니므롯은 두려움과 공포에 떨며, 아브라함을 어떻게 처리해야 할지 몰라 깊은 고민에 빠졌다. 결국 그는 방백들의 조언대로 이레 동안 연회를 열기로 하고, 모든 백성에게 금과 은으로 성장盛裝을 하고 나오라고 명했다. 니므롯은 자신의 부와 권력을 이런 식으로 과시함으로써 아브라함을 위축시켜, 그가 다시 왕을 신으로 신봉하는 자로 돌아오게 할 수 있으리라고 생각하였다.

니므롯은 아브라함의 아버지 데라를 통해 자신의 위대함과 부, 통치권의 영화, 수많은 방백과 시종들을 볼 수 있는 기회를 주겠다면서 아브라함을 초대하였다. 그러나 아브라함은 왕 앞에 나아가기를 거절하고, 아버지의 청을 받아들여서 왕이 없는 사이에 왕의 우상들과 왕의 신상 곁에 앉아서 지키는 일을 맡았다.

우상들과 아브라함만이 남았을 때 아브라함은 "영원하신 분은 하느님, 영원하신 분은 하느님 한 분!"이라는 말을 되뇌며 왕의 우상들을 그 좌대에서 끌어내려 도끼로 내려치기 시작하였다. 그는 가장 큰 것에서 시작하여 가장 작은 것에서 마쳤다. 그는 가장 큰 것의 발을 잘랐고, 가장 작은 것의 머리를 베었으며, 가장 작은 것의 눈을 쳤고, 가장 큰 것의 손을 뭉개 놓았다. 모든 우상의 사지를 절단한 후에, 아브라함은 도끼를 가장 큰 우상의 손에 놓아두고 나서 그곳을 떠났다.

니므롯은 연회가 끝나고 돌아와서 자기의 우상들이 모두 산산조각이 나 있는 것을 보고, 누가 이런 만행을 저질렀는지 물었다. 이 극악무도한 일을 저지른 자로 아브라함의 이름이 거명되었고, 니므롯은 그를 소환하여 왜 이런 짓을 했는지 물었다. 아브라함은 이렇게 대답하였다.

"나는 안 했습니다. 우상들 중에 가장 큰 자가 나머지 우상들을 부쉈지요. 그가 아직도 손에 도끼를 들고 있는 게 안 보이십니까? 내 말을 믿지 못하시겠거든 그에게 물어보세요, 그가 당신에게 대답해 줄 겁니다."

모리아로 길을 떠나다

여호와는 이 문제와 관련하여 아브라함과 이삭을 시험하기로 작정하시고 아브라함에게 이렇게 말씀하셨다.

"지금 네 아들을 취하라."

"제겐 이삭과 이스마엘 두 아들이 있는데, 어느 아들을 취하라고 명하시는지 알지 못하겠나이다."

"너의 유일한 아들 말이다."

"이삭은 그의 어미 사라의 유일한 아들이요, 이스마엘 역시 그의 어미 하갈의 유일한 아들이나이다."

"네가 사랑하는 자 말이다."

"저는 두 아들을 다 사랑하나이다."

"이삭 말이다."

"그러면 어디로 갈까요?"

"내가 네게 지시하는 땅으로 가서 거기에서 이삭을 번제로 드려라."

"제가 제사장도 아닌데 희생 제사를 드려도 괜찮겠나이까? 대제사장 셈이 그 일을 하는 것이 온당치 않겠나이까?"

"네가 그곳에 당도하면 내가 너를 성별하여 제사장을 만들리라."

'이삭을 사라에게서 어떻게 떼어 놓을꼬?'

아브라함은 염려하며 장막으로 들어갔다. 그는 자기 아내 사라 앞에 앉아서 이렇게 말했다.

"아들 이삭이 장성하였으나 아직 하느님 섬기는 법을 배우지 못했소. 이제 내일 내가 이삭을 데리고 셈과 그의 아들 에벨에게 가려고 하오. 그들이 이삭에게 여호와께 기도드려서 응답받는 방법과 하느님을 섬기는 길을 가르칠 것이고, 이삭은 여호와의 길을 배우게 될 것이오."

사라는 아브라함의 말에 고개를 끄덕였다.

"당신의 말이 옳아요. 당신이 말한 대로 하세요. 그러나 이삭을 내게서 너무 멀리 있게 마시고, 너무 오랫동안 그곳에 머물게 하지 말아 주세요. 내 영혼은 이삭의 영혼 안에 묶여 있으니까요."

아브라함이 사라에게 말했다.

"여호와 우리 하느님께서 우리를 선대하시도록 기도합시다."

사라는 이삭을 불러 입맞추고 포옹하며 아침이 될 때까지 여러 가지를 일러 주었다. 그런 다음 사라는 아브라함에게 당부했다.

"청컨대 이삭을 잘 보살피고 이삭에게서 눈을 떼지 마십시오. 내겐 이삭 외에 아들이나 딸이 없어요. 이삭에게 소홀히 하지 마세요. 이삭이 배고파 하면 떡을 주고, 목말라 하면 물을 주세요. 이삭이 나가 돌아다니거나 햇볕에 앉아 있게 하지 마시고, 혼자 길에 나가지 않게 해 주세요. 이삭이 원하는 것을 물리치지 마시고 당신에게 말하는 것은 다 해 주세요."

이삭을 떠나보내야 하는 아픔으로 온 밤을 울며 지새운 후에, 사라는 아침에 일어나 아비멜렉이 그녀에게 준 옷 중에서 아주 곱고 아름다운 옷을 골라서 이삭에게 입혔다. 머리에는 터번을 씌우고 터번 꼭대기에 보석 하나를 달아 주었으며, 그들이 길을 가며 먹을 양식을 주었다.

사라는 길까지 따라나가 그들을 배웅했고, 이삭은 눈물을 글썽이며 서 있는 그녀에게 장막으로 돌아가시라고 했다. 사라는 아들 이삭의 말을 듣고 다시 펑펑 울기 시작했고, 아브라함과 이삭도 함께 울어 온통 울음바다가 되었다. 함께 있던 종들도 큰 소리로 울었다. 사라는 이삭에게 달려가 팔로 껴안으며 "내가 너를 이후에 다시 보게 될지 어찌 알겠느냐?"라고 하면서 이삭과 함께 울었다.

아브라함은 울음바다 속에서 이삭과 함께 출발하였고, 사라와 종들은 장막으로 돌아왔다. 아브라함은 젊은이 둘, 즉 이스마엘과 엘리에셀을 데려갔는데, 이들은 길을 걸으면서 서로 이런 말을 했다.

"지금 내 아버지 아브라함이 이삭을 여호와께 번제물로 바치기 위해 가고 있으니, 돌아오면 내게 모든 소유를 유업으로 물려주리라. 내가 장자니까."

이스마엘의 말에 엘리에셀이 대답하였다.

"분명히 아브라함은 너와 네 어머니를 내쳤고, 네가 그의 모든 소유 중 어느 것도 유업으로 받지 못할 것이라고 맹세하셨어. 그러면 이제 밤낮으로 그를 섬기고 그가 원한 모든 일을 해 준 그 집의 충직한 종, 바로 나 외에 누구에게 그가 모든 소유를 주겠느냐?"

그러자 거룩한 영이 답했다.

"너희 둘 다 상속받지 못하리라."

아브라함과 이삭이 길을 가고 있을 때에 사탄이 아브라함에게 나이 든 노인으로 가장하여 나타나서 통탄스럽다는 듯이 이렇게 말했다.

"당신의 유일한 아들에게 이런 일을 하러 가다니, 당신은 어리석은 거요, 미련한 거요? 하느님은 당신의 말년, 즉 당신의 노년에 당신에게 아들을 주셨는데, 당신은 지금 아무 죄도 없는 유일한 아들의 목숨을 이 땅에서 없애려는 것이오?"

"여호와는 아들을 죽이라고 명하는 그런 악을 사람에게 행하지 않으시는 분이오."

아브라함은 이 노인이 자기를 여호와의 길에서 어그러지게 하려고 애쓰는 사탄이라는 것을 알고 꾸짖었고, 사탄은 물러갔다.

얼마 후 사탄은 이번에는 잘생기고 준수한 젊은이의 모습으로 이삭에게 나타나 속삭였다.

"당신의 어리석고 늙은 아버지가 오늘 당신을 무고하게 죽이기 위해 끌고 간다는 것을 당신은 모르고 계시오? 이보시오, 당신의 아버지는 어리석은 늙은이이니 그의 말을 듣지 마시오. 당신의 귀한 목숨과 아름다운 인물됨을 이 땅에서 없어지게 하지 마시오."

이삭이 이 말을 아버지에게 고하자, 아브라함이 이삭을 타일렀다.

"그를 조심하고 그의 말을 듣지 마라. 그는 우리를 하느님의 명령에서 떠나게 하려고 애쓰는 사탄이니라."

아브라함은 사탄을 다시 꾸짖었고, 사탄은 물러갔다.

사탄은 그들에게 자기 말이 안 통하는 것을 알고 노중에 있는 큰 시내로 변했다. 아브라함과 이삭, 그리고 두 젊은이는 그곳에 도착해서 거센 물줄기의 큰 시내를 보았다. 그들은 시내를 건너려고 물속으로 들어갔다. 그러나 갈수록 시냇물이 깊어져서 물이 목에까지 찼고, 그들은 모두 물 때문에 공포에 질렸다.

그러나 아브라함은 예전에는 그곳에 물이 없었다는 것을 알고 있었으므로 이들에게 "내가 이곳을 아는데, 시내도 물도 여기엔 없었다. 분명히 우리로 하여금 하느님의 명령에서 떠나게 하려고 사탄이 이런 짓을 하는 것이다."라고 말하였다. 그러고는 큰 소리로 사탄을 꾸짖었다.

"사탄아, 여호와께서 너를 꾸짖으신다. 우리는 하느님의 명령을 받고 가는 것이니 우리에게서 떠나라."

사탄은 아브라함의 목소리에 겁에 질려서 떠나갔고, 그곳은 다시 예전처럼 마른 땅이 되었다. 아브라함은 이삭과 함께 하느님이 그들에게 지시한 곳을 향하여 나아갔다.

사탄은 이번에는 노인으로 가장해서 사라에게 나타나 물었다.

"남편은 어디 가셨소?"

사라가 대답했다.

"일하러요."

"그러면 당신의 아들 이삭은 어디 간 거요?"

"아버지와 함께 토라를 배우는 곳으로 갔어요."

그러자 사탄이 말했다.

"이 불쌍한 할머니 좀 봐. 당신 아들 때문에 당신의 이가 시릴 거요. 아브라함이 이삭을 희생 제물로 바치기 위해서 길 떠난 것도 모르고."

사탄의 말에 사라는 사지가 후들거렸다. 그녀는 너무나 놀라서 정신이 하나도 없었다. 그렇지만 곧 마음을 가다듬고 이렇게 말했다.

"하느님께서 아브라함에게 말씀하신 것은 모두 그가 목숨을 걸고 평안하게 행할 것이오."

길 떠난 지 사흘째 되던 날에 아브라함이 눈을 들어 보니, 저 멀리 하느님이 지시한 곳이 보였다. 산 위에는 하늘까지 닿아 있는 불기둥이 있었고, 짙은 구름 사이로 하느님의 영광이 보였다. 아브라함이 이삭에게 물었다.

"내 아들아, 멀리 보이는 저 산 위에 무엇이 있는지 보이느냐?"

"예, 보여요. 불기둥과 구름, 여호와의 영광이 구름 위에 보이네요."

그러자 아브라함은 이삭이 희생 제사를 위해서 여호와 앞에 받아들여졌음을 알았다. 그는 이스마엘과 엘리에셀에게 물었다.

"우리가 보는 것을 너희도 보느냐?"

"다른 산들과 다를 게 하나도 없는데요."

아브라함은 그들의 대답을 듣고 그들이 함께 가도록 여호와 앞에 받아들여지지 않았음을 알았다. 그는 그들에게 일렀다.

"너희는 여기에서 나귀와 함께 있어라. 너희는 나귀와 똑같다. 나귀가 못 보듯이 너희도 못 보는구나. 나와 이삭은 저 산에 가서 여호와 앞에 경배하고 저녁나절에 돌아오마."

이때 무의식적인 예언이 아브라함에게 임했다. 왜냐하면 그가 자기와 이삭이 둘 다 산에서 돌아올 것이라고 무심결에 예언하였기 때문이다. 엘리에셀과 이스마엘은 아브라함의 명대로 그곳에 머물렀고, 그와 이삭은 산을 향해 나아갔다.

아케다 ^{Akedah, '묶다'라는 뜻의 히브리어}

산을 향해 걸어가던 이삭이 아브라함에게 물었다.

"불과 장작은 있는데 여호와 앞에 번제로 드릴 어린 양은 어디 있나요?"

아브라함이 이삭에게 대답했다.

"애야, 여호와께서 너를 어린 양 대신에 완전한 번제물로 선택하셨다."

그러자 이삭이 아버지에게 말했다.

"여호와께서 아버지께 말씀하신 모든 것을 기쁘고 즐거운 마음으로 행하겠어요."

아브라함은 다시 작은아들 이삭에게 물었다.

"네 마음속에 이 합당치 않은 일에 대하여 어떤 생각이 있느냐? 애야, 말해 보아라, 제발! 오, 내 아들아, 내게 숨기지 마라."

"여호와의 사심과 아버지의 영혼의 사심을 가리켜 맹세컨대, 내 마음속에는 저를 좌로나 우로나 치우치게 하는 그 어떤 생각도 악한 감정도 없어요. 이 일 때문에 사지四肢나 근육도 떨리지 않고, 오직 기쁘고 즐거운 마음뿐이에요. '오늘 저를 그분 앞에 번제물로 선택하신 여호와를 찬송하리로다.' 라고 저는 말하렵니다."

아브라함은 이삭의 말을 듣고 크게 기뻐하였고, 그들은 더 나아가 여호와가 말씀하신 곳에 함께 당도했다. 아브라함은 그곳에 제단을 쌓았고, 이삭은 그에게 돌과 역청을 건네주었다.

마침내 제단이 세워졌다. 아브라함은 장작을 취하여 제단 위에 벌여 놓고, 여호와 앞에 번제물로 바치려고 이삭을 묶었다. 이삭이 말했다.

"아버지, 서두르세요. 팔을 걷어붙이시고 제 손과 발을 단단히 묶으세요. 전 어리고 아버지는 노인이시니, 혹시라도 제가 아버지 손에 있는 도살용 칼을 보면 살고자 하는 마음에서 아버지를 밀칠지도 모르니까요. 또한 제게 상처가 나면 희생 제물로 마땅치 않게 될 수도 있어요. 그러니 아버지, 바라건대 서둘러서 창조주의 뜻을 집행하세요. 지체하지 마세요. 옷을 걷어붙이시고 허리를 동여매세요. 저를 죽인 후에 고운 재가 되도록 저를 태우세요. 그런 다음 그 재를 모아다가 제 어머니 사라에게 가져다 드리고 어머니 방에 있는 함에다 그 재를 놓아두세요. 어머니가 방에 들어오실 때마다 아들 이삭을 기억하고 우시게요."

이삭은 말을 마치고 슬픈 표정으로 이번에는 아브라함에게 물었다.

"그런데 아버지, 어머니가 내 아들 이삭이 어디 있느냐고 물으시면 어떻게 대답하실 건가요? 이제 두 분이 노년을 어떻게 지내시지요?"

아브라함이 대답했다.

"우리는 너보다 며칠밖에 더 살지 못할 것이다. 네가 태어나기 전에 우리의 위로가 되셨던 분이 지금까지 그러셨듯이 이후로도 우리를 위로해 주실 것이다."

　장작을 잘 벌여 놓고 이삭을 제단의 장작더미 위에 묶은 후, 아브라함은 옷을 걷어붙이고 온 힘을 다해서 무릎을 이삭 쪽으로 굽혀 이삭을 껴안았다.

　하느님은 높고 높은 보좌에 앉아서 두 사람의 마음이 과연 같은지 보셨다. 눈물이 아브라함의 눈에서 이삭에게로 흘러 떨어지고, 다시 이삭에게서 장작더미로 떨어져서 장작은 눈물로 적셔졌다. 아브라함이 손을 뻗어 칼을 잡아서 그의 아들을 베려고 할 때, 하느님이 천사들에게 말씀하셨다.

　"너희는 나의 벗 아브라함이 세상에서 내 이름의 유일함을 어떻게 선포하고 있는지 보느냐? 세상을 창조할 때에 사람이 무엇이기에 그를 권하시며 인자가 무엇이기에 그를 찾아가시느냐고 너희가 반문하는 말을 내가 들었더라면, 이 세상에서 내 이름의 유일함을 알릴 자가 누가 있었겠느냐?"

　그러자 천사들이 큰 소리로 울면서 절규하였다.

　"큰길들은 황폐해 버려지고, 길 가는 사람이 그치고, 언약은 깨졌나이다. 행인들을 자기 집으로 데려가서 먹을 것과 마실 것을 주고 그들을 가는 길까지 배웅해 준 아브라함에 대한 상은 도대체 뭡니까? 언약은 깨졌나이다. 주께서 아브라함에게 '이삭이 네 씨라 불리리라.' 라고 말씀하셨고 '내 언약을 이삭과 더불어 세우리라.' 라고 말씀하셨는데, 도살용 칼이 그의 목에 놓여져 있기 때문이옵나이다."

　천사들의 눈물이 칼에 떨어져서 그 칼은 이삭의 목을 벨 수가 없었지만, 공포 때문에 그의 영혼은 그에게서 떠났다. 하느님이 천사장 미카엘에게 말씀하셨다.

"왜 거기 서 있느냐? 아브라함이 이삭을 죽이지 않게 하여라."

미카엘은 곧 다급한 목소리로 외쳤다.

"아브라함! 아브라함! 아이에게 손을 대지 마시오. 그에게 어떤 짓도 해서는 안 되오!"

아브라함이 대꾸했다.

"하느님께서 저에게 이삭을 죽이라고 명하셨는데, 당신이 나에게 그를 죽이지 말라니요! 선생의 말과 제자의 말 중에서 어느 말을 들어야 하겠소?"

그때 아브라함에게 다음과 같은 말이 들렸다.

"여호와께서 말씀하시되, 나 자신을 두고 맹세하노니 네가 이 일을 행하여 네 아들을 아끼지 아니하였으니, 내가 너를 축복하고 축복하며 네 씨를 하늘의 별같이, 바닷가의 모래같이 번성케 하고 번성케 하리라. 네 씨가 원수들의 문을 얻을 것이고, 네 씨를 통하여 땅의 온 열국이 축복을 받으리라. 네가 나의 음성에 순종했기 때문이니라."

아브라함은 즉시 이삭에게시 물러났고, 이삭은 아브라함에게 그의 아들을 죽이지 말라고 권고하는 하늘의 목소리 때문에 살아났다. 아브라함이 이삭을 묶은 끈을 풀어 주자 그는 서서 "죽은 자를 살리시는 여호와를 찬송하리로다."라고 감사 기도를 올렸다.

아브라함이 하느님께 희생 제사를 올리지 않고 그냥 가도 되겠느냐고 묻자 하느님은 눈을 들어 뒤에 있는 희생 제물을 보라고 말씀하셨다. 아브라함이 뒤를 살펴보니 하느님이 창조의 여섯째 날, 즉 안식일 전날 밤 황혼녘에 창조하여 그때 이후로 이삭 대신에 드릴 번제물로 예비해 두신 숫양이 관목 숲에 걸려 있었다. 이 숫양은 아브라함을 향하여 달려오고 있었는데, 이때 사탄이 숫양을 붙

●──이스라엘 민담

잡는 바람에 뿔이 관목 숲에 걸려 아브라함에게 나아갈 수 없었던 것이다.

아브라함은 숫양을 관목 숲에서 빼내 와서 제단 위에 자기 아들 이삭 대신 제물로 올려놓았다. 아브라함은 숫양의 피를 제단 위에 뿌린 후 "이것은 제 아들을 대신하는 것이니 이것을 여호와 앞에서 제 아들의 피로 여기십시오."라고 소리쳤다. 이후로 아브라함은 제단에서 무엇을 할 때마다 "이것은 제 아들을 대신하는 것이니 이것을 여호와 앞에서 제 아들을 대신하는 것으로 여기십시오."라고 소리쳤다. 하느님은 숫양의 희생 제사를 받으셨고, 숫양을 이삭으로 여기셨다.

이 숫양의 창조가 특이했듯이 숫양의 쓰임새도 특이했다. 어느 하나도 버릴 것이 없었다. 제단에서 태워진 내장의 재는 제단 내부의 기초를 이루었고, 그 위에서 1년에 한 번 이삭을 제물로 드렸던 바로 그날인 속죄일에 속죄제가 드려졌다. 숫양의 힘줄은 다윗이 연주했던 수금의 열 개의 줄이 되었고, 가죽은 엘리야의 허리띠가 되었다. 두 뿔 중의 하나는 시내 산 계시가 끝났을 때 울렸던 나팔이 되었다. 그리고 다른 하나는 '그날이 오면, 큰 나팔 소리가 울려 퍼지고 아시리아 땅으로 끌려갔던 사람들과 이집트 땅으로 도망간 사람들이 돌아와서 예루살렘 성산에서 여호와를 경배하리라.'라는 말씀처럼 유대 민족의 귀환을 선포할 때 사용될 것이다.

하느님이 아브라함에게 이삭을 희생 제물로 바치는 것을 중지하라고 명하셨을 때, 아브라함은 "사람이 다른 사람을 시험하는 것은 그 사람의 마음에 무엇이 들어 있는지 모르기 때문입니다. 그러나 주는 제가 제 아들을 희생 제물로 바칠 준비가 되어 있음을 확실히 아셨습니다!"라고 말했다.

그러자 하느님이 말씀하셨다.

"그건 내게 명백했고, 나는 네가 내게 네 목숨조차 아끼지 아니할 줄 미리 알았다."

아브라함은 물었다.

"그런데 왜 주께서는 저를 이렇게 괴롭히셨습니까?"

"세상이 너를 알게 되고 내가 너를 만국 중에서 선택한 것이 다 이유가 있음을 사람들이 알게 되는 것이 나의 바람이었다. 이제 네가 하느님을 경외하는 것이 사람들에게 증명되었다."

하느님은 하늘들을 여셨고, 아브라함은 "내 자신을 두고 맹세하노라!" 하는 하느님의 음성을 들었다.

아브라함이 응답했다.

"주께서 맹세하시고 저도 맹세하오니, 제가 할 말을 다 하기 전에는 이 제단을 떠나지 아니할 것입니다."

하느님이 말씀하셨다.

"네가 할 말이 있으면 다 해 보아라!"

"주는 제게 제 배에서 그 씨기 온 세상을 채울 아이가 나오게 하겠다고 약속하셨습니다. 그가 누구입니까?"

"이삭이다."

"제 자녀 중 누구를 통해서입니까?"

"이삭을 통해서다."

"제가 주를 비난하여 '세상의 주여, 지난날 제게 이삭이 네 씨라 불리리라고 말씀하시고는 이제와 어찌하여 내 유일한 아들 이삭을 번제물로 바치라고 하십니까?'라고 말할 수 있었습니다. 그러나 저는 그러지 않았고, 아무 말도 하지 않았습니다. 그러니 이삭의 자손들이 범죄하여 재앙의 때를 맞게 되면 그들의 조상 이삭이 드린 제물을 권고하셔서서 그들을 고통에서 구해 주십시오."

"네가 할 말을 다 했으면 이제 내가 할 말을 하리라. 네 자손들은 장차 내 앞에서 범죄할 것이고, 나는 그들을 판결하리라. 그들이 내게 사해 주기를 원한다면 그들은 숫양의 뿔을 그날에 불겠고, 나는 이삭을 대신해 희생 제물로 받쳐진 숫양을 기억하고 그들을 죄에서 사하리라."

나아가 여호와는 아브라함에게, 이삭을 제물로 드린 그 자리에 세워질 성전이 파괴될 것이고, 이삭을 대신한 숫양이 한 나무에서 빠져나왔지만 다른 나무에 걸리듯이 그의 자손들도 왕국에서 왕국으로 넘겨지리니, 곧 바벨론에서 구원받으면 메대에 복속되고, 메대에서 구원받으면 그리스에 예속되고, 그리스를 피하면 로마를 섬기게 될 것이라고 하셨다. 그렇지만 종국에 그들은 여호와 하느님이 나팔을 불며 남방의 회오리바람과 함께 올 때에 숫양의 뿔나팔 소리를 신호로 궁극적으로 구속을 받으리라는 것을 계시하셨다.

아브라함이 제단을 세운 곳은 아담이 최초의 희생 제사를 드린 곳이며, 가인과 아벨이 하느님께 그들의 예물을 드린 곳이고, 노아가 방주를 나온 후 하느님께 제단을 쌓은 바로 그곳이었다. 아브라함은 이곳이 성전을 위해 예비된 곳임을 알고 하느님을 경외하고 섬기는 영원한 곳이라는 뜻에서 이레^{Yireh}라 불렀다. 그러나 셈이 그곳을 평화의 땅이라는 뜻에서 살렘^{Shalem}이라 명명하였기 때문에, 하느님은 아브라함이나 셈의 기분을 상하지 않게 하시려고 두 이름을 결합하여 그 성읍을 예루살렘이라고 부르셨다.

모리아 산에서 희생 제사를 드린 후에, 아브라함은 기쁜 일들이 많이 일어났던 브엘세바로 돌아갔다. 이삭은 천사들이 낙원으로 데리고 가서, 거기서 3년을 머물렀다. 그래서 아브라함은 홀로 집으로 돌아왔고, 사라는 이를 보고 "이삭을 희생 제물로 바쳤다고 사탄이 말한 것이 사실이었군요."라며 절규하였다.

소돔과 고모라에 간 엘리제

아브라함이 아내를 얻었을 때 그는 엘리제^{엘리에데르의 약칭}라는 젊은 이를 집에 데려왔다. 엘리제는 세상에서 가장 진실하고 훌륭한 사람 중의 하나였다. 그는 아브라함과 그의 아내 사라를 위해 오랫동안 일을 했으며 주인의 이익을 빼놓고는 어떠한 것도 생각하지 않았다.

어느 날 아브라함은 고모라와 소돔이라는 도시에 신을 믿지 않는 사악한 종족이 살고 있다는 이야기를 들었다. 그는 이 사실을 믿을 수가 없었다. 아브라함이 사람들에게 들은 이야기는 다음과 같았다.

그 도시를 지배하는 네 명의 재판관은 거짓말쟁이, 사기꾼, 범법자, 불명예스러운 자로, 누군가가 이웃집 당나귀의 귀를 자르면 그 귀가 다시 자랄 때까지 당나귀를 기르라고 판결했다. 한 마리의 황소를 갖고 있는 사람이라면 누구든지 하루 동안 공공 소몰이꾼으로 봉사해야 하고, 한 마리도 없다면 이틀 동안 그 일을 해야만 한다. 소돔에 이르는 길에는 다리가 하나 놓여 있는데, 이방인은 반드시 금화 네 개를 내야 그 다리를 건널 수 있다. 만일 물속으로 강을 건너면 통행세를 두 배로 내야 한다. 소돔과 고모라에서 손님은 환영받지 못하고 거지들에게는 빵 대신 금화 한 닢을 준다. 그러나 금화에 표시가 되어 있어 거지가 금화를 사용한다는 것은 불가능하다. 오직 거지가 굶어 죽었을 때 그 돈은 다시 원래 주인한테로 돌아간다.

 사람들에게 들은 이야기를 떠올리며 잠을 못 이루던 아브라함은 이것이 사실인지 아닌지 알아보기 위해 엘리제를 보냈다. 엘리제는 먼저 소돔으로 갔다. 그는 오후 늦게 도착했기 때문에 여관을 찾아 다녔다. 그리고 여관 창문을 통해 놀라운 장면을 보았다. 방 가운데에는 두 개의 침대와 손님 두 명이 있었는데, 그 중 한 명이 침대보다 키가 더 크자 여관 주인은 침대 길이에 맞춰 발을 잘라 버렸다. 침대보다 키가 작은 나머지 한 사람은 침대에 맞게 몸을 늘였.

 그러나 엘리제는 황소같이 튼튼한 어깨와 삽같이 넓은 손을 가지고 있었기 때문에 두려움 없이 당당하게 여관으로 들어갔다. 주인은 손님을 맞게 되어 기쁘다는 표정을 지으며 즉시 그를 방으로 안내했다. 엘리제는 침대 근처엔 얼씬도 하시 않았고, 오로지 마룻바닥에서만 자기로 맹세했다고 말했다.

 여관 주인은 엘리제에게 어떤 해도 가할 수 없어 화가 났으나 감히 엘리제와 싸우고 싶은 생각은 없었다. 다음 날 아침 그는 밖으로 나가 소돔 사람들을 불러 모은 뒤 엘리제를 깨워 문밖으로 내쫓았다. 많은 사람이 여관 앞에 죽 서 있었다. 그들은 즉시 엘리제를 비난하더니 진흙과 돌을 던지기 시작했다. 엘리제는 웃기만 했으나 이내 이마에 돌을 맞고 피를 흘리기 시작했다. 갑자기 군중은 조용해졌고, 재판관 중의 한 사람이 엘리제에게 상처를 입힌 사람을 이끌고 앞으로 나왔다.

●──이스라엘 민담

재판관이 엘리제에게 말했다.

"이 훌륭한 청년이 당신에게 금화 다섯 닢을 절약하도록 도와준 셈이오. 왜냐하면 당신이 피를 흘릴 수 있게 하려면 의사한테 가서 금화 다섯 닢을 지불해야만 하기 때문이오. 그러니 즉시 요금을 지불하시오!"

엘리제는 화가 났다.

"여기서는 일을 이렇게 처리하는군! 좋아, 그렇다면 나도 똑같은 말을 해 주지!"

그는 돌을 집어 재판관한테 던진 후 다음과 같이 말했다.

"재판관님, 당신 역시 피를 흘리시는군요. 친절하신 재판관님, 제게 상처를 입힌 저 사람에게 제 요금을 지불해 주시기 바랍니다. 그러면 우리의 부채는 끝이 나는 거니까요!"

소란은 그쳤고, 엘리제는 소돔을 떠나 고모라로 갔다.

엘리제는 배가 몹시 고팠다. 아브라함의 집을 떠난 지 여러 날이 흘렀지만 그는 아무것도 먹은 것이 없었다. 고모라에서는 친절이 가장 큰 죄였기에 아무도 그에게 음식을 팔지 않았다. 낯선 사람을 식탁에 초대하면 사형을 당하였다. 그래서 엘리제는 사람이 아니라 몹쓸 병에 걸린 환자처럼 문전에서 쫓겨났다.

지친 엘리제는 결혼 축하연이 벌어지는 집으로 비틀거리며 걸어 들어갔다. 테이블 위에는 음식과 술이 차려져 있었다. 손님들은 배가 불러서 더 이상 먹을 수 없었지만 여전히 새로운 요리가 계속 날라져 왔다. 엘리제는 너무나 배가 고파 누군가의 양해를 구할 틈도 없었다. 그는 구운 쇠고기가 놓여 있는 접시 앞에 앉았다.

"당신을 초대한 사람이 누굽니까?"

주인이 화난 목소리로 물었다.

"아니, 잊어버리셨습니까? 물론 당신입니다."

엘리제는 미소를 띠며 대답했다.

엘리제 옆에 있던 사람은 이 말을 듣자마자 도망쳤다. 엘리제는 남의 말을 엿듣는 사람은 사형에 처한다는 것을 잘 알고 있었으므로 이와 같은 방법으로 세 번째, 네 번째 사람을 보냈다. 그리고 풍성하게 잘 차려진 식탁에 오직 혼자만 남게 되자 충분히 먹고 마신 뒤 여행에서 만나는 불쌍한 사람들을 주기 위해 약간의 음식을 쌌다.

이리하여 엘리제는 악한 고모라 사람들 또한 이기고 기쁜 마음으로 아브라함의 집으로 돌아갔다.

욥과 족장들

지금까지 살았던 이방인들 중에서 가장 경건한 사람이자 '하느님의 종'이라는 영예로운 호칭을 받은 극소수의 사람들 중 한 사람이었던 욥은 야곱과 이중으로 친척 관계에 있었다. 욥은 야곱의 형 에서의 손자였고, 동시에 디나를 두 번째 아내로 맞이함으로써 야곱의 사위가 되기도 했다. 욥은 족장 야곱 가문의 일원으로 전혀 손색이 없을 정도로 하느님을 경외하고 악을 멀리한 완벽하게 의로운 인물이었다. 욥이 큰 시련 중에 온전히 하느님만 의지하고 요동하지 않았더라면, 하느님의 이름을 아브라함, 이삭, 야곱의 하느님이라고 부르는 것처럼 욥의 하느님이라 불리게 될 영예가 그에게 주어졌을 것이다. 그러나 그는 세 족장들과는 달리 견고하지 못했기 때문에 하느님이 그를 위해 예비해 놓으신 영예를 놓치고 말았다.

여호와는 욥의 인내심이 부족함을 보고 이렇게 힐난하셨다.

"왜 너는 고난이 네게 임하자 불평하였느냐? 너는 단 한 번의 범죄로 말미암아 그와 후손들에게 내가 죽음을 명했지만 불평하지 않았던 나의 피조물인 아담보다 네가 더 훌륭하다고 생각하느냐? 너는 아브라함보다 네가 더 훌륭하다고 생각하느냐? 내가 그를 여러 번 시험하였고, 그가 '이 땅을 유업으로 받을 줄로 무엇으로 제가 알리이까?'라고 물었을 때, 내가 '네 씨가 이방인들의 땅에서 객이 되어 그들을 섬기리니 그들이 네 자손들을 400년 동안 괴롭히리라.'라고 대답했어도 그는 불평하지 않았다. 너는 모세보다 네가 더 훌륭하다고 생각하느냐? 나는 그가 '너희 패역한 자들아, 이제 들으라. 우리가 이 바위에서 너희를 위해 물을 내리랴.'라는 말을 했기 때문에 약속의 땅에 들어가는 은혜를 허락하지 않겠다고 했지만, 그는 결코 불평하지 않았다. 너는 아론보다 네가 더 훌륭하다고 생각하느냐? 그에게 나는 그 어떤 사람들보다 더 큰 영예를 주어 그가 지성소에 들어갈 때 천사들을 지성소 밖으로 내보내었다. 그렇지만 그의 두 아들이 죽었을 때, 그는 불평하지 않았다."

욥과 족장들 간의 이러한 뚜렷한 대비는 욥이 한 말과 아브라함이 한 말을 봐도 드러난다. 아브라함은 하느님께 "이런 식으로 의인들을 악인들과 같이 다루어 의인들을 악인들과 같이 숙이시는 것은 주님답지 않습니다."라고 말했는데, 욥은 자신을 찾아온 친구들에게 "하느님은 완전한 자나 악인이나 다 멸망시키신다고 나는 생각한다."라고 소리쳤다. 이 두 사람은 합당한 보응을 받았다. 즉 아브라함은 상을, 욥은 벌을 받았다.

자신의 고난이 부당하다고 확신한 욥은 뻔뻔스럽게도 "하느님은 수소에게는 갈라진 굽을 주시고, 나귀에게는 갈라지지 않은 굽을 주셨다. 하느님은 낙원과 지옥을 만드셨고, 의인과 악인을 만드셨다. 하느님께서는 누구의 방해도 받지 않고 보시기에 선한 대로 하실 수 있다."라고 말하였다. 욥의 친구들은 "하느님께서 악한 기운을 만드셨다는 것은 사실이지만 사람에게 이에 대한 치료제로 토라를 주셨다는 것도 사실이다. 그러므로 악인은 자신의 죄과를 자기 어깨로부터 굴려서 하느님께 전가할 수 없다."라고 대답하였다.

  욥이 이런 터무니없는 말을 서슴지 않고 할 수 있었던 이유는 그가 죽은 자의 부활을 부인하였기 때문이다. 그는 악인의 형통과 경건한 자의 화를 오직 이 땅에서 잘되고 못되는 것만을 기준으로 해서 판단하였다. 이 그릇된 전제에서 출발해서 욥은 자기에게 임한 벌이 분명히 자기 몫이 아닐 것이라고 주장하였다. 하느님이 뭔가 실수해서 죄인에게 돌아갈 고통을 자기에게 부과한 것이라고 생각한 것이다. 그러나 하느님은 욥에게 이렇게 말씀하였다.

  "내가 사람의 머리에 수많은 머리카락을 만들었고, 머리카락마다 각자 액낭이 있다. 만약 하나의 액낭에서 두 개의 머리카락이 자양분을 끌어올리게 되면 사람은 시력을 잃게 된다. 그러나 지금까지 액낭 하나라도 잘못된 것은 결코 없었다. 그런데 내가 욥과 다른 사람을 착각하였겠느냐? 수많은 빗방울이 하늘에서 떨어지고, 구름 속에는 빗방울마다 주물 틀이 있다. 한 주물 틀에서 빗방울 두 개가 나오면 땅은 진창이 되어서 어떤 식물도 자랄 수 없게 된다. 그러나 지금까지 주물 틀이 잘못된 적은 결코 없었다. 그런데 내가 욥과 다른 사람을 착각하였겠느냐? 나는 하늘들에서 수많은 천둥을 내던지는데, 천둥마다 제 길에서 나온다. 만약 한 길에서 두 천둥이 나오면 온 세상이 파괴된다. 그러나 이제까지 길이 잘못 된 적은 결코 없었다. 그런데 내가 욥과 다른 사람을 착각하였겠느냐?

  영양은 새끼를 바위 꼭대기에서 낳는데, 내가 독수리를 그리로 보내어 그 새끼를 붙잡아 그 어미에게 돌려주지 않는다면 새끼는 끝도 없는 낭떠러지로 떨어져 산산조각이 나서 죽고 만다. 독수리가 정해진 시간보다 조금이라도 빠르거나 늦게 나타난다면 영양 새끼는 죽고 말 것이다. 그러나 이제까지 시간이 빗나간 적은 한 번도 없었다. 그런데 내가 욥과 다른 사람을 착각하였겠느냐? 암사슴은 수축된 태를 갖고 있어서 내가 적시에 용을 보내어 그 태를 쥐어뜯어서 부드럽게 하지 않는다면 새끼를 낳을 수 없다. 용이 정해진 시간보다 1초라도 먼저 또는 늦게 온다면 암사슴은 죽고 만다. 그러나 이제까지 내가 적기를 놓친 적은 결코 없었다. 그런데 내가 욥과 다른 사람을 착각하였겠느냐?"

 욥의 용서받을 수 없는 말들에도 불구하고, 하느님은 욥에게 가혹한 판단을 하는 친구들을 기뻐하지 않으셨다. '고통 속에서 행하는 것에 대해서는 책임을 물을 수 없다.'는 말이 있듯이 욥의 고통은 사실 엄청난 것이었다.

모세의 탄생

옛날에는 유대 사람들이 거의 없었기 때문에 다들 서로 이름을 알았다.

아브라함과 그의 아내 사라는 이삭을 낳았고 이삭의 아내는 야곱을 낳았다. 해가 바뀌고 세월이 흘러 이윽고 야곱의 자손들이 태어났고 이 자손들이 모여 열두 종족을 이루게 되었다. 그래서 자손들은 더 이상 한 지붕 아래에서 살 수 없었다. 그들의 천막은 매우 커다랗고 식량도 풍부했으나 곧 시련의 시간이 닥쳐왔다. 자신들의 땅이 없었던 그들은 이집트에 정착해야만 했다.

그곳에는 유대인을 싫어하는 강력한 파라오가 이집트를 다스리고 있었다. 왕은 유대인들이 그의 땅에 초대받아 수십 년 동안 열심히 일했다는 사실을 잊고 있었다. 파라오는 유대인을 노예로 부리면서 남자 아이들이 태어나면 그 즉시 나일 강에 버리라는 명령을 내렸다.

하느님은 자신의 백성들이 고난에 처한 것을 보시고 잔인한 파라오를 벌한 뒤 이집트에서 유대인을 구출해 낼 수 있는 선지자를 보내기로 결정하셨다. 그 거룩한 이의 이름은 바로 모세였다.

모세가 태어나자 방 안은 온통 빛으로 가득 찼다. 마치 집 안으로 태양이 들어온 것만 같았다.

"너무나 귀여운 아이예요!"

아이의 어머니가 기쁨의 눈물을 흘리며 말했다.

"이 아이가 고난에서 우리를 구해 준다면 얼마나 좋겠소."

아버지가 한숨을 쉬며 말했다. 아이의 부모는 서로 쳐다보며 슬퍼했다.

'파라오의 손에서 백성들을 구하게 될 날이 올까? 이제 이 아이를 어떻게 해야 하지?'

곰곰이 생각하던 부모는 갑자기 좋은 생각이 떠올랐다. 그들은 파라오의 명령대로 모세를 나일 강에 버리긴 버리되 바구니에 담아서 버리기로 했다.

"아마 누군가가 우리 아이를 구해 줄 거예요."

어머니가 말했다.

아이의 아버지는 즉시 예쁘고 튼튼한 바구니를 짜서 물이 새지 않도록 타르를 발랐다. 그런 다음 아이를 바닥에 조심스럽게 누이고 나일 강 아래로 바구니를 떠내려 보냈다.

바구니는 몇 시간 동안 흘러가다가 둑 옆에 있는 갈대밭 사이에 끼어 더 이상 움직이지 않았다. 날씨는 매우 덥고 하늘에는 구름 한 점 없었다. 하느님은 모래와 돌을 뜨겁게 달구라고 해에게 명령을 내리셨다.

많은 사람이 더위를 식히기 위해 강가로 갔다. 파라오의 딸 바티아도 시녀들과 같이 강으로 나갔다. 시녀들이 웃으며 떠들고 있을 때 공주는 어린 모세가 있는 바구니를 발견했다.

"저기 좀 봐."

공주는 시녀들에게 큰 소리로 말하고는 바구니로 향했다.

"공주님, 유대인 아이예요. 그 아이를 구하시면 폐하의 명령을 어기시게 되는 것입니다."

시녀들이 놀라 소리치며 공주에게 달려갔으나 그들은 곧 물속에 빠져 버렸다. 그것은 보이지 않는 천사 가브리엘의 힘이었다. 하느님께서 모세를 지키도록 하셨기에 그는 한시도 모세 곁을 떠나지 않았다.

몸이 다 젖은 시녀들이 강둑으로 올라오려고 애쓰는 동안 가브리엘은 공주의 동정심을 불러일으키고자 모세를 울렸다. 그러나 공주는 이미 모세에게 손을 뻗치고 있었다. 그녀는 거의 물에 빠질 듯이 허리를 구부려 보았으나 모세의 바구니에는 닿지 않았다.

바로 그때 이상한 일이 일어났다. 공주가 아무 어려움 없이 바구니를 잡을 수 있도록 가브리엘은 공주의 손을 길게 만들었던 것이다. 공주가 어린 모세의 바구니를 잡는 순간 또다시 기적이 일어났다. 잔인한 파라오에게 내려진 벌로, 이집트에 있는 어느 의사도 제거하지 못한 공주의 흉한 부스럼이 사라진 것이다.

바티아는 즐거운 마음으로 모세를 안고 궁전으로 돌아왔다. 파라오는 딸이 건강하고 예쁜 아이를 데리고 온 것을 보고 아이를 키우는 것에 동의했다. 모세가 목숨을 건진 것이다.

바티아는 모세를 친자식처럼 사랑했다. 파라오의 백성들도 그를 사랑했다. 왕 역시 그를 사랑하여 때때로 모세를 무릎에 앉히곤 했다.

모세가 세 살이 되던 어느 날, 파라오가 바티아와 이야기를 나누고 있을 때였다. 모세가 갑자기 왕관을 움켜잡더니 자기 머리 위에 쓰는 것이었다.

파라오는 너무나 놀라 온몸이 후들거렸다.

'만약 마법사의 말이 사실이라면 나를 쓰러뜨리고 이집트를 파괴하려는 자가 바로 이 아이라는 말이 아닌가?'

이집트 왕은 모세가 한 행동을 알아보려고 즉시 고문관들을 불러들여서 이것이 단순한 어린아이의 장난인지, 아니면 불길한 징조인지 물었다.

고문관들은 한결같이 아이를 사형에 처해야 한다고 했다. 그때 이드로가 나서며 말했다.

"폐하, 폐하께서는 단지 어린아이의 행동에 두려움을 느끼시지는 않을 줄로 압니다. 아이의 의도를 알기 위해 시험을 해 보는 것이 좋을 듯합니다. 모세 앞에 반짝이는 보석을 담은 그릇과 불타는 장작 그릇을 놓는 것입니다. 만일 아이가 폐하의 왕위를 찬탈하려 했다면 분명 보석에 손이 갈 것이고, 그러면 아이는 죽어 마땅합니다. 그러나 어린아이의 변덕스러운 기분에 의한 것이라면 손을 불에 갖다 댈 것입니다."

파라오는 이드로의 제안을 받아들였고, 곧 시험이 준비되었다. 시종들이 보석함과 뜨거운 숯이 가득 채워진 그릇을 가지고 왔다. 궁전에 있던 사람들은 모세의 행동을 보려고 모두 숨을 죽인 채 기다렸다.

모세는 가장 큰 보석에 손을 벌렸다. 그때 가브리엘이 다시 개입하였다. 그는 모세가 스스로 손을 치우지 않으리라는 것을 알고 있었기에 모세에게 일격을 가했다. 그러자 모세의 손은 뜨거운 숯이 담긴 그릇에 닿았고, 모세는 고통으로 비명을 질렀다. 놀란 모세는 불똥이 달라붙은 손을 입에 다시 넣었다가 혀를 데고 말았다.

하느님의 도움으로 다시 한 번 모세는 생명을 구했다. 모세는 그날의 괴로운 경험을 결코 잊지 않았다. 그러나 그는 타고 있던 숯불에 입을 덴 그날부터 죽을 때까지 말을 더듬거리게 되었다.

모세의 지팡이

　파라오의 딸이 나일 강에서 모세를 구한 이래로 여러 해가 지났다. 훌륭한 청년으로 자란 모세는 몸에는 비록 이집트 왕족의 옷을 입고 있었지만 자신이 유대인이라는 사실을 결코 잊지 않았다. 그는 자기 민족이 노예의 멍에를 쓰고 어떻게 고통받고 있는지 알고 있었으며 태어난 자식을 버려야만 하는 유대인 어머니들의 아픔도 잘 알았다.

　어느 날 모세는 파라오 궁전 앞을 거닐고 있었다. 우울한 생각에 이리저리 배회하던 그는 갑자기 고통으로 울부짖는 소리를 들었다. 자세히 살펴보니 한 이집트 병사가 몇 명의 유대 노예들을 잔인하게 매질하고 있었다. 모세는 그와 같은 불의를 보자 참을 수가 없어서 병사를 죽여 버렸다.

　사람을 죽인 모세는 막막해졌다. 파라오에게 돌아간다는 것은 죽음을 의미할 뿐이며 이집트 땅 어디에도 자신이 갈 곳은 없었다. 그래서 그는 이웃 나라로 도망가 산 속을 헤매고 골짜기에서 숨어 지

내다 마침내 성직자 이드로 집에서 은신하게 되었다. 어린 모세가 파라오의 왕관을 써서 곤경에 처했을 때 생명을 구해 준 바로 그 이드로였다.

이드로는 평범한 사람이 아니었다. 그는 별들의 움직임을 읽을 수 있었고 사람들의 가장 깊은 생각과 자연의 비밀을 알고 있었다. 이집트의 파라오가 이드로의 명성을 듣고 그의 고문관으로 일해 달라고 했기에 그는 몇 년 동안 이집트에서 일했다. 이드로가 이집트를 떠나 집으로 돌아가려 하자 파라오는 그에게 원하는 것이 무엇이냐고 물었다.

"저는 기나긴 여행을 떠나려고 합니다. 궁전 지하 창고에 있는 낡은 지팡이를 주신다면 여행길에 도움이 되겠습니다."

이드로가 대답했다.

황금이나 돈을 요구하리라고 기대했던 파라오는 이드로의 청을 듣고 놀랐다. 결국 파라오는 그렇게 적은 비용으로 현자를 고용했었던 것을 기뻐하며 이드로의 청을 허락했다. 그러나 이드로가 가져간 지팡이는 보통의 평범한 나무가 아니었다. 이드로는 파라오의 궁전을 지하부터 맨 꼭대기까지 찾아봐도 그 이상 귀중한 보물을 발견할 수 없다는 것을 잘 알고 있었다. 그 지팡이는 낙원에 있는 지혜의 나무에서 잘라온 것이었기 때문이다.

최초의 사람인 아담이 에덴의 낙원에서 쫓겨날 때 창조주께서는 그의 슬픔을 덜어 주시려고 그 지팡이를 만들어 주셨다. 지팡이는 기적의 힘을 지니고 있었다. 지친 사람을 위로해 주고, 가장 힘든 일조차도 쉽게 해결했다.

그 지팡이는 아담에게서 신앙심 깊은 노아에게로 넘겨졌다. 그는 대홍수에서 살아남을 방주를 만드는 데 지팡이를 이용했다. 그 다음에는 모든 유대인의 아버지인 아브라함에게 속하게 되었다. 아브라함은 그의 아들 이삭에게, 이삭은 야곱에게 지팡이를 물려주었다. 기적의 지팡이에 감사드린 야곱의 아들 요셉은 전 이집트의 수호자가 되었고, 지팡이의 도움으로 기적을 행할 때마다 제국 전체에 번영을 가져왔다.

그러나 요셉이 죽고 파라오가 그 지팡이를 갖게 되자 기적과 같은 힘을 잃게 되었다. 이에 실망한 파라오는 이드로가 지팡이를 가져갈 때까지 여러 해 동안 궁전의 지하 창고 쓰레기 더미 위에 그 지팡이를 버려두었다.

이드로는 그의 정원에다 그 지팡이를 심기로 했다. 그가 지팡이를 심는 그 순간 지팡이는 스스로 뿌리를 깊게 내렸다. 그것만 가지고도 충분히 이상하다고 할 수 있지만 더욱더 놀라운 것은 세월이 흘러도 잎사귀는 물론 봉오리도 열매도 맺지 않는 것이었다. 척박한 땅 탓인 줄만 안 이드로는 그 지팡이를 다른 장소에 옮겨 심기로 했다. 그러나 그가 아무리 노력해도 그것을 뽑을 수가 없어 결국 있는 그대로 놔두기로 했다.

이드로에게는 딸이 하나 있었는데, 몹시 아름다워 만인의 입에 오르내렸다. 그녀의 이름은 '찌포라'로, '작은 새'를 의미했다. 하루가 멀다 하고 구혼자가 찾아왔고 그녀의 모습을 보려는 방문객도 끊이지 않았다. 부자, 권력을 가진 사람, 힘이 센 사람, 지혜로운 사람 등 그녀를 본 남자들은 누구나 그녀에게 청혼했다. 그녀는 그때마다 그들을 지팡이가 심어져 있는 정원으로 데리고 가서 이렇게 말했다.

"이 지팡이를 뽑는 사람과 결혼을 하겠어요."

찌포라는 아름다울 뿐만 아니라 현명하기도 했다. 아버지에게 많은 것을 배운 그녀는 지팡이는 오직 신의 선택을 받은 사람한테만 복종한다는 것을 알고 있었다.

  모세는 이드로의 집에 머물면서 집안일도 거들고 양치는 일도 도와주었다. 그는 고문관의 딸이 아름답다는 것을 잘 알고 있었으며 다른 남자들과 마찬가지로 그녀의 얼굴과 미소, 우아함, 아름다운 마음씨에 반하고 말았다. 그는 그녀 곁에 오래 머물면 머물수록 그녀를 아내로 삼고 싶은 마음이 간절했다. 그러나 그는 감히 신비한 지팡이의 근처에는 갈 엄두도 내지 못했다. 그는 오로지 찌포라에 대한 꿈만 꾸고 있었으나 그녀가 그를 좋아하는 기미는 어디에도 없었다.

  그녀에게 점점 더 많은 청혼자가 몰려들었으나 그녀는 구혼자 중의 한 사람이 정말로 지팡이를 땅에서 빼낼까 봐 걱정을 하기도 했다.

  그러나 찌포라의 두려움은 불필요한 것이었다. 수백 명의 손이 이미 지팡이를 빼려고 했고, 실패한 몇 명은 다시 도전했지만 성공한 사람은 아무도 없었다. 지팡이는 땅에 굳게 박힌 채 그대로 있었다. 마치 몇십 길이나 묻혀 있는 것만 같았다.

  모세는 아침 일찍 양을 몰고 나가면 어두워질 때까지 양들과 함께 들판에 있었다. 새로운 구혼자가 찾아오면 모세는 양들만 바라보았다. 그는 양의 부드럽고 충직한 눈망울 속에서 찌포라의 눈 속에 있는 것과 같은 겸손을 보았다. 그리고 그의 형제자매가 이집트에서 말할 수 없는 고통을 받고 있음을 상기했다. 그러면 모세는 모든 것을 잊고 오직 자기 민족이 당하는 고난과 굴욕을 느낄 뿐이었다. 하지만 아무리 생각해도 그들을 도와줄 방법이 생각나지 않았다.

  보통 때보다 훨씬 슬퍼하던 어느 날 모세는 민족의 운명과 찌포라에 대한 생각으로 눈물을 흘렸다. 그때 갑자기 하늘에서 어떤 소리가 들려왔다.

"모세야!"

하느님이 말씀하셨다.

"더 이상 슬퍼하지 마라. 어서 이드로의 집에 돌아가 정원으로 가거라. 지금까지는 아무도 그 지팡이를 뽑지 못했지만, 너는 할 수 있느니라. 지팡이를 가져가 네 형제들을 구하거라."

모세는 하느님의 말씀을 듣고 곧 이드로의 집으로 갔다. 해가 지기도 전에 모세가 양 떼를 몰고 집으로 돌아오자 이드로와 찌포라는 놀란 눈으로 그를 바라보았다. 남몰래 그를 생각해 오던 찌포라는 모세가 지팡이를 향해 곧장 나아가자 가슴이 두근거리기 시작했다.

지팡이를 잡은 모세는 그 끝에 하느님의 이름이 새겨져 있는 것을 보았다. 그가 하느님의 이름을 부르는 순간 땅속에서 지팡이를 잡고 있던 힘은 사라졌다. 모세는 지팡이가 마치 가벼운 풀잎인 양 가볍게 빼내어 지팡이를 머리 위로 높이 들어 올렸다. 그리고 자기 앞에 서 있는 찌포라에게 다가가 포옹을 했다.

이드로의 집에서는 며칠간에 걸쳐 성대한 결혼 축하연이 벌어졌다. 손님 중에는 모세의 보호자인 천사 가브리엘도 있었다. 이드로는 사위가 하느님의 축복을 받은 것을 알고 기뻐했다. 찌포라는 너무 행복해서 한시도 모세에게서 눈을 떼지 않았다. 모세 역시 행복한 기분으로 찌포라를 바라보며 이렇게 생각했다.

'하느님께서 찌포라를 보내 주신 것이다. 또한 지팡이가 찌포라를 얻게 해 주었듯이 나의 형제자매들에게도 기쁨을 되돌려줄 것이 분명하다.'

모세는 파라오의 마법사나 병사들도 당해 내지 못하는 기적과 같은 지팡이의 힘을 얻게 되었다. 그래서 모세는 세상에 나올 때 했던 약속을 지킬 수 있었다. 그는 신이 뜻하신 대로 이집트에서 노예로 고통받고 있던 유대인을 구했다.

모세는 찌포라와 함께 살면서 거르솜과 엘리제라는 두 아들을 얻었다. 그러나 그가 죽은 뒤 기적의 지팡이는 두 아들 중 어느 누구에게도 전달되지 않았다. 이후로 아무도 그 지팡이를 보지 못했다.

눈에는 눈, 이에는 이

하느님은 이집트를 벌할 열 가지 재앙을 네 묶음으로 나누어서 세 가지 재앙은 아론에게, 또 다른 세 가지 재앙은 모세에게 맡기셨고, 한 가지 재앙은 두 형제가 같이 일으키게 하셨으며, 나머지 세 가지 재앙은 하느님이 직접 내리기로 하셨다. 아론에게는 모든 유형의 실체들을 만드는 데 사용되는 다소 따따찬 것들인 흙과 물로 행하는 재앙들이 맡겨졌고, 모세는 생명을 구성하는 데 가장 중요한 요소인 공기와 불로 행하는 세 가지 재앙을 맡게 되었다.

여호와는 전쟁에 능한 전사셨다. 그는 살과 피를 지닌 왕이 적을 무찌르기 위해 다양한 전략을 구사하듯이, 이집트 인들을 다양한 방식으로 징벌하셨다.

먼저 하느님은 하수를 피로 물들여 물 공급을 끊으셨다. 그래도 그들이 이스라엘 사람들을 놓아 주지 않자, 하느님은 시끄럽게 울어 대는 개구리들을 집 안으로 보내셨다. 그래도 그들이 이스라엘 사람들을 가게 하지 않자, 하느님은 화살처럼 살을 뚫는 이를 그들에게 보내셨다. 그래도 그들이 이스라엘 사람들을 놓아 주지 않자, 하느님은 여러 종류의 들짐승 떼로 이루어진 야만적인 군대를 그들에게 보내셨다. 그래도 그들이 이스라엘 사람들을 놓아 주지 않자, 하느님은 아주 극심한 역병을 통해 그들을 살육하셨다. 그래도 그들이 이스라엘 사람들을 놓아 주지 않자, 하느님은 타는 듯한 부스럼을 그들 위에 퍼부으셨다. 그래도 그들이 이스라엘 사람들을 놓아 주지 않자, 하느님은 성곽 공격용 사다리 위를 오르는 전사들처럼 메뚜기 떼가 그들 위로 기어오르게 하셨다. 그래도 그들이 이스라엘 사람들을 놓아 주지 않자, 하느님은 그들을 토굴 감옥의 흑암 속으로 던져 넣으셨다. 그래도 그들이 이스라엘 사람들을 놓아 주지 않자, 하느님은 그들의 두령들, 곧 장자들을 죽이셨다.

하느님이 이집트 인들에게 보낸 재앙은 그들이 이스라엘 자손들에게 저질렀던 악행에 상응하는 것이었다. 이집트 인들이 이스라엘 사람들에게 강제로 그들을 위해 물을 긷게 하고 이스라엘 사람들이 목욕재계하는 것을 방해하였기 때문에, 하느님은 물이 피가 되게 하셨다.

이집트 인들이 이스라엘 사람들에게 물고기를 잡아 오라고 시켰기 때문에, 하느님은 개구리들이 물에서 튀어나와 그들의 반죽 그릇과 욕식에 우글거리게 하고 시끄럽게 울며 집 안에서 팔짝팔짝 뛰어다니게 하셨다. 그것은 열 가지 재앙 중 최악의 것이었다.

이집트 인들이 이스라엘 사람들에게 그들의 집과 정원, 길거리를 치우게 했기 때문에, 하느님은 공기 속의 먼지를 이로 변하게 해서 이가 한 엘만큼 높은 더미로 쌓이고 이집트 인들의 옷에 늘 이가 우글거리게 하셨다.

네 번째 재앙은 사자, 늑대, 표범, 곰 등 온갖 종류의 들짐승 떼의

습격이었다. 들짐승들은 이집트 인들의 집을 짓밟았고, 요람에 누운 아기에 이르기까지 보이는 사람들을 다 잡아먹었다. 짐승들을 막으려고 문을 닫으면 하느님은 땅속의 작은 벌레들이 창문으로 들어가 문을 쪼개어 열어서 짐승들을 위한 길을 만들게 하셨다. 이집트 인이 열 명의 자녀를 이스라엘 사람에게 맡겨 걸어가게 하면 사자가 와서 한 명을 물어 가고, 곰이 두 번째로 와서 빼앗아 가고, 뱀이 세 번째 아이를 낚아채 가고 해서 결국 이스라엘 사람은 홀로 집으로 돌아갔다.

이 재앙이 이집트 인들에게 임한 이유는 이스라엘 사람들에게 곡예용으로 사용하기 위해 사자와 늑대를 잡아 오라고 시켰기 때문이다. 이집트 인들은 이스라엘 사람들이 이런 짐승들을 잡으러 먼 광야에 나가 있는 동안 아내들과 떨어져 잠으로써 종족을 번식시키지 못하게 하려고 이런 심부름을 시켰다.

하느님은 다섯 번째 재앙으로 이집트 인들의 가축 떼에 심한 역병을 보내셨다. 이는 이집트 인들이 이스라엘 사람들을 윽박질러 그들의 목자로 삼아서 부인들과 떨어져 살도록 먼 목초지로 보냈기 때문이었다. 그래서 역병이 왔고 이스라엘 사람들이 돌보던 모든 가축 떼가 몰사를 당했다.

여섯 번째 재앙은 사람과 짐승들에게 물집을 일으키는 부스럼이었다. 이것은 이집트 인들이 이스라엘 자손들에게 목욕물을 받게 한 것에 대한 벌이었다. 그래서 그들은 살에 고름을 일으키는 부스럼으로 고생했고, 가려움증 때문에 끊임없이 몸을 긁어 대야 했다. 이집트 인들이 이런 고통을 겪는 동안 이스라엘 자손들은 그들의 욕실을 사용하였다.

이집트 인들은 이스라엘 사람들에게 나무를 심고 그 열매를 지키는 일을 시켰다. 그래서 하느님은 이집트 인들의 정원에 큰 사자의 이빨처럼 날카로운 이를 가진 메뚜기 떼를 보내어 우박의 피해를 당하지 않고 남아 있던 것들을 다 먹어치우게 하셨다.

이집트 인들은 이스라엘 사람들을 토굴 감옥에 던져 넣곤 하였기 때문에, 하느님은 그들에게 깜깜한 흑암을 보내어 그들이 손으로 더듬어서 길을 찾게 하셨다. 앉아 있던 사람은 발로 일어설 수 없었고, 서 있던 사람은 앉을 수 없었다. 흑암의 재앙은 또 다른 목적이 있었다. 이스라엘 사람 중에는 이집트를 떠나기를 거부한 수많은 악한 자들이 있었고, 하느님은 그들을 제거하기로 작정하셨다. 그러나 이집트 인들이 이스라엘 사람들도 자기들과 같은 재앙을 당했다고 말할까 봐, 하느님은 흑암을 빌려 은밀하게 그들을 죽여서 동료 이스라엘 사람들에게 매장하게 하셨다. 이집트 인들은 무슨 일이 일어났는지 전혀 알지 못했다. 그러나 이 악한 자들의 숫자가 아주 많았기 때문에, 살아남아서 이집트를 떠난 이스라엘 자손은 소수에 불과하였다.

열 번째 재앙은 장자를 죽이는 것이었는데, 이집트 인들이 이스라엘의 사내아이가 태어나면 죽였기 때문에 이 재앙이 이집트 인들에게 임했다. 그리고 파라오와 그의 군대가 홍해에 빠져 죽은 것은 이집트 인들이 이스라엘의 사내아이들을 물에 버린 것에 대한 벌이었다.

발람의 나귀

발람을 태운 나귀는 창조의 여섯째 날에 창조되었다. 발람은 파라오에게 자녀들에 대하여 고자질을 하지 않은 것에 대한 상으로 야곱에게서 이 나귀를 선물로 받았다. 그렇지만 파라오가 이스라엘 사람들에게 벽돌을 만들도록 강제 노역을 시킨 것은 발람의 조언을 따른 것이니라. 발람의 두 아들인 얀네와 얌브레가 아버지를 수행하였다. 왜냐하면 귀인이 여행할 때는 적어도 두 사람을 데리고 다니는 것이 관례였기 때문이다.

하느님은 발람이 이 여행을 떠나는 것을 허락하셨지만 막상 그가 떠나자 분노가 치미셨다. 하느님은 "어럽쇼! 내가 사람의 마음을 읽는다는 것도 그가 알고, 자기가 이스라엘을 저주하기 위해 길을 떠난다는 것도 그가 알지 않는가."라고 말씀하셨다. 발람의 이러한 사악함 때문에 자비의 천사조차도 그의 적이 되어 길을 가로막았다. 처음에는 나귀만 혼자 천사를 알아보았고 발람은 알아보지 못했다. 왜냐하면 하느님이 인간들에게 그들을 둘러싸고 있는 천사들

●──이스라엘 민담

을 알아보지 못하게 하셨기 때문이다. 만약 그렇게 하지 않았다면 사람들은 공포로 이성을 잃을 것이었다. 반면에 나귀는 즉각 천사를 알아보았다.

나귀를 똑바로 걷게 하려고 몇 번 발길질을 했던 발람은 나귀가 끝내 길에 벌렁 드러누워 그 자리에서 꼼짝도 하지 않자 화가 머리끝까지 치밀어서 더욱 심하게 매질을 했다. 이때 여호와가 나귀의 입을 열어 말하게 하셨다. 원래 이 나귀는 이런 은사를 창조된 때로부터 지니고 있었지만 그때까지 한 번도 사용하지 않았을 따름이었다.

나귀는 "내가 어쨌기에 이렇게 세 번씩이나 나를 때리는 거예요?" 하고 말했다. 나귀가 첫 번째로 한 이 말은 이스라엘을 치려는 그의 계획이 사악하고 쓸모없다는 것을 발람이 환기할 수 있도록 세심하게 고려한 말이었다. '세 번씩'이라는 말은 그가 매년 '세 번씩' 여호와께 순례하도록 되어 있는 민족을 저주하고자 한다는 것을 그에게 상기시키려는 것이었다.

나귀가 말한다는 것 자체는 발람에게 그의 입을 조심하고 이스라엘을 저주하지 말라는 경고였다. 하느님은 나귀의 입을 열어 말하게 하심으로써 발람에게 입과 혀가 하느님의 수중에 있음을 가르쳐 주고자 하셨다. 발람은 나귀가 사용한 히브리 어로 나귀에게 대답했지만 유창하게 하지는 못했다. 발람은 "네가 나를 우롱했기 때문이지. 자, 내 손에 칼이 있다면 지금 나는 너를 죽였다."라고 말했다. 그러자 나귀는 "당신은 손에 칼이 없어서 나를 죽이지 못했다고 하면서, 어떻게 당신의 그 입만 가지고 민족 전체를 멸하려고 하시오?"라고 대답했다. 발람은 말문이 막혀서 대답을 하지 못했다. 나귀는 모압의 장로들이 보는 앞에서 발람을 웃음거리로 만들었을 뿐만 아니라 그가 거짓말쟁이임을 드러낸 셈이었다.

모압의 사자들이 발람에게 이 여행길에 말을 타지 왜 나귀를 탔느냐고 묻자, 발람은 안장을 얹은 말이 목초지에 있기 때문이라고 대답하였다. 그러자 나귀는 그의 말을 가로막으며 "당신은 이날 이 때까지 나만을 타고 다니지 않았습니까?"라고 했다. 이에 발람은 "나는 너를 짐 나르는 짐승으로만 사용하지 안장을 얹어서 사용하지는 않는다."라고 했다. 그러나 나귀도 지지 않고 "아니죠, 당신은 아주 오래전부터 나를 타고 다녔고, 남편이 자기 아내를 다루듯이 항상 나를 무척 아껴 왔죠."라고 대꾸했다. 결국 발람은 나귀가 말했음을 인정하지 않을 수 없었다.

발람의 방백들은 이 기이한 이적異蹟에 무척 놀랐으나, 나귀는 할 말을 다 하고 죽었다. 하느님이 나귀를 죽게 하신 이유는 두 가지였다. 첫째는 만약 나귀를 살려 두면 이방인들이 이 나귀를 숭배할까 봐 걱정이 되어서였고, 둘째는 발람이 나귀에게 말로 졌다는 수모를 사람들에게 당하지 않게 하시기 위해서였다. 이것을 보아도 하느님이 경건한 자들의 영예를 얼마나 소중히 여기시는지 잘 드러난다. 하느님은 이 악한惡漢의 영예소자도 손상하고자 하셨다. 또한 하느님이 동물들의 입을 막은 것은 인간에 대한 배려였다. 만약 동물들이 말을 한다면 사람은 동물들을 잘 부릴 수가 없게 될 것이다. 모든 동물 중에서 가장 우둔한 나귀도 말을 하자 현자 중의 현자인 발람을 당황하게 만들지 않았는가.

다윗과 골리앗의 대결

다윗은 궁정에서 편한 생활을 그리 오래 즐기지 못했다. 골리앗의 호전적인 태도가 그를 전선으로 내몰았다. 다윗이 자기와 혈연으로 연결된 골리앗을 죽이는 자로 지명된 것은 기묘한 일이었다. 골리앗은 다윗의 조상인 룻의 여자 형제이자 동서인 모압 여인 오르바의 아들이고, 룻과 오르바는 둘 다 모압 왕 에글론의 딸이었다. 다윗과 골리앗은 그들의 할머니만큼이나 크게 달랐다. 경건하고 독실한 룻과는 대조적으로 오르바는 말로 다 할 수 없는 추악한 삶을 살았다. 그녀의 아들 골리앗은 '백 명의 아버지와 한 명의 어머니에게서 난 아들'이라는 조롱을 받았다.

그러나 하느님은 아무리 악인이라도 상을 주지 않고 그냥 넘어가는 법이 없으셨다. 오르바가 시어머니 나오미를 40걸음 배웅한 것에 대한 상으로 그녀의 아들 블레셋 사람 골리앗은 40일 동안 그의 힘과 솜씨를 과시하도록 허락되었고, 오르바가 시어머니와 헤어지면서 흘렸던 네 방울의 눈물에 대한 상으로 그녀는 네 명의 거인 아들을 낳는 특권을 받았다.

골리앗은 오르바의 네 아들 중에서 가장 힘이 세고 장대하였다. 성경에서 말하고 있는 내용은 단지 그에 관하여 전해지는 이야기의 일부에 불과하다. 성경은 의도적으로 사악한 자의 용맹에 대해서는 자세히 얘기하기를 피한다. 또한 성경은 어떻게 해서 불경건한 골리앗이 감히 이스라엘의 하느님에게 도전해서 이스라엘과 싸우게 되었는지, 어떻게 그가 온갖 수단을 동원하여 이스라엘 백성들이 하느님을 예배하는 것을 방해하려고 했는지도 말해 주지 않는다. 아침과 저녁으로 그는 이스라엘 백성이 셰마^{신명기 6:4~9}를 암송할 준비를 하고 있는 바로 그 시간에 진에 나타나곤 했다.

이런 이유 때문에 다윗은 골리앗을 미워하여 그를 없애기로 마음을 먹게 된다. 그의 아버지는 골리앗과 맞서려는 다윗을 격려하였다. 다윗의 아버지는 자기 조상 유다가 옛적에 사울의 조상 베냐민의 안전을 책임지기로 맹세했기 때문에 베냐민 지파 사람인 사울을 거인으로부터 보호하는 것이 다윗의 의무라고 생각하였다. 왜냐하면 골리앗은 사울을 없애려고 단단히 벼르고 있었기 때문이다. 사울에 대한 골리앗의 악감은 과거에 블레셋족과 이스라엘의 작은 전투에서 골리앗이 율법의 거룩한 두 돌판을 이스라엘로부터 빼앗는 데 성공하였지만 사울이 나타나 이 거인에게서 돌판들을 빼앗아 버린 데서 비롯되었다.

사울은 병이 들어서 골리앗과 겨룰 수가 없었기 때문에 자기 대신 전투에 나가겠다는 다윗의 제안을 받아들였다. 다윗이 사울의 갑옷을 입었을 때 중무장한 왕의 갑옷이 지금까지 호리호리해 보이던 다윗에게 잘 맞는 듯이 보이자, 사울은 다윗이 자기가 시도하려는 중대한 과업에 예정된 사람이라는 것을 알아차렸지만, 동시에 다윗의 기적적인 변신은 그의 시기를 불러일으켰다.

사실 이 때문에 다윗은 골리앗과의 대결을 위해 전사로 무장하기를 사양했던 것이다. 그는 소박한 목자로 골리앗을 상대하기 원했다. 다섯 개의 조약돌이 다윗에게 자발적으로 왔고, 그가 그 돌들을 만지자 그것들은 모두 합쳐져서 한 개의 물맷돌이 되었다. 다섯 개의 돌은 하느님과 세 명의 족장, 그리고 아론을 상징했다. 아론의 후손들인 홉니와 비느하스는 얼마 전에 골리앗에게 죽임을 당했다.

다윗이 골리앗을 향하여 움직이기 시작하자 이 거인은 어린 소년 다윗이 지닌 마법의 힘을 느끼기 시작했다. 다윗이 쏘아보자 골리앗은 문둥병에 걸렸고, 즉시 땅에 얼어붙어 움직일 수가 없었다.

골리앗은 몸을 움직일 수 없게 되자 너무나 당황해서, 마치 가축 떼가 고기를 먹기라도 하는 양 다윗의 고기를 들의 가축 떼에게 주겠다며 어리석은 위협의 말을 던졌다. 다윗은 골리앗이 미쳤고 그가 틀림없이 파국을 맞을 것이라고 생각했다.

승리를 확신한 다윗은 저 블레셋 인의 시체를 공중의 새들에게 주겠다고 조롱하였다. 골리앗은 다윗의 말을 듣고 새들이 있는지 살피려고 머리를 위로 들었다. 그 바람에 그의 면갑面甲이 이마에서 약간 흘러내렸다. 그 순간 다윗은 그 노출된 부위를 향해 물맷돌을 날렸고, 그것은 다윗이 겨냥한 부분을 정확하게 타격하였다. 천사가 내려와서 그를 앞으로 고꾸라지게 해서, 하느님을 모독했던 입을 흙으로 막았다. 그의 가슴에 그려져 있던 용의 형상은 땅에 닿았고 그의 머리는 두 발 사이에 놓이게 되었다. 이제 다윗은 그를 처치하는 데 전혀 어려움이 없었다.

골리앗은 머리끝부터 발끝까지 몇 개의 갑옷으로 중무장하고 있었다. 다윗은 이 갑옷들을 어떻게 해체해서 이 거인의 머리를 베어야 할지 몰랐다. 그 순간 헷 족속 사람 우리야가 자기에게 이스라엘 여인을 아내로 주겠다고 약속하면 도와주겠다고 제안하였다. 다윗은 이 제안을 받아들였고, 우리야는 거인의 발꿈치에서 여러 개의 갑옷이 어떻게 결합되어 있는지 다윗에게 보여 주었다.

다윗의 승리는 사울의 시기라는 불에 기름을 더한 격이 되었다. 사울은 그의 장수 아브넬을 보내어 유다 지파 사람 다윗이 베레스 문중에 속하는지 세라의 문중에 속하는지 알아 오게 하였다. 만약 다윗이 베레스 문중에 속한다면, 다윗이 왕이 될 자로 예정되었을 것이라는 그의 의심은 확증되는 것이었다. 다윗의 숙적인 도엑은 모압 여인 룻의 후손인 다윗이 이스라엘의 회중에도 속하지 않았으므로 사울이 두려워할 필요가 없다고 생각하였다.

모압족에 관한 신명기 율법이 남자들과 마찬가지로 여자들에게 적용되는지를 놓고 아브넬과 도엑 사이에 열띤 공방이 일어났다. 달변가였던 도엑은 모압 여인의 입회를 옹호하는 아브넬의 논거들을 모두 기가 막히게 파하였다. 아브넬의 견해가 옳다는 것을 확증하기 위해서는 사무엘의 권위에 호소해야 했다. 이 논생은 폭력의 위협에 의해서야 비로소 끝이 날 수 있었다. 아마사의 아버지 이드라가 모압 남자들과 암몬 남자들은 이스라엘의 회중에서 영원히 제외되지만 모압과 암몬의 여인들은 그렇지 않다고 한 사무엘의 율법 해석을 받아들이지 않는 자는 누구라도 칼로 베어 버리겠다고 위협했던 것이다.

다윗 왕의 죽음

　다윗 왕은 아주 오랫동안 이스라엘 전역을 통치했다. 그는 부유하고 강했으며 주변 국가들은 그의 군대 앞에서 벌벌 떨었다. 그러나 아무리 큰 힘과 영광이 있어도 주름살과 흰머리를 막을 재간이 없는 것처럼, 다윗 왕도 죽음에 대해 생각하게 되었다.
　어느 날 저녁 다윗 왕은 하프를 켜고 있었다. 그의 노래는 하늘을 향하여 올라가더니 모든 문을 통과하여 하느님의 귀에까지 들어갔다. 그날은 다윗 왕이 특별히 아름답게 연주를 하였기에 하느님은 하늘에서 자신의 백성이 하프 켜는 모습을 기쁜 마음으로 내려다보고 계셨다. 갑자기 다윗 왕이 하프를 옆에 놓고 기도하기 시작했다.
　"주 하느님! 저는 얼마나 오랫동안 살 수 있습니까? 제가 언제 죽게 될지 말씀해 주십시오."
　"나는 인간들이 자신의 죽음을 알지 못하게 하고 있단다."
　하느님께서 말씀하셨다.
　"제발 제가 얼마만큼 살지 알려 주십시오."

다윗 왕이 간청했다.

"그것 역시 인간들은 알지 못하는 것이니라."

"그렇다면 제가 일주일 중에서 어느 날에 죽을지 말씀해 주십시오."

"너는 유대인의 휴식일인 안식일토요일, 유대인의 휴일이다.에 죽을 것이다."

다윗 왕은 하느님께 결심을 바꿔 달라고 매달리기 시작했다.

"오, 하느님! 하루만 더 살아서 일요일에 죽을 수 있도록 해 주십시오."

"어떻게 내가 그럴 수 있겠느냐? 나는 네가 안식일에 죽을 것이라고 포고령을 내렸다. 네가 죽으면 너의 아들 솔로몬이 이스라엘의 왕위를 계승할 것이다. 내가 이미 결정을 내린 일은 아무도 변경할 수가 없는 것이니라."

"그렇지만 하느님, 저의 죽음으로 성스러운 날을 망치려는 것은 아니시겠지요? 그렇다면 하루 일찍 금요일에 죽게 해 주십시오."

"내가 어찌 너의 기도 소리를 세상에서 단 하루라도 먼저 거두어 갈 수 있겠느냐? 그 정도면 충분하다. 다윗이, 내 결정은 변함이 없느니라."

다윗 왕은 슬퍼졌다.

'모든 유대인이 기뻐하는 날에 나는 불안한 마음으로 안식을 기다려야 하는구나.'

그는 슬픈 마음으로 다시 하프를 켜기 시작했다. 그런데 돌연 그에게 좋은 생각이 떠올랐다.

'죽음의 천사는 토라Torah, 하느님이 이스라엘 백성 사이에 세워 준 여러 규정과 판례 및 법령를 공부하는 사람을 건드리지 못한다고 알려져 있다. 내가 안식일마다 하느님의 말씀인 토라를 공부한다면 나는 죽음을 피할 수 있

을 것이다.'

그날부터 다윗 왕은 안식일마다 토라를 공부하며 보냈다. 성스러운 날의 시작을 알리는 첫 번째 세 개의 별이 떠오를 때부터 안식일이 끝날 때까지 그는 계속해서 공부만 했다. 그는 점점 더 성경을 통찰할 수 있게 되었고 인간과 하느님에 대해서 훨씬 더 많은 것을 알게 되었다. 죽음의 공포 대신 그는 돌아오는 안식일마다 성경 공부를 계속할 수 있다는 생각에 매우 즐거웠다. 그는 안식일마다 꼼짝도 하지 않은 채 토라에서 눈을 떼지 않았다. 이스라엘 왕의 영혼을 잡으러 온 죽음의 천사도 그 앞에서 어찌할 수 없어 서 있기만 했다. 안식일이 이미 끝나 가고 있었지만 다윗 왕은 여전히 손에 성경책을 쥐고 있었다. 그는 식음을 전폐하고 성경책에 몰두했다.

이러한 인내심을 아무 곳에서도 본 적이 없었던 죽음의 천사는 교묘한 꾀를 생각해 내었다. 다윗 왕이 죽기로 되어 있는 안식일 Sabbath은 샤부옷Shabuoth, '칠칠절' 이라고도 불리는 맥추 감사절의 축젯날과 같은 날이었다. 그날은 유대인들이 하느님이 그들에게 토라를 주신 것을 기념하고 곡식을 수확하게 해 주신 것에 대해 감사드리는 날이었다. 그들은 노래에 맞춰 밀과 보리를 거둬들이고 맨 처음으로 딴 무화과, 포도, 야자, 석류를 바구니에 가득 채웠다.

마찬가지로 다윗 왕궁의 정원에도 많은 햇과일이 열렸다. 신하들은 노래하고 춤추고 파이프와 드럼을 치며 하느님께 감사드리면서, 금과 은으로 된 그릇에 햇과일을 조심스럽게 담았다. 다윗이 하느님께서 그 곡식들을 좋아하실 것이라는 생각으로 만족한 기분이 되었을 때 죽음의 천사는 과일 따는 사람들 사이로 몰래 숨어 들어갔다. 아무에게도 보이지 않는 그는 다윗 왕궁 정원의 자랑인 가장 아름다운 석류나무로 올라가 있는 힘을 다하여 가지를 흔들기 시작했다. 정원은 태풍이 부는 것과 같은 소리와 함께 어두워지고 나무들은 붉은 열매를 땅에 떨어뜨린 채 고통으로 울부짖었다. 깜짝 놀란 다윗 왕은 성경 공부도 잊고 그의 과수원에 무슨 천재지변이 생겼는지 보기 위해 발걸음을 떼었다. 그리고 바로 그 순간 다윗 왕은 땅에 넘어져 그 자리에서 죽고 말았다.

이렇게 하여 결국 죽음의 천사가 다윗 왕한테 승리를 거두게 되었다. 그러나 비록 다윗 왕의 영혼은 창조주께 돌아갔으나 그의 시신은 땅에 묻힐 수가 없었다. 그가 죽은 날은 바로 휴식의 날인 안식일이었기 때문이다. 그래서 다윗의 아들 솔로몬은 독수리들에게 아버지의 시체를 파먹으라고 명령했다. 독수리의 날개가 시체 위에 쏟아지는 햇빛을 가릴 정도로 많은 독수리 떼들이 몰려들었다. 독수리는 지구의 구석구석에서 왔고, 독수리가 만들어 준 그늘이 다윗 왕에게는 이승의 마지막 선물이 되었다.

노인과 뱀과 솔로몬의 판단

다윗이 왕이고 그의 아들 솔로몬이 아직 젊었을 때의 일이다. 겨울에 어떤 노인이 길을 걸어가다가 길 위에서 반쯤 언 뱀을 발견했다. 그 노인은 모든 생물을 불쌍히 여기는 마음에서 뱀을 녹여 주려고 가슴에 품었다. 그런데 뱀이 정신을 차리자마자 노인의 몸을 칭칭 감아 노인은 숨이 막혀 거의 죽게 되었다. 그때 노인이 말했다.

"나는 너의 목숨을 건져 주었는데 어찌하여 너는 나에게 해를 입히고 이렇게 죽이려고 하느냐? 내가 아니었다면 너는 얼어 죽었을 것이다. 네가 나에게 올바르게 행동하고 있는지 어디 법정에 가서 판결을 받아 보자."

이에 뱀이 답했다.

"기꺼이 그렇게 하지요. 그러나 누구에게 갈까요?"

"우리가 처음 만난 그곳으로 가 보자."

그렇게 해서 둘이 함께 가고 있는데 가장 먼저 황소 한 마리를 만났다. 노인은 황소에게 자기가 뱀을 죽음에서 건졌는데 지금은 뱀이 자기를 죽이려고 힘을 쓰고 있다며 누가 옳은지 판단해 달라고 말했다. 그러자 뱀이 말했다.

"나는 '내가 사람과 뱀 사이에 원수가 되게 하리라.'〈창세기 3:15〉라고 성경에 나와 있는 대로 정당하게 행동하고 있소."

황소가 이에 대답했다.

"비록 당신이 뱀에게 친절하게 행동했다고 할지라도 뱀이 당신에게 해를 가한 것은 정당하오. 왜냐하면 세상 이치가 다 그렇기 때문이오. 어떤 사람이 다른 사람에게 선을 행한다고 할지라도 그 사람은 악으로 갚소. 나의 주인도 그러하오. 나는 종일 들에 나가서 일을 하면서 그에게 많은 이익을 주고 있소. 그러나 저녁이 되면 자기는 맛있는 음식을 먹으면서도 나에게는 귀리와 짚을, 그것도 조금만 주고 있소. 나의 주인은 침대에 편안히 눕지만 나는 비도 가리지 못하는 바깥에 누워 있어야만 하오. 이런 것이 세상 이치요. 그러므로 당신이 비록 뱀의 생명을 구하려 했다고 할지라도 뱀이 당신을 죽이려 든 것은 정당하오."

노인은 이 말에 큰 충격을 받았다. 그들은 좀 더 길을 가다가 나귀 한 마리를 만났다. 그들은 나귀를 불러 놓고 황소에게 한 것과 똑같은 이야기를 해 주었다. 그러나 나귀도 황소가 한 것과 같은 대답을 했다.

그러자 노인은 다윗 왕에게 가서 뱀에 대한 불평을 늘어놓았다. 다윗 왕이 대답했다.

"뱀이 옳다. 너는 왜 '내가 너와 뱀 사이에 원수가 되게 하리라.'라는 말씀을 실행하지 않았느냐? 그러므로 나도 어쩔 수 없다. 네가 뱀을 따뜻하게 해 준 것이 잘못이었다. 뱀은 너의 적이기 때문에 죽도록 내버려 두어야 했다."

● ——이스라엘 민담

노인은 눈물을 머금고 왕 앞을 물러 나와 다시 길을 걷다가 우물 곁 들판에 있는 젊은 솔로몬을 만났다. 솔로몬은 우물 속에 빠진 지팡이를 건지기 위해 종들에게 우물 바닥보다 더 깊이 땅을 파라고 명령하고 있었다. 우물물이 다 빠지면 바닥에 다다를 수 있으므로 지팡이를 건질 수 있기 때문이었다. 노인은 이것을 보고 속으로 중얼거렸다.

'그는 현명한 사람임에 틀림없다. 그에게 판결을 맡겨 보아야겠다. 아마도 그가 나를 뱀으로부터 보호해 줄 수 있을지 모르겠다.'

그래서 노인은 자기가 겪은 자초지종을 솔로몬에게 말해 주었다. 솔로몬이 물었다.

"당신은 우리 아버지에게도 갔었나요?"

"예, 갔었습니다만 어찌할 수 없다고 말씀하시더군요."

"우리 다시 한 번 가 봅시다."

솔로몬이 제안했고, 노인은 그를 따라 다시 다윗 왕에게 나아갔다.

"아버지께서는 왜 이 사람과 뱀 사이를 판결해 주시지 않으셨습니까?"

솔로몬이 묻자 다윗 왕이 말했다.

"나는 판결할 것이 없다. 그는 마땅한 일을 당하고 있다. 그는 율법에 적힌 내용을 지키지 않았다."

솔로몬이 말했다.

"사랑하는 아버지, 제가 이 둘 사이를 판단하게 해 주십시오."

"사랑하는 아들아, 네가 할 수 있다고 생각하거든 주저하지 말고 그렇게 하여라."

그러자 솔로몬은 뱀에게 고개를 돌려 이렇게 물었다.

"너는 왜 너에게 덕을 끼친 이 사람에게 해를 주고 있는가?"

뱀이 답했다.

"찬양을 받으실 주님께서 저에게 사람의 발꿈치를 상하게 하라고 명하셨지요."

"너는 율법과 그 안에 적힌 것을 지키기를 원하느냐?"

"예, 기꺼이 지키려고 합니다."

"네가 만약 율법에 나온 대로 지키고자 한다면 그 사람을 풀어놓고 그 옆에 서라. 왜냐하면 율법에는 분쟁하는 두 사람은 재판장 앞에 서야 한다(신명기 19:17 참조)고 규정되어 있기 때문이다. 그러므로 너는 그와 나란히 서야 한다."

솔로몬의 말에 뱀은 기꺼이 그렇게 하겠다면서 노인을 감았던 몸을 풀고 나와 옆에 섰다. 그러자 솔로몬이 노인에게 말했다.

"이제 율법에 기록된 대로 뱀에게 하시오. 왜냐하면 율법에는 네가 뱀의 머리를 상하게 할 것(창세기 3:15 참조)이라고 기록되어 있기 때문이오. 이제 율법에 기록된 대로 행해야 합니다. 왜냐하면 뱀은 율법의 판단을 따르기로 약속했기 때문이오."

노인은 나이가 많이 들었기 때문에 길을 다닐 때 사용하는 지팡이를 손에 가지고 있었다. 그는 지팡이를 치켜들고 뱀의 머리를 쳐 죽여 버렸다. 영특한 솔로몬이 놀라운 지혜로 노인을 구한 것이다.

그러므로 아무도 노인이 했던 것처럼 악한 피조물에게 선을 베풀어서는 안 된다.

꾸어 온 달걀

　다윗은 위대한 유대인 왕이다. 하느님께서 그의 영혼을 창조하실 때 하느님은 그의 영혼에 새들의 노랫소리와 나뭇잎 사이로 부드러운 바람이 스치는 소리를 불어넣으셨고, 시냇물이 졸졸 흐르는 소리, 하느님께 기도드리는 사람들의 선율을 가미하셨다. 다윗의 마음속에는 노래가 가득했고, 성인이 되었을 때는 창조주를 찬양하는 노래를 불렀다. 그는 침대 위에 걸려 있는 하프의 곡조에 따라 노래했다. 하프의 현은 한밤중에 북쪽에서 불어오는 바람의 숨결 같았다. 그러나 다윗은 노래로만 유명한 것은 아니었다. 그는 또한 위대한 군인이었기에 유대인들은 그가 통치하는 동안 커다란 번영을 누렸다.
　어느 날 저녁, 다윗의 군대가 전장에서 야영을 할 때였다. 군인들은 삶은 달걀을 저녁으로 배급받았다. 그 군인들 중에는 점심을 조금밖에 먹지 못한 젊은 근위병이 있었다. 그래서 그는 남보다 먼저 식사를 마쳤다. 군인들이 앉아서 음식을 먹기 시작하자마자 그 젊은 근위병은 옆에 앉은 군인을 보고 말했다.

"달걀 한 개만 줘 주세요. 빈 접시로 있기가 뭣해서 그럽니다."

군인이 대답했다.

"반드시 한 개만 가져가십시오. 그러나 내가 요청할 때는 그 계란에서 발생한 모든 이익과 함께 달걀을 돌려주겠다고 약속해야만 합니다."

젊은 근위병은 다른 사람들이 뭐라고 말을 하든 개의치 않고 그러겠다고 약속을 하고는 재빨리 달걀을 먹어치웠다.

몇 년이 흘렀다. 다윗과 그의 군대는 이곳저곳을 진격하고 나서 드디어 예루살렘으로 돌아왔다. 그 군인은 오래전에 다윗의 근위병한테 달걀을 빌려 준 것을 생각해 내고는 빚을 받기 위해 그를 찾아갔다. 그 근위병은 자기가 빌린 것보다 훨씬 더 많은 달걀을 돌려주어야 한다는 사실을 알고는 너무나 놀라서 물었다.

"어떻게 제가 그렇게 많은 빚을 졌다는 겁니까?"

군인이 말했다.

"나랑 힌번 세이 봅시다. 1년이면 날샬 한 개가 병아리로 부화되어 암탉이 됩니다. 다음 해에는 그 암탉이 병아리 열여덟 마리를 낳는 것입니다. 그렇게 계속되는 것입니다. 시장에 함께 가서 암탉의 가격을 알아보면 당신의 빚이 얼마나 되는지 계산할 수 있을 겁니다."

다윗의 근위병은 자기가 진 빚이 엄청나다는 것을 깨닫고는 화가 났다. 그는 그렇게 많은 돈은 없다고 말했으나 상대는 빚을 꼭 받아야만 한다고 우겼다. 그래서 결국 그들은 그 문제를 가지고 다윗 왕한테 직접 가기로 결정했다.

두 사람은 모두 같은 희망을 가지고 왕 앞으로 나아갔으나 돌아올 때에는 한 사람만 기쁨에 차서 왔다. 다윗이 오직 한 개의

●──이스라엘 민담

달걀만 돌려주는 것으로는 적당하지 않다고 판결을 내리자 불쌍한 근위병은 어디로 가야 할지 몰랐다. 그는 궁전의 문 앞에 서서 하염없이 앞만 바라보고 있었다. 그런데 그때 한 목소리가 들려왔다.

"무슨 일이신가요?"

근위병이 몸을 돌려보니 다윗의 아들 솔로몬이 앉아 있었다. 그는 솔로몬에게 자신의 슬픈 이야기를 해 주고는 괴로운 심정을 마지막으로 덧붙였다.

"나는 오직 한 개의 달걀을 먹었는데 지금은 죽을 때까지도 갚지 못할 빚을 지고 말았습니다."

"원하신다면 도움 말씀을 좀 해 드리고 싶은데요."

솔로몬의 말에 근위병은 다급하게 소리쳤다.

"정말입니까? 어서 말씀해 주십시오."

솔로몬은 그에게 기대어 아무도 들리지 않게 조용히 귀엣말로 속삭였다. 그 근위병은 환하게 미소를 짓더니 솔로몬에게 감사를 드린 뒤 곧 그 도시를 떠났다.

예루살렘에서 조금 떨어진 곳에 군인들이 매일 걸어서 지나가는 들판이 있었다. 이곳에서 그 근위병은 일을 시작했다. 그는 밭을 갈고 군인들이 지나가기 시작하면 한 단지가량의 삶은 콩을 밭고랑에 뿌렸다.

"지금 무엇을 하는 겁니까?"

군인들 중 한 명이 놀라서 물었다.

"안 보입니까? 나는 삶은 콩을 심고 있는 중입니다."

"미쳤군요. 삶은 콩에서 싹이 난다는 말을 들어 본 사람이 있습니까?"

"그러면 삶은 달걀에서 병아리가 깨어난다는 이야기를 들어 본 사람은 있나요?"

그 근위병은 그들에게 자신의 이야기를 들려주었고, 다음 날도 그 다음 날도 같은 행동을 계속했다. 그는 종일 삶은 콩을 심었고, 지나가는 사람들이 조롱하면 삶은 달걀에서 병아리가 부화된다면 삶은 콩에서 싹이 나는 것은 하나도 이상한 일이 아니라고 대답했다. 곧 다윗왕이 그 소문을 듣고는 궁전으로 그를 불러오라고 명령했다.

"누가 삶은 콩을 뿌리라고 가르쳐 주었느냐?"

다윗 왕이 물었다.

"폐하, 아무도 가르쳐 주지 않았습니다. 그것은 오직 제 생각이었습니다."

근위병이 대답했다.

"믿을 수가 없구나. 이것은 틀림없이 솔로몬의 생각일 것이다."

근위병은 그제야 그것이 솔로몬의 지혜였다고 인정했다. 다윗 왕은 솔로몬을 불러 물었다.

"너는 이 분쟁을 해결한 나의 방법이 마음에 들지 않았나 보구나. 그렇다면 너는 이 문제를 어떻게 판결하고 싶으냐?"

"이 근위병이 있지도 않았던 일에 대해 거짓말을 할 리가 없습니다. 분명히 암탉은 알을 낳아 병아리를 부화시킬 수 있지만, 삶은 달걀에서는 결코 병아리가 나올 수 없습니다."

솔로몬의 말에 다윗 왕은 다른 군인을 불러 자신의 판결을 번복했다.

"삶은 달걀 한 개를 빌린 사람은 누구든지 삶은 달걀 한 개로만 갚는다."

●──이스라엘 민담

시바 여왕의 수수께끼

다윗 왕이 죽자 그의 아들 솔로몬이 이스라엘의 왕이 되었다. 그가 하느님을 공경하고 토라의 법을 잘 지키자 하느님도 그를 좋아하셨다. 어느 날 하느님이 솔로몬의 꿈속에 나타나 말씀하셨다.

"네가 이스라엘을 잘 지켜 주었기 때문에 나는 너를 가장 현명한 인간으로 만들어 주겠다. 이 세상의 어떤 인간보다 뛰어날 것이며 또한 현명한 사람에게 걸맞은 부와 영광을 누리게 될 것이니라."

하느님께서 말씀하신 대로 일이 되었다. 사람들은 솔로몬의 지혜를 존경했고, 그 지혜는 거대한 제국 전체를 다스릴 수 있는 힘이 되었다. 그는 분쟁을 공정하게 재판했고, 백성들은 그가 말하는 진리를 배우고 그가 만든 노래를 불렀다. 하느님은 또한 솔로몬에게 모든 동물의 말을 알아들을 수 있는 능력을 주셨기 때문에, 그는 사막의 가장자리에 뿌리를 내리고 있는 가장 작은 꽃에서부터 가장 큰 삼나무에 이르기까지 모든 식물의 비밀을 알았다. 요정들과 악마, 선과 악이 그의 명령에 따랐다. 그는 이 모든 존재들의 언어를 알고 있었고, 그들도 그의 언어를 이해했다.

어느 날 솔로몬 왕은 지구상에 있는 새들을 모두 불렀다. 오래지 않아 바위틈의 독수리와 바닷가의 갈매기, 들판의 종달새와 사막의 콘도르가 그의 부름에 대답해 왔다. 세계의 곳곳에서 온 새들은 솔로몬 왕의 발아래로 모여들었다.

솔로몬 왕은 큰 뇌조^{후투티}가 오지 않은 것을 알고 화를 냈다.

"감히 뇌조가 어떻게 나의 명령을 거역한단 말이냐? 즉시 그를 데려오너라. 모든 새들이 보는 앞에서 뇌조를 벌하리라!"

그러나 큰 뇌조는 솔로몬 왕의 부하들이 찾으러 가기도 전에 제 스스로 솔로몬 왕 앞에 나타났다.

"폐하, 늦은 것을 용서해 주십시오. 저는 아주 먼 곳에 있었기 때문에 더 빨리 올 수가 없었습니다."

"어디에 있었느냐?"

솔로몬 왕이 엄하게 물었다.

"저는 지난 석 달 동안 폐하의 뜻에 아직도 복종하지 않는 도시를 찾아다녔습니다. 대왕국의 동쪽 끝에 그런 도시가 있습니다. 그 도시 이름은 키토르^{Kitor}라고 합니다. 그곳에 있는 모든 돌은 황금이고 집의 지붕은 은으로 되어 있습니다. 그곳에는 또한 하느님께서 세상을 창조하시던 때를 생각나게 하는 나무가 자라고 있습니다. 그 나무의 뿌리는 에덴의 정원에서 나오는 샘물로 자란다고 합니다. 시바라는 여왕이 그 도시의 전 제국을 지배하고 있답니다. 허락하신다면 제가 키토르로 돌아가 시바 여왕한테 폐하의 위대한 힘을 알려 주어 그녀 역시 폐하 앞에 무릎을 꿇게 하겠습니다."

솔로몬은 큰 뇌조의 말을 듣고 매우 기뻐했다. 그는 즉시 학자를 불러 편지를 쓰게 하고는 가능한 한 빨리 편지를 전하라고 큰 뇌조에게 말했다. 그는 또한 큰 뇌조를 호위할 새들도 딸려 보냈다. 그 새들은 하늘을 뒤덮어 어둡게 만들었다. 이런 특이한 대표들이 즉시 출발해서 곧 여왕은 솔로몬의 편지를 받아 보게 되었다.

'나, 이스라엘의 왕 솔로몬은 귀하께 평화의 인사를 보낸다. 하느님의 은총으로 나는 모든 야생 동물과 가축, 하늘의 새와 강과 바다의 물고기들을 다스리게 되었다. 요정이나 악마들도 나의 명령에 복종한다. 세상의 왕들도 내게 와 경의를 표하고 나는 그들을 융숭하게 대접해 돌려보낸다. 그러니 귀하도 나를 찾아오면 그들과 마찬가지로 정중한 대접을 받을 것이다. 그러나 만일 거절한다면 나는 귀하의 땅에 군대를 보낼 것이다. 나의 용감한 무사들은 난폭한 동물로서 새들은 날개로 폭풍을 일으킬 것이고 악마들은 당신을 목 졸라 죽일 것이다.'

시바 여왕은 이 편지를 읽자마자 고문관들을 불러 어떻게 하면 좋은지 물었다.

"저희들은 그런 왕에 대해서 들어 본 적이 없습니다. 솔로몬 왕한테 가지 마시고 답장도 하지 않으셔도 될 줄 압니다."

고문관들의 대답은 한결같았다. 그러나 여왕은 고문관들의 조언을 듣지 않았다. 그녀는 불안하고 불길한 생각에 사로잡혔다.

'솔로몬 왕이 새들에게 하늘을 가리게 한 것을 보면 그는 틀림없이 굉장한 힘을 가졌을 거야!'

그래서 그녀는 해군에게 긴 항해를 준비하라고 명령했다. 그녀는 배에다 금과 은, 보석, 희귀한 나무, 향수를 가득 실었다. 그리고 나이와 키가 똑같은 60명의 소년과 소녀를 뽑아 그들에게 진홍색 옷을 입혔다. 모든 준비가 다 되자 여왕은 시종들을 대동하고 예루살렘이 있는 서쪽을 향해 길을 떠났다.

시바 여왕이 오고 있다는 소식을 들은 솔로몬 왕은 신하들에게 그녀를 수정으로 만든 특별한 방으로 안내하라고 이른 뒤, 수정으로 된 왕관을 쓰고 앉아서 그의 손님이 입장하길 기다리고 있었다. 여왕은 전에 한 번도 그런 유리를 보지 못했기 때문에 솔로몬 왕이 물속에 앉아 있다고 생각했다. 그래서 물에 젖지 않으려고 옷을 걷었는데 그만 다리가 드러나고 말았다. 솔로몬 왕은 그 모습을 보고 이렇게 말했다.

"지금껏 만난 어떠한 여인보다 당신의 얼굴은 아름답소. 그러나 당신의 다리는 남자처럼 털이 많이 났군요."

시바 여왕은 얼굴이 빨개졌다.

"당신은 남이 숨기고 싶은 것을 폭로하는 데서 기쁨을 느끼시는군요."

시바 여왕은 신랄하게 비꼬았다. 그리고 솔로몬 왕을 향해 물었다.

"제가 몇 개의 수수께끼를 내고 폐하께서 그것을 알아맞히는 것에 반대하지는 않으시겠지요. 정말로 사람들이 말하는 것처럼 폐하가 지혜로운 사람인지 궁금하거든요."

솔로몬 왕은 고개를 끄덕였다.

"물어보도록 하시오."

"그것은 갈대처럼 고개를 숙이고 들판에서 자라는 것입니다. 그것은 부자에게는 영광스러운 것이며 가난한 사람에게는 치욕스러운 것입니다. 그리고 죽은 자에게는 장식품이고 살아 있는 사람에게는 위협이 됩니다. 새에게는 기쁨을 가져다주고 물고기에게는 죽음을 가져다주는 것입니다."

솔로몬 왕이 대답했다.

"그것은 삼베요. 발이 고운 베옷은 부자에게는 명예가 되겠지만 굵은 삼베 조각은 가난한 사람들에게는 창피스럽게 여겨질 것이오. 죽은 사람은 삼베로 만든 수의를 입을 것이고, 삼베로 만든 교수대의 올가미는 산 사람들을 무섭게 할 것이오. 새들은 삼베를 보면 그 씨를 먹을 수 있으니까 기뻐할 테지만, 물고기는 삼베로 만든 그물에 죽게 될 테니까 그것을 싫어할 것이오."

"정확하게 맞히셨습니다. 이번에는 하늘에서 쏟아지는 것도 아니고 산에서 흘러나오는 것도 아닌 물이 무엇인지 말씀해 주시지요. 때때로 그것은 꿀처럼 달콤하지만 어떤 때는 쑥처럼 쓰기도 합니다. 그러나 그것은 항상 같은 곳에서 흘러나옵니다."

솔로몬 왕이 대답했다.

"그것은 하늘에서 내리는 것도 아니고 산에서 나오는 것도 아닌 뺨 위에 흘러내리는 눈물이오. 사람이 행복하면 눈물은 달콤하지만 슬플 때는 그 이상으로 쓴 법이오."

"두 번째 대답도 역시 정확하게 맞았습니다. 그러면 제가 어머니에게 받은 선물이 무엇인지 짐작하실 수 있으신지요? 하나는 바다 속에서 태어난 것이고, 하나는 땅속 깊은 곳에 숨어 있는 것입니다."

"당신의 목에 걸린 진주와 손가락에 끼고 있는 금반지를 말하는 것이오."

솔로몬 왕이 웃으면서 대답했다.

"이제 네 번째 수수께끼를 대답하시겠습니까? 이것은 살아 있지만 움직이지 않는 것이고 죽은 뒤에는 이곳저곳을 방황하는 것입니다. 이것이 없었다면 나는 결코 당신을 못 만났을 것입니다."

솔로몬 왕이 대답했다.

"그것은 나무요. 왜냐하면 배는 그 나무로 만들어졌기 때문이오."

시바 여왕이 말했다.

"지금까지 네 개의 수수께끼를 내드렸습니다. 그것을 다 맞히셨으니 또 다른 것을 내도록 해 주십시오. 죽지 않고는 묻히지 않고 묻힌 다음엔 생명을 얻는 것은 무엇이겠습니까? 그것을 묻은 사람은 다시 그것을 얻습니다."

"그것은 밀 같은 곡식이오."

"그러면 태어나지도 않고 죽지도 않은 사람은 누구이겠습니까?"

"땅과 하늘의 통치자이신 하느님이오. 하느님께 영광을!"

솔로몬 왕의 지혜로운 대답에 시바 여왕은 자리에서 일어나 절을 했다.

"마지막 일곱 번째 질문을 허락해 주시겠습니까?"

"좋을 대로 하시오."

시바 여왕은 키토에서 데리고 온 60명의 아이들을 불렀다.

"보시다시피 똑같은 크기에 같은 옷을 입은 아이들입니다. 그들 중 몇 명은 여자 아이이고 몇 명은 남자 아이들입니다. 누가 여자 아이고 누가 남자 아이인지 말씀해 주시겠습니까?"

솔로몬 왕은 밤이 들어 있는 자루를 가져오라고 해서 아이들 사이에 그것을 던졌다. 그러자 남자 아이들은 무의식적으로 그들의 긴 겉옷을 걷어 올리고는 그 밑에 있는 바지 주머니에 밤을 담았다. 반면에 여자 아이들은 그들의 긴 옷으로 자루를 만들어 거기에다 밤을 집어넣었다.

"자, 당신의 남자 아이들과 여자 아이들을 보시오."

솔로몬 왕이 지적하자 시바 여왕은 이스라엘 왕이 풀지 못할 수수께끼는 없다는 것을 알게 되었다. 그녀는 가져온 모든 선물을 솔로몬 왕에게 주었고, 솔로몬 왕 역시 그녀에게 많은 선물을 주었다. 지금까지 솔로몬 왕의 손님 중 어느 누구도 그처럼 환대를 받은 일이 없었고 예루살렘에 그렇게 오래 머문 사람도 없었다. 시바 여왕은 솔로몬과 헤어질 때 이렇게 말했다.

"저는 이곳에 오는 동안 폐하에 대해서 많이 들었습니다. 그러나 저는 폐하가 그들이 말하는 것보다 훨씬 더 친절하고 현명하다는 사실을 알았습니다. 폐하의 하느님께 영광이 있길 바라고, 평화롭고 정의로운 나라를 만드시기 바랍니다."

솔로몬 왕의 성전 터

솔로몬 왕은 아버지 다윗 왕에게서 많은 재산을 물려받았고 현명한 정책으로 재산을 훨씬 더 많이 늘려 놓았다. 그의 계획은 이루어지지 않은 것이 없어 그의 명성은 온세상에 가득했으나 그럼에도 불구하고 솔로몬 왕은 여전히 슬퍼했다. 그는 혼자 있을 때면 늘 자조하듯 이렇게 중얼거리곤 했다.

"이렇게 많은 재산이 다 무슨 소용이 있을까? 해가 바뀌어도 아버지 하느님과 한 약속을 지키지 못했는데……. 지금껏 수십 개의 왕궁을 지었지만 하느님의 영광을 모실 사원은 하나도 없구나. 그러나 하느님께서는 내가 나쁜 마음으로 사원 짓는 일을 늦추는 것은 아니라는 걸 알고 계시겠지. 사원을 짓기에 가장 알맞은 장소가 어디인지 어떻게 하면 알 수 있을까? 이스라엘의 땅은 모두 성스럽지만 하느님의 사원이 세워질 그 땅은 하느님의 마음에 꼭 들어야 해."

어느 날 밤 솔로몬 왕은 어디에다 사원을 지을지 고민하면서 누워 있었다. 자정이 지나도 잠이 오지 않자 솔로몬 왕은 산책을 하기로 마음먹고, 아무도 눈치 채지 못하게 조용히 궁전을 빠져나와 고요한 예루살렘 거리를 걸었다. 커다란 과수원과 바람에 잎사귀가 서걱이는 숲 속을 지나 모리아 산에 도착했다. 막 추수가 끝난 시기라 산의 남쪽 경사진 곳에는 방금 베어 낸 밀단이 여기저기 놓여 있었다.

솔로몬 왕은 올리브나무 줄기에 기대어 서서 눈을 감은 채 왕국의 여러 장소를 떠올렸다. 예전에 사원의 부지로 눈여겨 두었던 언덕과 계곡, 숲을 생각해 보았다. 희망에 부풀어 도착해서 실망만 안고 돌아왔던 땅도 머릿속에 그려 보았다.

한동안 이런저런 생각에 잠겨 있던 솔로몬 왕은 발걸음 소리를 들었다. 눈을 떠보니 달빛 아래에서 밀단을 운반하는 한 사람이 보였다.

'도둑이구나!'

솔로몬 왕은 숨어 있던 나무 그늘 아래에서 막 나오려고 하다가 그냥 그 자리에 있기로 했다.

'기다리는 편이 낫겠군. 그러면 이 친구가 무엇을 하려는지 알 수 있겠지.'

그 남자는 빠르지만 조용하게 일을 했다. 그는 이웃의 밭 가장자리에 밀단을 옮겨놓고 돌아와서는 다시 밀단을 들고 그곳으로 가서 놓았다. 그는 50개의 밀단을 옮겨놓을 때까지 같은 일을 계속했다. 그는 조심스럽게 주위를 둘러본 뒤 아무도 보는 사람이 없다는 것을 확인하자 사라졌다.

'벌금을 물어야 할 친구군. 그 밭 주인은 밤새 왜 그의 곡식이 줄었나 이상하게 생각하겠는걸.'

그러나 솔로몬 왕이 그 도둑을 어떻게 벌을 줄까 결정하기도 전에 두 번째 남자가 솔로몬 왕이 서 있는 나무 근처에 나타났다. 그는 주의 깊게 두 밭을 걸어다니더니 자기가 혼자라는 것을 확인하자마자 밀단을 들어 옮기기 시작했다. 첫 번째 사람과 똑같이 했으나 방향만 달랐다. 그는 50개의 밀단을 운반하고는 살며시 사라졌다. 솔로몬 왕은 혼자 중얼거렸다.

"가까운 이웃보다 남이 더 좋겠군. 그들 중 한 명만 도둑이라고 생각했는데. 어쨌든 도둑이 도둑놈의 것을 훔쳐 갔다는 것을 알겠다."

다음 날 솔로몬 왕은 두 밭의 주인을 불러들였다. 그는 나이가 많은 사람에게는 근처에 있는 대기실에서 기다리라고 말한 뒤 젊은이를 향하여 지난밤 일에 대해 엄하게 물었다. 젊은이가 대답했다.

"폐하, 그러한 일은 있을 수 없는 일입니다. 제가 옮긴 그 밀은 제 것으로, 저의 형님 밭에다 갖다 놓았던 것입니다. 저는 그것을 아무도 모르게 하고 싶었는데 이제 모든 것이 밝혀졌으니 폐하께 사실대로 말씀드리겠습니다. 형님과 저는 아버지께 재산을 똑같이 상속받았습니다. 그런데 형님은 저보다 식량이 더 많이 필요한데도 제게서 단 한 톨도 가져가려 하지 않습니다. 그래서 저는 몰래 그 밀단을 가져다 놓았던 것입니다. 저는 그것이 없어도 살지만 형님은 유용하게 쓰실 수 있을 겁니다."

솔로몬 왕은 첫 번째 남자를 옆방으로 돌려보내고 두 번째 남자를 불렀다.

"어째서 너는 이웃의 재산을 훔쳤느냐? 나는 네가 밤중에 곡식을 가져간 것을 알고 있다."

솔로몬 왕이 거친 목소리로 물었다. 그러자 그 남자는 놀라서 말했다.

"그 반대의 경우입니다. 폐하, 저와 제 동생은 아버지께 똑같은 재산을 물려받았습니다. 그러나 저는 아내와 세 명의 아이가 있어 일을 도와주지만 동생은 혼자 몸입니다. 그러니 동생은 밀을 베는 사람, 밀을 묶는 사람, 탈곡하는 사람들을 고용해야만 하니 돈을 저보다 많이 써야 할 것입니다. 그러려면 곡식도 더 필요할 것입니다. 그러나 동생이 받지 않으려고 해서 제가 몰래 밀단을 가져다 놓았던 것입니다. 동생이 그것을 잘 쓸 테니 전 하나도 미련이 없습니다."

솔로몬 왕은 이 말을 듣고 옆방에 있던 동생을 불러 그들을 껴안으며 말했다.

"내가 지금껏 많은 일을 보아 왔지만 너희처럼 의좋은 형제는 처음이구나. 너희는 오랫동안 서로 도우면서도 그 사실을 숨겨 왔으니 칭찬할 만하다. 세상에서 가장 고귀한 사람들을 도둑으로 생각했으니 미안하구나. 청이 하나 있는데 내게 그 밭을 팔도록 하여라. 너희가 이미 두터운 형제애로 그 땅을 신성하게 했기 때문에 나는 거기에다 하느님의 사원을 짓겠다. 그 땅보다 더 가치 있고 건전한 초석을 다질 만한 곳은 없을 것이다."

그 형제는 매우 기뻐했다. 그들은 솔로몬 왕에게 그들의 밭을 바쳤고, 왕은 그들에게 후한 보상을 했다. 왕은 또한 그 밭보다 더 넓고 비옥한 토지를 그들에게 주었으며, 이스라엘 전역에 하느님의 집을 지을 곳을 발견했다고 선포했다.

솔로몬 왕과 신기한 벌레

최고의 현인인 솔로몬 왕은 이스라엘의 하느님의 영광을 위해 성전을 건축하기로 결심하였다. 그는 다음과 같은 성경의 거룩한 말씀을 기억하였다.

'네가 내게 돌로 단을 쌓거든 다듬은 돌로 쌓지 말라. 네가 정으로 그것을 쪼면 부정하게 함이니라.' 출애굽기 20:25

쇠로 된 연장은 전쟁과 죽음의 도구인 검을 상징하였지만, 제단과 성전은 평화와 생명의 상징이었다. 솔로몬은 제단뿐만 아니라 거룩한 대 건축장의 모든 석조 작업에도 채석장의 건축자들이 어떠한 쇠 연장도 사용하지 않기를 원했다. 그래서 성전을 건축하는 과정에서 어떠한 쇠 연장도 이용될 수 없었다.

어떻게 이러한 소원이 성취될 수 있었을까? 가장 지혜로운 군주인 솔로몬조차도 자신의 사업을 어떻게 시작해야 할지 도무지 알 수가 없었다. 그는 자신에게 여러 번 물었다.

'만일 인부들이 금속 도구를 사용할 수 없다면 어떻게 거대한 돌

●──이스라엘 민담

덩어리를 쪼개거나 거목들을 베어 넘어뜨릴 수 있을까?'

절망한 왕은 자기 왕국의 가장 지혜로운 사람들로 구성된 국가 회의를 소집했다. 그는 그들에게 자신의 어려움을 설명하고 그들의 조언을 요청했다. 자문관들은 자신들이 사랑하는 군주의 이야기를 조용히 경청하였다. 잠시 뒤에 그들 가운데 가장 덕망 있는 한 사람이 일어나서 다음과 같이 말했다.

"왕이여, 만세수를 하소서! 위대하신 군주여! 폐하는 지존자의 무수한 피조물 가운데 폐하의 마음이 원하시는 대로 봉사할 자가 있다는 것을 들어 보지 못하셨나이까? 그것은 가장 예리한 쇠 연장보다도 돌을 더 잘 자를 수 있나이다. 소인은 샤미르Shamir 또는 다이아몬드 벌레라고 불리는 작지만 놀라운 벌레에 대해 말씀드리겠습니다. 오, 통치자 중 가장 지혜로운 분이시여, 당신은 전능자께서 창조 주간의 첫 안식일 전야前夜 황혼 무렵에 열 가지 놀라운 것들을 창조하신 것을 모르십니까? 이 놀라운 피조물 중에는 샤미르라는 벌레가 있었습니다. 그 크기는 보리 낱알만 합니다. 그러나 놀라운 능력을 부여받아서 아무리 단단한 돌이라도 그것을 대기만 하면 쪼갤 수 있습니다. 게다가 쇠붙이는 가까이 가기만 해도 부러집니다."

솔로몬은 기쁨에 넘쳐서 외쳤다.

"친애하는 자문관이여, 당신의 지혜가 아주 놀랍구려. 자, 이제 내게 말해 주시오. 그 경이로운 작은 벌레는 어디 가면 찾을 수 있겠소?"

왕의 지혜로운 종이 대답했다.

"폐하의 시대도 부왕 다윗의 시대처럼 영화로우시기를 빕니다. 그러나 이미 폐하께 말씀드린 것 이상은 저도 모릅니다. 누구도 샤미르의 집을 발견한 적은 없었습니다. 당신이 인간의 자손들과 의

논하여 정보를 수집하는 것은 허사입니다! 하느님께서는 다른 어느 누구에게 주신 것보다도 더욱 많은 지식과 명철을 당신에게 부여하지 않으셨습니까? 모든 인간 자손들의 지혜보다 뛰어난 당신의 지혜가 쓸모없는 것입니까? 당신은 혼령들과 귀신들의 지배자가 아니십니까? 폐하! 그것들의 도움을 구하십시오. 그러면 샤미르를 찾을 수 있을 것입니다. 당신께 천상과 지하와 땅 아래 물의 비밀까지도 드러내 보일 가장 지혜로운 혼령을 불러 내십시오."

자문관의 훌륭한 조언에 감동받은 솔로몬은 자신의 지혜로운 신하에게 감사한 후 그 계획을 실행하고자 회의를 끝마쳤다. 그는 자기 오른손의 반지를 바라보고 그 위에 새겨진 하느님의 거룩하신 이름을 읽었다. 그가 성호를 말하자마자 한 귀신이 앞에 나타나 공손히 절하면서 외쳤다.

"이스라엘의 왕 솔로몬이시여, 당신의 소원이 무엇입니까?"

솔로몬은 샤미르 벌레를 어디서 찾을 수 있는지 말하라고 명령했다.

"인간과 혼령들의 위대한 왕이시여! 송구스럽게도 저는 그것을 알지 못합니다. 그러나 제가 지금 당신을 도울 수 없다고 해서 분노하지 마옵소서. 당신이 알고자 원하는 비밀은 낮은 계급의 어떤 귀신들에게도 알려진 적이 없습니다. 오직 우리 왕 아쉬모다이^{Ashmodai}만이 그 비밀을 알고 있습니다."

솔로몬 왕은 귀신들의 왕 아쉬모다이가 어디에 사는지 말하라며 말을 가로막았다. 귀신은 이렇게 대답했다.

"이것이 은혜로우신 폐하를 기쁘게 하기를 빕니다. 아쉬모다이는 인간의 거처에서 멀리 떨어져서 삽니다. 그의 궁전은 아주 높은 산 정상 위에 세워져 있습니다. 그는 이 산에 아주 깊은 우물을 팠습니다. 그는 매일 이 우물에서 마실 물을 길어 나릅니다. 그는 자신에게 필요한 충분한 물을 얻으면, 거대한 바위로 우물의 입구를 막고 자기의 인장 반지로 봉인합니다. 그 다음에 그는 자신의 상전들에게 명령을 받기 위해 하늘로 날아 올라갑니다. 그는 자신의 임무를 위해 땅끝으로, 때로는 큰 바다 너머까지도 가야 합니다. 해가 서쪽에 떨어질 때가 되어서야 그는 집으로 돌아옵니다. 그는 혹시 자기가 없을 때 누가 그것을 만졌는지 알아내기 위해, 우물 입구를 막아 놓은 바위의 봉인을 아주 조심스럽게 검사합니다. 그리고 나서 그는 우물의 뚜껑을 열고 그 물을 마십니다. 그는 갈증을 해소한 후 다시 우물의 입구를 덮고 새로 봉인합니다."

솔로몬 왕은 귀신이 이야기를 하는 동안 금으로 된 화려한 보좌에 앉아 있었다. 지혜로운 귀신의 이야기를 왕은 한 마디도 놓치지 않고 모두 머릿속에 새겼다. 솔로몬은 귀신에게 사라지라고 명한 후, 즉시 용감한 장수이자 친구인 예호디아의 아들 브나야를 불러 수행하게 될 임무의 성격에 대해 간략하게 설명하였다.

"가라, 신실한 종 브나야여. 그리고 귀신의 왕 아쉬모다이를 생포하여 내 앞에 데려오라. 너의 위험한 임무 수행을 돕기 위하여 나는 하느님의 이름을 구성하는 글자들[야훼를 구성하는 히브리 4자음으로, 신성4문자(神聖四文字)를 의미한다.]이 새겨진 사슬로 된 금목걸이를 네게 주겠다. 또한 지존자의 거룩한 이름이 새겨져 있는 가죽 부대들도 함께 가지고 가거라."

솔로몬 왕은 브나야에게 아쉬모다이를 이길 수 있는 방법과 여행에 대해 짧막한 지시를 내린 후에 임무 수행의 성공을 기원하며 그를 장도에 오르게 했다.

그리하여 이 용감한 전사 브나야는 위험한 원정을 시작했다. 그는 광대한 사막을 말을 타고 여러 날에 걸쳐 어렵게 통과하여 마침내 목적지에 도달했다. 그는 그렇게 황폐한 장소를 결코 본 적이 없었다. 그의 앞에는 사람 사는 흔적이 전혀 없는 크고 높은 산이 우뚝 서 있었다. 그 산은 침묵과 죽음의 처소처럼 보였다. 그러나 브나야는 씩씩하게 산을 오르기 시작했다. 그는 손가락에 솔로몬 왕의 인장 반지를 끼고 있었기 때문에 어떠한 인간이나 혼령도 두렵지 않았다.

브나야는 산의 중턱에 이르자 아쉬모다이의 우물이 어디쯤 있는지 알아보기 위해 땅에 구멍을 뚫었다. 그는 우물의 위치를 발견하고서 몹시 기뻐하였다. 그는 물을 다 퍼내고 나서 자신이 가지고 온 양털로 그 구멍을 막았다. 그리고 바로 옆에다 우물로 통하는 구멍을 판 후 가죽 부대에 들어 있는 포도주를 남김없이 그 구멍에 다 부어 넣었다. 그러고 나서 그는 커다란 바위 뒤에 몸을 숨기고 귀신의 왕이 도착하기를 초조하게 기다렸다.

해가 지자 아쉬모다이가 나타났다. 아쉬모다이는 우물의 입구를 막은 바위 위의 봉인이 아침 일찍 자신이 떠날 때와 같은지 조심스럽게 검사했다. 그리고 바위를 굴려서 치운 다음 자신의 갈증을 해소하기 위해 우물 속으로 내려갔다. 향기로운 포도주 냄새가 코를 찌르자 그는 신선한 산 공기를 크게 들이마시기 위해 우물의 입구로 재빨리 나왔다.

아쉬모다이는 누군가 우물에 손을 댄 사실을 알아차리고 다시 봉인을 검사했으나 손댄 흔적은 전혀 보이지 않았다. 그 사이에 그는 불타는 듯한 갈증을 이기지 못하고 무엇이든 마실 것을 얻기 위하여 다시 아래로 내려갈 수밖에 없었다.

아쉬모다이는 포도주를 맛보자마자 점점 더 많이 마시고 싶어졌

●──이스라엘 민담

다. 포도주를 실컷 마신 후에 그는 곧 졸음이 쏟아지는 것을 느꼈다. 그는 아무런 감각도 느낄 수가 없었다. 그의 머리는 무거워졌고 몸은 비틀거렸으며 무릎은 꺾였다. 마침내 아쉬모다이는 땅바닥에 곯아떨어져서 깊은 잠에 빠지고 말았다.

브나야는 숨었던 곳에서 나와 잠자고 있는 귀신에게 조용히 기어갔다. 그는 재빨리 아쉬모다이의 목둘레에 금 사슬을 채운 후 거룩한 이름이 새겨진 금 인장 반지로 그것을 인봉했다. 그러고 나서 그는 독한 포도주의 효과가 없어지기를 기다리면서 아쉬모다이의 곁에 주저앉아 있었다.

잠시 뒤에 잠에서 깬 아쉬모다이는 자신이 더 이상 자유롭지 못하다는 것을 알았다. 왜냐하면 자신의 목둘레에 금으로 된 사슬이 둘려 있는 것과 봉인 위의 거룩한 이름을 보았기 때문이었다. 그러자 그는 산이 뒤흔들리도록 아주 큰 소리로 신음하였다. 아쉬모다이는 일어나 보려고 안간힘을 썼으나 아무 소용이 없었다. 울분 때문에 그의 눈에서는 불꽃이 튀었고 입에서는 거품이 뿜어져 나왔다.

아쉬모다이는 계속하여 안간힘을 다해 보았지만, 무모한 짓에 불과했다. 그는 일어설 수 없었다. 아쉬모다이는 브나야를 보고서 몹시 화를 내며 부르짖었다.

"나에게 마법을 건 자는 바로 너로구나?"

"그렇다. 만유의 주의 이름이 네 위에 있는 것을 보아라!"

아쉬모다이는 즉시 맥이 풀렸다. 그는 자신이 정복당했다는 것을 깨닫고, 브나야에게 그의 명령에 완전히 복종할 준비가 되어 있다고 말했다. 브나야가 외쳤다.

"가자, 네 주인이신 솔로몬 왕께 당장 가자. 일어나 나를 따르라!"

아쉬모다이가 일어나서 그를 따라갈 때, 브나야는 거룩한 도성으로 가는 행로에서 이 포로의 행동을 보고 깜짝 놀랐다. 아쉬모다이는 그들이 지나는 모든 곳에 자신이 가진 능력의 흔적을 남겼다. 어떤 마을에서 그는 종려나무에 부딪쳤다. 그 잎사귀가 흔들려서 다 떨어지자, 그는 한 손으로 그 나무를 뿌리째 뽑아 버렸다. 다른 곳에서는 어떤 집을 어깨로 쳐서 무너뜨렸다.

그들은 어떤 큰 마을의 장터에서 행복한 결혼 행렬을 만났다. 그런데 신랑과 신부가 지나갈 때 아쉬모다이가 느닷없이 울기 시작했다. 브나야는 놀라서 왜 우느냐고 물었다. 그러자 아쉬모다이는 이렇게 대답했다.

"아아, 슬프다. 신랑이 사흘 안에 송장이 될 것입니다!"

그 다음 마을에서 그들은 7년 동안 신어도 견딜 수 있는 부츠를 만들어 달라고 제화공에게 부탁하는 어떤 농부의 말을 우연히 듣게 되었다. 아쉬모다이는 폭소를 터뜨렸다. 브나야가 그 까닭을 묻자 아쉬모다이는 이렇게 말했다.

"왜냐하면 그 가난한 친구는 겨우 이레도 자신의 구두를 신을 수 없기 때문입니다. 보십시오. 그는 한 주일 안에 죽을 것입니다. 그러나 그는 자신이 7년이나 계속 신을 구두를 부탁하고 있습니다!"

어느 날 그들은 길을 잃고 방황하는 한 소경을 만났다. 아쉬모다이는 소경이 옳은 길로 가도록 도와주었다. 그들이 교차로에서 만난 주정뱅이에게도 아쉬모다이는 같은 친절을 보여 주었다. 한번은 재주를 과시하고 있는 어떤 마법사를 보았다. 그는 미래의 일을 읽을 수도 있고 비밀을 드러낼 수도 있다고 주장하였다. 이것이 아쉬모다이를 웃게 하였는데, 브나야가 그 이유를 묻자 이렇게 대답했다.

"비밀을 드러내는 척하지만 지금도 자기 발밑에 보물이 매장되어 있다는 사실조차 모르는 이 남자가 당신은 웃기지 않으십니까? 우리 귀신들은 사람의 가치를 판단할 때 그 사람이 얼마나 진실한가를 보지, 눈에 비치는 겉모습을 보지는 않습니다."

그들은 여러 가지 신기한 모험을 한 끝에 마침내 거룩한 성에 도착했다. 브나야는 자신의 포로를 왕 앞으로 인도했다. 아쉬모다이는 솔로몬 왕을 보자마자 공포에 질려서 온몸을 부들부들 떨기 시작했다. 그는 자신을 지탱해 주는 긴 지팡이를 손에 쥐고 있었는데, 왕 앞에서 그 지팡이를 던져 버렸다. 그 모습을 보고 솔로몬이 물었다.

"왜 이런 짓을 하느냐?"

"위대하신 군주시여, 모든 영화에도 불구하고 당신이 사후에 저기 있는 지팡이로 잴 수 있을 정도의 공간만을 이 땅에서 차지할 줄을 모르십니까? 그러나 당신은 인간 자손을 다스리는 것만으로 만족하지 않고, 혼령과 귀신들까지도 복종시키려 하십니다."

아쉬모다이의 말에 솔로몬은 정중하게 다음과 같이 말했다.

"화내지 마라. 너는 내가 난폭한 주인이 아니라는 것을 알게 될 것이다. 나는 단지 네게 작은 도움만을 구할 뿐이다. 나는 천지를 지으신 창조주의 영광을 위해 위대한 성전을 건축하고 싶다. 나는 이 목적을 위해 놀라운 벌레인 샤미르의 도움이 필요하다. 내게 지금 말해다오. 내가 어디에서 이 작은 피조물을 찾을 수 있겠느냐?"

"세상에서 가장 지혜로운 분이시여, 샤미르는 제 담당이 아닌 것을 모르십니까?"

솔로몬은 아쉬모다이의 유들유들한 대답을 듣고는 벽력같이 호통을 쳤다.

"그것이 어디 있느냐? 좋아, 사실대로 말하라!"

"위대하신 주여, 돌판 위에 글을 쓸 때 샤미르를 사용한 모세의 시대 이래로, 그 벌레는 바다의 왕자에게 맡겨졌습니다. 그런데 그 왕자는 그 벌레를 멧도요새 wood cock 에게 맡겼습니다. 멧도요새는 샤미르를 항상 몸소 지니고 다닐 것을 맹세했습니다. 그 새는 아주 높은 산의 정상에 둥지를 틀고 삽니다. 그 새는 쪼개진 틈에 곡식을 심기 위해 바위를 쪼개는 데 샤미르를 사용하며, 거기서 자라는 식물을 양식으로 먹고 삽니다. 그 새는 둥지에서 나갈 때마다 샤미르를 날개 밑에 품고 함께 다닙니다."

그러자 솔로몬은 아쉬모다이를 향해 외쳤다.

"됐다. 너는 성전이 건축될 때까지 나와 함께 살아야만 한다."

솔로몬 왕은 다시 충성스러운 장수 브나야를 불러서, 멧도요새의 둥지를 찾아 샤미르를 구한 다음 거룩한 성으로 데리고 오라고 명령했다. 그리고 유리 덮개와 작은 양털 뭉치, 납으로 만든 상자를 가져가라고 이른 후 지난번처럼 성공하기를 빈다고 말했다.

브나야는 기쁜 마음으로 솔로몬 왕이 내린 모든 지시에 순종했다. 그는 언덕과 골짜기, 시내와 사막을 가로질렀다. 마침내 브나야는 자신이 찾는 새의 둥지를 발견했다. 멧도요새는 여행을 떠나고 없었다. 둥지에는 깃털이 갓 나기 시작한 새끼들만 남아 있었다. 브나야는 자신의 목적을 위해서 즉시 가지고 온 유리 덮개로 둥지를 덮었다. 그러고는 무슨 일이 일어나는지 보려고 숨어서 기다렸다.

멧도요새는 돌아와서 자기 둥지에 들어가려고 애썼으나 그렇게 할 수 없음을 알았다. 유리가 매우 단단하고 강했기 때문이었다. 멧도요새는 유리를 통하여 자기 어린 새끼들을 보고는 날개를 푸드득거리며 유리를 깨 보려고 크게 비명을 질렀다. 그러나 모든 노력이 허사였다. 그 소리에 겁을 먹은 새끼 새들도 비명을 지르기 시작했다.

●──이스라엘 민담

멧도요새는 여러 번 유리를 깨뜨리고 시도했으나 뜻대로 되지 않자 마지막 수단으로 자기가 관리하는 귀중한 보물을 사용하기로 결정했다. 멧도요새는 샤미르를 자기 날개 아래에서 꺼내어 유리 위에 놓았다. 그런데 그 놀라운 벌레가 닿자마자 유리는 곧 산산조각이 나 버렸다.

브나야는 멧도요새의 행동을 낱낱이 지켜보고 있다가 바로 그 순간 고함을 지르며 숨어 있던 곳에서 뛰어나왔다. 멧도요새는 너무나 깜짝 놀라서 그만 샤미르를 땅에 떨어뜨리고 말았다. 브나야는 잽싸게 샤미르를 잡아 양털로 조심스럽게 쌌다. 그리고 이 특별한 목적을 위해 가져온 작은 납상자 안에 그것을 안전하게 넣었다.

브나야는 성공을 크게 기뻐하면서 신속하게 고향을 향해 출발했다. 멧도요새는 샤미르를 잃어버린 것을 알았을 때 바다의 왕자가 자기에게 행할 끔찍한 보복이 두려워서 스스로 목숨을 끊었다. 브나야는 거룩한 성에 안전하게 도착하여 솔로몬 왕에게 그 놀라운 벌레를 바쳤다. 지혜로운 왕은 그 벌레의 도움으로 성전을 건축하였다. 그리고 샤미르는 그 후로 자취를 감추었고, 바로 오늘날까지도 그것이 어디에 있는지는 아무도 모른다.

굶주림

솔로몬 왕이 이스라엘을 다스릴 때 예루살렘에는 이스라엘에서 가장 부유한 사람이 살고 있었다. 그 사람의 이름은 밥시였다. 밥시는 굉장한 부자였지만 매우 악하고 인색했다. 밥시는 종들과 노예들을 학대하고 닭이 우는 새벽부터 밤늦게까지 뼈가 빠지게 일을 시켰다. 그러고도 종들과 노예들에게 먹을 음식을 제대로 주지 않아 그들과 그들의 아이들은 항상 굶주림에 시달렸다.

결국 밥시는 온 이스라엘에 악명을 떨쳐 밥시같이 인색하다는 말이 유행하게 되었다. 또 어떤 사람들은 밥시같이 악하다고 말하기도 했다. 그의 노랑이 같은 행태에 대해서는 많은 이야기가 쏟아져 나왔다. 예를 들면 그가 결혼하지 않은 이유는 아내와 자녀들을 부양하지 않기 위해서라는 이야기가 돌았다. 또 한번은 그의 동생이 그의 집에 와서 식사를 같이 했는데 그날 동생이 먹은 식량의 손실을 보충하기 위하여 종들과 노예들에게 음식을 주지 않았다는 이야기도 있었다.

● ──이스라엘 민담

언젠가 굉장한 기근이 발생한 적이 있었다. 의로운 부자들은 곳간을 열고 가난한 사람들에게 양식을 나누어 주었다. 그러나 밥시는 그렇게 하지 않았다. 오히려 누가 열세라 자물통까지 채워 단단히 곳간을 지켰다. 심지어 그는 자기 집안 사람들에게도 양식을 적게 주었다. 그는 아주 높은 값으로 곡식을 팔아 굉장한 이익을 남기기도 했다. 그래서 그 어려운 시기에도 밥시의 재산은 더 불어났다.

밥시의 이런 행동 때문에 사람들 사이에는 원성이 일었고, 급기야 이 이야기는 솔로몬 왕의 귀에까지 들리게 되었다. 현명한 솔로몬은 밥시에 대한 모든 이야기를 듣고는 매우 화가 나서 계책을 세웠다. 그는 궁정대신을 시켜서 밥시에게 자기와 함께 식사하자는 초청장을 보냈다. 밥시는 왕과 식사하는 영예를 얻게 되어 몹시 기뻐했다. 그는 자만심에 가득 차서 다음과 같이 생각했다.

'내가 왕의 눈에 크게 들었는가 보다. 내가 이런 행운을 얻은 것을 안다면 나의 대적들이 얼마나 화를 낼까?'

밥시는 종일 아무것도 먹지 않았다. 그는 왕이 베푼 식탁에 있는 음식을 조금이라도 많이 먹을 목적으로 배를 비우고 왕궁에 갈 요량이었다.

밥시가 왕궁에 도착하자 궁정대신은 의전실로 그를 따로 불러 이렇게 말했다.

"왕께서는 오늘 밤 당신과 단둘이 식사하실 것입니다. 그러므로 당신이 왕과 함께 식탁에 앉을 때 다음과 같은 규칙을 따라 행동하기 바랍니다. 당신은 내가 말하는 대로 해야 합니다. 그렇지 않으면 왕께서 화를 내실 것입니다. 왕께서 만약 노하시면 화가 미칠 것입니다."

밥시는 약간 놀란 표정으로 대답했다.

"당신이 말하는 대로 하겠소."

"무엇보다도 먼저 당신은 왕에게나 시종들에게나 어떤 것도 요청해서는 안 됩니다. 두 번째로 당신은 무슨 일이 일어나는 것을 보든지 질문을 하거나 불평을 해서는 안 됩니다. 마지막으로 왕께서 당신이 식사를 맛있게 했느냐고 물으시면 비록 그렇지 않았다고 할지라도 아낌없이 찬사를 보내야 합니다. 자, 이제 내게 이 규칙을 지키겠다고 약속하시오."

밥시는 약간 불안한 마음으로 시키는 대로 하겠다고 말했다.

"좋습니다. 이제 식사 시간까지는 한 시간이 남았으니 내가 부를 때까지 다른 방에서 기다려 주십시오."

그러고 나서 궁정대신은 밥시를 어떤 방으로 안내했다. 그곳에는 궁정의 부엌으로 통하는 문이 나 있었다. 밥시는 인내심 있게 기다리는 동안 열린 문을 통하여 왕과 자기를 위하여 나올 맛있는 음식이 요리되는 광경을 보았다. 요리를 할 때 나오는 맛있는 향내가 그의 코에 와 닿았다. 그는 온종일 아무것도 먹지 않았기 때문에 몹시 배가 고픈 상태였다. 그래서 음식 냄새를 맡게 되자 절로 군침이 돌았다. 그는 부엌으로 뛰어들고 싶은 충동을 몇 번씩이나 간신히 참고 이를 부득부득 갈면서 식사 시간이 되기를 기다렸다.

드디어 식사 시간이 되었다. 궁정대신이 와서 왕의 식탁으로 밥시를 안내했다. 솔로몬은 다정스럽게 말했다.

"친구여, 이리 와 앉으시오. 개의치 말고 먹고 싶은 대로 드시오."

밥시는 자리에 앉았다. 종이 들어오더니 물고기 요리가 담긴 황금 쟁반을 왕 앞에 놓았다. 왕은 요리에 입을 대고 먹으면서 "어떤 물고기이기에 이렇게 맛있는가!"라고 감탄하였다.

왕이 물고기를 다 먹었을 때 밥시 앞에도 물고기 요리가 놓여졌다. 밥시는 너무나 기뻐서 자기 앞에 놓인 음식을 먹으려고 몸을 숙였다. 그런데 바로 그 순간 다른 종이 그 요리를 낚아채더니 부엌으로 가지고 갔다. 밥시는 왜 그러느냐고 묻고 싶은 생각이 들었으나 궁정대신이 한 말이 생각나서 꾹 참았다.

이번에는 하인이 맛있는 국을 황금 주발에 담아서 왕 앞에 가져다 놓았다. 밥시가 군침을 흘리며 자기 음식이 오기를 기다리는 동안 왕은 맛있게 국을 먹어치웠다. 왕이 국을 다 먹자 이전처럼 하인이 밥시에게도 황금 주발을 가져다 놓았다. 그러나 그가 국에 손을 대자마자 다른 하인이 와서 그것을 재빨리 빼앗아 갔다. 그 다음에 들어온 고기 요리도, 또 다른 나머지 요리들도 마찬가지였다.

밥시는 이제 배도 고프고 약도 올라서 거의 미칠 지경이었다. 그는 하인들에게는 원망의 눈초리를 보냈지만 왕을 향하여는 아무 말 없이 미소를 지을 수밖에 없었다. 배고픈 밥시에게는 식사가 결코 끝나지 않을 것만 같았다. 솔로몬 왕은 정중하게 물었다.

"나는 식사가 당신의 입맛에 맞았기를 바라오."

밥시는 아무것도 먹지 못했지만 모든 음식이 아주 맛있었다고 대답했다. 그는 또한 궁정대신의 말을 기억하고 음식 맛이 마치 천국의 것 같았다고 찬사를 보냈다. 아무것도 먹지 못한 밥시는 허기에 지쳐 일어나서 나가고 싶었다. 그러나 왕이 그를 제지하며 말했다.

"친구여, 가지 마시오. 그렇게 빨리 가셔야 되겠소? 아직 초저녁이오. 나는 악사들에게 우리를 위하여 멋진 음악을 연주하라고 시켜 놓았소."

밥시는 집으로 달려가 허기에 지친 배를 채우고 싶은 마음이 굴뚝같았지만 어쩔 수 없이 그 자리에 남았다. 곧 악사들이 들어와서 놀라운 음악을 연주했다. 그러나 밥시는 먹을 것밖에 아무것도 생각나지 않았기 때문에 음악이 오히려 귀에 거슬렸다.

 음악이 끝나자 밥시는 또 한 번 일어나 나가려고 하였다. 그런데 이번에도 왕이 붙잡으며 말했다.

 "친구여, 가지 마시오. 이제 그대가 집에 돌아가기엔 시간이 너무 늦었소. 오늘 밤에는 궁궐에서 자도록 하시오."

 밥시는 왕의 모든 말이 명령이라는 것을 알았다. 그래서 궁궐에 머물 수밖에 없었다. 그는 너무나 배가 고파 한잠도 이룰 수 없었다. 그는 화가 치밀어 왕이 왜 이렇게 하는지 생각해 보았다.

 '왜 나를 먹지도 못하는 식사에 초대했을까?'

 갑자기 밥시는 왕이 자기에게 굶주리는 고통이 얼마나 큰지 가르치고 있다는 데 생각이 미쳤다. 그제야 밥시는 자기가 하인들에게 한 행동이 떠올랐고, 궁핍할 때 생기는 어려움을 이해하게 되었다. 자기는 항상 잘 먹고 가난한 사람들이 배고프다고 부르짖을 때 그들을 멸시하며 비웃었던 것이다.

누구 책임인가?

어느 날 수달 한 마리가 솔로몬에게 나아와 불만을 털어놓았다.
"아이구, 나의 주이신 왕이여! 이 땅 위에 거하는 모든 자들에게 진리와 평화의 기쁜 소식을 전한 분이 당신 아니셨습니까? 마찬가지로 야생 동물과 다른 동물 사이에 평화를 정하신 분도 당신 아니셨습니까?"
솔로몬이 물었다.
"그런데 누가 그 평화를 깨고 있단 말이냐?"
"저는 새끼들을 족제비에게 맡겨 놓고 먹잇감을 찾으려고 물속으로 뛰어들었습니다. 그러나 족제비가 제 새끼들을 모두 밟아서 죽여 버리고 말았습니다. 제 새끼들의 무죄한 피가 저에게 살생자에게 죽음을 내리라고 부르짖고 있습니다."
그래서 왕은 족제비를 불러 물어보았다.
"수달의 새끼들을 밟아 죽인 것이 바로 너냐?"
족제비가 말했다.

"나의 주 왕이시여, 제가 맞습니다. 그러나 왕의 사심으로 맹세컨대 결코 고의나 악한 목적은 없었습니다. 저는 딱따구리가 그 부리로 북소리를 내면서 전쟁을 소집하는 신호를 들었습니다. 그래서 급하게 전쟁에 나가다가 그만 새끼들을 밟아 죽이고 말았습니다. 그러니 결코 나쁜 의도가 있었던 것은 아닙니다."

그래서 왕은 딱따구리를 불러 물었다.

"너는 북소리로 모든 이들에게 전쟁에 나오라고 신호했느냐?"

이에 딱다구리가 답했다.

"나의 주 왕이시여, 저는 그렇게 했습니다. 그러나 제가 신호를 보낸 것은 전갈이 칼을 가지고 있었기 때문입니다."

이에 왕은 전갈을 불러 물었다.

"너는 칼을 가지고 있었느냐?"

그러자 전갈이 답했다.

"왜냐하면 거북이가 무기를 닦고 있는 것을 보았기 때문입니다."

거북이는 똑같은 질문을 받고 변명하며 말했다.

"왜냐하면 저는 게가 칼을 예리하게 다듬고 있는 것을 보았기 때문입니다."

게가 대답했다.

"저는 바닷가재가 창을 흔들고 있는 모습을 보았기 때문입니다."

이에 왕은 바닷가재를 오라고 하여 꾸짖으며 말했다.

"왜 너는 창을 흔들었느냐?"

바닷가재가 말했다.

"왜냐하면 수달이 제 자식들을 잡아먹으려고 물에 뛰어드는 것을 보았기 때문입니다."

그러자 왕은 수달을 향하여 말했다.

●──이스라엘 민담

"저 족제비는 죄가 없다. 네 자식들의 피는 오직 네게 책임이 있다. 죽음을 뿌리는 자는 그것을 거두는 법이다."

돌로 변한 새들

 사람들 가운데 가장 현명했던 솔로몬 왕은 공중에 날아다니는 새나 숲 속의 짐승이나, 마당에 있는 가축이나 바다에 사는 물고기의 말을 모두 알아들었다. 어느 날 솔로몬 왕은 청명한 하늘과 밝은 햇볕을 즐기면서 신전 안에 있는 왕궁 입구에 앉아 있었다. 그때 두 마리의 새가 즐겁게 지저귀며 속삭이는 소리가 들려왔다. 왕이 올려다보니 수컷이 자기 짝에게 이렇게 묻고 있었다.
 "여기 앉아 있는 이 사람은 누구지?"
 암컷이 대답했다.
 "이분은 그 명성과 이름이 온 세상에 가득 찬 왕이셔."
 암컷은 깔보는 투로 계속 말을 이었다.
 "사람들은 그를 강력하다고 하지. 그의 능력은 이 모든 왕궁과 세상에 미치지 않는 곳이 없지."
 "어디 내가 한 번 날개를 펄럭이며 이것을 순식간에 넘어 볼까?"
 암컷은 수컷을 격려하며 말했다.

●──이스라엘 민담

"네가 말을 실천할 힘이 있다면 너의 용기와 능력을 한번 보여봐."

놀란 표정으로 새들의 대화를 듣고 있던 솔로몬 왕은 수컷에게 이리 오라고 손짓하고는 그가 허풍을 떠는 이유가 무엇인지 물어보았다. 수컷은 겁이 나서 벌벌 떨며 그 막강한 왕에게 대답했다.

"나의 주 왕이시여, 당신의 사랑과 친절로 저를 용서해 주십시오. 저는 무익하지만 당신께 아무 악도 끼칠 수 없는 가련하고 힘없는 새입니다. 제가 그렇게 말한 것은 단지 제 아내를 즐겁게 해 주고 아내에게 뽐내기 위한 것이었습니다."

이 말을 들은 솔로몬 왕은 빙그레 웃고는 새를 그 짝에게 놓아주었다.

그러는 동안 지붕 위에서 자기 짝을 기다리고 있던 암컷은 왕이 왜 그를 불렀는지 궁금해 견딜 수가 없었다. 마침 수컷이 돌아오자 암컷은 흥분한 목소리로 물었다.

"왕이 무슨 말을 하였소?"

수컷은 자부심으로 가슴을 부풀리며 대답했다.

"왕은 내 말을 알아듣고는 내 말대로 자기 궁전을 파괴하지 말라고 신신당부를 하더구먼."

솔로몬 왕은 이 말을 듣고는 뻔뻔스러운 새에게 화를 내며 그 두 마리의 새를 판석으로 만들어 버렸다. 그리고 다른 이들에게 허영 섞인 자랑을 늘어놓는다거나 거짓 허풍을 떨지 말라고 주의를 주었고, 여인들에게는 남편들을 충동질하여 어리석고 무모한 행동을 하게끔 하지 말라고 일렀다.

오늘날 당신이 솔로몬 성전 자리에 서 있는 오마르 이슬람 사원의 남쪽 벽을 보면 검은 테두리를 한 대리석 판석을 볼 수 있을 것이다. 그것은 두 마리의 새 모양으로 붉은색으로 칠해져 있는데, 이것은 솔로몬 왕이 돌로 만들어 버린 바로 그 새들이다.

호기심 많은 아내

솔로몬 왕을 숭배하는 사람들이 많이 있었기 때문에 솔로몬 왕은 적어도 하루에 한 명의 손님도 받지 않고 지나는 날이 없었다. 가까이에서 오건 멀리에서 오건 그들은 모두 왕의 마음을 끌기 위해 노력했다. 그들은 멋진 말이나 귀한 향료 혹은 나무를 가져오기도 했고, 다른 나라에서 전하는 지혜의 말을 옮기기도 했다. 그런 모든 방문객 중에서 솔로몬 왕은 아주 멀리에서 오는 한 사람을 특별히 총애했다. 그는 솔로몬 왕이 전에 한 번도 본 적이 없는 특이한 선물을 가지고 1년에 한 번씩 예루살렘으로 왔다. 왕은 항상 그를 정중하게 대접했고 그들은 서로 다음 방문을 손꼽아 기다리곤 했다.

어느 해인가 그 남자는 솔로몬 왕에게 특별히 좋은 선물을 가지고 와서는 돌아갈 때는 아무것도 가져가지 않겠다고 했다.

"하느님과 폐하의 호의에 감사드립니다. 저는 이미 손자들까지도 안락하게 살 수 있게 해 놓았습니다. 그러나 폐하께서 제게 후한 대접을 해 주고 싶으시다면 손에 만져지지도 않고 보이지도 않는 것을 주시면 감사하겠습니다. 제게 동물들의 말을 이해할 수 있도록 가르쳐 주십시오.

솔로몬 왕은 상심에 잠겨 말했다.

"네가 다른 것을 청한다면 나는 망설이지 않고 허락할 텐데. 네가 알고 싶어하는 것은 칼날과 같은 것이라 그것은 너에게 도움이 될 수도 있지만 너를 해칠 수도 있단다. 만약 네가 누군가에게 그 비밀을 이야기하면 너는 죽게 될 것이다. 아무리 동정을 해도 너는 살아날 수 없다."

그러나 솔로몬 왕의 말은 그 남자를 더욱더 몸달게 만들었다.

"그것을 아는 데 제게 요구되는 것이 오직 그 비밀에 대해 함구하는 것이라면 폐하께서는 저를 오랫동안 지켜보셨으니 저의 충성심을 아실 것입니다. 이번 일로 폐하께 실망을 안겨 드리지 않겠으니 저를 믿어 주십시오. 제발 동물들이 하는 말을 이해할 수 있게 가르쳐 주십시오!"

솔로몬 왕은 여전히 망설였다. 그러나 자기의 손님이 간절히 그 비밀을 알기 원하고, 그것이 그에게 큰 기쁨을 주리라는 것을 알게 되자 그가 청한 대로 해 주었다. 그 남자는 집으로 가는 도중에 새들이 나무에서 나무로 날아가면서 말하는 소리를 알아들을 수 있었다.

어느 날 그 남자는 마구간 앞에 앉아 있었다. 그때 하인이 들에서 황소를 데리고 왔다. 하인이 당나귀 옆에 있는 여물통에 황소를 매어 놓자 그는 열린 문을 통하여 그 두 동물이 이야기하는 소리를 들을 수 있었다.

"오늘 하루는 어땠어?"

당나귀가 물었다.

"물어보나마나지 뭐. 새벽부터 들에 나가 밭을 갈다 보니 거의 말

붙일 시간도 없었네. 내일 날이 밝으면 주인은 또다시 일을 시키겠지."
 황소가 대답했다.
 "네가 그렇게 멍청하지 않다면 휴식을 취할 수도 있을 텐데. 날 보라구. 꾀병을 부리니까 하루 종일 누워서 잠만 잘 수 있잖아."
 황소가 놀라서 물었다.
 "어떻게 아프다고 꾸미는 거니?"
 "사람이 갖다주는 건초를 먹지 않고 그대로 놔둔 것을 보면 네가 어딘가 아프다고 생각할 것이고 주인한테 가서 말하겠지. 그렇게만 되면 네가 내일 일을 하지 않을 것은 확실한 거야."
 "당나귀야, 정말 근사한 충고를 해 줘 고맙다."
 그 남자는 놀라서 어떻게 하면 좋을지 생각했다. 잠시 더 기다렸으나 마구간에서 아무 소리도 들리지 않자 그 남자는 안으로 들어가 보았다. 황소가 당나귀의 충고대로 건초는 건드리지도 않은 채 지쳐서 막 잠에 빠져들고 있었다. 당나귀는 황소가 눈을 감자마자 얼른 황소의 몫을 먹어치웠다. 남자는 크게 웃음을 터뜨렸다.
 "저 당나귀가 똑똑하긴 하지만 나를 이길 수는 없지."
 그 남자는 다음 날 하인을 불러 황소는 쉬게 하고 당나귀를 끌고 나가 밭을 갈라고 지시한 후 기쁜 마음으로 집으로 돌아왔다. 그런데 그 남자가 집 안으로 들어서자마자 그의 아내가 소리를 질렀다.
 "밖에서 웃고 계시는 소리를 들었어요. 그렇게 우스운 것이라도 발견하셨나요? 아니면 당신의 전략인가요? 당신은 항상 저를 비웃고 계시는데, 제가 모를 줄 알구요?"
 "여보, 당신이 어떻게 생각할지 모르지만 난 단지 솔로몬 왕이 들려준 이야기를 떠올린 것뿐이오."
 그 남자는 자신을 변호하듯 말했다.

"그것이 무엇인지 말씀해 주세요."

그 남자의 아내가 요구했다. 그러나 그 남자는 아내의 갑작스러운 큰 소리에 아무것도 생각할 수 없었다. 아내는 남편이 아무 말이 없자 더욱 크게 소리쳤다.

"저도 많이 생각했다구요! 당신은 하나도 기억하지 못하겠지만 당신은 저를 비웃을 때마다 솔로몬 왕 핑계를 댔어요."

그 남자의 아내는 계속해서 크게 소리를 지르더니 나중에는 욕설을 퍼붓기 시작했다. 그 남자는 거짓말이 증명된 사람처럼 도망치는 것 이외에는 아무것도 할 수가 없었다.

다음 날 저녁 그 남자는 다시 마구간으로 가서 동물들이 이야기하는 소리를 들었다. 하인이 들판에서 당나귀를 끌고 오자 그처럼 힘든 일에 익숙지 않았던 당나귀는 황소 옆에 주저앉고 말았다. 황소가 당나귀에게 고맙다는 듯이 이야기했다.

"네 충고는 정말 좋은 것이었어. 나는 여지껏 이처럼 좋은 시간을 가져 본 적이 없었어. 잠도 잘 잤고 하인들이 종일 나를 돌봐 줬다구. 내가 오래오래 아팠으면 정말 좋겠이!"

지친 당나귀가 숨을 헐떡이며 말했다.

"그렇게 조급할 것 없어. 주인이 말하는 것을 밭에서 들었어. 그는 나같이 쟁기를 끌 수 있는 동물은 불쌍히 여기지만 너처럼 먹지도 않고 쟁기질도 하지 못하면 죽여서 고기로 먹을 것이라고 하더라!"

이 말을 들은 황소는 벌떡 일어나 가능한 한 빨리 건초를 먹기 시작했다. 이러한 모든 것을 보고 들은 그 남자는 당나귀의 교활한 꾀를 비웃으며 웃기 시작했다. 그런데 그가 거의 숨도 제대로 쉬지 못하고 웃고 있을 때였다. 갑자기 그 남자의 아내가 나타났다. 그녀는 그에게 달려들면서 소리쳤다.

●──이스라엘 민담

"어제 저를 비웃으신 것으로는 충분치 않았나요? 제가 매일같이 그렇게 웃음거리가 되어야만 하나요? 당신이 무엇 때문에 비웃고 있는지 말해 주지 않는다면 저는 문 앞에 있는 거지보다도 당신을 존경하지 않겠다고 맹세할 거에요."

그 남자가 조용히 대답했다.

"여보, 당신이 내게 소중한 사람이라는 것을 당신도 알고 있을 거요. 그리고 내가 당신에게 어떤 나쁜 짓도 하지 않았다는 것도 알 테니 나를 믿어 주시오. 나는 당신을 비웃는 게 아니오. 더 이상 말할 수도 없구려. 만약 내가 그 진실을 한 마디라도 하게 되면 나는 죽어야만 하오. 당신이 나를 사랑한다면 그 맹세를 거두시오. 그리고 더 이상의 질문으로 나를 고통스럽게 하지 말아 주오."

그 남자의 아내는 그래도 화가 풀리지 않는지 울면서 소리쳤다.

"제가 왜 맹세를 취소해야 하죠? 제가 무슨 이유로 당신을 믿어야만 하나요? 저는 당신이 왜 저를 비웃고 있는지 알고 싶어요. 제가 답을 듣지 못하느니 차라리 죽어 버리는 편이 낫겠어요."

그 남자는 두려워졌다.

"내가 말을 하지 않는다고 목숨을 내놓겠다는 것이오? 그러면 내가 죽겠소. 질문에 대답할 테니 지금은 날 혼자 내버려 두시오. 유언장을 만들고 친구들한테 작별인사를 하겠소."

아내와 헤어진 그 남자는 솔로몬 왕이 옳았다는 것을 깨닫고 우울해져 깊은 생각에 잠겼다. 그는 비참한 심정으로 혼자 중얼거렸다.

"침묵하는 것보다 더 쉬운 일은 없다고 생각했었는데. 이제 솔로몬 왕과 한 약속도 지키지 못하게 되었을 뿐만 아니라 약속대로 곧 죽겠구나."

농장에 있는 동물들은 그 남자가 아내와 이야기하는 것을 들었으므로 무슨 일인지 다 알고 있었다. 그러한 주인을 보고 가장 슬퍼한 동물은 바로 개였다. 주인이 죽어야만 한다는 사실 때문에 괴로워서 개는 아무것도 먹지 않았다. 개가 고기와 음식을 남긴 것을 본 수탉은 암탉들을 모두 불러 그 음식을 함께 먹었다. 개는 그 모습을 보고 수탉에게 등을 돌렸다.

"어떻게 넌 그렇게 무심할 수 있는 거냐? 주인이 죽게 되었는데도 너는 다만 편하면 된다는 생각밖엔 없는 거니?"

수탉은 화가 나서 마구 짖는 개를 놀란 눈으로 쳐다보았다.

"그러면 넌 내가 어떻게 하길 바라는 거지? 주인이 멍청하다면 그는 당연히 그 대가를 치러야 해. 나를 보라구. 나는 아내가 열 명이나 되지만 다들 잘 지내고 있다구. 아무도 내 뜻을 거역하지 않아. 주인이 자기 아내도 다루지 못하는 것을 보니 지혜로운 솔로몬 왕한테서 아무것도 배운 것이 없을 거야. 주인이 아내를 세게 때린다 해도 그녀는 그것 때문에 그를 덜 사랑하지는 않을 거라구. 오히려 그녀는 다른 사람들의 비밀을 알려고 하지 않을 텐데 말이야."

농장이 울릴 정도로 수탉이 크게 소리치는 바람에 그 목소리는 그 남자의 귀에까지 들어갔다. 그 남자는 거의 힘이 빠져 있었는데 수탉의 충고를 듣자 갑자기 힘이 솟았다. 그는 집으로 달려가 수탉이 말한 대로 했다.

그 후 그 남자는 아내와 다툼 없이 오랫동안 행복하게 살았다. 다음에 예루살렘을 방문한 그 남자는 솔로몬 왕에게 모든 사실을 이야기했다. 그러자 솔로몬 왕은 웃으면서 이렇게 말했다.

"당신 아내의 호기심을 없애 준 수탉에게 감사드려야 할 것이오. 바가지를 긁는 아내와 한 지붕 아래에서 사는 것보다 다락방 구석에서 사는 편이 훨씬 좋기 때문이오."

●──이스라엘 민담

빵 세 덩 어 리

　현명한 솔로몬 왕이 통치하던 시절, 바닷가 근처에 있는 작은 오두막집에 가난한 여인이 살고 있었다. 남편은 오래전에 죽었고 아이들은 각자 갈 길을 가 그녀의 노후를 기쁘게 해 줄 사람이 없었다. 그녀는 아침부터 저녁까지 어부들의 어망을 고쳐 주었다. 그리 큰돈이 벌리지는 않았지만 배고프지 않을 정도는 되었고, 어부들이 비바람 때문에 항해를 나가지 않는 겨울을 위해 약간의 밀가루를 저장할 정도도 되었다. 그러나 그녀는 자신의 처지를 한 번도 불평하지 않았다. 그녀는 사람들이 친절한 말로 자신을 위로해 주었기 때문에 고독 속에서도 충분히 위안을 얻을 수 있었다.
　보통 때보다 유난히 길던 어느 해 겨울이었다. 바다에 세찬 파도가 몰아쳐 와 어부들은 배를 띄울 수가 없었다. 아무도 그물을 수리할 필요가 없게 되었다. 그녀가 아무 일도 못한 채로 시간은 흘러 창고에 저장해 두었던 밀가루는 점점 줄어들었다. 케이크를 구울 밀가루도 남아 있지 않자 그녀는 마을에서 가장 부자로 소문난 집을 찾아갔다.

"어떻게 왔소?"

부자가 그녀에게 물었다.

"배가 고파서 그러는데 밀가루를 조금만 주세요. 부탁드립니다. 이 추운 겨울을 날 수 있도록 해 주세요."

그녀는 간절히 부탁했다.

"도와주고 싶소만 방금 마지막 밀가루 포대를 팔았다오. 나와 내 가족이 먹을 것밖에는 남아 있지 않아요. 그러나 식품 창고 바닥에 약간 남아 있는 것이라도 가져가겠다면 그것은 괜찮소."

그녀는 부자에게 감사의 말을 전하고 조심스럽게 창고 바닥을 쓸어 약간의 밀가루를 자루에 담아서 행복한 기분으로 집으로 왔다. 그녀는 즉시 화덕에 불을 켜고 밀가루 반죽을 시작했다. 잠시 후 그녀는 먹음직스러운 황갈색 빵 세 덩어리를 꺼냈다. 그녀는 아침부터 아무것도 먹지 못했기 때문에 밤이 되자 몹시 배가 고팠다. 재빨리 빵 한 덩어리를 집은 그녀가 막 기도를 드리고 빵을 조금 잘라 먹으려 할 때 낯선 사람이 문을 두드렸다. 넝마를 입은 그는 너무 지쳐서 거의 말도 하지 못했다. 그가 그녀에게 간청했다.

"아주머니, 먹을 것을 좀 주세요. 저는 상인인데 길에서 강도를 만나 모든 것을 털리고 겨우 목숨만 건졌답니다. 평생 음식을 먹어보지 못한 것 같군요. 이제 힘이 다한 것 같습니다."

낯선 사람이 말을 끝마치자마자 그녀는 빵을 그에게 건네주었다.

"이 빵을 드세요. 하느님이 함께하실 겁니다."

그녀는 문을 닫고 식탁으로 가 두 번째 빵을 집어들었다. 그런데 그 순간 또 다른 노크 소리가 들려왔다. 그녀가 문을 열자 이번에는 그녀가 첫 번째 빵을 준 사람보다 더 남루한 차림의 여행자가 서 있었다.

"아주머니! 집이 모두 불타 버려서 하룻밤 사이에 거지가 되었습니다. 비록 불에서 뛰쳐나오긴 했는데 이제는 굶어 죽을 지경입니다. 보시다시피 저는 걸을 수조차 없습니다. 부디 간청하건대 저를 그냥 내쫓지는 마십시오."

그녀는 주저하지 않고 행운이 있기를 바란다면서 두 번째 빵을 그에게 주었다.

"그 불쌍한 사람은 나보다 더 배가 고프니까. 그리고 내가 빵을 세 덩어리나 만든 게 다행이지."

그녀는 중얼거리며 세 번째 빵을 급히 집어들었다. 그러나 감사의 기도를 드리기도 전에 밖에서 강한 바람이 불었다. 그 바람은 집 주위를 돌더니 문을 세게 때려 열어젖히고는 그녀가 사태를 파악하기도 전에 손에서 빵을 빼앗아 바다 속에 처넣었다. 그녀는 눈물을 흘리며 울부짖었다.

"이 몹쓸 바람아, 어쩌면 그렇게 잔인할 수가 있느냐? 두 덩어리의 빵을 거지에게 주고 끝으로 내가 먹으려고 했는데, 내 마지막 한 입까지 가져가 버리다니! 빵이 바다에 무슨 소용이 있다더냐?"

밤새 그녀는 한잠도 자지 않았다. 그녀는 자신이 누군가에게 해를 끼친 일이 있었는지 곰곰이 생각해 보았으나 떠오르는 것이 없었다. 그녀는 아무리 생각해도 자신이 왜 이런 벌을 받아야 하는지 이유를 알 수 없었다.

날이 밝자 그녀는 솔로몬 왕에게 가서 바람을 고소하기로 마음먹었다.

'솔로몬 왕은 세상에서 가장 현명한 분이시니까 바람과 나의 분

쟁을 판결하실 수 있을 거야.'

솔로몬 왕은 그녀가 말하는 것을 주의 깊게 들었다. 그는 평생 동안 그녀에게 일어났던 모든 일에 대해 물어보고 나서 다음과 같이 말했다.

"그대가 정말로 바람을 고소하고 싶다면 오늘 저녁 내가 바람을 불러올 때까지 기다려야만 한다. 나는 지금 바람을 방해할 수 없다. 왜냐하면 바람은 상인이 항해하도록 불고 있기 때문이다. 그러니 바람이 올 때까지 기다려라. 네 문제는 그때 해결하겠다."

그녀가 한쪽 켠에 서 있을 때 세 명의 상인이 들어와 왕 앞에 무릎을 꿇었다. 그들이 말했다.

"이스라엘의 왕이시여, 저희가 폐하의 자비로운 행동을 청할 수 있게 허락하여 주시기 바랍니다. 이 7000개의 황금 조각을 받으시어 가난하지만 마음씨가 고와 이것을 받을 만한 가치가 있는 사람에게 주시면 감사하겠나이다."

솔로몬 왕이 물었다.

"어찌하여 이것을 기부하려 하느냐?"

상인 중 가장 나이가 많은 사람이 대답했다.

"하느님의 사랑과 하느님의 섭리에 대한 감사의 뜻입니다."

이어서 그 상인은 7000개의 황금 조각이 들어 있는 상자를 가리키며 이렇게 덧붙였다.

"폐하, 시간이 있으시다면 자세히 설명을 해 드리겠습니다."

솔로몬 왕이 말해 보라고 하자 그 상인은 자기들에게 일어난 일을 설명하기 시작했다.

"이 금액은 저희 배가 싣고 온 화물의 10분의 1에 정확히 해당하는 것입니다. 저희가 폐하의 왕국 해안 근처에 거의 다 왔을 때 폭풍이 일기 시작했습니다. 파도는 저희 배가 작은 통나무인 양 마구 처박아 저희는 그만 방향 감각을 잃어버렸습니다. 게다가 더욱더 곤란한 일은 배 옆면에 틈이 생겼습니다. 틈이 큰 것은 아니었지만 계속해서 물이 스며들었고 심한 파도 속에서 저희는 그 구멍을 막을 어떠한 것도 발견할 수 없었습니다. 절망에 가득 찬 저희들은 하느님께 기도했습니다. 만약 이 위험에서 벗어날 수 있다면 저희들의 짐 중 10분의 1을 가난한 사람에게 주겠다고 맹세했습니다. 곧 폭풍이 멎고 파도가 잠잠해지고 저희들은 안전하게 해안에 다다랐습니다. 저희는 정확하게 짐을 계산해 보고 이렇게 7000개의 황금 조각을 가져왔습니다. 이것이 바로 저희들이 폐하께 가져온 것이니 폐하의 판단에 따라 가난한 사람들에게 주시기를 바랍니다."

솔로몬 왕이 대답했다.

"기쁜 마음으로 그렇게 하겠다. 그러나 한 가지 이상한 점이 있구나. 네가 말하기를 배 옆면에 틈이 생겼다고 했는데, 아무리 잔잔한 바다라 할지라도 그 틈사이로 물이 스며들게 마련이다. 그런데 너희들의 배는 어찌하여 여전히 떠 있었는지 이해할 수가 없구나. 그 이유를 내게 설명할 수 있겠느냐?"

이 말에 상인은 코트 주머니에 손을 넣어 물에 젖어 뭉그러진 빵 한 덩어리를 꺼내 보이며 말했다.

"이것이 갑자기 바람에 날려 왔습니다. 질풍 같은 힘으로 날아와서는 저희 배 옆면에 있는 틈을 막아서 저희들은 이렇게 살아날 수 있었습니다."

"이제 너희들을 도와준 그 빵이 본래 주인을 되찾아 갈 것 같구나."

솔로몬 왕이 웃으면서 그녀를 바라보았다.

"너는 네 물건을 알겠느냐?"

그녀는 놀라서 대답했다.

"네, 맞아요. 바로 저 빵이 바람이 제게서 빼앗아 간 것이에요."

솔로몬 왕이 말했다.

"그렇다면 7000개의 황금 조각 역시 네 것이 된다. 하느님께서 너의 자비로운 마음을 잊지 않으시고 바람을 시켜 너를 고난에서 벗어나게 하신 것이다. 너는 바람의 행위를 고소하려 했지만 이제 보니 불행이 행운으로 바뀐 것 같구나. 너는 이제 다시는 굶주리지 않을 것이다."

이 이상한 일이 곧 이스라엘 전역으로 퍼지자 사람들은 모두 하느님의 심판과 이스라엘의 왕 솔로몬의 지혜를 찬양했다.

제3부

신실한 사람들과 유대 민족의 위인들

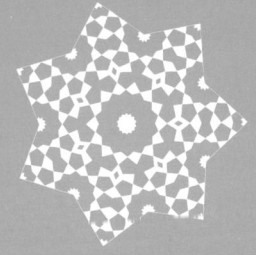

'망치' 유다

 마케도니아 출신의 알렉산더 대왕 이래로 안티오쿠스 4세 같은 왕은 없었다. 그는 시리아를 강권적으로 통치했고 많은 나라의 왕이 그에게 매년 조공을 바쳤다. 그는 자신을 기념하여 안디옥이라는 거대한 도시를 건설했다. 그러나 그는 권력을 많이 가질수록 더 많은 권력을 원했다. 그는 온 세상을 자기의 영광으로 가득 채우고 싶은 불같은 욕망을 가지고 있었다. 그는 때때로 이렇게 허풍을 떨었다.
 "나는 마케도니아의 알렉산더처럼 온 세상을 정복할 것이다."
 그의 자만심은 어리석을 정도로 지나쳐서 자신을 그리스 말로 '모습을 드러낸 하느님'이라는 뜻을 가진 '에피파네스'라고 불렀다. 로마의 시저처럼 모든 사람에게 신(神)으로 경배받고 싶었기 때문이었다. 그러나 유대인들은 그에게 다른 이름을 붙였다. 그들은 그를 '안티오쿠스 에피파네스' 미치광이 안티오쿠스라고 불렀다. 그들은 이런 견해를 나타내기 위하여 성경에 나오는 '안디옥은 벌레가 먹은 뿌

●──이스라엘 민담

리요, 해충이 있는 나무'라는 말을 인용했다.

안티오쿠스가 재위에 오른 지 23년째 되던 해,[기원전 168] 서기관 에스라의 주도로 성전을 재건축한 지 213년째 되던 해에 안티오쿠스는 예루살렘에 대하여 적대적인 감정을 품고는 장군들에게 말했다.

"나는 이스라엘 땅에 거주하는 유대인들을 더 이상 참아 넘길 수 없다. 나는 그들이 마음속으로 나를 미워하며 내가 망하기를 바란다는 사실을 안다. 그들은 우리와 같지 않다. 그들은 우리가 섬기는 신들에게 제사를 드리지도 않고 우리의 법을 지키지도 않으면서 오히려 그것을 조롱한다. 그러므로 나는 맹세코 그들을 무릎 꿇려 그 목에 멍에를 지우겠다."

안티오쿠스는 대군을 보냈다. 그들은 예루살렘을 노략질하고 사람들을 살상했다. 그러나 아무도 저항하는 사람이 없었다. 왜냐하면 지도자들은 위협받고 침묵을 강요당했으므로 백성들을 소집할 수가 없었기 때문이다. 그리스 인들은 성전에 들어가 보물을 탈취했다. 많은 유대인이 알렉산드리아로 도망쳤다. 또 어떤 사람들은 바빌로니아로, 페르시아로, 다른 지방으로 도망쳤다. 그리스 군인들은 자기들 마음대로 사람을 죽이고 여자와 아이들을 노예 시장에 팔아 버렸다. 그들은 예루살렘 벽을 파괴하고 집과 거리를 폐허로 만들었다.

안티오쿠스는 장군들에게 말했다.

"유대인들의 땅에서 율법을 가르치는 학교와 율법 자체를 없애 버려라! 유대 관습을 지키는 자들은 사형으로 다스려라. 너희는 또한 그들이 남자 아기에게 할례를 베푼다거나 금식에 관한 규례를 지키는 일이 더 이상 없게 하라. 유대인들이 안식일을 지키지 못하게 하고 우리의 신들에게 절하게 하라. 또 그들의 제물을 우리 제단으로 가져오고 내 명령이 지켜지는지 온 땅에 내 관리들을 보내 감독하게 하라."

장군들은 안티오쿠스가 명한 대로 했다. 그들은 이스라엘 온 땅을 돌아다니면서 회당과 학교를 파괴했다. 그들은 율법 두루마리를 모독하며 없앴다. 그리고 조금이라도 불평하는 사람이 있으면 즉시 죽였다. 그래서 하느님의 이름을 거룩하게 하려고 많은 사람들이 죽었고 그들의 피가 안티오쿠스의 머리 위에 머물렀다.

이런 일이 있은 지 얼마 되지 않아 안티오쿠스의 이교도 사제들은 주신(主神)인 제우스에게 성전을 봉헌하고는 그 신상을 제단 위에 세워 놓았다. 사제들은 제우스를 위하여 돼지를 희생물로 바치고 그 불결한 피를 성소에 뿌렸다.

이스라엘 사람들은 이 일에 대해 듣고 두려움에 몸을 떨었으나 목숨을 부지하고자 큰 소리로 이야기도 못 했다. 그 결과 많은 사람이 예루살렘을 떠났고 시온은 곧 버려진 도시가 되었다.

바로 그 즈음 그리스 인 관리 아펠레스가 안티오쿠스의 명령을 이행하기 위하여 예루살렘에서 멀지 않은 모니인 마을로 우연히 오게 되었다. 그는 그리스 신들을 위한 제단을 쌓고는 유대인들에게 돼지를 희생물로 드리라고 명령했다. 모인 사람들 중에는 하스모니안 가문의 늙은 사제 마따티아스와 그의 다섯 아들 요하난, 시몬, 유다, 엘레아잘, 그리고 요나단이 있었다. 마따티아스는 아펠레스가 유대인들에게 얼마나 끔찍한 일을 명하는지 듣고는 사람들에게 이렇게 말했다.

"오, 나의 형제들이여, 만약 당신들이 원한다면 조상의 종교를 버리는 정도까지 그에게 순종하도록 하시오. 그러나 우리는 우로나 좌로 치우쳐 거룩하신 하느님의 이름을 더럽히지 않을 것을 맹세합니다."

마따티아스는 이 말을 마치자마자 아펠레스를 쳐서 죽여 버렸다. 그러고는 유대인들에게 다음과 같이 외쳤다.

"무기를 듭시다! 하느님과 그 거룩한 율법을 위하는 자는 누구든지 나를 따르시오!"

그와 다섯 아들, 그리고 하시딤파 사람들과 경건한 많은 사람들이 언덕으로 도망쳤다. 그들은 어둠이 깔리자 그리스 수비대를 향해 내려왔다. 그들은 비록 수가 적고 무기도 형편없었으나 많은 사람을 죽일 수 있었다. 하느님과 자기 민족에 대한 사랑으로 격렬히 싸웠기 때문이다.

그 후 세월이 흘러 마따티아스는 나이가 들어 죽게 되었다. 그는 다섯 아들을 불러 놓고 말했다.

"오, 나의 아들들아! 이제 나는 너희들과 헤어져야겠구나. 그래서 나는 너희들과 우리 군대를 지휘할 지도자를 지명해야겠다. 이제 나는 내 아들 유다가 나를 잇도록 선택한다. 왜냐하면 유다는 지혜롭고 용감하며 야곱의 아들인 유다와도 비슷하기 때문이다."

마따티아스는 숨이 차는지 잠시 말을 멈추더니 유다를 바라보며 다음과 같이 말을 이었다.

"유다야, 야곱의 아들 유다가 사자에 비유되었던 것처럼 너도 그러하다. 적들이 네 힘을 맛본다면 벌벌 떨 것이다. 마음과 뜻을 다하여 하느님을 섬기고 이스라엘에 구원을 베풀어라."

마따티아스는 이 말을 마치고 죽었고 유다가 그를 대신하여 장군이 되었다. 유다는 전투에서 지는 일이 없었고 사정없이 적을 뒤쫓았기 때문에 유대인들은 그를 아람어로 '쇠망치' 라는 의미를 지닌 '마카비 마카베우스' 라고 불렀다. 그는 그 이름에 걸맞게 그리스 인들을 사정없이 강타했다.

유다는 유대 민족의 가슴에 불을 붙였다. 사람들은 새로운 희망과 새로운 용기를 발견하고는 언덕에 있는 그의 요새로 몰려들었다. 그리고 무기를 들고 유다와 함께 그리스 인들과 맞서 싸웠다. 사람들은 그가 현명한 지도자이며 전술을 잘 이해하는 사람이라는 사실을 알았다. 그의 네 형제인 요하난, 시몬, 엘레아잘, 그리고 요나단도 역시 위대한 전사였다. 도망친 사람들도 이 이야기를 듣고는 용기를 얻어 이스라엘 땅으로 돌아왔다. 왜냐하면 그들 역시 신성한 투쟁의 영광에 동참하기를 원했기 때문이다.

안티오쿠스 왕은 다시 장군들을 소집하여 말했다.

"그대들은 유다 마카베우스가 나에게 어떤 일을 행하고 있는지 알고 있소? 그는 나의 모든 군대를 패퇴시키며 우리 장군들을 죽였소. 이제 결단을 내려야 하오!"

그래서 그는 아주 교활한 장군인 프톨레미, 니카노르, 고르기아스에게 4000명의 보병과 7000명의 기병, 그리고 수많은 시리아 원군을 딸려 파병했다. 군대는 평원에 위치한 엠마오 시에서 행군을 멈추었다. 그들은 그곳에 막사를 치고는 유다와의 일전을 대비했다. 그들은 승리를 너무나 확신한 나머지 포로를 묶을 쇠사슬을 가진 페니키아의 노예 상인까지 데리고 왔다.

유대인들은 적의 군대를 보고 그 수가 자기들보다 훨씬 많다는 사실을 알고는 두려움에 떨었다. 이를 본 유다가 말했다.

"그리스 인들의 힘은 실로 무섭습니다. 그러나 악한 자들을 내리치시는 우리 주님의 복수는 더 무섭습니다! 비록 적들의 수는 많고 우리는 소수라 할지라도 결코 두려워 마시오. 우리는 약하지만 하느님께서 우리와 함께하심을 아시오. 우리는 의를 위하여 싸우기 때문에 우리보다 많은 적들을 물리쳐 이길 것입니다. 그러므로 정신을 차리고 마음을 강하게 하여 용사같이 됩시다."

그리고 유다는 전투 전에 늘 하던 대로 회개하는 사람처럼 베옷을 입고 머리에 재를 뒤집어썼다. 그는 금식하며 하느님께 탄원했다. 그리고 자기 죄를 자복했다. 그의 부하들도 그가 하는 것처럼 했다. 이제 그들은 더 이상 두려움을 가지지 않게 되었다.

이틀 뒤에 유다는 일어나서 모인 무리에게 말했다.

"당신들 중에서 전투가 두려운 자가 있거든 참가하지 마시오. 또 새로 결혼한 자나 최근에 돈을 많이 번 사람도 따로 서시오. 왜냐하면 그런 사람은 뒤에 두고 온 것이 너무나 아까워서 비겁한 태도로 싸울 것이기 때문입니다."

사람들이 빠져나가자 유다는 옛날에 유대인들이 전투에서 하던 대로 군대를 정렬시켰다. 그는 군사들 위에 천부장, 백부장, 십부장을 세웠다. 그러고는 다음과 같이 명령했다.

"나의 형제 유대인들이여! 우리 민족의 자유와 우리의 율법을 위하여 싸웁시다. 우리가 만약 전투에서 패한다면 우리는 모두 죽을 것이고, 우리의 아내와 아이들은 노예로 팔려나갈 것입니다. 그러므로 우리는 이겨야 합니다. 그래서 적이 우리에게서 빼앗아 간 자유를 되찾고 우리의 복된 생활로 되돌아갑시다. 오, 야곱의 자손이여, 두려워 마시오. 왜냐하면 이집트의 노예 생활에서 우리를 건지신 하느님께서 우리를 버리지 않으실 것이기 때문입니다!"

그날 밤, 그리스의 장군 고르기아스가 엠마오에 있는 본대를 떠나 5000명의 보병과 1000명의 기병을 거느리고 야밤에 유다 진영을 기습하였다. 그러나 유다는 이 계획을 알고 있었다. 그는 적군이 나누어졌기 때문에 오히려 싸우기가 쉽게 되었다고 생각했다. 그래서 유다는 고르기아스를 속이고 혼란을 주기 위하여 자기 진영에다가 일부러 많은 불을 켜둔 채 군대를 인솔하여 출발했다.

유다와 그의 군사들은 밤새도록 행군하여 적진이 있는 엠마오 시에 도착했다. 유다는 그리스 인들이 기술적으로 진을 치고 있으며 그 수가 자기들 3000명보다 몇 곱절이나 된다는 사실을 알았다. 그러나 그들이 잠이 들어 있고 자기가 공격해 오리라고 생각지 못한다는 사실을 알고서 마음을 놓았다.

유다는 적절한 때가 되자 나팔수에게 전투를 알리라고 명령했다. 그리스 인들은 이 소리를 듣고 매우 놀라서 어찌할 줄 몰랐다. 왜냐하면 그들은 고르기아스가 유대인들을 쳐부수었다고 확신했기 때문이다. 유다와 그의 군사들은 두려움에 떨며 이리저리 도망치는 적들을 덮쳤다. 그들은 저항하는 적병을 3000명이나 죽였다. 그들은 나머지 적병을 쫓아 그다랴, 아스돗, 얌니야까지 갔다.

유다를 기습하러 갔던 고르기아스는 몹시 당황했다. 그래서 서둘러 엠마오에 있는 본진으로 돌아왔다. 그가 돌아와서 무슨 일이 일어났는지 알게 되었을 때 그와 그의 부하들은 무서워 도망치고 말았다.

그렇지만 안티오쿠스는 그러한 패배에도 불구하고 물러서려 하지 않았다. 다음 해에 그는 또다시 군대를 파견했다. 이번에는 위대한 장군인 리시아스의 지휘 아래 6000명의 기병을 보냈다. 유다는 벳술에서 1만 명의 군사로 적병을 패주시키고 수많은 그리스 인들을 죽였다.

리시아스는 아주 신중한 사람이었다. 그는 유대인의 정신적인 특성을 알게 되었다. 그는 유대인들이 자유를 잃고 하느님 외에 다른 이를 경배하는 것을 죽기보다 싫어한다는 사실을 알았던 것이다.

●──이스라엘 민담

그리고 유다가 전투에서 영웅적인 감정과 인간 이상의 필사적인 자세를 사람들에게 불러일으킨다는 것도 알게 되었다. 그래서 그는 나머지 군사들을 모아 안디옥으로 돌아갔다.

이번에는 안티오쿠스 왕이 두려움을 느끼고 해안 지역으로 도망갔다. 그렇지만 그가 가는 곳마다 사람들이 그에게 대항하여 일어났다. 사람들은 그를 "겁쟁이! 도망자!"라고 놀렸다. 안티오쿠스는 이에 수치심을 이기지 못하고 바다에 몸을 던져 자살하고 말았다.

유다는 그리스 군대가 떠나가자 사람들을 예루살렘에 모아 놓고 말했다.

"하느님의 집으로 가서 깨끗하게 합시다. 그곳은 끔찍한 모독을 당했습니다."

그들은 성전을 깨끗하게 하고 모든 우상과 그 제단을 제거한 뒤에 새로운 기구들, 곧 일곱 가지가 달린 황금 촛대^{Menorah}와 진설병을 얹는 탁자, 그리고 향을 얹는 제단을 들여왔다. 사람들은 또한 더럽혀진 제사용 제단을 치우고 새로운 것을 세웠다.

마침내 유다는 기슬레브^{Kislev}월 25일에 성전을 재봉헌했다. 그는 촛대의 등을 켜고 향을 피우고 제단에 제물을 바쳤다. 유다가 등을 밝힌 이 기름은 등을 켤 수 있는 마지막 기름이었다. 제단에 올릴 수 있는 순전한 올리브 기름은 옛날 사무엘 선지자 시절의 대제사장 인장이 찍힌 채 봉함되어 있는 작은 통 속의 기름 외에는 없었고, 그 기름은 단 하루 분밖에 되지 않았던 것이다. 그런데 기적이 일어났다. 새 기름이 준비될 때까지 8일 동안 기름이 계속 탔던 것이다.

유다는 또한 성전 재봉헌을 기념하여 매년 기슬레브월 25일을 시작으로 해서 8일 동안 등불 축제, 곧 하누카를 열도록 규정하였다.

사람들은 이 기간 동안 매일 밤 새로운 등을 켜면서 이스라엘이 자유를 위한 투쟁에서 승리한 것을 기리며 찬양의 노래^{Hallel}를 불렀다.

유딧과 홀로페르네스

그리스 장군 홀로페르네스가 베툴리아 시를 포위했을 때의 일이다. 그는 유대인들이 갈증 때문에 항복하도록 만들 요량으로 가까이에 있는 모든 샘과 우물을 파괴하라고 명령했다.

그러자 베툴리아 사람들은 더 이상 적에게 대항할 수 없다고 생각하고서 절망감에 빠지기 시작했다. 그래서 사람들은 도시의 지도자에게 항복하라고 소리 높여 요구했다.

지도자는 사람들에게 간청했다.

"형제들이여, 닷새만 더 기다리시오. 그동안에 우리 동료 유대인들이 도우러 올지도 모릅니다. 나는 오래전에 예루살렘에 절박한 도움을 요청하는 서한을 보냈습니다. 그러나 홀로페르네스의 군사가 길목을 장악하고 있어서 전령이 뚫고 나가기가 어렵습니다. 하지만 닷새 안에 원군이 도착하지 않는다면 도시를 적에게 넘겨주겠습니다."

그때 베툴리아에는 유딧이라는 과부가 살고 있었다. 그녀는 남편을 잃었기 때문에 큰 슬픔에 잠겨 있었다. 그녀는 너무나 남편을 사랑한 나머지 그의 영혼을 위하여 거의 매일 금식하다시피 했고 안식일과 거룩한 날들에 새로이 달이 뜨는 때에만 음식 맛을 보았다.

유딧은 아주 아름답고 부유하고 경건했다. 그녀는 지도자가 닷새 안에 항복하기로 결정했다는 소식을 듣고 몹시 화를 냈다. 그래서 그녀는 지도자와 도시의 원로들에게 가서 말했다.

"당신들이 계획하는 것은 생각할 수조차 없는 것입니다! 당신들은 왜 닷새만 더 기다리려고 하십니까? 적의 손에 죽는 것보다는 하느님의 도움을 기다리는 편이 항상 더 낫지 않습니까? 도움이 언제 오든지 그때까지 기다리십시오. 나는 반드시 도움의 손길이 온다는 사실을 알고 있어요!"

지도자는 그녀에게 답변했다.

"당신의 말은 옳소! 그러나 사람들이 항복하자고 하는데 난들 어쩔 수 있겠소? 나는 그들 앞에 맹세를 했으므로 지킬 수밖에 없소. 그러니 경건한 유딧이여, 우리를 위하여 비가 내려 마른 물통이 채워지도록 기도해 주시오."

유딧은 잠시 생각하더니 입을 열었다.

"오늘 밤 성문에서 만납시다. 나는 하녀와 함께 그곳에 가 있겠습니다. 그리고 나는 그녀와 함께 적진으로 가겠습니다. 그곳에서 나는 마음에 품고 있는 일을 하겠습니다. 하느님이여, 제가 계획한 일에 성공하도록 도와주소서! 그것이 무엇인지는 묻지 마세요. 내가 적을 손아귀에 넣을 때까지 기다리십시오."

그러자 사람들은 그녀에게 평안히 가라고 했다.

저녁이 되자 유딧은 기도했다. 그리고 상복喪服을 벗고 연회宴會복으로 갈아입었다. 그녀는 장신구와 보석으로 치장하고 포도주와 치즈, 기름, 빵과 무화과 열매를 챙겼다. 그러고는 하녀를 데리고 떠났다.

그녀가 성문에 가 보니 지도자와 원로들이 기다리고 있었다. 그들은 그녀를 축복하고 일을 성공하고 만날 수 있게 해 달라고 기도했다. 그러고 난 뒤 서로 헤어졌다.

유딧이 걸어가는데 그리스 군인들이 가로막으며 물었다.

"너희는 누구냐?"

"나는 유대 여인입니다. 나는 우리 도시가 곧 함락될 것으로 확신하기 때문에 도망해 왔습니다. 그러니 나를 당신들의 장군 홀로페르네스에게 안내해 주십시오. 그를 돕고 싶습니다."

군인들은 유딧의 말에 기뻐하며 말했다.

"아주 잘했다. 우리 장군께서는 기꺼이 너를 맞아 주실 것이다."

그들은 유딧을 홀로페르네스에게 데리고 갔다.

유딧은 홀로페르네스를 보자마자 무릎을 꿇었다. 그러자 홀로페르네스는 유딧에게 일어나라고 하면서 두려워 말라고 안심시켰다. 그러고는 이렇게 물었다.

"네가 왜 네 민족을 떠나 도망쳐 왔는지 그 이유를 말하거라."

이에 유딧이 대답했다.

"나의 주여, 우리는 마실 물이 없습니다. 곧 빵도 다 떨어질 것입니다. 상황이 막다른 골목까지 치달아서 유대인들은 율법으로 금해진 동물들까지도 먹기로 작정했습니다. 만약 그들이 그런 짓을 저지른다면 하느님의 진노가 그들에게 임하여 당신들 손에 넘겨질 것입니다. 저는 이런 사실을 잘 알기 때문에 때를 보아 도망쳐 나온 것입니다. 그러니 당신은 지체 말고 그들을 쳐서 도시를 장악하시기 바랍니다. 지금이 바로 적기입니다. 왜냐하면 하느님께서는 죄

지은 백성은 도와주시지 않기 때문입니다."

홀로페르네스가 물었다.

"그러나 베툴리아 사람들이 금지된 고기를 먹음으로써 죄를 저지르는 날을 내가 어떻게 알겠는가?"

"나의 주여, 제가 매일 밤 진영을 떠나 베툴리아로 가서 제가 아는 사람들에게 말을 걸겠습니다. 그래서 제가 정확한 날을 알아내서 장군께 즉시 알려 드리겠습니다."

홀로페르네스는 유딧의 말을 듣고 고개를 끄덕이며 흡족한 미소를 지었다. 그는 부하들에게 유딧에게 막사 하나를 주고 먹을 것과 마실 것을 주라고 일렀다. 그러나 유딧은 거기에 일절 손대지 않았다. 홀로페르네스는 의아한 표정으로 유딧에게 물었다.

"그대는 왜 음식을 먹지 않는가?"

"나의 주여, 제가 비록 제 백성을 떠났지만 아직도 하느님께는 충성하고자 합니다. 저는 율법에 허용된 것만 먹기 때문에 가지고 온 음식만 먹을 수 있습니다."

"네가 가지고 온 음식을 다 먹고 나면 어떻게 힐 작성이냐?"

"그때까지 하느님께서 당신의 일을 이루시겠으므로 베툴리아는 장군의 손에 들어가 있을 것입니다."

그렇게 하여 유딧은 홀로페르네스의 진영에 머무르게 되었다. 그녀는 저녁이 되었을 때 군영 밖으로 나가 자기를 붙잡아 달라고 하느님께 기도드렸다. 그녀는 사흘 동안 이렇게 했다.

나흘째 되던 날 홀로페르네스는 잔치를 준비하게 하고 오직 유딧만 초청했다. 홀로페르네스는 유딧에게 음식을 권하며 말했다.

"내가 주는 음식을 한 번만 맛보거라."

"나의 주여, 먼저 당신께서 저의 음식을 한 번만 맛보신다면 저도 그렇게 하겠습니다."

유딧은 이렇게 말하고는 얼른 치즈를 내밀었다.

홀로페르네스는 유딧이 건네준 치즈를 먹고는 바로 갈증을 느꼈다. 유딧은 갈증을 풀라며 잽싸게 포도주를 주었다. 홀로페르네스는 그 향기에 취해 계속 포도주를 마셨다.

"아주 훌륭한 포도주로구나. 좀 더 다오!"

유딧은 그가 달라는 대로 포도주를 주었다. 결국 홀로페르네스는 곧 취하여 의자에 쓰러져 잠이 들었다. 유딧은 재빨리 문을 잠그고 벽에 걸린 홀로페르네스의 칼로 그를 내리쳤다. 그러고는 급히 달려나와 하녀를 데리고 베툴리아로 도망쳤다.

유딧은 성문 가까이에 이르렀을 때 파수꾼을 향해 소리쳤다.

"문을 열어 주세요! 문을 열어 주세요! 우리는 구원을 받았습니다! 하느님께서 우리를 도와주셨습니다!"

파수꾼이 재빨리 원로들에게 가니 원로들은 문을 열어 주라고 명령했다. 사람들은 환호성을 올렸다. 그들은 낮처럼 환하게 횃불을 밝혔다. 유딧은 그들에게 자기가 한 일을 모두 얘기했다. 사람들이 소리쳤다.

"하느님께 영광을! 주님을 찬양하라! 그분이 영원히 찬양받으실지라!"

지도자가 외쳤다.

"유딧에게 영광이 있기를! 그녀의 고귀한 행동에 영광이 있기를! 그녀는 이 도시를 해방시키고 우리의 목숨을 건졌도다!"

성 안의 모든 사람이 한 목소리로 답했다.

"아멘!"

아침이 밝았을 때 사람들은 유딧의 말대로 적진을 향해 돌격했다. 그리스 인들은 유대인들이 쳐들어 오는 것을 보고 홀로페르네스를 깨우러 갔다. 그의 종이 문을 열어젖혔다. 종은 안에서 벌어진 광경을 보고는 너무나 놀라 다른 장군들에게로 달려갔다. 그들은 홀로페르네스가 죽어 넘어져 있는 모습을 보고 겁에 질렸다. 이 소문은 삽시간에 그리스군 사이에 번졌고 군사들은 공포에 질렸다. 그들은 소리지르며 이리저리 갈피를 못 잡았다.

그리스 군사들은 무엇을 해야 할지 몰랐고 어느 누구도 명령하는 사람이 없었다. 유대인들은 이런 혼란을 틈타 공격했다.

승리의 소식이 예루살렘에 전해지자 그 도시의 여인들은 유딧을 보러 나왔다. 그들은 그녀 앞에서 노래하고 춤추며 입이 마르도록 그녀를 칭찬했다. 유딧은 올리브 가지를 꺾어서 하녀들에게 주었다. 하녀들은 그것으로 관을 만들어 그녀의 머리에 씌워 주었다. 그들은 기쁨의 노래를 불렀고 이 소리는 하늘까지 들리게 되었다.

유딧은 적군에게서 빼앗은 전리품을 받으려 하지 않고 하느님과 가난한 사람들에게로 돌렸다.

유딧이 105살의 나이로 죽자 이스라엘 사람들이 다 함께 애도했다.

●──이스라엘 민담

랍비 탄훔이 사자들 속에 던져지다

한번은 황제가 랍비 탄훔에게 말했다.
"당신의 백성과 내 백성이 하나가 되게 하라."
랍비 탄훔이 소리쳤다.
"오, 황제여, 그것은 참으로 놀라운 계획입니다. 그렇지만 우리 유대인들은 이미 할례를 받았으니 당신의 백성과 같이 될 수는 없습니다. 그러므로 당신의 백성들이 할례를 받으면 우리와 같이 될 수 있습니다."
황제는 냉소적으로 말했다.
"말 잘했다. 그러나 누구든지 말로 황제를 이기는 자는 맹수에게 던지는 것이 마땅하다."
그래서 군사들이 랍비 탄훔을 맹수에게 던졌다. 그러나 맹수들은 그를 전혀 해치지 않았다. 이 광경을 본 사람들은 너무나 놀랐으나 그 중에는 기적을 믿지 않는 자유 사상가가 있었다. 그는 조롱하며 이 일을 이렇게 설명했다.

"맹수들은 지금 배가 고프지 않습니다. 그 때문에 저 유대인을 먹지 않는 것입니다."

황제는 그 자유 사상가의 말이 참인지 확인하기 위하여 그를 맹수에게 던졌다. 맹수들은 단숨에 그를 먹어치웠다.

●──이스라엘 민담

탄흄의 딸 미리암과 일곱 명의 어린 순교자들

탄흄의 딸인 미리암과 그녀의 일곱 아들이 로마 황제 앞에 포로로 잡혀갔다. 첫 번째 아들에게 황제가 명했다.

"우상 앞에 절을 해라."

그 아들이 대답했다.

"나는 거룩한 분을 부인하지 않으렵니다. 그분께서 찬양받으실지어다. 왜냐하면 그분께서 '나는 주 너의 하느님이다.'라고 말씀하셨기 때문입니다."

황제가 명했다.

"그를 죽여라!"

군사들은 명령대로 시행했다.

다음번에는 두 번째 아들이 끌려나왔다. 황제가 명했다.

"우상 앞에 절을 해라."

그 아들이 대답했다.

"나는 나의 하느님을 배반하지 않겠습니다. 왜냐하면 그분께서

'나 외에 다른 신을 두지 말지니라.'라고 말씀하셨기 때문입니다."

황제는 그도 죽이라고 명령했다.

다음은 세 번째 아들 차례가 되었다. 황제가 명령했다.

"우상에게 절을 해라."

그 아들이 대답했다.

"나는 우상 앞에 절하지 않겠습니다. 왜냐하면 하느님께서 '너는 그것들에게 절하지도 말고 섬기지도 말라.'라고 명령하셨기 때문입니다."

황제의 군사들은 그도 다른 형제들처럼 끌고 가서 죽였다.

네 번째 아들에게도 똑같은 일이 일어났다. 그가 말했다.

"나는 절하지 않겠습니다. '너희는 다른 신에게 절하지 말라. 왜냐하면 주는 질투하는 하느님이기 때문이다.'라고 말씀하신 하느님께 신의를 저버리고 싶지 않기 때문입니다."

황제의 군사들은 그도 역시 데리고 가서 죽였다.

다섯 번째 아들은 황제 앞에 끌려왔을 때 크게 소리쳤다.

"'들으라 이스라엘아, 주 너의 하느님은 하나이시니라.'라고 훈계하신 하느님을 저버리겠습니까?"

그도 죽임을 당했다.

그 뒤에 군사들은 미리암의 여섯 번째 아들을 데리고 갔다. 황제는 다른 다섯 아들에게 한 것과 같은 식으로 이야기했다. 그 아들이 대답했다.

"나는 나의 하느님으로부터 돌아서지 않겠습니다. 왜냐하면 그분의 율법에 '너희가 마음을 다하고 정성을 다하여 그를 찾으면 너희가 그를 만나리라.'라고 적혀 있기 때문입니다."

황제가 말했다.

"그를 죽여라!"

마지막으로 일곱 번째 아들과 미리암이 황제 앞으로 끌려왔다.

황제가 명령했다.

"우상 앞에 절하라."

그 아들이 대답했다.

"먼저 어머니께 물어보겠어요."

그러고는 자기 어머니에게 가서 물었다.

"어머니, 어떻게 할까요?"

미리암이 대답했다.

"너의 형들은 전능하신 분의 광채 안에서 쉬고 있다. 너는 그곳으로 가고 싶지 않니? 이제 내 말을 잘 들어라. 이 악한 사람의 말에는 귀를 닫고 너의 사랑하는 형들에게 신의를 지켜라."

그 아들이 황제에게 나아가자 황제가 물었다.

"너는 이제 내 말을 들으려느냐?"

그 아들이 대답했다.

"나는 나의 하느님을 부인하지 않겠습니다. 왜냐하면 성경에 '주 너의 하느님은 자비로운 하느님이시다. 그분은 자신이 너희 조상들과 맺은 언약을 잊지 않을 것이고 너희를 멸망시키지 않을 것이고 너희를 낭패케 하지도 않을 것이다.' 라고 기록되어 있기 때문입니다."

황제가 말했다.

"내 말을 잘 들어라. 너는 아직 어린아이이므로 무엇을 해야 할지 잘 모른다. 너는 내가 시키는 대로 하여라. 그러면 목숨은 건지게 된다. 내가 내 우상의 모습이 새겨진 반지를 마룻바닥에 던지겠다. 그러면 너는 몸을 굽히고 그것을 주워라. 그래서 모든 사람이 네가 나의 신에게 절을 했다는 것을 알게 해라."

그 아들이 대답했다.

"오, 악한 왕이여, 당신에게 저주가 있기를! 나는 나를 만드시고 우주를 다스리시는 하느님의 얼굴을 뵙지 못하게 될 것을 가장 두려워합니다. 그런데 한갓 사람에 불과한 당신을 무서워하겠습니까?"

황제는 소리쳤다.

"그렇다면 죽여라."

미리암은 군사들이 자기의 막내아들을 죽이러 오는 것을 보고 말로 형언할 수 없는 슬픔을 느꼈다. 미리암은 황제에게 간청했다.

"제가 이 애에게 입맞출 수 있도록 해 주세요."

황제가 허락하자 그녀는 막내아들을 품에 안고 입을 맞추며 쓰다듬어 주었다. 그러고는 황제를 향해 간절히 말했다.

"제발 이 아이를 죽이기 전에 나를 먼저 죽여 주세요."

황제가 말했다.

"나는 그렇게 할 수 없다. 왜냐하면 너희들의 율법에 어린 자식과 함께 그 어머니를 죽일 수 없다고 나와 있기 때문이다."

미리암은 분통을 터뜨리며 소리쳤다.

"이 위선자 같으니라구! 당신은 우리 율법의 가르침 중에서 그 말만 지켜 왔단 말이오?"

황제는 화를 내며 군사들에게 명령했다.

"즉각 그 아이를 죽여라."

그러나 미리암은 아이를 놓으려고 하지 않았다. 그녀는 아들에게 말했다.

"애야, 슬퍼하거나 두려워하지 마라. 너는 지금 너보다 앞서 죽은 사랑하는 형들을 만나기 위하여 천국으로 가고 있단다. 거기서 네가 우리 조상 아브라함을 만나거든 다음과 같이 말하거라. '아브라함이여, 당신이 아들 이삭을 희생으로 드릴 제단을 쌓았다고 하여 우쭐해서는 안 됩니다. 우리 어머니는 일곱 아들을 위하여 제단을 일곱 개 쌓았습니다. 당신은 한 아들을 제물로 드리기를 바랐을 따름입니다. 그러나 우리 어머니는 아들을 전부 제물로 드렸습니다. 당신은 단지 제사드리는 것으로 나타내 보였을 따름이지만 우리 어머니는 실제로 자식들을 잃었습니다.'"

미리암이 막내아들에게 이렇게 말하는 동안 군사들이 그녀의 팔꿈치 사이로 아들을 죽였다. 미리암은 손을 하늘로 들고 기도했다.

"나의 마음은 영원 속에서 기뻐하나이다. 왜냐하면 내 아이들은 살았을 때와 마찬가지로 죽을 때에도 당신께 충성했기 때문입니다. 오, 이스라엘의 대적이자 억압자들이여! 당신들의 교만이 얼마나 헛된 것인가! 하느님께서 지금 우리를 징벌하신다고 할지라도 그것은 당신들이 강하기 때문이 아니라 그분의 뜻을 이루시고자 함이오. 오, 주님! 간청합니다. 사랑하는 아이들과 함께할 수 있도록 제 영혼을 거두어 주십시오. 저를 대적의 조롱거리로 두지 마시고 당신에게로 데려가 주옵소서."

그녀는 기도를 마치자마자 땅에 쓰러져 죽었다. 이스라엘 사람들은 이 이야기를 듣고 소리쳤다.

"참으로 행복한 어머니다. 그녀는 이제 자기 아이들과 영원히 함께 있겠구나."

천사들은 울부짖었다.

"얼마나 가엾은 어머니인가? 그녀가 당한 운명은 얼마나 슬픈가?"

이방인들은 이 이야기를 듣고 놀라움을 표시하며 물었다.

"섬기는 자들이 목숨을 던질 만큼 열성적인 이 유대인의 하느님은 도대체 어떤 신인가?"

●──이스라엘 민담

머리에 후광이 들린 나단

옛날에 나단이라는 이름을 가진 부자가 한 유부녀에게 사랑을 느끼게 되었다. 그녀의 이름은 한나였는데 얼굴과 몸매가 매우 아름다운 여인이었다.

나단은 한나를 지나치게 연모한 나머지 중병에 걸렸다. 그를 진찰하러 온 의사들은 그에게 한나와 관계를 맺는 것 외에는 다른 방도가 없다고 말했다.

모세 율법을 가르치는 스승들은 이 이야기를 듣고는 의사들에게 호통을 쳤다.

"십계명의 하나를 어기느니 차라리 죽는 것이 더 낫다."
"적어도 그녀가 와서 그에게 말이나 하도록 허락해 주십시오."
"그것 역시 허락해 줄 수 없소."

의사들이 간절히 청했으나 스승들의 태도는 완강했다. 결국 나단의 병은 점점 더 악화되었고 몸은 몹시 야위었다.

그런데 가난했던 한나의 남편이 빚을 지게 되었다. 그가 빚을 갚을 길이 없게 되자 채무자들은 그를 감옥으로 보냈다. 한나는 어쩔 수 없이 베틀을 짜면서 생계를 이어갈 수밖에 없었다. 그녀는 밤낮으로 일하여 번 돈으로 빵을 사서 감옥에 있는 남편에게 보내 주었다. 그러나 그녀의 남편은 감옥 생활이 너무 길어지자 크게 상심하여 빨리 죽게 해 달라고 기도했다.

어느 날 그는 한나에게 말했다.

"사랑하는 부인, 우리의 율법에는 한 사람만 죽음에서 건진다고 할지라도 많은 사람을 살아나게 한 것으로 계산된다고 적혀 있소. 나를 잘 보시오. 나는 이제 감옥 생활을 더 이상 참을 수 없소. 나를 불쌍히 여기고 부자인 나단에게 가서 채무자들에게 내 빚을 갚고 나를 죽음에서 건져 달라고 간청해 보시오."

한나는 슬픈 표정을 지으며 가만히 있다가 말했다.

"분명 당신은 나단이 나를 사모하다가 병이 들어 죽게 되었다는 이야기를 들었을 것입니다. 그가 보낸 사람들이 날마다 나에게 와서 금은으로 된 값진 선물을 주려고 합니다. 그러나 나는 그것을 받지 않고 이렇게 말했습니다. '가서 당신의 주인에게 내가 그를 만나지 않겠노라고 전하시오.' 그런데 이제 당신의 입술에서 그의 집을 찾아가서 돈을 빌려 달라고 간청하라는 이야기를 듣게 되었군요. 당신이 너무 오래 감옥 생활을 하다 보니 마음에 큰 상처를 입었나 봅니다."

한나는 남편에 대한 분노의 표시로 그 자리를 박차고 나와 사흘 동안 그를 찾아가지 않았다.

나흘째 되던 날, 그 문제를 깊이 생각해 보니 한나는 남편이 불쌍하다는 생각이 들었다.

'남편을 찾아가서 죽지 않도록 보살펴야지.'

한나는 그 길로 남편을 찾아갔다. 남편은 아내를 보고 이렇게 말했다.

"주님께서는 분명 당신이 내게 행한 부당한 일에 대해 당신에게 값을 요구하실 것이오. 그리고 그 일 때문에 당신을 벌하실 것이오. 당신은 부자인 나단의 아내가 되고 싶어서 내가 죽기를 바라고 있소. 당신의 그런 속내를 내가 모른다고 생각하지 마시오."

한나는 이 말을 듣자 절망감에 빠진 나머지 두 손을 비틀며 소리쳤다.

"나를 당신에게서 쫓아내세요. 아니면 내가 더 이상 당신의 아내가 아니라는 사실을 증명할 수 있게 나에게 이혼장을 써 주세요. 그렇게 해 주시면 나단에게 가겠어요."

"아! 당신이 지금 한 말은 내 말이 사실이라는 충분한 증거요. 당신은 지금 나단의 아내가 되고 싶은 것이오."

한나는 이 소리를 듣고 크게 울며 소리쳤다.

"이런 악한 일을 누가 들었겠소! 이런 악한 일을 누가 보았겠소! 어찌 남편이 아내에게 다른 남자에게 가서 음란하게 행동하라고 말할 수 있단 말이오!"

한나는 집으로 가서 자기의 슬픔과 남편의 슬픔을 곰곰이 생각해 보았다. 그러자 잠시 후에 다시 남편에게 불쌍한 마음이 솟아올랐다. 그래서 그녀는 마음을 정리하고 정결한 마음으로 기도했다.

"우리 주 하느님, 당신께 간구합니다. 저를 건져 주십시오. 저를 도우셔서 제가 죄에 빠지지 않도록 해 주세요."

한나는 기도를 드린 후 나단의 집으로 갔다.

나단의 종은 한나가 찾아온 것을 보고 급히 달려가 이 사실을 자기 주인에게 고했다.

"오, 주인님, 지금 한나가 문밖에 서 있습니다."

나단은 기쁨에 넘쳐 소리쳤다.

"네가 한 말이 사실이라면 나는 너를 종의 신분에서 풀어 주겠다."

한나가 뜰에 들어왔을 때 여종 하나가 나단에게 달려가 소리쳤다.

"오, 주인님, 한나가 지금 뜰에 와 있습니다."

나단은 너무나 기뻐 소리쳤다.

"너에게도 자유를 주마."

한나가 나단 앞에 서자 나단은 한나 눈을 보며 말했다.

"당신이 원하는 것은 무엇이든지 다 주겠소. 또 당신이 내게 요청하는 것은 무엇이든지 다 들어주겠소."

그러자 한나가 대답했다.

"내가 원하는 것은 단 한 가지, 곧 내 남편에게 돈을 빌려 주신다면 당신의 행위는 하늘의 장부에 정의롭고 자비로운 행동으로 기록될 것이라고 확신합니다."

나단은 마음을 진정시키고 종들에게 명하여 한나에게 돈을 갖다 주게 했다. 그러고 난 뒤 그는 한나에게 이렇게 말했다.

"보시오, 나는 당신이 내게 청한 일을 해 주었소. 이제 내가 당신에게 부탁하리다. 제발 내 소원을 들어주어 내가 새로운 인생을 시작하게 해 주시오."

한나가 대답했다.

"저는 당신 손안에 있고 당신의 지붕 아래 있습니다. 저는 당신에게 저항할 힘이 없습니다. 그러나 저는 당신에게 간청합니다. 지금은 당신이 당신의 힘으로 영원한 생명을 얻을 수 있는 때입니다. 당신이 받은 하늘의 보상을 헛되이 잃지 않도록 당신 자신을 지키십시오. 만약 당신이 순간적인 욕망에 집착한다면 놀랍고도 좋은 많은 것들을 잃어버리고 당신에겐 회한만 남을 것입니다. 한평생 걸려 하느님의 눈에 가치 있다고 인정받을 만한 일을 했는데 순간적인 실수로 내동댕이쳐서는 안 됩니다. 제 말을 잘 들으시고 악한 욕망을 죽이십시오."

한나가 말을 마치자마자 나단의 마음속에는 커다란 동요가 일어났다. 그는 자기를 사로잡았던 사탄을 저주하고는 자리에서 일어나 얼굴을 땅에 대고 하느님께 간구했다.

"오, 하느님. 저의 악한 욕망을 제거해 주십시오. 저를 정욕에서 건져 주십시오. 저를 의의 길로 인도해 주십시오. 저의 죄를 용서하시고 깨끗하게 해 주십시오."

그러고 나서 그는 한나에게 말했다.

"나를 죄악에서 건진 당신의 말과 하느님께 속한 당신은 복을 받으시오. 이제 평안히 가시오. 주님께서 당신과 함께하시기를 바라오."

한나는 기뻐하며 나단의 집을 나왔다. 그녀는 나단이 자기에게 준 돈으로 남편을 감옥에서 석방시켰다. 그리고 자기가 한 모든 일을 남편에게 말했다. 그러나 남편은 한나의 말을 믿지 않았다. 그는 한나가 나단과 관계를 맺었고 그녀가 이 사실을 숨기고 있다고 믿었다.

어느 날 위대한 스승인 랍비 아키바가 창밖을 내다보다가 놀라운 광경을 목격했다. 어떤 사람이 말을 타고 지나가는데 그의 머리 주위에 정오의 해와 같이 눈부신 후광이 둘려 있었던 것이다.

"말 탄 저 사람은 누구냐?"

랍비 아키바가 제자들에게 묻자 한 제자가 웃으면서 대답했다.

"여자 꽁무니만 쫓아다니는 나단인데 왜 그러십니까?"

"너희들은 저 사람의 머리 둘레에 이상한 것이 둘려 있는 것을 보지 못하느냐?"

"저희는 아무것도 안 보입니다."

"서둘러 가서 저 사람을 이리로 데리고 오너라."

그래서 제자들은 나단을 스승 앞으로 데리고 왔다. 랍비 아키바가 나단에게 말했다.

"내 아들아, 나는 네 머리에 쳐진 후광을 보았다. 이로 보건대 너는 다가올 세상에서 네 몫을 가지고 있다는 것을 알겠구나. 네가 하느님의 은혜를 받을 만한 어떤 놀라운 일을 했는지 나에게 말해 주려무나."

나단은 놀란 표정으로 잠시 동안 아무 말도 하지 못했다. 그리고 낮은 소리로 이렇게 말했다.

"오, 스승님, 저는 단지 비참한 죄인일 따름입니다."

그러고는 자기가 덕 있는 부인 한나를 유혹하고자 얼마나 애썼는지 말했다.

이 이야기를 들은 랍비 아키바는 나단의 강한 열정과 그 열정을 이겨낸 강한 정신력에 놀라워하며 다음과 같이 말했다.

"내 아들아, 너는 인간이 마땅히 지켜야 할 거룩한 의무를 다했다. 그러므로 하느님께서 너의 머리에 은혜의 왕관처럼 그분의 빛의 광채가 머물도록 허락하신 것이다. 그 빛이 이 땅에서도 이렇게 밝게 빛나는데 하물며 천국에서는 얼마나 찬란하게 빛나겠느냐. 내 아들아, 이제 내 옆에 앉아 내가 너에게 율법을 가르칠 수 있게 해다오."

나단이 스승의 발치에 앉자 랍비 아키바는 그를 위하여 지혜의 문을 활짝 열어 주었다. 그리고 시간이 흘러 나단의 학식이 많아지자 그는 학교에서 스승의 오른편에 앉게 되었다.

어느 날 한나의 남편이 랍비 아키바의 학교 옆을 지나가다가 나단이 스승의 오른편에 앉아 있는 모습을 보았다. 그는 한 학생에게 나단이 어떻게 저런 영광스러운 자리에 앉게 되었느냐고 물었다. 그러자 학생은 모든 사실을 말해 주었다.

한나의 남편은 놀랍기도 하고 후회스럽기도 하였다. 그는 이제 자기 아내를 믿어야 한다는 사실을 알게 되었다. 먹구름 같았던 모든 질투심이 그의 마음에서 사라졌다. 그는 즉시 집으로 달려가 한나에게 입맞추며 다음과 같이 말했다.

"사랑하는 아내여, 내가 지금까지 당신을 나쁘게 생각한 것을 용서해 주시오. 오늘 나는 복 받은 랍비 아키바의 오른편에 나단이 앉아 있는 것을 보았소. 나는 사람들에게 그 연유를 묻고는 당신과 나단 사이에 어떤 일이 있었는지 알게 되었소. 하느님께서 당신이 받을 상을 많이 늘려 주시기를 바라오. 지금까지 내 마음은 질투심으로 불타고 있었소. 그러나 자비로운 하느님은 이제 나에게 사실을 보여 주셨소. 무겁던 나의 마음은 다시 한 번 자유를 얻었소!"

랍비 아키바

한때 예루살렘에 칼바 사부아라는 이름을 가진 굉장한 부자가 살고 있었다. 그에게는 라헬이라는 외동딸이 있었는데 용모가 아름답고 지혜로웠다. 그래서 수많은 훌륭한 가문의 청년들이 그녀에게 청혼했으나 그녀는 모두 거절했다.

"나에게 부유하고 좋은 가문은 그다지 중요하지 않다. 나와 결혼할 사람은 무엇보다도 고귀한 성품과 착한 마음씨를 지니고 있어야 한다."

칼바 사부아는 딸의 말을 듣고는 소리를 질렀다.

"정신 나갔구나! 너는 아비가 종의 장인이 될 수 있다고 생각하니? 그런 말일랑 다시는 입 밖에도 내지 마라!"

"아버지, 아키바를 남편으로 맞이하게 해 주세요. 저는 다른 사람과는 결혼하지 않겠어요."

라헬이 애원했지만 칼바 사부아는 더욱 화를 내며 이렇게 말했다.

"네가 계속해서 그와 결혼하겠다고 고집을 부릴 거면 집을 나가

●──이스라엘 민담

거라!"

라헬은 더 이상 아무 말도 하지 않고 아키바에게 가기로 마음속으로 결정을 내렸다. 그래서 그녀는 아버지의 집과 모든 호사스러운 생활을 버리고 아키바와 함께 도망치고 말았다. 칼바 사부아는 딸이 도망쳤다는 말을 듣고 라헬에게는 재산을 하나도 물려주지 않겠다고 맹세했다.

라헬은 아키바와 함께 들에서 움막을 짓고 살았다. 그들은 재산이라고는 아무것도 없었기 때문에 생활이 어려웠고 음식이라고는 마른 빵만 먹었다. 그럼에도 불구하고 라헬은 행복했고 아키바에게 용기를 북돋워 줄 수 있는 여유도 있었다. 그녀는 아키바에게 이렇게 말하곤 했다.

"당신 없이 부유하게 사느니 당신과 함께 가난하게 사는 편이 나아요."

라헬과 아키바의 침상은 밀짚으로만 만들어져 있었다. 세찬 바람이 몰아치는 밤이면 밀짚이 이리저리 날리곤 했다. 아키바는 그런 밤이면 잠을 이루지 못하고 수심에 잠겼다. 어느 날 바람 부는 저녁에 라헬은 수심에 잠긴 아키바의 모습을 보고 이렇게 물었다.

"여보, 왜 그렇게 슬퍼하세요."

"라헬, 그것은 바로 당신 때문이오. 당신이 이렇게 고생하는 것은 모두 나 때문이 아니오!"

아키바의 말에 라헬이 무어라 채 말하기도 전에 움막 바깥에서 인기척이 들렸다. 라헬이 나가 보니 남루한 한 남자가 서 있었다.

"도와주세요. 아내가 병이 들었는데 그녀를 눕혀 줄 밀짚도 없습니다. 가능하시다면 저에게 밀짚을 좀 나눠 주세요."

라헬은 그 남자에게 밀짚을 나누어 주었다. 그리고 아키바에게 말했다.

"당신은 우리가 불행하다고 생각하셨지요. 그러나 자, 보세요. 우리보다 훨씬 가난한 사람들도 있어요."

"그런 말을 하는 당신에게 복이 있기를 바라오! 그 말을 들으니 힘이 솟는구려!"

아키바의 얼굴엔 어느새 수심이 걷혀 있었다.

아키바는 종종 폭넓은 학식을 위해 예루살렘에 있는 회당에 가고 싶다고 라헬에게 말했다. 어느 날 라헬은 아키바에게 말했다.

"당신은 학자가 되려는 꿈을 이루셔야 해요. 저는 그 일이 아주 어렵다는 것을 알아요. 그래서 당신에게 방해가 되지 않게 여기에 남겠어요. 물론 당신과 떨어져 사는 일이 쉽지는 않겠지만 저는 당신이 돌아오실 때까지 기쁜 마음으로 참고 기다리겠어요."

그리하여 아키바는 곧 여장을 꾸려 예루살렘을 향해 길을 떠났다. 아키바는 길을 가는 동안 혼자 생각했다.

'나는 벌써 나이가 마흔이 다 되었다. 하느님의 말씀을 공부하기에는 너무 늦은 것 같다. 뿐만 아니라 설령 내가 목석을 이룬다고 할지라도 누가 알아 주기나 할까!'

아키바는 이런 생각을 하며 조금 더 걷다가 우물가에 앉아 있는 몇 명의 목동을 보고 그리로 다가갔다. 우물의 입구에는 커다란 돌이 놓여 있었는데 거기에는 아주 많은 흠집이 나 있었다.

"이 흠집이 어떻게 해서 생겼나요?"

"물방울이 계속 똑똑 떨어져서 그렇게 되었어요."

아키바는 목동들의 말을 듣고 몹시 기뻐하며 속으로 생각했다.

'돌이 깎일 수 있다면 나의 마음을 깎는 일은 얼마나 쉬울 것인가!'

마침내 아키바는 예루살렘에 도착해서 어린이를 가르치는 학교에 입학했다. 그곳에서 그는 어린이들과 함께 읽기와 쓰기를 배웠다. 다 큰 어른에게는 수치스러울 수도 있는 일이었지만 아키바는 전혀 부끄러워하지 않았다. 그 뒤 아키바는 회당에 입학하여 랍비 나훔 이쉬의 제자가 되었고, 훗날에는 랍비 엘리에젤 벤 히르카노스와 랍비 요수아 벤 하나냐와 함께 공부했다.

아키바는 매일 회당에 가기 전에 숲에서 나무를 베었다. 그 중 일부는 생활비를 마련하기 위하여 팔았고 일부는 자기가 사용했다. 그리고 남는 것은 밤에 머리에 베었다. 라헬은 아키바가 이렇게 어려운 생활을 한다는 이야기를 듣고 자기의 머리카락을 잘라 팔아서 그 돈을 보냈다.

아키바는 비록 가난하기는 했지만 밤낮으로 공부했다. 얼마 지나지 않아 그의 지식과 지혜는 다른 모든 학생을 능가하게 되었다. 그래서 학생들은 어려운 문제가 있으면 늘 아키바를 찾았다.

한번은 아키바가 회당 바깥에 서 있는데 그의 학우들이 안에서 율법에 관한 어려운 문제를 놓고 토론을 벌이게 되었다. 그때 아키바는 누군가가 다음과 같이 외치는 소리를 들었다.

"답은 바깥에 있다."

그 말은 분명히 문제에 대한 답을 내릴 수 있는 사람은 아키바밖에 없으니 어서 들어와 도와 달라는 말이었다. 그러나 아키바는 학우들이 직접 자기를 부른 것은 아니었으므로 그 자리에서 꼼짝도 하지 않았다.

그 뒤에 학생들은 율법의 또 다른 구절을 놓고 토의를 계속했으나 자기들이 그 문제를 이해할 수 없다는 것을 곧 깨닫게 되었다. 그러자 한 학생이 소리쳤다.

"율법은 바깥에 있다."

아키바는 이번에도 그 소리를 들었으나 짐짓 모른 체했다. 그는 계속 회당 밖에 머물러 있었다.

학생들은 또다시 곤란한 문제에 맞닥뜨리게 되었다. 그러자 급기야는 그들 가운데 한 사람이 큰 소리로 아키바를 불렀다.

"아키바, 밖에 있는가? 아키바, 이리와 보게!"

그제야 아키바는 화당 안으로 들어갔다.

아키바는 이렇게 12년이나 되는 오랜 기간을 라헬과 떨어져 지냈다. 어느 날 아키바는 이제 라헬을 행복하게 해 줄 때가 되었다고 생각하고 짐을 꾸려 집으로 향했다. 드디어 집 앞에 도착하여 막 들어서려고 하는데 아키바는 어떤 여인과 라헬이 다음과 같이 말하는 소리를 들었다.

"라헬, 네가 당한 일은 부모에게 순종하지 않는 자녀에게 늘 일어나는 일이란다. 너의 남편은 12년 전에 너를 떠났다. 그 기간 동안 너는 고독과 가난 가운데 살아왔다. 그가 돌아올지 안 돌아올지 누가 알겠니? 만일 네가 아버지의 말을 듣기만 했어도 오늘날 풍족하고 행복하게 살아갈 텐데!"

"만약 나의 남편이 이곳에 와서 내 말을 들을 수 있다면 나는 그에게 또다시 12년 동안 나를 떠나서 아무런 방해도 받지 않고 학문을 계속하라고 하겠어요."

아키바는 라헬에 대한 애타는 사모의 정을 느꼈으나 이 말을 듣고는 발길을 돌려 오던 길로 다시 갔다. 그리고 예루살렘 밖에서 또다시 12년 동안 공부했다. 그의 명성이 널리 퍼져서 그에게 배우는 학생의 수가 2만 4000명에 이르렀다.

두 번째 12년이 끝나 갈 때 아키바는 예루살렘으로 돌아가기로 결심했다. 많은 제자가 그곳까지 동행했다. 아키바가 돌아왔다는

●──이스라엘 민담

소식은 곧 예루살렘 전역에 퍼졌고 모든 예루살렘 사람이 거리로 몰려나와 그의 귀환을 환영했다. 환영객 중에는 물론 칼바 사부아와 라헬도 있었으나 그들은 24년 동안 만나지 못한 처지였다. 라헬은 몹시 남루한 옷차림을 하고 있었는데 이를 본 이웃 사람들이 다들 그녀에게 한 마디씩 했다.
"당신에게 옷을 빌려 줄까요? 아키바와 같은 위대한 사람을 환영하는데 거지같이 차려입고 나갈 수는 없지 않아요?"
라헬은 조용히 미소를 지으며 그저 이렇게 말할 뿐이었다.
"아키바와 같은 분은 사람이 어떤 옷을 입고 있는지는 큰 관심이 없어요."
아키바가 제자들에게 둘러싸여 모습을 나타내자 라헬은 군중을 헤치면서 아키바에게 다가갔다. 그녀는 아키바의 발 앞에 쓰러져 하염없는 눈물을 흘리면서 아키바의 옷자락에 입을 맞추었다. 아키바의 제자들은 갑작스럽게 뛰어든 그녀를 밀쳐 내려고 하였다. 그러자 아키바가 제자들을 막으며 소리쳤다.
"그녀를 그냥 두시오. 그녀는 내 아내요! 그녀가 없었다면 내가 그대들의 선생이 될 수도 없었소. 나에게 용기를 주어 학문에 헌신하게 한 사람이오. 그녀는 24년 동안이나 나를 기다려 왔단 말이오!"
그러고는 라헬을 일으켜 세우면서 입을 맞춘 후 그녀와 함께 누추한 움막으로 들어갔다.
한편 이스라엘 최고의 현인인 랍비 아키바가 한때 자기가 부리던 목동이요, 사위라는 사실을 전혀 알지 못하는 칼바 사부아는 아키바를 만나기로 결심했다. 그는 자기가 옛날에 딸에게 유산을 물려주지 않겠다고 맹세한 사실을 말하고 그 맹세에서 자기를 풀어 달라고 요청할 작정이었다. 그래서 그는 랍비 아키바에게 가서 이 문제를 말했다.

아키바는 자기를 찾아온 사람이 칼바 사부아라는 것을 한눈에 알아보았으나 짐짓 모른 체하고 이렇게 물었다.

"왜 당신은 그 목동을 쫓아냈소?"

"그는 무식한 사람이었습니다!"

"이제 당신의 딸과 그 남편은 어디 있소?"

"잘 모르겠습니다, 랍비여. 저는 그들을 24년 동안이나 만나지 못했습니다. 만약 랍비님께서 저를 그 맹세에서 풀어 주신다면 땅끝까지라도 가서 그들을 찾겠습니다!"

라헬은 이 이야기를 바로 옆방에서 모두 다 듣고 있었다. 그녀는 더 이상 감정을 억제할 수 없어서 옆방으로 뛰어들면서 소리쳤다.

"제가 당신의 딸 라헬이어요. 랍비 아키바는 당신의 사위구요."

칼바 사부아는 너무나 놀랍고 기가 막혀서 눈이 휘둥그레졌다. 그리곤 그들을 껴안으며 소리쳤다.

"애야, 네가 내 뜻을 거슬러 아키바와 결혼한 것이 옳았구나. 너희 둘에게 복이 있기를 바란다!"

(이 글은 『탈무드』의 「아가다^{Agada}」에 나오는 이야기를 개작한 것이다.)

●──이스라엘 민담

낙관주의자

어느 날 랍비 아키바가 여행을 떠났다. 그는 나귀 한 마리와 수탉 한 마리, 그리고 횃불 하나를 가지고 갔다. 나귀는 타기 위함이요, 수탉은 새벽에 잠을 깨기 위함이요, 횃불은 어두운 길을 밝히기 위함이었다.

이윽고 그는 어떤 마을에 도착하여 사람들에게 하룻밤만 재워 달라고 부탁했다. 그러나 아무도 그에게 문을 열어 주는 집이 없었다. 항상 긍정적으로 생각했던 랍비 아키바는 "하느님께서 하시는 일은 언제나 옳다. 그분은 최고의 선을 행하시기 위해 일하신다."라며 밤을 보내기 위해 들판으로 나갔다.

그런데 그가 잠들었을 때 사자가 나타나 나귀를 잡아먹고 살쾡이가 다가와 수탉을 잡아먹었다. 마지막으로 강한 바람이 불어와 횃불마저 꺼 버렸다.

새벽이 되었을 때 랍비 아키바는 밤사이에 강도 떼가 마을을 덮쳐 마을 사람들의 재산을 노략질해 갔다는 것을 알게 되었다. 그는 몰인정한 사람들에게 말했다.

"어떠한 일이든지 유리하게 작용하는 것을 보시오. 당신들이 나를 박대한 것도 내게는 도움이 되었소. 내가 당신들과 함께 잠을 잤다면 강도들이 나의 재산도 약탈해 갔을 것이오. 나의 횃불이 길을 밝히고 있었다면, 수탉이 '꼬끼오!' 하고 울었다면, 나귀가 시끄럽게 굴었다면, 강도들이 들판에 있는 나를 발견했을 것이오."

(이 글은 『탈무드』의 「아가다」에 나오는 이야기를 개작한 것이다.)

●──이스라엘 민담

자제력을 잃지 않은 슬픔

악한 자 티투스^{Titus}가 성전을 파괴하였을 때 대부분의 유대인들, 그 중에서도 특히 바리새 인들은 결코 고기도 먹지 않고 포도주도 마시지 않겠노라고 맹세하였다. 랍비 요슈아가 그들에게 물었다.

"당신들은 왜 고기도 먹지 않고 포도주도 마시지 않소?"

그들은 비탄에 잠겨 말했다.

"우리가 지금은 제사도 드릴 수 없는데 이전에 성전에 제사용으로 드렸던 고기를 어떻게 먹을 수가 있겠소? 이제 제단도 없어졌는데 제사장들이 성전 제단에 부었던 포도주를 우리가 어찌 마실 수 있겠소?"

랍비 요슈아는 즉시 그들의 주장을 반박했다.

"그렇다면 우리는 빵도 먹지 말아야 하오. 왜냐하면 성전이 파괴된 이래 곡물로 드린 제사도 폐지되었기 때문이오."

그러자 할 말을 잃은 그들은 이렇게 대답했다.

"당신 말이 옳소. 우리는 빵 대신 과일을 먹을 것이오."

"어떻게 과일을 먹을 수 있겠소? 첫 번째 열매 역시 성전에 소용되도록 예루살렘으로 옮겨야 하는데 헌물이 폐지되었으니까 과일을 먹어서도 안 되오."

"아마 헌물로 드려질 필요가 없는 열매는 먹을 수 있을 거요."

랍비 요슈아의 계속되는 반박에 그들 중의 몇 명이 용기를 내어 주장했다.

"물도 마시지 맙시다. 왜냐하면 제단에 물 떠놓는 일도 금지되었기 때문이오."

이에 바리새 인들은 할 말을 잃었다. 그들은 어떻게 답변해야 할지 몰랐던 것이다. 랍비 요슈아는 비로소 그들이 제정신이 든 것을 알고서 다음과 같이 말했다.

"여보시오들, 내가 당신들에게 하는 말을 주의 깊게 들으시오. 우리에게 가혹한 운명이 들이닥쳤으니 슬퍼하지 않는다는 것은 불가능할 것이오. 그러나 우리는 슬픔 가운데 빠져 있어서는 안 되오. 유대 민족에게 질 수 없는 짐을 부과하는 것은 옳지 못한 일이오."

● ——이스라엘 민담

하느님께서 왜 어리석은 자들에게는 지혜를 주지 않으셨는가

한번은 지체 높은 여인이 랍비 요세 바르 할라프타에게 질문하였다.

"왜 다니엘서에는 하느님께서 지혜로운 자에게 지혜를 주신다고 씌어 있나요? 사실 하느님께서는 정녕 지혜가 필요한 어리석은 자들에게 지혜를 주셨어야 하지 않을까요?"

이에 랍비 요세가 말했다.

"제가 당신에게 비유를 들어 말씀드리지요. 두 사람이 당신에게 돈을 빌리려고 한다고 가정해 봅시다. 한 사람은 부자이고 다른 한 사람은 가난한데 당신은 누구에게 돈을 빌려 주겠습니까?"

"물론 부자겠지요."

"왜 그런가요?"

"만약 부자가 내게 빌린 돈을 잃어버리면 빚을 갚을 방법을 찾을 것입니다. 그러나 가난한 사람은 어디서 그 돈을 구할 수 있겠어요?"

그러자 랍비 요세는 다음과 같이 말했다.

"내 귀가 당신의 입술에서 나오는 말을 잘 알아들었기를 바라오! 만약 전능하신 분이 어리석은 자들에게 지혜를 주신들 그들이 그것을 가지고 무엇을 하리라고 생각합니까? 그들은 극장과 목욕탕에서 음탕하게 늘어져 있거나 진종일 노는 데만 정신이 팔려 있을 것입니다. 그렇기 때문에 하느님은 당신의 지혜를, 회당에서 지혜를 찾는 사람들에게 주셨던 것입니다."

(이 글은 『미드라시Midrash』에 나오는 이야기를 개작한 것이다.)

두 개의 보석

 한번은 돈 페드로 왕이 유대인에게 적대적인 그의 자문관 니콜라스의 말을 듣고 혼란에 빠졌다. 페드로 왕은 유대인 가운데 에브라임 산코라는 현명한 사람이 있다는 사실을 생각해 내고는 그를 데려오라고 명령했다. 그래서 에브라임 산코가 페드로 왕 앞에 나오게 되었다.
 "너희의 진리와 우리의 진리 중에서 어떤 것이 더 나은가?"
 왕의 준엄한 질문에 에브라임은 몹시 당황하며 마음속으로 말했다.
 '정신을 차리자. 이스라엘의 적들은 나에게 해를 가하기 위하여 올무를 놓기 때문이다.'
 그러고는 왕에게 이렇게 말했다.
 "오, 왕이시여, 우리의 신앙은 우리에게 더 적합합니다. 우리가 이집트에서 바로의 종 노릇을 할 때 우리의 하느님은 많은 이적과 기사로 우리를 속박의 땅에서 벗어나도록 자애를 부여하셨습니다.

그러나 당신들 그리스 인에게는 당신들의 신앙이 더 낫습니다. 왜냐하면 그런 방식으로 대부분의 땅을 지배할 수 있었기 때문입니다."

페드로 왕은 이 말을 듣고 은근히 약이 올랐다.

"나는 그대에게 종교가 각자의 신도들에게 어떤 유익이 있는지 물은 것이 아니다. 내가 알기 원하는 것은 너희들의 교훈과 우리의 교훈 중에서 어떤 것이 더 나은가 하는 문제이다."

에브라임 산코는 또다시 당황하면서 속으로 생각했다.

'내가 만약 왕의 종교적 가르침이 우리의 종교적 가르침보다 우월하다고 말한다면 나는 우리 조상의 하느님을 부인하는 것이다. 따라서 지옥의 벌을 받게 될 것이다. 반면 우리의 종교가 더 낫다고 얘기한다면 그는 분명히 나를 화형시킬 것이다.'

그래서 에브라임은 왕에게 다음과 같이 말했다.

"왕께서 좋으시다면 저에게 그 문제에 대하여 신중하게 생각할 수 있도록 사흘 동안의 여유를 주십시오. 왜냐하면 그 문제는 많은 생각을 해야 하기 때문입니다. 사흘이 지나면 대답해 드리겠습니다."

왕은 그렇게 하도록 허락했다.

사흘 동안 에브라임의 마음은 갈기갈기 찢어지는 듯했다. 그는 먹지도 않고 잠자지도 않고 베옷을 입고 재를 뒤집어쓴 채 하느님의 인도를 간구했다. 왕에게 갈 시간이 되자 그는 모든 두려움을 떨쳐 버리고 왕궁으로 갔다.

에브라임 산코는 몹시 침울한 표정을 지으며 페드로 왕 앞으로 나갔다.

"그대는 왜 그리 슬퍼 보이는가?"

"슬퍼할 만한 이유가 있습니다. 다름이 아니라 오늘 제가 어떤 사람에게 모욕을 당했기 때문입니다. 왕이시여, 이 문제에 대하여 저의 재판관이 되어 주십시오."

"말하라!"

에브라임 산코는 이야기를 시작했다.

"정확히 한 달 전에 보석 장사를 하는 이웃 사람이 먼 여행을 떠났습니다. 그는 자기가 집을 떠나 있는 동안 사이 나쁜 두 아들이 싸우지 않도록 값진 보석을 하나씩 주고 갔습니다. 그런데 오늘 두 형제가 저에게 오더니 이렇게 말하는 것이었습니다. '에브라임이여, 우리가 가진 두 개의 보석을 감정해 보고 어떤 것이 더 좋은지 판단해 주시오.'

그래서 저는 다음과 같이 대답했습니다. '너희들의 아버지는 보석에 관한 전문가요, 위대한 예술가다. 너희들은 왜 아버지에게 물어보지 않는가? 너희들의 아버지는 분명히 나보다 더 나은 판단을 내릴 수 있을 것이다.'

그들은 이 대답을 듣고는 몹시 화를 냈습니다. 그들은 제게 욕을 하고 때리기까지 했습니다. 오, 심판관이신 왕이시여! 제가 슬퍼하는 이유를 아시겠지요?"

"그 녀석들이 아무런 이유도 없이 그대를 못살게 굴었구나! 그 녀석들은 벌을 받아도 싸다!"

에브라임 산코는 왕이 이런 말을 하자 크게 기뻐하며 소리쳤다.

"왕이시여! 당신 자신이 한 말을 당신의 귀가 알아들었기를 바랍니다. 그 말은 참으로 옳고 타당합니다. 에서와 야곱이라는 두 형제는 각자 자신의 행복을 위하여 값진 보석을 받았습니다. 왕이시여, 당신께서는 어느 보석이 더 나은지 물어보셨습니다. 이에 대해 제가 어찌 적절한 답을 드릴 수 있겠습니까? 이 문제에 관한 유일한 전문가이신 하늘에 계신 아버지께 사자(使者)를 보내십시오. 그분께 이 문제에 대한 답을 구해 보도록 하십시오."

페드로 왕은 에브라임 산코가 이렇게 답변하는 것을 보고 크게 놀랐다. 그는 자기의 자문관에게 이렇게 말했다.

"니콜라스여, 이 유대인의 지혜를 좀 보라. 그의 말이 타당성이 있다. 그러므로 그는 비난이나 해를 입을 것이 아니라 오히려 존경과 명예를 얻을 만하다. 벌을 받아야 할 사람은 바로 그대다. 왜냐하면 그대는 유대인들에 대하여 사악한 중상만 했기 때문이다."

랍비 멘델의 비교

　랍비 멘델은 유대인 문제를 탄원하기 위하여 러시아 황제의 궁정에 자주 갔다. 그러던 중 한번은 어떤 제국 대신이 그에게 조롱하는 투로 물었다.
　"랍비, 당신들의 탈무드는 엄청난 과장으로 가득 차 있는데 어떻게 된 일인지 설명해 보시오. 당신은 죽어 가는 고래가 바다에서 뛰쳐나와 60개 도시를 물에 잠기게 만들었다는 이야기보다 더 터무니없는 것을 생각할 수 있겠소?"
　랍비 멘델은 빙그레 미소 지으며 이렇게 대답했다.
　"각하, 각하께서는 불과 얼마 전에 친히 펜에 잉크를 묻혀서 모든 유대인을 600개 도시에서 추방한다는 법령에 서명하셨습니다. 그렇다면 미래의 역사가가 이 사건에 대하여 어떻게 기록할 것인지 생각해 보십시오. 그는 아마 '각하께서 잉크 한 방울로 모든 유대인을 600개 도시에서 익사시켰다.'라고 기록할 것입니다. 그것도 엄청난 과장일까요?"

마음의 경건

한번은 랍비 시므온이 하느님께 자신을 위해 낙원에 예비된 곳을 보여 달라고 기도했다. 하느님은 그의 기도에 응답하셔서 내세에서 그의 이웃은 어떤 백정이라는 사실을 알려 주셨다. 이러한 응답을 받은 랍비 시므온은 깜짝 놀랐다.

'어떻게 그럴 수 있을까? 나는 평생을 율법 연구에 전념했다. 나의 모든 수고는 하느님의 영광을 드러내기 위한 것이었다. 그런데 왜 내가 낙원에서 평범한 백정 다음에 자리를 잡는 수모를 당해야 한단 말인가?'

그래서 랍비 시므온은 직접 가서 어떤 위인인지 알아봐야겠다고 마음먹고 그 백정을 찾아갔다.

그런데 직접 만나 보니 그 백정은 몹시 부유하게 살고 있었다. 그는 랍비 시므온을 기꺼이 환대했고 랍비 시므온은 그의 저택에서 8일 동안 지냈다.

어느 날 랍비 시므온은 그에게 들로 산책을 가자고 했다. 도중에

●──이스라엘 민담

랍비 시므온은 백정에게 물었다.

"부디 내게 말해 주시오. 당신은 어떤 목적으로 당신의 생명을 바쳐 헌신했소?"

그러자 백정이 대답했다.

"제가 죄인인 줄 압니다. 저는 율법 연구를 소홀히 하고 온 정신을 상점 일에만 쏟았지요. 처음에는 가난했지만 어느 때가 되니까 일이 잘되기 시작했습니다. 그러나 저는 복을 누릴 때에, 불쌍한 사람들을 결코 잊지 않았습니다. 저는 그들에게 구제금을 나누어 주었습니다. 그리고 안식일마다 마을의 가난한 사람들에게, 심지어는 인근 마을의 가난한 사람들에게도 많은 고기를 나누어 주었습니다."

그러나 랍비 시므온은 아직도 수긍이 가지 않았다.

'구제 좀 한 것이, 이 상스러운 백정을 이 시대의 빛인 나와 동류에 놓기에 충분하단 말인가?'

그래서 랍비 시므온은 큰 소리로 말했다.

"내가 보기에 당신은 그보다 더욱 공적을 쌓는 어떤 일을 반드시 했을 것 같소."

백정이 대답했다.

"저는 언젠가 일어난 뜻밖의 일을 제외하고는 정말 아무것도 기억할 수 없습니다."

백정은 잠시 말을 끊고 회상하는 눈빛으로 하늘을 바라보았다. 그리고 다음과 같이 말을 이었다.

"당시에 저는 이 도시의 세관 징수원이었습니다. 부두에 배가 도착할 때마다 저는 배에 올라가 화물들을 조사하고 관세를 징수하곤 했습니다. 한번은 배 한 척이 입항해서 그 배에 올랐습니다. 그때 그 배의 선장이 제게 말했습니다. '나는 지금 배의 화물칸에 아주 귀한 화물을 운송하고 있소. 아마 당신은 그것을 사고 싶을 것이오.'

그래서 제가 그 짐을 보여 달라고 했더니 선장은 쇠사슬에 묶여 있는 200명의 유대 노예들을 갑판 위로 데려왔습니다. 저는 그에게 이들의 몸값으로 얼마나 주면 되겠느냐고 물어보았습니다. 그러자 그는 이렇게 말했습니다. '나는 노예들의 몸값으로 금 1000달란트를 원하오. 만일 당신이 사고 싶지 않다면 이들을 모두 바다에 던져 수장시켜 버리겠소.'

저는 제 유대인 동족들에게 깊은 연민의 정을 느꼈습니다. 그래서 선장에게 몸값을 치르고 그들을 상륙시켰습니다. 저는 그들을 잘 먹이고 입힌 다음 잠자리를 제공했지요. 그다음 저는 결혼 적령기의 젊은 남녀들을 짝지어 주고 결혼 지참금을 주었습니다. 그리고 모세의 율법에 따라 혼례를 치러 주고 분가시켰습니다.

그런데 노예들 중에 아름다운 처녀가 있었습니다. 그 처녀는 제 마음 깊은 곳에 동정심을 불러일으켰습니다. 그래서 저는 제 아들에게 그녀를 아내로 맞게 하였습니다.

그리고 마을 사람들을 모두 결혼 잔치에 초대하였는데, 다들 즐거워하는 자리에서 전에 노예였던 한 젊은이가 홀로 앉아서 눈물을 쏟고 있는 게 아니겠습니까? 저는 그 젊은이에게 왜 우느냐고 물었습니다. 그러나 그는 아무 대답도 없었습니다. 그래서 저는 그 젊은이를 내실로 불러, 다음과 같은 사연을 듣게 되었습니다.

제 아들이 결혼하려는 그 미모의 처녀와 그 젊은이가 결혼하기로 한 날, 친구들과 함께 사로잡혀 노예가 되었답니다. 그래서 저는 그 젊은이에게 그녀에 대한 모든 생각들을 떨쳐 버리면 많은 돈을 주겠다고 했습니다.

그러나 그 젊은이는 이렇게 대답했습니다. '이 세상의 모든 금은보화를 다 준다 해도 사랑하는 그녀와 결코 바꿀 수 없습니다. 그러나 이제 모든 것이 끝났습니다! 그녀는 이미 당신 아들의 아내가 되어 버렸으니!'

저는 그 젊은이의 슬퍼하는 모습을 보고는 아들에게 가서 이 모든 사실을 이야기했습니다. 그 이야기를 듣고 제 아들이 소리쳤습니다. '그녀가 정말로 사랑하는 그 젊은이와 결혼할 수 있도록 제가 이혼하겠습니다.'

그래서 제 아들은 이혼했지요. 저는 그 처녀에게 지참금을 주어 그 젊은이와 결혼시켰습니다."

랍비 시므온은 그 백정의 이야기를 듣고 크게 감동하여 외쳤다.

"낙원에서 당신 곁에 앉도록 명하신 높으신 주님을 찬양할지어다!"

엘리야와 함께 떠난 여행

 랍비 여호수아 벤 레비는 높은 학식과 상냥한 마음씨로 팔레스타인에 널리 알려졌다. 그의 말은 지혜로웠고 그의 행동은 선량했다. 그럼에도 불구하고 그 위대한 랍비는 행복하지 못했다. 그는 식음을 전폐하고 밤낮없이 선지자 엘리야를 만날 수 있게 해 달라고 하느님께 기도했다. 하느님은 그의 소원을 들으시고 선지자 엘리야를 만날 수 있도록 허락해 주셨다.
 어느 날 새벽 무렵, 여호수아가 교회당에 거의 다 왔을 즈음이었다. 갑자기 여호수아 앞에 홀연히 엘리야 선지자가 나타났다. 엘리야가 여호수아에게 물었다.
 "무슨 일로 나를 찾느냐? 네가 원하는 것이 무엇인지 어서 말해 보아라."
 "사람들은 저를 칭찬합니다. 하지만 저는 아직도 배워야 할 것이 많이 있다고 생각합니다. 엘리야님이 여행하실 때 저도 같이 가고 싶습니다. 엘리야님의 경건한 태도와 유일하신 하느님을 영광되게 하시는 모습을 가까이에서 지켜볼 수 있다면 저는 정말로 지혜로운 사람이 될 것 같습니다."

"네가 보기만 해서는 내 행동을 이해하지 못할 것이다. 그러면 너는 분명 내게 질문을 할 것이고 그것은 여행을 피곤하게 만들 뿐이다."

"아무것도 묻지 않겠다고 약속할 수 있습니다. 저는 단지 엘리야 님을 따라다니기만 하겠습니다. 정말입니다."

"됐다. 그러면 나를 따라오너라. 만일 네가 침묵을 지키지 못하고 내 행동에 이유를 단다면 너는 즉시 나를 떠나야 하느니라."

그리하여 여호수아는 곧장 엘리야와 함께 여행을 떠났다. 그들은 밤이 될 때까지 계속 걷고 걸어서 어느 가난한 사람의 집 앞에 다다랐다. 거의 쓰러져 갈 듯한 집의 지붕 틈사이로 별빛이 새어들고 있었다. 마당에 매어 놓은 말라빠진 소가 주인의 전 재산이었다. 그러나 그 노인 내외는 여행객을 친절히 맞이하여 집에 단 하나뿐인 침대를 내어주고는 자기들은 다락방으로 가 짚더미에서 잠을 잤다.

다음 날 아침 엘리야의 기도 소리에 잠이 깬 여호수아는 너무나 놀라서 소리칠 뻔했다. 엘리야는 하느님께 노인 부부의 유일한 재산인 소를 죽여 달라는 기도를 드리고 있었다. 소는 엘리야가 기도를 거의 끝내자마자 죽었다.

여호수아는 비난하듯 물었다.

"어찌하여 이러십니까? 불쌍하기 이를 데 없는 그들에게 보답은 커녕 은혜를 원수로 갚는 법이 어디 있습니까?"

"네 물음에 대답해 줄 수도 있지만 그러면 우리는 서로 헤어져야 한다. 부디 약속을 잊지 마라."

그래서 여호수아는 더 이상 묻지 않고 다시 말없이 엘리야를 따라 여행을 떠났다.

그날 저녁 그들은 어느 부잣집 앞에 도착했다. 그 집에는 아름다운 가구가 딸린 방이 많이 있고 부엌에서는 고기 굽는 냄새가 진동하고 있었으나, 엘리야와 여호수아는 잠자리는커녕 음식도 얻지 못했다. 그들은 하는 수 없이 굶은 채로 들판에서 잠을 잤다.

다음 날 여호수아가 일어나 보니 그 부잣집 벽이 무너져 있었다. 부잣집 주인은 무너진 벽을 수리하려고 준비하고 있었다. 그 모습을 본 엘리야는 무릎을 꿇고 부서진 벽 대신 새로운 벽을 만들어 달라고 기도드렸다.

'무슨 이 따위 심판이 있지? 이처럼 인색한 사람을 하느님께서 도와주시다니.'

여호수아는 엘리야의 행동을 도무지 이해할 수 없었지만 입술을 굳게 다물고 한 마디도 하지 않은 채 화가 나서 엘리야를 따라나섰다.

그날 저녁 그들은 커다란 회당에 도착했다. 회당 안은 모든 것이 황금과 은으로 장식되어 있었고, 사람들이 각자 맡은 관직에 대한 성실도에 따라 좌석이 나뉘어 있었다. 가장 존경받는 사람은 쿠션이 있는 편안한 의자에 앉고 다른 사람들은 쿠션도 없는 작은 의자에 앉는 것이었다. 엘리야와 여호수아가 들어갔을 때에는 그 안에 부유한 옷차림을 한 세 사람이 서 있었다.

"거지가 또 왔군."

그들 중 한 명이 여호수아와 엘리야를 쳐다보지도 않은 채 말했다.

"저들에게 먹을 것을 줄 사람 없어요?"

"상한 빵과 물 한 모금이면 충분하겠지요."

그러고는 그 세 사람은 즉시 회당을 떠났다. 그러나 음식을 갖고 돌아오는 사람은 아무도 없었다. 엘리야와 여호수아는 회당의 차가

●——이스라엘 민담

운 마룻바닥에서 밤을 보냈다.

다음 날 아침 세 사람이 기도하러 왔을 때 엘리야가 말했다.

"하느님께서 당신들을 모두 원로원 의원이 되게 하실 것이로다!"

여호수아가 할 수 있는 일이라고는 분노를 마음속에 삭이는 일뿐이었다.

'어찌하여 선지자께서는 벌을 받아도 시원찮을 사람들에게 이와 같은 친절을 베푸신단 말인가? 이 세상 어느 누가 엘리야의 이와 같은 행동을 참을 수 있을까?'

여호수아는 엘리야의 설명을 청하기로 마음먹었다. 그런데 막 입을 열려는 순간 엘리야와 한 약속이 떠올랐다. 여호수아는 엘리야의 재판에 실망을 금할 수 없었지만 할 수 없이 아무 말도 못한 채 전날보다 더욱더 슬퍼하며 엘리야를 따라나섰다.

해질 무렵 두 사람은 다른 도시에 도착했다. 그 도시 사람들은 엘리야와 여호수아가 발을 들여놓기도 전에 반갑게 맞이하여 서로들 모셔 가려고 했다. 결국 그들은 가장 좋은 집에서 묵기로 했고 그 집에서 음식과 물도 대접받았다. 엘리야는 그들의 따뜻한 환영에 대해서는 일언반구의 말도 없다가 다음과 같이 말했다.

"하느님께서 당신들 중 오직 한 사람만 원로원 의원이 되게 하실 것이로다!"

여호수아는 이번에는 정말 참을 수가 없어서 화를 내며 소리쳤다.

"엘리야님! 저는 가능하면 참고 엘리야님과 함께 있고 싶지만 더 이상 견딜 수가 없습니다. 왜 그들에게 선행을 베풀지 않고 악하게 보답하셨는지 말씀해 주십시오. 저는 아무것도 이해할 수 없습니다. 더 이상 엘리야님의 행동을 보고 고통받느니 차라리 떠나는 편이 좋겠습니다!"

"좋을 대로 하려무나."

엘리야는 조용히 말했다. 그러고는 여전히 씩씩거리는 여호수아를 향해 다음과 같이 말했다.

"네가 궁금해하는 것을 말해 주겠다. 그런 다음에 우리는 헤어져야겠구나. 여호수아야, 원래는 그날 불쌍한 소 대신에 노인의 아내가 죽기로 되어 있었단다. 죽음의 천사가 집에 있었을 때 나는 하느님께 대신 짐승을 거둬 가시라고 기도드린 거란다. 하느님께서는 나의 청을 들어주셔서 그 착한 노인은 아내와 함께 오랫동안 살게 되었단다. 우리에게 냉담했던 그 부자에게는 내가 벽을 새로 세워 줬지. 그 집 벽 밑에는 보물이 숨겨져 있었다. 그러니 그가 일을 계속하면 분명 보물을 찾아내지 않겠느냐? 그리고 또 훌륭한 교회당에 있으면서 친절이 무엇인지도 모르는 사람들이 모두 원로원 의원이 되게 해 달라고 기도했지. 그들은 아무것에도 합의를 이루지 못하고 서로 싸우기만 할 것이다. 결국 그들의 불협화음으로 도시는 망하게 될 것이니라. 사공이 많으면 배가 산으로 간다고 하지 않더냐. 하지만 사공이 오직 한 명만 있다면 그는 분명히 배를 안전하게 항구로 끌고 갈 수 있을 것이다. 그것이 바로 우리에게 친절했던 사람들 중 단 한 명만 원로원 의원이 되게 한 이유이니라."

엘리야는 말을 마치자마자 여호수아를 껴안고 조용히 말했다.

"너는 내게서 더 훌륭한 지혜를 얻고자 했다. 가장 중요한 것이 있다. 그것은 믿음이 없는데 부자인 사람을 만나거나, 시련에 처한 사람을 만나거나 그들에게 속아서는 안 된다는 점이다. 하느님이 옳다는 것을 너는 알고 있지 않느냐. 하느님의 심판은 인간이 볼 수 있는 곳보다 훨씬 더 먼 곳까지 미치는 것이니라. 누가 감히 하느님

●──이스라엘 민담

의 일에 충고하겠느냐?"

엘리야는 말을 마치자 여호수아를 축복하고는 여호수아가 모든 것을 채 이해하기도 전에 눈앞에서 사라졌다.

모든 것이 하느님의 뜻이다

아주 오래전 팔레스타인에 나그만이라고 불리는 학식이 높은 랍비가 살고 있었다. 행복한 일이나 불행한 일이나, 망하거나 흥하거나, 아프거나 낫거나 그 랍비는 항상 똑같은 말만 했다.

"감 주 레토바." Gam zu letovah. 모든 것이 하느님의 뜻이다.

이 때문에 그는 감주라는 별명을 얻었고 다른 이름으로 그를 부르는 사람은 거의 없었다. 그러나 그 랍비가 하는 말의 의미를 아는 사람은 거의 없었다. 그리고 그가 어떤 경험을 했기에 사람들에게 그런 말을 하는지 아무도 알지 못했다.

감주는 결혼하기 전에 많은 선물을 가지고 장인어른이 될 분을 만나기 위해 길을 떠난 적이 있었다. 그는 세 마리의 당나귀를 끌고 출발했다. 한 마리에는 알맞게 익힌 고기와 바싹 구운 과자를 실었고, 두 번째 당나귀에는 무화과, 대추야자, 사과, 배, 건포도를 실었다. 태양이 가장 뜨거운 정오가 될 때까지 감주는 계속 걸었다. 도중에 그는 커다란 나무 그늘 아래에서 한 노인이 쉬고 있는 것을 보았다. 넝마를 걸친 그 낯선 노인의 찢어진 발에서는 피가 났고 거의 움직일 수도 없을 만큼 지쳐 보였다. 그 노인은 감주를 보자마자 다 죽어 가는 목소리로 이렇게 말했다.

"젊은이, 배고파서 한 발짝도 걸을 수가 없으니 먹을 것을 좀 주구려."

"잠깐만 기다리세요. 저는 아침부터 계속 쉬지 않고 걸었습니다. 먼저 당나귀 등에서 짐을 내려 쉬도록 한 뒤 빵과 고기와 포도주와 과일을 드리겠습니다."

감주는 당나귀를 그늘로 데리고 가서 짐을 내리기 시작했다. 그런데 그사이에 그만 노인의 머리가 땅으로 떨어졌고 그의 영혼은 이미 세상을 떠나가 버렸다.

감주는 공포에 질려 소리쳤다.

"도대체 내가 무슨 짓을 한 거지! 쓸데없는 말 대신 조금만 일찍 노인을 도왔어도 살았을 텐데. 그의 죽음이 내 양심에 걸리는구나. 그러니 어떤 벌이라도 받아 마땅해. 노인을 불쌍히 여기지 못한 나의 눈은 멀도록 하시고, 그에게 음식을 꺼내 주지 못한 이 손은 마비되게 하시고, 즉시 달려가지 못한 이 다리는 짧아지게 하소서. 그리고 나의 영혼은 평화를 얻지 못하게 하시고 나의 온몸은 병들게 하시옵소서."

불쌍한 노인을 만난 그날부터 감주는 완전히 변했다. 그는 언제라도 불쌍한 사람을 도울 수 있도록 주머니 속에는 항상 돈을 가지고 다녔다. 그는 가난한 사람들을 돌보았으며 너그러움과 높은 학문으로 칭송받았다.

감주는 사람들에게 늘 이렇게 말했다.

"모든 것이 하느님의 뜻입니다. 저의 게으름이 사람을 죽게 했으므로 저는 인간의 고통에 대해 교훈을 배웠습니다. 만약 그런 일이 없었더라면 저는 단 한 권의 성경책도 이해하지 못했을 것입니다."

나이가 들어감에 따라 감주는 예전에 소원한 대로 많은 병을 얻어 고통받게 되었다. 눈은 멀고 다리는 절름거리고, 손은 마비되었으며, 피부는 보기 흉한 반점으로 뒤덮였다. 그 모습을 본 그의 친구가 물었다.

"이것 또한 하느님의 뜻인가?"

"물론이지. 내가 한 일을 생각해 보면 이렇게 고통받는 것이 당연해. 누가 알겠는가. 내 고통이 다른 이의 고통을 구원할지."

그러나 감주는 자기가 한 그 말이 얼마나 빨리 현실로 다가올지 모르고 있었다. 왜냐하면 당시는 유대인들이 살기 힘든 시대였기 때문이다. 로마 민족의 지배를 받고 있었는데, 특히나 하드리안 황제는 유대인을 몹시 싫어했다.

한번은 유대 노인이 거리를 지나다 우연히 황제를 만났다.

"무사하기를 빕니다, 황제 폐하."

노인이 공손하게 인사를 했다. 그러나 황제는 화를 벌컥 내며 말했다.

"무엄한지고. 내가 너의 친구라도 된다는 말이더냐!"

황제는 그 노인을 사형에 처하라고 명령했다.

다음 날 다른 유대인이 하드리안 황제 앞을 지나가게 되었다. 그는 전날 들은 이야기가 있어 황제에게 인사하지 않았다. 그러나 황제는 또다시 화를 냈다.

"감히 나를 존경하지 않다니, 내가 인사받을 가치도 없다는 말이냐!"

그러고는 언성을 높이면서 그 불운한 남자에게 사형을 집행하라고 명령했다.
　로마의 지배를 받던 유대인들은 두려움에 휩싸였다. 그들은 모이기만 하면 탄식하듯 말했다.
　"유대인에 대한 황제의 증오가 극에 달했으니 분명 한 명도 남김없이 우리를 죽여 버릴 것이야."
　"황제의 노여움을 진정시킬 방법을 찾지 못하면 우리는 이제 끝장이야."
　그래서 가장 현명한 랍비들끼리 모여 오랫동안 심사숙고한 끝에 황제에게 근사한 보물을 보내기로 결정했다. 황제가 보석과 황금을 좋아한다는 것을 알고 있었던 유대인들은 희귀한 보석들이 황제의 진노를 가라앉혀 주리라고 확신했다. 문제는 과연 누가 그것을 황제에게 갖다주느냐는 것이었다.
　"젊고 잘생긴 사람을 보내야 합니다. 그래야 황제가 화를 내지 않을 겁니다."
　랍비 중의 한 명이 말했다
　"오히려 노인이 더 좋을 것 같군요. 사람들은 일반적으로 노인들을 존경하니까요."
　다른 사람이 말했다. 마지막으로 감주가 일어서서 말했다.
　"황제의 마음은 아무도 모릅니다. 젊은 사람을 좋아할 수도 있고 노인을 좋아할 수도 있습니다. 한 가지 확실한 것이 있다면 잃을 게 아무것도 없는 사람을 보내야 한다는 것입니다. 제가 한 가지 여쭤보지요. 이스라엘에서 저보다 더 불쌍한 사람이 있습니까?"
　이 말에 랍비들은 감주를 축복하고는 황제 하드리안에게 줄 보석이 담긴 상감 무늬 상자를 건네주었다.
　다음 날, 감주는 황제에게 줄 선물을 들고 이른 아침 길을 떠났다. 그는 쉬지 않고 부지런히 걸어 날이 어두워질 무렵에 작은 도시의 여인숙에 도착했다. 주인 내외는 친절하게 감주를 맞이하고 음식과 잠자리를 주었으나 그 미소 뒤에는 사악한 의도가 숨어 있었다. 감주가 잠이 들자마자 주인 남자는 아내를 돌아보며 말했다.

"당신 저 늙은 유대인이 가지고 온 그 예쁜 상감 무늬 상자를 보았소? 그 안에 보물이 들어 있는 것이 분명한 것 같은데!"

"곧 알게 되겠지요."

그의 아내가 대답했다. 그녀는 랍비가 자고 있는 방으로 살금살금 기어 올라가 상자를 꺼내 왔다. 상자 안에는 과연 어마어마한 보석들이 들어 있었다. 주인 남자는 흥분해서 머리가 다 돌 지경이었다. 그는 아내더러 얼른 정원의 흙을 보석 대신 상자 속에 담아 원래 있던 자리에 갖다 놓으라고 말했다. 그러고는 아무도 발견할 수 없게 보석을 그의 지하실에다 묻었다.

길고 험난한 노정 끝에 감주는 마침내 하드리안 황제 앞에 도착했다. 감주는 모든 유대 사람의 이름이 쓰여 있는 호의적인 편지와 상감 무늬 상자를 황제에게 바쳤다. 황제는 유대인늘이 사시에에 진귀한 보물을 보낸다는 편지 내용을 읽고 호기심에 상자를 열어 보았다. 그러나 황제는 즉시 안색이 변했다.

"아니, 이게 무슨 장난이냐? 유대인들이 아무짝에도 쓸모없는 이 흙을 보내 나를 놀렸어? 세상에서 가장 귀한 보물을 보내도 내 저들을 곱게 보지 않을 터인데, 이제 지나가는 개마저 나를 비웃지 않겠느냐! 짐은 지금부터 모든 유대인을 사형에 처하겠노라! 마지막 한 놈까지도 다 죽여서 그 누구도 절대로 황제를 비웃지 못하게 하리라!"

황제는 화가 나서 어쩔 줄을 모르며 크게 소리쳤다. 그러고는 경

●──이스라엘 민담

비병에게 감주를 데리고 가 사형에 처하라고 지시했다. 병사가 감주의 손을 잡자마자 황제 고문관 중의 하나로 변장한 선지자 엘리야가 그곳에 나타났다. 그가 공손하게 말했다.

"황제 폐하, 그만 진노를 거두시기 바랍니다. 그 랍비가 가져온 흙은 아마 보통의 흙이 아닐 것입니다. 유대 사람들의 조상인 아브라함이 기적 같은 흙으로 적들을 물리쳤다는 이야기는 이미 널리 알려지지 않았습니까? 흙이 창 또는 투석기, 파성추성을 부수는 공이로 변해 가장 강한 성문도 열 수 있었습니다. 그것을 당해 낼 성은 아마 없을 것입니다."

황제는 자기 군대가 전쟁 중이라는 것을 생각해 내었다. 군대 내에서는 폭동이나 반란도 있었지만 로마 제국의 통치자로서 그는 무엇보다도 승리를 보장하는 무기를 갖고 싶었다. 그래서 그는 흙의 성능을 시험할 때까지 감주를 살려 두기로 했다.

일주일 안에 첫 번째 승전보가 도착하자 황제는 기쁨을 감출 수 없었다. 로마 인들이 여러 달 동안 쓸데없이 포위했던 성에 랍비 나그만의 흙을 던지니 벽은 산산이 부수어졌고, 적군들이 죽어 넘어져 황제의 군대는 쉽게 승리를 거두었다. 하드리안 황제는 감주를 즉시 풀어 주고 다시는 유대인들을 해치지 않겠다고 약속하면서 그에게 금, 은, 보석 등을 보답으로 주었다.

감주는 가벼운 마음으로 예루살렘으로 돌아왔다. 그의 민족은 구원되었다. 그가 로마로 가던 길에 탐욕스러운 여인숙 주인과 아내가 감주의 보물을 훔친 것이 전화위복이 된 것이었다. 그래서 감주는 돌아가는 길에 그 여인숙에 들르는 것도 잊지 않았다. 그는 놀란 여인숙 주인에게 로마에 있을 때 그 흙 때문에 황제가 얼마나 기뻐했는지, 자기는 어떠한 보답을 받았는지 이야기해 주었다.

여인숙 주인은 감주가 돌아가자마자 하인들을 불러 정원의 흙을 모두 파라고 지시했다. 그리고 몇 수레분의 흙을 가지고 로마로 향했다. 여인숙 주인은 황제를 만나 부자가 되고 싶은 욕심에 거의 숨이 넘어갈 지경이었다. 드디어 그는 황제를 만났다.

"황제 폐하, 랍비 나그만의 기적의 흙은 저의 집 정원에서 나온 것입니다. 마차의 창문을 열고 조사해 보십시오. 모두 황제 폐하의 것입니다."

황제는 여인숙 주인을 면밀히 살펴보며 곰곰이 생각했다.

'정말 이상한 일이로다. 만일 여인숙 주인이 기적의 흙을 가지고 있었다면 그는 랍비 나그만에게 그것을 줄 리가 없었을 텐데. 대부분 이런 치들이 사기꾼이렷다.'

그럼에도 불구하고 황제는 그 흙을 시험해 보도록 지시했다. 그리고 그 결과는 어디에나 있는 평범한 흙으로 밝혀졌다. 선지자 엘리야가 랍비 나그만을 도와 일어났던 그 기적은 다시 나타나지 않았다.

하숙집 주인은 하드리안 황제께 바칠 보석을 훔쳤다고 인정할 수밖에 어쩔 도리가 없었다. 그는 사악한 행동에 대한 벌을 받았고 그의 아내 역시 도둑질해서 얻은 것을 모두 빼앗기게 되었다. 그리고 그녀는 지하실에 묻어 두었던 보석들을 유대인들에게 돌려주어야만 했다.

유대인들은 선지자 엘리야에 대한 감사와 랍비 나그만의 말 '감주 레토바, 즉 모든 것이 하느님의 뜻이다.'를 감사한 마음으로 기억했다.

랍비 하니나 벤 도사

유대인과 빈곤의 관계는 흰말과 진홍색 깃털의 관계와 같다고 한다. 그러나 빈곤에도 정도가 있다. 가난한 사람 중에서도 가장 가난한 사람이 있었다. 바로 랍비 하니나 벤 도사이다. 그는 아무것도 가진 것이 없었고, 아무것도 원하는 것이 없었으며, 그의 유일한 낙은 성경을 가르치는 것이었다.

반면 랍비 하니나의 아내는 걱정이 끊이지 않았고 날마다 새로운 불안과 함께 하루를 시작했다. 하니나는 하루 종일 그의 학생들과 시간을 보냈고 가르치는 기쁨 이외에는 아무것도 얻는 것이 없었다. 그래서 집에는 종종 음식을 살 돈도 없었고 요리 재료도 없었다. 주중에서 가장 불행한 날은 안식일 전날이었다. 다른 집의 아내들은 빵을 만들기 위해 밀가루를 반죽하고 생선요리를 하면서 휴일을 준비하고 있었으나 하니나의 집은 그저 조용하기만 했다. 하니나의 아내는 단지 평범한 카롭 과일 바구니밖에 없는 텅 빈 식료품 창고 앞에 서 있었다. 그녀는 언제까지 가난한 생활을 계속해야 하는지 몹시 걱정스러울 뿐이었다.

그녀는 아침부터 밤까지 일했다. 그녀가 할 수 있는 일은 아무것도 없었지만 그녀는 자기네가 그렇게까지 가난하다는 것을 숨기고 싶어 했다. 그녀는 항상 안식일 전날 화덕에 불을 피웠다. 굴뚝에서 나는 연기로 사람들에게 랍비의 집에서도 역시 축제의 저녁을 준비하고 있는 것처럼 보이기 위해서였다.

하니나의 이웃집에는 괴팍한 여자가 살고 있었다. 어느 날 그 여자는 하니나네 굴뚝에서 나오는 연기를 보고 혼자 중얼거렸다.

"저들이 어디서 고기와 밀가루를 살 돈이 났을까? 하니나의 아내가 빈 아궁이에 불을 때고 있는 것이 분명해!"

심술궂은 생각을 버릴 수 없었던 그 여자는 혼자 하니나네 집을 찾아갔다. 하니나의 아내는 이웃집 여자가 오는 소리를 듣고는 얼굴이 붉어졌다. 그래서 이웃집 여자가 부엌으로 들어오는 것과 동시에 재빨리 옆방으로 숨었다. 이웃집 여자는 앞뒤도 돌아보지 않고 곧장 화덕으로 가 오븐 뚜껑을 세차게 열어젖혔다. 그러나 그 안에는 텅 빈 쟁반 대신에 황금색으로 잘 구워진 안식일 빵이 익어 가고 있었다. 이웃집 여자는 당황해서 소리쳤다.

"아무도 안 계세요? 빵이 타고 있어요!"

하니나의 아내는 부엌으로 들어갔다. 그리고 마치 기적이 일어날 것을 알고 있었다는 듯이 조용하게 대답했다.

"여기 있어요."

이웃집 여자는 얼굴이 빨개져서 잽싸게 달아나 버렸다.

그날 오후에 하니나의 아내는 남편이 돌아올 때까지 기다릴 수가 없었다. 그녀는 생각했다.

'남편은 많이 배웠으니까 그가 기적을 행한 것이 분명해. 그이가

●──이스라엘 민담

종종 기적을 베푼다면 우리는 더 이상 배를 굶지 않을 텐데.'

하니나가 문 앞에 나타나자 그녀는 달려나가서 그를 맞이하였다. 그녀는 아까 있었던 일을 말하려고 내내 그를 기다리고 있던 참이었다. 그런데 그녀가 말을 꺼내기도 전에 하니나가 먼저 말을 꺼냈다.

"나는 필요한 일을 했을 뿐이오. 그러나 나 혼자 힘으로 기적을 행할 수 있다고 생각하지는 마시오. 하느님의 손길이 아니었다면 사람은 손가락 하나 까딱할 수 없는 것이오. 빵을 얻었으니 기뻐하고 내일 걱정은 하지 말도록 하시오."

그날 저녁 하니나는 두 명의 여행객과 함께 회당에서 돌아왔다. 그들은 맛있는 빵을 먹고 다음 날 집에 종일 머물다가 안식일이 끝나자 다시 여행을 떠났다. 하늘에서는 태양이 그 긴 하루를 마치고 조그만 빛을 남겨 놓고 있을 때 하니나의 아내는 남편에게 달려갔다. 그녀는 손에 암탉을 안은 채 소리쳤다.

"손님들이 집에 놓고 간 것을 보세요. 빨리 그들을 뒤쫓아가 이 암탉을 돌려주세요!"

"나는 그들이 어디서 왔는지, 어디로 가는지도 모르오. 그들이 돌아올 때까지 우리가 닭을 돌봐 주는 것이 좋겠소."

그러나 하루가 지나고 또 하루가 지나도 그들이 돌아올 기미는 없었다.

"어떡하죠? 카롭 과일밖에 먹을 게 없는데 계란 두 개만 우리가 먹으면 어떨까요?"

하니나는 아내의 질문에 단호하게 대답했다.

"그래서는 안 되오. 계란은 우리 것이 아니오. 암탉이 우리 것이 아니니까 그 계란도 당연히 우리 것이 아닌 것이오. 그러니 부화될 수 있게 그냥 놔두시오."

하니나의 아내는 남편의 말대로 했다. 오래지 않아 달걀은 병아리가 되었다. 그 병아리가 자라서 달걀을 낳고, 그 달걀이 다시 병아리가 되었다. 하니나 집에는 닭장이 없었다. 그래서 병아리와 닭들이 계속 불어나자 결국 집 안으로 들여놓을 수밖에 없었다.

"이렇게 하면 여우가 단 한 마리의 닭도 훔쳐 가지 못할 것이오. 나는 그 사람들이 곧 다시 와서 저 닭들을 가져가리라고 믿소."

하니나가 아내에게 말했다.

그러나 시간이 흘러도 그 사람들은 다시 오지 않았고, 이제 하니나의 집에는 식량도 다 떨어졌을 뿐만 아니라 방도 모자랐다. 어디를 보나 닭과 달걀로 가득했다.

하루는 하니나가 아내에게 말했다.

"어쩔 수가 없군. 더 이상 우리 집에서는 닭을 기를 수 없으니 암탉과 병아리를 팔아서 염소를 사야겠소. 그들이 돌아오면 염소를 돌려주면 되지 않겠소."

그래서 하니나의 아내는 남편이 시키는 대로 염소 몇 마리를 샀다. 염소들은 무럭무럭 자랐다. 그러나 여전히 두 남자는 돌아오시 않았다. 염소들은 계속 새끼를 낳아서 오래지 않아 전처럼 방이 모자랐다. 그러자 어느 날 하니나가 아내에게 말했다.

"염소를 팔아야만 하겠소. 보리로 바꾸면 집에 들여놓을 수가 있을 것이오. 중요한 것은 그렇게 해도 손해날 것이 없고, 그 남자들도 응당 받을 만큼 받게 될 것이오."

그래서 하니나와 그의 아내는 염소를 팔고 그 돈으로 보리를 사서 심었다. 보리 또한 잘 자라서 여름에 그들은 많은 보리를 수확했고, 다음 해에는 전보다 더 많이 추수했다. 그러나 하니나 내외는 계속 카롭 과일만 먹었고 밀가루는 한 숟가락도 먹지 않았다.

●──이스라엘 민담

마침내 3년이 흘러 닭을 잊고 갔던 두 남자가 하니나의 집에 돌아왔다. 하니나는 그들을 금방 알아보고 아내를 불렀다. 그러고는 그들에게 말했다.

"3년 전에 암탉을 잊고 가셨지요?"

그들이 놀라 대답했다.

"랍비님, 놀라운 기억력을 갖고 계시군요. 저희가 그 닭을 여기에 놓고 간 것은 사실이지만 그것 없이도 잘 지냈고 그리 아쉬워하지도 않았습니다."

"그러나 여전히 닭은 당신들 재산입니다. 돌려주게 돼 기쁩니다. 자, 어서 저를 따라오시죠."

하니나는 손짓으로 손님들을 불러 곡식이 가득한 창고로 안내했다.

"이것은 당신들의 닭입니다. 닭이 알을 낳고, 그 알이 닭이 되고, 그 닭이 다시 알을 낳았지요. 우리는 그 닭을 팔아서 염소를 샀고, 염소의 수가 불어나자 그것을 팔아 보리를 샀습니다. 보시다시피 하느님의 축복으로 이렇게 보리가 많아졌습니다. 어서 보리를 가져가십시오. 그리고 이 곡물 창고도 역시 그 보리를 수확해서 얻은 돈으로 지었다는 것을 잊지 마십시오."

그 사람들은 서로 쳐다보더니 당황하기 시작했다. 그들은 조용히 서서 머뭇거리고 있었다. 마음속에 뭔가 딴생각이 있는 것처럼 보였다. 결국 나이가 많은 사람이 속내를 털어놓았다.

"랍비님, 저희는 랍비님이 그렇게 하시리라고는 생각지 못했습니다. 말씀을 드려야겠군요. 저희들이 3년 전 이곳에 왔을 때 랍비님은 저희들을 아들처럼 대해 주셨습니다. 저희는 랍비님이 가난하다는 것을 알 수 있었습니다. 그럼에도 불구하고 랍비님은 당신이 먹을 빵을 저희에게 주셨고, 안식일 내내 친절하게 대해 주셨습니다. 랍비님의 친절에 보답하고자 댁에 닭을 놓고 갔던 것입니다. 저희는 랍비님이 거절하지 못하도록 몰래 놓고 갔던 것이지요. 그것이 저희들의 선물이었으니 지금도 여전히 선물일 따름입니다. 랍비님이 주시는 것을 저희가 가져갈 수 없는 이유를 확실히 아셨을 것입니다. 랍비님 스스로 열심히 일하신 결과 얻은 재산입니다. 만일 저희가 드린 닭이 도움이 됐다면 그것으로 저희는 기쁘게 생각합니다."

이제는 하니나가 놀랄 차례였다. 그는 곡물이 자신의 소유라는 말을 듣지 않았다. 그러나 손님들이 계속 우기자 하니나는 어느 한 랍비의 판결로 이 이상한 논쟁을 설명하려고 했다.

"아마도 당신들은 강을 건너야만 했던 두 양에 대한 이야기를 알고 있을 것입니다. 그 중 한 마리는 아름답고 두꺼운 털을 갖고 있었지만 다른 하나는 털이 모두 깎이고 없었습니다. 어떤 일이 일어났겠습니까? 그 멋진 털을 갖고 있던 양은 물을 흡수해 무거워져서 그만 가라앉아 익사했습니다. 반면 아름답지도 않고 털이 깎여 맨몸이었던 다른 양은 별다른 문제 없이 강을 건넜지요. 저 역시 곡식을 갖고 있는 것보다는 안 갖고 있는 편이 좋을 듯하니 그것을 가난한 여행객들에게 나눠 줘야겠습니다. 내게 닭을 준 것이 당신의 자비라면 모든 재산을 나눠 주는 것은 저의 자비입니다."

하니나가 이 말을 마치자 두 여행객은 하니나에게 허리를 굽혀 절했다. 그리고 그들은 자기를 위해서 어떠한 것을 갖기보다 카롭 과일만 먹고 살기를 좋아하는 랍비에 대한 이야기를 팔레스타인 전 지역에 퍼뜨렸다.

시 므 온 벤 요 하 이

　성경이나 율법책을 알고 싶어하는 사람은 물과 같은 사람임에 틀림없다. 왜 물 같다는 것일까? 물은 산꼭대기에 멈춰 있지 않고 사람들을 향해 흘러가기 때문이다. 랍비 시므온 벤 요하이는 바로 그와 같은 사람이다. 그는 자신의 많은 지식을 혼자만 마음속에 품고 있지는 않았다. 그는 지혜에 관한 책도 쓰고 필요한 사람에게는 언제든지 도움을 줬다.
　그러나 랍비 시므온이 태어날 때부터 현명한 사람은 아니었다. 그는 열심히 공부해야만 했다. 그가 배우는 데 지불한 돈은 적은 돈이 아니었다. 이야기는 다음과 같다.
　어느 날 랍비 시므온 벤 요하이는 친구 랍비 요시와 성경 수업에 관하여 토론하고 있었다. 당시는 유대인들이 시련을 겪고 있던 시절이었다. 유대인들은 로마에 정복되어 자기들의 율법을 몰래 지킬 수밖에 없었다. 두 사람은 유다 벤 게림이 다가오는 것을 보자 말을 멈췄다. 그들은 유다가 유일한 하느님을 로마 인의 보상금과 맞바

꾼 것을 알고 유다를 전혀 신뢰하지 않았다.

유다는 보통 때처럼 로마 인의 통치를 칭찬하기 시작했다. 그는 그들의 건물에 관해 열정적으로 설명했고 그들의 관습과 현명한 정부에 대해 점점 더 지나치게 감상적으로 흘러가며 찬양했다. 그러자 시므온이 그의 말에 끼어들었다.

"유다여, 부끄러워하십시오. 조상의 유산을 보존하는 대신 당신은 유대인의 피를 가져간 사람들을 칭찬했습니다. 로마 인이 무엇을 하든 간에 그들은 자기들을 위해 하는 것이지만 우리에게는 눈물과 슬픔의 나날을 보내게 해 주는 것뿐입니다."

그런데 로마 관리가 그 대화를 우연히 듣고 통치자에게 그 사실을 알렸다.

"이런 무례한 자가 있나! 시므온 벤 요하이가 대로마 제국의 권위에 도전을 했다. 그래서 나는 그에게 사형을 선고하노라. 즉시 형을 집행하라."

그 도시의 통치자는 즉시 시므온을 체포하기 위해 군사들을 보냈으나 시므온은 그들을 기다리고만 있지는 않았다. 그는 아들 랍비 엘라자르와 함께 버려진 회당에 숨었다. 병사들이 이 거리 저 거리, 이 집 저 집 샅샅이 찾아다니자 그 둘은 밤에 몰래 회당을 빠져나와 가까운 산 속으로 숨었다. 결국 로마 군인들은 그들의 흔적을 찾지 못했다. 마치 땅이 열려 그들을 삼켜 버린 것 같았다.

시므온 벤 요하이와 그의 아들은 그럭저럭 목숨은 건졌으나 그것으로 고난이 끝난 것은 아니었다. 회당에 있을 때에는 마음씨 고운 여자가 매일 빵과 물을 가져다주었다. 그러나 사람들에게서 멀리 떨어진 바위틈 사이에서 그들이 무엇을 먹을 수 있었겠는가? 첫날 밤 랍비 시므온은 무거운 마음으로 잠이 들었다. 그러나 아침에 눈

●──이스라엘 민담

을 떴을 때 그는 자신의 눈을 의심하지 않을 수 없었다. 그들이 잠들어 있는 동안 동굴에는 커다란 카롭나무가 자라 있었고 바위틈에서 샘물이 솟아나 그들은 음식뿐만 아니라 물도 마실 수 있었다. 이제 랍비 시므온은 아무것도 두렵지 않았다. 그들은 옷을 벗고 목까지 차게 모래 속에 들어가 함께 율법을 공부했다. 그들은 오직 기도 시간에만 옷을 입었다. 그다음 다시 옷을 벗고 모래 속에 몸을 묻은 다음 하느님의 가르침을 계속 공부했다.

이러한 일들은 날이 가고 해가 바뀌어 꿈속에서 그들이 더 이상 위험하지 않다는 사실을 알게 될 때까지 계속되었다. 왜냐하면 그 통치자가 죽었기 때문이었다. 12년 동안 시므온과 그의 아들은 빛을 보지 못했다. 마침내 그들이 동굴을 떠날 때에는 너무나 지혜가 뛰어나 그들의 빛나는 시선으로 땅에 불이 붙지 않게끔 조심해야 할 지경이었다. 그들은 팔레스타인을 돌아다녔고 사람들은 그들이 어느 곳을 가든지 올바르고 민족에 헌신하는 지혜의 사절로 맞이했다.

어느 날 시돈 시에서 한 부부가 시므온을 만나러 왔다. 그 둘은 울어서 눈이 빨개져 있었고 매우 풀이 죽어 보였다. 시므온이 그들에게 물었다.

"무슨 일이십니까? 제가 도와 드릴 수 있을 겁니다."

"제가 온 이유가 바로 그것입니다. 랍비님, 저희는 랍비님의 도움이 없다면 이 난관을 극복할 수 없을 것입니다."

남자는 잠시 침묵하더니 떨리는 목소리로 이야기를 계속했다.

"저와 제 아내는 결혼한 지 10년이 되었습니다. 그동안 사랑과 조화 속에 잘살고 있었습니다. 그러나 하느님께서는 아이를 주시지 않았지요. 그러니 아이들의 웃음소리가 들리지 않는 집에 무슨 행복이 있겠습니까? 우리는 서로를 위해 이제 헤어지기로 결정했습니다. 아마 저희들 중 한 명은 아이를 낳는 행복을 얻을 수 있게 되겠지요. 이혼을 하게 해 주십시오."

시므온이 말했다.

"청하신 대로 해 드리겠습니다. 그러나 먼저 결혼식 때 했던 것처럼 성대한 연회를 베풀어야 합니다. 당신들의 인생이 결합될 때처럼 헤어질 때도 똑같은 방법으로 다시 헤어지십시오. 그런 다음 제게 다시 돌아오시면 이스라엘 법에 따라 이혼시켜 드리겠습니다."

그들은 집으로 돌아오자마자 연회를 준비하기 시작했다. 여자는 맛있는 요리를 많이 만들고, 남자는 포도주를 가져왔다. 둘은 악사들과 많은 손님들을 초대했다. 축하연은 화려했고 두 사람 다 아무도 후회하지 않았다. 포도주는 매우 훌륭했고 손님들은 밤까지 춤추고 노래했다. 마치 결혼한 부부가 헤어지는 것이 아니라 재결합을 즐거워하는 것만 같았다. 마지막 손님이 가자 남자는 아내를 껴안고 그동안 자기에게 해 준 모든 일들에 감사한 후 이렇게 말했다.

"나는 결코 당신을 잊을 수 없을 거요. 그래서 나는 당신에게 나를 추억할 만한 것을 주고 싶소. 부디 이 집에서 가장 소중한 것을 가져가시오."

여자는 어떤 것을 선택하겠다고 약속했다. 그리고 그 남자는 잠을 자러 갔다.

남편이 눈을 감자마자 여자는 하인을 불렀다. 그리고 남편의 손을 꼬집어 잠들었는지 다시 확인한 후 남편이 잠들어 있는 침대를 자기 아버지 집으로 옮겼다. 그러고 나서 자기 물건을 챙겨 다시 아버지 집으로 갔다.

남자는 연회에서 독한 포도주를 마신 결과 거의 정오가 되어서야 깨어났다. 그는 눈을 뜨자 놀라서 주변을 둘러보았으나 아무것도 알 수 없었으므로 당황해서 소리쳤다.

"여기가 어디지? 내 집이 어디로 간 거야?"

바로 그 순간 그의 아내가 방문을 열고 들어왔다.

"당신이 제 아버지 집 말고 딴 데 어디 있을 수 있겠어요? 당신이 어제 저보고 집에서 가장 소중한 것을 가져가라고 말씀하지 않으셨나요? 당신의 집에서뿐만 아니라 이 세상에서 당신보다 귀한 보물은 찾을 수 없어요. 당신을 사랑해요. 하느님의 은총으로 우리는 아이를 갖게 될 거예요."

그 부부는 포옹한 뒤 급히 랍비 시므온을 찾아갔다.

"자, 아직도 이혼하고 싶으십니까?"

시므온이 즐겁게 그들에게 인사했다. 그러자 남자가 말했다.

"무슨 말씀을 하시는 겁니까! 이제 이혼은 없습니다. 랍비님, 당신은 제 아내가 할 행동을 정확히 알고 계셨습니다. 충고해 주신 것에 대해 무엇이라고 감사를 드려야 할지 모르겠습니다. 바라옵건대 가능하면 빨리 아이를 얻을 수 있게 축복해 주십시오."

시므온은 남자의 청대로 부부를 축복해 주었고, 그들은 1년이 되기도 전에 아들을 낳았다. 남자는 아들에게 시므온이라는 이름을 붙여 주었다. 그 아들은 그 행복한 부부에게 언제나 그들의 은인인 시므온 벤 요하이를 생각나게 했다. 랍비 시므온의 지혜와 자비로움은 이스라엘에서 결코 잊혀지지 않았다.

여호수아 벤 레비와 죽음의 천사

유대인들이 로마의 지배를 받고 있을 때, 팔레스타인의 룻다에는 현명하고 신앙심이 깊으며 무척 정직한 랍비 여호수아 벤 레비가 살고 있었다. 그는 하느님뿐만 아니라 사람들에게도 전혀 죄를 짓지 않아 그의 영혼은 세상에 태어나기 전 창조주께서 숨을 불어넣어 주셨을 때처럼 깨끗했다. 하늘에 있는 모든 이들이 그의 행동을 보고 즐거워했다.

모든 인간은 언젠가는 죽어야 할 운명이다. 아무리 그가 착하다고 할지라도 그것을 바꾸지는 못한다. 여러 해가 흘러 여호수아의 목숨이 다하자 하느님은 죽음의 천사를 불러 말씀하셨다.

"랍비 여호수아 벤 레비를 찾아 그의 영혼을 천국으로 데려오너라. 하나 한 가지 명심할 일은 여호수아가 매우 정직했으니 데려오기 전에 그의 모든 소원을 우선 들어주도록 하여라."

사람들이 죽음의 천사를 볼 때 두려워서 입을 다물지 못하게 되면 천사는 사람들 입속에다 담즙을 떨어뜨린다. 그리하여 사람들은

●──이스라엘 민담

죽게 되고 죽음의 천사는 또다시 운명이 다한 다른 희생자를 찾아간다. 여호수아 앞에 죽음의 천사가 나타났을 때 그는 두려움 없이 조용하게 물었다.

"하느님께서 제가 죽기를 원하십니까?"

천사가 대답했다.

"하느님의 뜻입니다. 제가 하느님의 뜻을 수행하러 왔습니다. 그러나 당신의 영혼이 깨끗하기에 하느님께서는 저보고 당신이 죽기 전에 원하는 것이 있다면 무엇이든지 허락하라고 하셨습니다."

"그렇다면 천국에 있는 제자리를 보여 주십시오."

죽음의 천사는 여호수아를 천국으로 데려가기 위해 그에게 한 발짝 다가갔다. 그러나 여호수아는 뒤로 움찔 물러서더니 한숨 쉬듯 말했다.

"어떻게 천사님과 같이 갈 수 있겠습니까? 당신의 칼이 무서우니 부디 그것을 제게 주십시오. 그렇지 않으면 감히 무서워서 천사님과 함께 갈 수 없을 것 같습니다."

그래서 천사는 죽음의 칼을 여호수아에게 주고는 그를 팔로 껴안아 올렸다. 자신도 모르는 사이에 여호수아는 천국의 벽 앞에 서 있었다. 천사는 여호수아를 높이 들어 올려 그 앞에 펼쳐진 천국 전체를 볼 수 있게 해 주었다.

천국으로 가는 문에는 다이아몬드 문고리가 달려 있는 두 개의 문이 있는데 7만 명의 천사들이 그것을 지키고 있었다. 다이아몬드의 빛은 태양보다 밝았고 그 광채는 네 개의 커다란 강물에 반사되고 있었다. 그 강물은 천국에 있는 9천여 그루 나무들의 생명수였다. 심지어는 그 중 가장 작은 나무들조차도 땅에서 가장 큰 나무보다도 좋은 향기를 내뿜었다. 천국의 네 귀퉁이에서는 7천 명의 아기

천사 성가대가 찬양과 감사의 노래를 불렀다. 그리고 천국의 맨 중앙에는 그 잎사귀들이 천국 전체를 덮고 있는 지혜의 나무와 생명의 나무 두 그루가 서 있었다. 한 나무에서 천국의 구석구석까지 스며드는 5십만 가지의 향기가 나오고 있었다. 일곱 채의 큰 집에는 수천 개의 방이 있었다. 이 중 하나가 랍비 여호수아 벤 레비를 위해 비어 있었다.

여호수아는 이러한 모든 광경을 보자 땅으로 돌아갈 마음이 없어졌다. 그는 기이한 색깔들을 보고 즐거웠고, 천사들의 노래를 듣고 흥분했다. 그는 모든 향기를 맡았고 그 많은 아름다움을 충분히 다 볼 수도 없었다.

죽음의 천사는 계속해서 여호수아를 안고 있었더니 팔이 아프기 시작했다. 그래서 이제 그만 보라며 여호수아를 막 흔들었다. 그런데 그 순간 여호수아는 천국의 벽 가장자리를 꽉 잡아 죽음의 천사한테서 자유로워졌다. 그러고는 그의 손에 있던 죽음의 칼과 함께 천국에 떨어졌다.

죽음의 천사는 매우 화가 났다. 그는 여호수아에게 고함도 치고 협박도 하면서 그 칼을 돌려 달라고 애원했으나 헛된 일이었다. 여호수아는 황홀한 기분으로 천국을 걸어다니면서 그 천사는 쳐다보지도 않았다. 죽음의 천사는 면목이 없었지만 하느님 앞에 가 무례한 랍비에 대해 불평하면서 죽음의 칼을 돌려받게 해 달라고 청했다. 그러나 하느님은 여호수아의 순수한 영혼을 정말로 사랑하셨기 때문에 그의 청을 거절하셨다.

하느님이 죽음의 천사의 청을 들어주신 것은 그 후 7년이 지나서였다. 천사는 즉시 여호수아에게 땅으로 돌아가라고 명령한 뒤 자신도 죽음의 칼을 들고 다시 땅으로 돌아갔다. 그때부터 땅 위에는

●──이스라엘 민담

다시 죽음이 찾아왔다.

맨 처음 죽은 사람은 여호수아였다. 그러나 그는 죽음의 천사가 자기에게 심어 준 공포를 잊지 않았기 때문에 천사에게 죽기 전에 한 가지만 약속해 달라고 했다. 즉 죽어 가는 사람 앞에 얼굴도 내밀지 말고 보이지 말아 달라고 했다.

그 이후로 오직 신앙심이 없어 마음이 두려움으로 가득 찬 사람만이 임종 자리에서 죽음의 천사를 보게 되었다. 죽음의 천사는 그와 같은 영혼을 마치 엉킨 실타래에서 실을 뽑듯 가져갔다. 반면 랍비 여호수아 벤 레비처럼 신앙심도 깊고 올바른 사람은 부드럽고 조심스럽게 곧장 천국으로 데려갔다.

랍비 힐렐의 황금률

어떤 이교도가 랍비 샴마이에게 와서 말했다.

"내가 한쪽 다리로만 서 있는 동안 당신이 나에게 율법을 전부 가르쳐 줄 수 있다면 나는 기꺼이 유대인의 신앙을 받아들이겠습니다."

랍비 샴마이는 이 무례한 말을 듣고는 막대기를 들고 그를 집 밖으로 쫓아내 버렸다.

그러자 그 이교도는 이번에는 랍비 힐렐에게 가서 말했다.

"내가 한쪽 다리로만 서 있는 동안 당신이 나에게 율법을 전부 가르쳐 줄 수 있다면 나는 기꺼이 유대인의 신앙을 받아들이겠습니다."

그런데 랍비 샴마이가 이 말을 듣고 몹시 화를 낸 데 반해 랍비 힐렐은 다만 조용히 이렇게 말할 뿐이었다.

"다른 사람이 그대에게 행하기를 원치 않는 행동은 다른 사람에게도 행하지 마시오. 이것이 율법의 대강이오. 나머지 것들은 모두 주석에 불과하오. 가서 배우시오!"

●──이스라엘 민담

세 남자와 율법

어떤 가난한 사람이 죽은 뒤 내세에 가서 질문을 받았다.

"그대는 율법을 연구할 시간이 있었는가?"

"저는 가난하여 먹을 것을 버느라고 모든 시간을 보냈습니다."

하늘의 대꾸는 이러했다.

"그대가 힐렐보다 더 가난했던가?"

다음은 랍비 힐렐이 예루살렘에서 학창 시절을 보낼 때 있었던 이야기다. 당시 그는 하루 종일 일해도 동전 한 닢밖에 벌 수 없을 만큼 매우 가난했다. 그러나 그는 그 돈도 반은 학교에 들어가는 수업료로 직원에게 주었다. 나머지 반으로 그와 식구들이 생활했다.

어느 날 힐렐은 아주 운이 나빴다. 한 푼도 벌지 못한 것이다. 힐렐이 학교에 갔을 때 직원은 그가 수업료를 내지 않았다는 이유로 들여보내려고 하지 않았다. 그래서 힐렐은 지붕에 올라가 채광창을 아래로 하고 누웠다. 그러고는 정신을 집중하여 쉐마이아와 압탈리온 같은 위대한 스승들이 가르치는 것을 들었다. 때는 안식일 전날인 금요일이자 한겨울이었다. 그러나 그는 위대한 학자들의 가르침에 너무나 몰입한 나머지 다른 모든 것은 잊어버렸다. 그는 자기 집에 식량이 떨어졌다는 것과 눈송이가 자기 몸 위에 떨어지는 것도 모조리 잊었다. 그래서 그는 곧 온몸에 눈을 하얗게 뒤집어쓰게 되었다. 이런 식으로 하루 저녁이 지나갔다.

다음 날 아침 랍비 쉐마이아는 랍비 압탈리온에게 말했다.

"형제여, 우리 교실이 오늘 왜 이렇게 어두운지 모르겠소. 바깥 날씨가 그리 흐리지도 않은데 말이오."

그리하여 그들이 천장을 자세히 보니 채광창에 엎드린 사람의 형상이 보였다. 그들이 지붕 위로 올라가 보니 1미터나 쌓인 눈 아래에 힐렐이 있었다. 그들은 비록 안식일의 규례에는 어긋나지만 그를 끌어내리고 옷을 벗겨 몸에 기름을 발라 주었다. 그리고 그를 불가까이 눕혀 놓았다. 이 일을 하는 데 두 사람은 한마음이었다.

"이런 사람을 위해서라면 안식일을 어기는 것도 정당하다."

성인과 회개한 자

그리스 침략군은 이스라엘 땅을 강압적으로 다스렸다. 유대인들을 억압하며 그 성소를 훼파했다. 그리고 랍비 요세 벤 요에젤에게 사형 선고를 내렸다. 침략군이 랍비 요세를 목매달기 위하여 거리로 끌고 간 날은 마침 안식일이었다. 랍비 요세 앞에는 교수대가 운반되었고 그의 뒤에는 많은 군중이 뒤따랐다.

그런데 어느 순간 랍비 요세는 군중 틈에서 조카인 야킴 벤 제로로쓰를 발견했다. 야킴이 탄 말은 껑충껑충 뛰고 있었다. 조카의 얼굴에서 조롱하는 표정을 본 랍비 요세는 마음이 무거워졌다. 야킴은 말을 타고 접근하여 조롱하는 투로 말했다.

"삼촌, 생각해 보시오. 당신은 성인이요, 하느님을 두려워하는 사람인데 우리가 받는 보상이 얼마나 다른가요! 하느님은 제게 타고 다닐 말을 주셨는데 삼촌에게는 멋진 교수대로 갚아 주셨군요."

"나는 네가 무슨 말을 하는지 모르겠구나."

"나는 항상 욕망을 만족시키는 데 신경을 써 왔고 육신의 즐거움을 추구하며 살아왔지요. 나는 삼촌이 말하는 유대인의 하느님과 그 율법을 거부합니다. 보세요. 나는 무엇을 하든지 잘되고 있어요. 삼촌, 삼촌의 경우는 그렇지 않아요. 삼촌은 항상 하느님의 율법에 나오는 계명에 충실했고 하느님의 눈에 선하고 의로운 것만 행해 왔어요. 삼촌은 모든 쾌락을 거절했지요. 그러므로 하느님은 삼촌을 사랑하셔서 삼촌에게 하느님의 은혜를 베푸셨지요. 그리고 '내 아들아! 네가 받을 상이 크도다. 나는 네게 교수대와 목에 걸 밧줄을 내리노라.'라고 말씀하시네요."

랍비 요세는 침착하게 자기 조카에게 답했다.

"하느님께서는 내가 죄인이기 때문에 나를 벌하셨다."

야킴은 어리둥절한 표정으로 물었다.

"세상의 그 어떤 사람보다도 가장 바르게 산 당신이 하느님의 진노를 사다니, 있을 법이나 한 일인가요? 그것이 하느님이 삼촌에게 죽음을 내리신 이유인가요? 이스라엘 사람 중에서 삼촌만큼 하느님을 헌신적으로 섬기고 그의 모든 계명을 잘 지킨 사람이 있나요?"

"잘 생각해 보아라. 나처럼 그분의 모든 계명을 잘 지킨 사람도 죽음을 선고받는다면 그분의 뜻을 따르지 않는 사람들에게 들이닥칠 운명은 어떠하겠느냐?"

야킴은 삼촌의 말을 듣자 갑자기 두려워졌다.

'하느님을 두려워하면서 바르게 살았던 삼촌의 운명이 이러하다면 악한 죄인인 나에게는 무슨 일이 일어날 것인가?'

야킴은 손발이 떨려 오고 눈앞이 캄캄해졌다.

드디어 랍비 요세 벤 요에젤이 처형장에 도착했다. 사형 집행인은 처형 준비를 하는 동안 랍비 요세를 군인들 손에 맡겨 놓았다.

그 사이에 야킴 벤 제로로쓰는 뛰어가서 자신이 달릴 교수대를

●──이스라엘 민담

만들었다. 그는 거기다가 밧줄을 매고 그 아래에 나무를 쌓은 후 그 둘레에다 돌로 벽을 만들어 놓았다. 그런 다음 나무에 불을 붙이고 나무 가운데에는 칼날을 위쪽으로 향하게 한 날카로운 칼 한 자루를 세워 놓았다. 그다음에 교수대로 올라가 밧줄을 목에 걸었다. 그렇게 그는 죽었다.

아래쪽에서는 맹렬한 불꽃이 타올라 야킴이 매달린 밧줄을 불태웠고 그의 시체는 곧 칼날 위에 떨어졌다. 불이 그의 시체에 옮겨 붙어 시체를 다 태우자 이번에는 돌담이 넘어져 시체를 깔아뭉갰다.

랍비 요세는 자기를 지키는 군인들 사이에 고개를 숙이고 앉아 외국 침략자의 손에 맡겨진 자기 민족의 불운을 생각하면서 깊은 상념에 잠겼다. 그러다가 그만 깜빡 잠이 들고 말았다.

그는 꿈속에서 천국 문이 열려 있는 모습을 보았다. 성인들의 순수한 영혼이 들어갈 때는 날개가 펄럭이는 것과 같은 소리가 획획 났다. 랍비 요세는 황홀경에 빠졌고 그의 얼굴은 밝은 광채를 냈다. 그를 둘러싼 제자들이 이 모습을 보고 경외감을 느끼며 소리쳤다.

"우리 랍비님 얼굴에 광채가 가득하고 기쁜 모습이 보이는 것을 보니 랍비님은 하늘의 환상을 보고 계심에 틀림없다!"

바로 그 순간 랍비 요세는 자기 영혼이 육체에서 분리되는 것을 느꼈다. 영혼은 하늘 높이 날아가 에덴동산에 이르렀다. 그는 천국 문에 도착했을 때 흙으로 만든 집[사람의 몸이 흙으로 지어졌음을 뜻한다.]에는 살았을 것 같지 않은 순전한 영혼을 보았다. 그 영혼은 광채를 내며 현란할 정도로 아름다운 빛을 뿜어내고 있었다. 랍비 요세의 영혼은 겸손하게 비켜 서서 그 광채를 내는 영혼이 천국에 들어가도록 길을 내주었다. 그 순간 천사의 합창 소리가 들려왔다.

"야킴 벤 제로로쓰를 위하여 문을 활짝 열라."

랍비 요세는 잠에서 깨어났다. 그는 자기 주위에 서서 궁금한 표정으로 자기를 바라보고 있는 제자들을 향하여 말했다.

"나의 아들들아! 내가 꿈에 보니 야킴 벤 제로로쓰가 회개하여 나보다 1시간 먼저 천국에 들어가더구나. 이제 작별인사를 나누자. 내가 죽을 시간이 되었다."

착한 아내의 가치

'덕 있는 아내를 발견한 사람은 값진 진주보다 더 귀한 보물을 가진 셈이다.'

유명한 스승인 랍비 메이르는 그런 보물을 발견했다.

랍비 메이르는 어느 안식일 내내 공립학교에 앉아서 사람들을 가르쳤다. 그런데 그사이에 비범하게 잘생기고 율법에 밝았던 그의 두 아들이 그만 죽고 말았다. 그의 아내는 죽은 아들들을 침실로 옮기고 부부가 사용하는 침대 위에 눕혔다. 그러고는 하얀 천을 그 시체 위에 덮어 놓았다.

저녁이 되어 랍비 메이르가 집으로 돌아왔다. 그는 아내에게 물었다.

"내 사랑하는 아이들이 어디에 있소? 그들을 축복해 주어야겠소."

이에 메이르의 아내는 학교에 갔다고 대답했다. 메이르는 고개를 갸웃거리며 말했다.

"내가 학교를 거듭 둘러보았지만 그곳에 아이들은 없었소."

그러나 메이르의 아내는 아무 대답 없이 포도주가 담긴 잔을 건넸다. 메이르는 안식일에 바깥에 갔다 온 것에 대해 주님을 찬양하고는 잔을 비웠다. 그리고 다시 아내에게 물었다.

"아이들이 어디 있소? 내가 그 애들에게 축복의 잔을 주어야겠소."

메이르의 아내는 음식을 내놓으며 대답했다.

"멀리 가지 않았을 거예요."

메이르가 좋은 기분으로 식후 기도를 마치자 그의 아내가 말했다.

"랍비여, 허락하시면 제가 한 가지 물어보려고 합니다."

"여보, 물어보시오."

"며칠 전에 어떤 사람이 저에게 보석 몇 개를 보관해 달라며 맡겼어요. 그런데 이제 달라고 하네요. 제가 그것을 돌려주어야 합니까?"

"그걸 질문이라고 하시오? 그것은 필요조차 없는 질문이 아니오? 도대체 남의 소유물을 돌려주는 일에 왜 머뭇거리며 망설인단 말이오?"

"그게 아니랍니다. 저는 단지 당신에게 알려 드리지 않고는 돌려주지 않는 것이 좋다고 생각했을 따름이에요."

그리고 그녀는 남편을 데리고 침실로 들어가 아들들의 시신을 덮은 하얀 천을 벗겼다. 메이르는 큰 소리로 울부짖었다.

"아! 내 아이들아! 내 아이들아! 너희들은 내 눈의 빛이요, 내 이해력의 빛이 아니더냐? 너희들은 나의 아들들이지만 나의 율법 교사가 아니었더냐?"

메이르의 아내는 돌아서서 슬피 울었다. 한참 뒤에 그녀는 남편의 손을 잡고 말했다.

"랍비여, 당신께서는 우리가 맡은 물건을 돌려주는 일에 주저하지 말아야 한다고 말씀하시지 않았습니까? 보세요. 주님께서는 우리에게 아이들을 주셨어요. 그리고 도로 데려가셨어요. 주님의 이름이 찬양받으실지어다."

랍비 메이르도 화답했다.

"주님의 이름이 찬양받으실지어다. 당신 때문에도 주님의 성호를 찬양해야겠소. 왜냐하면 성경에는 '누가 현숙한 여인을 찾아 얻겠느냐? 그 값은 진주보다 더하니라. 그녀는 입을 열어 지혜를 베풀며 그 혀로 인애의 법을 말하느니라.' 잠언 31:10, 26 라고 씌어 있기 때문이오."

랍비 사프라의 침묵

랍비 사프라는 몇 개의 팔 물건을 가지고 있었다. 상인들이 그에게 오자 그는 물건값으로 금덩어리 열 개를 요구했다. 이에 상인들은 다섯 개밖에 줄 수 없다고 했다. 그러자 랍비 사프라는 물건을 줄 수 없다고 했고, 그들은 빈손으로 돌아갔다.

다음 날 상인들은 이 경건한 사람이 기도하고 있을 때 다시 왔다. 그러고는 이렇게 말했다.

"당신의 물건 값으로 금 일곱 개를 주려고 돌아왔소."

랍비 사프라는 기도를 멈추고 싶지 않아서 아무 대답도 하지 않았다. 상인들은 그가 그 값에 만족하지 않는다고 생각하고서 결국 그가 요구하는 금 열 개를 다 주겠다고 했다.

그들이 이 말을 할 때쯤 랍비 사프라는 기도를 마쳐 가고 있었다. 그는 상인들에게 사과하며 말했다.

"기도할 때 다른 잡념이 들어가서는 안 되기 때문에 당신들에게 답할 수 없었소. 그러나 당신들이 말하기 전에 나는 당신들이 어제 말한 금 다섯 개에 상품을 넘겨주겠다고 마음에 결정하였소. 그러므로 만약 내가 당신들이 지금 말한 대로 금 열 개를 받는다면 당신들을 속이는 일이 될 것이오."

고니 하메겔

오래전 팔레스타인에 신앙심이 깊은 현자 고니가 살고 있었다. 사람들은 그를 성자로 존경했고 하느님도 그를 사랑하셔서 그의 청이라면 결코 거절하는 법이 없으셨다.

어느 해인가 팔레스타인에 극심한 가뭄이 들었다. 하늘의 문이 닫혀 있어 바싹 마른 땅에는 빗방울 하나 떨어지지 않았다.

"도대체 어떻게 되려고 이러나?"

"이대로 계속 되면 곡식을 추수하지 못해 모두 굶어 죽게 되겠어."

사람들은 불안하고 두려운 마음에 고니를 찾아갔다. 그리고 그에게 울먹이며 말했다.

"고니님! 고니님만이 우리를 구해 주실 수 있습니다. 하느님께 비를 내려 달라고 청해 주십시오."

고니는 이에 동의하고 거리로 나갔다. 그는 지팡이로 흙에 원을 그리고 그 안으로 들어가 소리쳤다.

"하느님이시여, 비가 와 이 원이 지워지지 않는 한 저는 여기를

─이스라엘 민담

떠나지 않겠습니다. 물을 주십시오. 간청하건대 당신의 백성을 아무런 도움도 없이 버려두지 마십시오."

고니가 이 말을 마치자마자 하늘이 비구름으로 어두워지기 시작했다. 구름은 뜨겁게 타오르는 태양을 가리고는 강한 비바람을 몰고 왔다. 그리고 상황이 어떻게 돌아가는지 알기도 전에 폭우가 쏟아지기 시작했다. 고니는 억수같이 쏟아지는 비가 땅에 그려 놓았던 원을 지우는 것을 보고 곧 즐거운 마음으로 집에 돌아왔다. 그날부터 고니는 메겔, 혹은 원을 그린 사람으로 알려졌고 전보다 더 많은 명성을 얻게 되었다.

비가 온 후에 세상은 다시 생명을 찾았다. 들과 정원은 푸르렀고 공기도 향기로웠으며 사람들은 홍조를 띤 것처럼 보였다. 오랫동안 잃었던 웃음을 되찾았고 곳곳에 노랫소리가 울려 퍼졌다.

어느 날 아침, 고니는 당나귀를 타고 전원으로 나갔다. 그는 도시에서 멀리 떨어진 곳에서 나무를 심고 있는 늙은 농부를 보았다.

"무고하십니까, 어르신. 지금 심고 계신 나무 이름이 무엇입니까?"

"카롭나무입지요."

"얼마나 있어야 열매가 열립니까?"

"70년 정도 걸립니다."

고니는 노인의 말을 듣고 가만히 생각에 빠져 있다가 잠시 후 이렇게 말했다.

"당신이 하시는 일이 존경스럽습니다. 그러나 우리는 오늘 무슨 일이 일어날지도 모르는데 당신은 미래를 위해 식량을 준비하고 계시는군요. 뭣하러 그런 고생을 하십니까?"

"저는 랍비님처럼 많이 배우지는 못했습니다. 그래서 간단히 대답할 수는 없습니다만 단지 제 조상들이 그랬던 것처럼 일이 즐거워서 하고 있을 따름입니다. 제가 조상님들이 심은 카롭나무에서 열매를 따먹었듯이 언젠가는 제 자손들이 제가 심은 나무에서 카롭 열매를 따먹겠지요."

고니가 말했다.

"당신이 옳은지 그른지는 오직 하느님만 아실 것입니다. 그러나 한 가지 확실한 것은 당신이 이미 인생에서 충분히 일했다는 것입니다. 살 날이 얼마 남지 않았으니 좀 쉬시는 편이 좋겠습니다."

이 말과 함께 고니는 노인과 헤어져 다시 그의 길을 갔다. 점심때가 되자 배가 고파진 고니는 당나귀를 타고 가까운 동굴로 갔다. 그는 동굴의 그늘이 매우 마음에 들었다. 그는 당나귀를 밖에 매어 놓고 동굴 안으로 들어가 앉아 빵이 들어 있는 꾸러미를 꺼냈다. 그런데 갑자기 전에 없이 자기를 짓누르는 이상한 피로감을 도무지 이길 수가 없었다. 그의 사지는 마치 무거운 돌이 누르고 있는 것처럼 점점 무거워졌고 눈꺼풀은 축 늘어졌다. 고니는 생각해 볼 시간을 갖기도 전에 그만 곯아떨어지고 말았다.

그는 동굴 입구가 담쟁이덩굴로 덮이는 줄도 모르고 계속 잠만 잤다. 담쟁이덩굴은 무서운 속도로 자라 고니 앞까지 뻗치더니 고니를 머리끝부터 발끝까지 칭칭 감았다. 동굴 전체가 침묵에 휩싸였다. 이상한 마력이 동굴을 세상과 격리시켰다. 잠의 요정이 동굴을 지배하고 있는 것 같았다. 심지어는 새의 노랫소리나 바람의 숨소리까지 그 적막을 방해하지 않았다.

세월이 흘러갔으나 고니가 어떻게 되었는지 아무도 알지 못했다. 그의 아내는 죽었고 그의 아들은 자라 결혼을 했다. 그를 알고 있던 사람들은 그를 잊어 가고 있었다. 하루가 모여 일주일이 되고 일주일이 달이 되고 해로 바뀌었다. 사람들은 계속 태어나고 죽고 했으나 고니는 돌아오지 않았고, 그의 이름은 오직 성경에 조예가 깊은 랍비들만 기억하고 있었다.

고니는 오랫동안 자기를 칭칭 감고 있던 담쟁이덩굴이 다 말랐을 때가 되어서야 잠에서 깨어났다. 그는 집으로 가려고 서둘러 자리에서 일어났다. 그런데 동굴을 나와 보니 당나귀는 뼈로 변해 있었다.

"도대체 무슨 일이 일어났단 말인가?"

고니는 두려움에 소리쳤다. 주변을 돌아보았으나 아무것도 알 수 없었다. 예전에 포도나무가 있던 과수원은 숲이 되어 있었다. 고니와 몇 걸음 떨어진 커다란 나무에서 열매를 따고 있는 한 농부를 제외하고는 사람의 흔적도 없었다. 고니는 농부에게 다가갔다. 농부의 바구니에는 카롭나무의 열매가 가득 차 있었다.

"별일 없으신지요. 직접 심은 나무에서 과일을 따고 계시는군요."

농부는 놀라서 고니를 쳐다보았다.

"당신은 굉장히 현명해 보입니다만 바보처럼 말씀하시는군요. 카롭나무에 열매가 열리려면 70년이 지나야 한다는 것을 모르십니까? 저의 할아버지가 이 나무를 심으셨죠. 할아버지는 오래전에 돌아가셨지만 보시다시피 할아버지가 하신 일은 헛되지 않았지요."

고니는 마음이 얼어붙는 것만 같았다. 그는 몹시 두려운 생각이 들었다.

'내가 70년 동안이나 잠을 잤단 말인가? 도대체 내게 무슨 일이 일어난 걸까? 이제 난 누구한테 의지해야 하는 거지?'

고니는 전에 자기가 살던 도시로 갔으나 집뿐만 아니라 자기가 늘 지나다니던 거리도 찾을 수가 없었다.

"고니의 아들을 혹시 아십니까?"

고니는 지나는 행인들마다 붙잡고 물었으나 모두 고개를 흔들었다. 그에게 대답을 해 줄 수 있는 한 할머니를 만나기까지는 오랜 시간이 걸렸다. 할머니는 고니에게 이렇게 말했다.

"고니의 아들은 죽었다오. 그는 재산을 아들에게 물려주었으니 가서 그를 만나보는 것이 좋을 거요."

고니는 그 길로 할머니가 가르쳐 준 집으로 찾아갔으나 가족을 거의 알아볼 수가 없었다. 키가 큰 남자가 고니에게 오더니 물었다.

"무슨 일로 오셨습니까?"

"나는 네 아버지의 아버지다. 70년 동안이나 동굴에서 마법에 걸려 있다가 지금 마법이 풀려 집으로 돌아온 것이란다."

그 남자는 고니를 아래위로 의심스러운 듯 훑어보았다.

"빵을 원하신다면 그렇게 말씀하지 않는 것이 어떻습니까? 그런 괴상한 이야기를 지어 내실 필요는 없어요. 잠깐 기다리세요. 먹을 것을 좀 갖다 드리지요."

고니는 얼굴이 붉어지고 눈물이 흘러내렸다. 한 마디 말도 없이 그는 돌아서서 무작정 걸었다. 그는 마음이 아파 견딜 수가 없었다.

'내 손자가 나를 몰라보다니……. 그러나 학식이 높은 사람은 나를 잊지 않았을 것이다.'

고니는 주위를 돌아보다 회당 앞에 서 있다는 것을 알게 되었다. 안으로 들어가니 랍비들이 율법 공부를 하고 있었다.

"이스라엘 법을 잘 알고 계신 분이여, 당신과 함께 하느님 말씀을 공부할 수 있게 허락해 주십시오."

랍비들은 그를 그룹에 넣어 함께 공부했다. 고니는 배움에서 모두를 능가하여 그처럼 현명한 사람은 없었다.

"당신은 고니 하메겔처럼 현명하시군요."

랍비 중에서 가장 나이가 많은 사람이 말했다.

"네, 제가 바로 그 고니입니다. 저를 모르시겠습니까?"

고니는 기뻐하며 소리쳤다.

"당신은 그러한 지혜에도 만족하지 못하고 성자로 존경받고 싶다는 것입니까?"

고니는 그 말을 듣고는 회당에 들어올 때보다 더욱더 침울해져서 곧 그곳을 떠났다. 그는 거리를 배회하며 자기가 알고 있던 사람들과 친구들에 대해 물어보았으나 모두 오래전에 죽었다고 했다. 사람들은 그를 보지도 않고 그냥 지나쳤고 아무도 그에게 인사하지 않았으며 식사에 초대하지도 않았다. 고니는 온전히 혼자였고 아득히 먼 곳에서 온 이방인보다 더 고독했다. 고니는 아픈 마음으로 혼자 중얼거렸다.

"내가 아는 사람은 아무도 없고 그 어느 누구도 나를 알아보지 못하는구나. 나의 지식이 내게 무슨 소용이 있단 말인가? 손자를 위해 카롭나무를 심었던 사람은 얼마나 행복할까? 그는 손자들의 기억 속에 살아 있고 손자들은 그를 사랑하며 기억하고 있다. 그러나 난 불필요할 뿐이구나. 나의 손자는 나를 몰라보았고, 학식이 있는 사람들은 나를 거짓말쟁이라고 생각하고 있다. 하느님, 어찌하여 저를 지금까지 살게 하십니까?"

그는 갑자기 피곤하여 눕고만 싶었다. 그는 도시를 떠나 쉬지 않고 걸어 낯익은 벼랑에 도착했다. 거기서 그는 동굴로 들어가 메마른 땅에 푹 쓰러져 죽었다. 그렇게 하느님은 그의 마지막 소원을 들어주셨다. 고니의 몸을 뒤덮었던 담쟁이덩굴은 그 동굴에서 다시는 사라지지 않았다.

랍비 뢰는 어떻게 골렘을 만들었나

유대인 성경책에 보면 하느님은 이스라엘 자손들을 세계 각지로 떠나보내실 때 그들과 다른 나라 사이에 계약을 만들어 주셨다. 유대인들은 하느님이 몸소 그들을 데려가시기 전에는 팔레스타인으로 돌아가지 않겠다고 했으며 그들이 사는 나라에서 폭동을 일으키지도 않겠다고 약속했다. 마찬가지로 다른 나라들도 유대인을 억압하지 않겠다고 맹세했다. 계약이 이루어지고 하느님이 옥새로 날인하자 유대인들은 세계 각지로 흩어졌다. 그들은 가는 곳마다 그들의 약속을 지켰다. 그들은 환대를 받고 기뻐했으며 조상들의 법을 지키면서 고국으로 돌아갈 날만 참고 기다렸다.

그러나 유대인 주변에는 항상 조약을 어기는 사람들이 있었다. 심술궂은 사람들은 유대인을 싫어하여 온갖 종류의 죄목으로 그들을 고소했다. 유대인 지역의 거리와 회당은 죄 없는 사람들의 피로 물들었고 이러한 박해에서 살아남은 사람들은 또 다른 고통으로 그 기억이 지워질 때까지 자기들이 당한 끔찍한 일을 잊지 못했다.

전 세계의 유대인들은 비통해하며 하느님께 부르짖었다.

"하느님이시여, 저희는 아무런 도움도 없이 이렇게 지내야만 합니까? 정녕 저희들을 구해 주실 분은 안 계시는 겁니까?"

프라하에 있는 현명하고 정직한 랍비 뢰는 이러한 이야기를 듣고 안타까워하던 차에 그의 형제들에 대한 증오의 물결이 전 보헤미아를 휩쓸고 있다는 소식을 접하고는 뭔가 하기로 결정했다. 그가 어떻게 하면 이런 재난을 피할 수 있는지 꿈속에서 하느님께 여쭤 보자 하느님께서 말씀하셨다.

"흙으로 몸을 빚은 골렘인간을 닮은 신화속의 괴물을 만들어 생명을 불어넣어라. 그 골렘이 모든 유대인을 적들로부터 보호할 것이니라."

다음 날 아침 랍비 뢰는 사위인 이삭 벤 삼손과 가장 뛰어난 제자인 레위족의 야콥 벤 하임 사손을 불렀다.

"너희들의 도움이 필요해서 오라고 했다. 우리는 이미 옳지 못한 것에도 참을 만큼 참았다. 그래서 나는 선하지도 악하지도 않은 강한 골렘을 만들어 내 명령에만 복종하도록 하겠다. 고대의 기술과 비밀스러운 책에 보면 네 개의 요소가 있어야 한다. 너 이삭은 불을 대표하고 야콥은 물을 상징하며 나는 공기가 될 것이다. 마지막 하나 남은 것은 흙인데, 우리가 일을 열심히 하면 하느님께서 찾게 해주실 것이다."

그 세 사람은 다음 며칠간을 기도와 묵상으로 보냈다. 랍비 뢰는 또한 유대 국가의 설립자 아브라함이 쓴 신비로움으로 가득 찬 책도 공부했다. 그 책은 신비스러운 상징들로 가득 차 있었으며, 문자는 숫자처럼 계산되었고 숫자는 문자처럼 읽혔다.

이레가 지났을 때 랍비 뢰는 꿈속에서 블타바 강 둑을 보았다. 그가 본 곳은 곱고 깨끗한 흙으로 덮여 있었고, 표면엔 사람의 윤곽이 그려져 있었다. 그는 즉시 보조자들을 불렀다. 때는 아달$^{Adar,\ 이스라엘식}$$_{의\ 달\ 이름으로\ 양력으로\ 2\sim 3월에\ 해당된다.}$월의 둘째 날 한밤중이었다. 그들은 먼저 목욕을 한 후 기념일에 입는 하얀 옷을 입고 블타바로 떠났다. 달빛도 별빛도 숨어 버린 어둠 속을 그들은 손에 촛불을 들고 갔다.

이윽고 랍비 뢰가 꿈에서 본 장소를 발견하고 일행에게 찬송가를 읽어 주기 시작했다. 그는 땅 위에 커다란 사람 모양의 형체를 그리고 코와 귀, 눈과 입을 눌러 만들고 손가락과 발가락을 표시했다. 그 골렘은 마치 깊은 잠에 빠진 사람처럼 움직이지 않고 누워 있었다.

랍비 뢰는 이삭을 돌아보며 말했다.

"너는 에쉬, 즉 불이다. 골렘 주위를 오른쪽에서 왼쪽으로 일곱 번 돌아라."

그러고는 이삭의 귀에 대고 비법을 전수받은 사람들만이 이해할 수 있는 기적의 법칙을 속삭였다. 그러자 이삭이 출발했다. 이삭은 마법의 구절을 떨리는 목소리로 반복해서 외쳤다. 이삭이 골렘 주위를 힌 비퀴 돌자 골렘의 몸이 마르기 시작했다. 이삭이 골렘의 머리를 세 번 지나자 골렘은 몸에서 온기를 내뿜기 시작했다. 다섯 번째 원을 돌자 골렘의 몸에서 열이 나기 시작하더니 일곱 번째 돌자 골렘은 난로처럼 뜨거워졌다. 랍비 뢰는 야곱에게 말했다.

"너는 마임, 곧 물이다. 골렘 주위를 왼쪽에서 오른쪽으로 돌아라."

야곱은 이삭과는 반대 방향으로 그 형상 주위를 걸으면서 랍비 뢰가 자기에게 속삭인 주문을 암송했다. 야곱이 세 번째 골렘 주위를 돌자 골렘에서 증기가 올라와 온몸이 축축해졌다. 다섯 번째에는 머리카락과 손톱과 발톱이 자라나더니 일곱 번째 돌 때에는 몸에 피부가 덮였다.

랍비 뢰는 공기를 대표해 골렘 주위를 돌았다. 처음에는 한 방향

●──이스라엘 민담

으로 걷다가 다음에는 반대 방향으로 엇갈려 걸었다. 그리고 마지막에는 골렘의 입에 신성한 하느님의 이름이 쓰인 양피지를 올려놓았다. 그들은 다 함께 동서남북으로 절을 한 뒤 하느님의 말씀을 함께 말했다.

"주 하느님께서 흙에서 인간을 만드시고 콧구멍으로 생명을 불어넣으셨도다."

골렘은 그들의 입에서 '생명'이라는 말이 나오자 즉시 생동하기 시작했다. 불과 물과 공기가 흙으로 된 고렘의 몸을 일으켜 이제 그는 처음으로 주변을 보게 되었다. 랍비 뢰가 고렘에게 말했다.

"일어나라!"

골렘이 복종하자 랍비 뢰가 다시 말했다.

"너의 이름은 요셉이다. 나는 위험에서 유대인을 보호하고자 너를 만들었으니 너는 내 명령에 복종해야 한다. 너를 불 속에 집어넣는다 해도 너는 가야 한다. 내가 높은 벼랑에서 깊은 바다 속으로 뛰어들라고 명령을 해도 너는 복종해야 한다!"

골렘은 이해했다는 것을 보여 주기 위해 고개를 끄덕였으나 대답하지는 못했다. 고렘은 하느님이 아닌 인간의 손으로 창조된 것이라 성스러운 빛이 보이지 않았지만 사람과 다르지는 않았다. 랍비 뢰는 가져온 옷을 그에게 주고 어떻게 입는지 알려 주었다.

옷을 입은 골렘은 마치 회당의 종복 같았다. 랍비 뢰는 자기 아내 펄에게 그를 소개했다. 골렘은 랍비의 집 작은 방에 기거하며 자기를 만든 랍비 뢰의 지시에 공손히 따랐다.

골렘은 유대인 거주 지역에서 걸어다니는 데 대부분의 시간을 보냈다. 그는 낮이나 밤이나 어느 누구도 유대인에게 해를 끼치지 못하게 했다. 유대인에게 나쁜 의도를 가지고 접근하는 사람은 위험을 감수해야만 했다. 살과 뼈가 없는 골렘은 어떤 인간도 가지지 못한 능력을 가졌기 때문이었다. 골렘의 영혼은 흙으로 빚은 몸 안에서 더 많은 자유를 느낄 수 있었으므로 그는 상처를 치료하는 천국의 향기가 언제 땅으로 뿜어 나오는지 정확하게 알고 있었다. 그 향기를 모두 들이마시면 그는 이 세상 어느 누구도 저항할 수 없는 힘을 갖게 되었다. 그는 죽지도 않았고 상처를 입지도 않았으며 마치 동물이나 악마처럼 사람의 눈 속에 숨겨진 것도 보았다. 필요할 때면 랍비 뢰는 그에게 사람들 눈에 보이지 않게 하는 부적을 주어, 그가 적들의 집에 몰래 들어가 유대인에 대한 음모를 알아낼 수 있게 했다. 그가 랍비를 찾아와 몸짓으로 적들의 의도를 알려 주면 현명한 랍비는 위험을 피하기 위해 무슨 조치를 취해야 하는지 금방 알았다.

유대인들은 드디어 오랫동안 기다리던 수호자를 받았다. 그러나 오직 세 사람만이 그가 어떻게 프라하에 오게 되었는지 알고 있었다. 수많은 사람이 그에게 평화를 가져다 준 것에 대해 감사했다.

신중한 랍비

랍비 압바 힐기야는 호니 하 마겔의 손자였다. 그도 자기 할아버지처럼 비를 내리게 하는 기도의 능력을 가지고 있었다. 기근이 발생하면 랍비들은 그에게 비를 위해 기도해 달라며 몰려왔다.

한번은 오랜 가뭄이 발생했을 때 랍비들은 두 명의 동료를 그에게 보냈다. 그들은 랍비 힐기야가 집에 없는 것을 알고는 그를 찾아 들판으로 나갔다가 그곳에서 일하는 그를 보았다. 랍비 힐기야는 단순한 일용 노동자였던 것이다. 그들은 곧 그에게 다가가 인사했다.

"랍비여, 당신께 평안이 있기를!"

그러나 그는 대답하지 않았다. 심지어 얼굴도 돌리지 않은 채 일만 계속했다. 그는 그들이 그곳에 서 있다는 사실을 아예 무시했다. 그러나 랍비들은 그의 수수께끼 같은 행동에 화도 내지 않고 자기들을 향하여 인사하러 고개를 돌릴 때까지 한 마디도 하지 않고 기다렸다.

어둠이 깔리자 랍비 압바 힐기야는 집으로 돌아갈 채비를 했다.

그는 장작 한 개비를 어깨에 둘러멨다. 그리고 다른 어깨에다가는 겉옷을 얹었다. 그는 집으로 오는 동안 내내 손에 신발을 들고 걸었다. 오직 개울을 건너야 할 때에만 신을 신었다. 그는 날카로운 가시가 있는 곳에 다다를 때마다 자기의 옷을 들어 올렸다.

랍비 힐기야가 집에 도착하자 화려한 옷을 입은 그의 부인이 나와 그를 맞았다. 그의 부인이 먼저 들어가고 그 뒤를 랍비 힐기야가 따랐다. 그러고는 두 명의 랍비가 들어오도록 허락해 주었다.

랍비 힐기야는 저녁 식사를 앞에 두고 앉았으나 손님들에게 같이 먹자는 이야기는 한 마디도 하지 않았다. 그는 빵을 나누어 큰아들에게는 한 조각을 주고 작은아들에게는 두 조각을 주었다.

랍비 힐기야는 저녁 식사를 마치고 자기 아내에게 속삭였다.

"나는 랍비들이 비 때문에 이곳에 왔다는 것을 잘 알고 있소. 우리 둘이 지붕으로 올라가 기도합시다. 아마 하느님께서 우리를 불쌍히 여기셔서 비를 내리실지도 모를 일이오. 그렇게 되면 아무도 우리의 기도가 이들의 방문과 관계가 있다고 생각하지 않을 것이오."

두 사람은 랍비들에게 한 마디도 하지 않고 지붕 위로 올라가 각각 따로 앉아서 비를 내려 달라고 기도드렸다. 잠시 후, 갑자기 시커먼 구름이 부인이 앉아 있는 쪽에서 나타나 온 하늘을 뒤덮더니 곧 비가 내리기 시작했다.

압바 힐기야는 지붕에서 내려와 두 랍비에게 정중하게 물었다.

"내가 당신들을 위하여 무엇을 해 주리까?"

"우리는 당신이 하느님께 비를 내려 주기를 기도해 달라고 부탁하러 왔습니다."

랍비 압바 힐기야는 하늘을 향하여 손을 들며 소리쳤다.

"전능하신 하느님께 찬양 드립니다. 그분께서는 우리가 기도할 필요도 없이 당신들에게 비를 내려 주셨습니다."

두 랍비가 랍비 압바 힐기야에게 말했다.

"감추려고 하지 마십시오. 우리는 지금 내리는 비가 틀림없이 당신의 기도 응답이라는 사실을 알고 있습니다. 그렇지만 우리에게 궁금한 점 몇 가지를 답해 주시면 좋겠습니다."

"말씀하시오, 답해 드리리다."

"우리가 들판에서 당신을 만났을 때 왜 우리의 인사를 받지 않으셨나요?"

"나는 일용 노동자이므로 내가 일당 받는 시간을 허비할 권리가 없습니다."

"당신은 왜 한쪽 어깨에 장작을 지고 다른 어깨에는 외투를 둘러 멨나요? 겉옷 위에다가 나무를 둘러메면 부드러운 겉옷 때문에 피부가 아프지 않을 텐데 말입니다."

"그 겉옷은 나의 것이 아니라 빌린 것이오. 나는 그것을 입기 위해 빌렸지 나무 토막을 얹으려고 빌린 것은 아니오."

"당신은 왜 집에 오는 동안 맨발로 걷다가 개울을 건널 때에만 신발을 신었습니까?"

"내가 길을 걸어가는 동안은 내가 발을 내디디는 곳에 무엇이 있는지 알 수가 있소. 그러나 디디는 곳이 어떠한지 알 수 없는 물속에서는 물고기나 물뱀에게 물릴 위험이 있기 때문이오."

"당신은 날카로운 가시가 자라는 곳에서는 왜 옷을 들어 올렸습니까?'

"피부가 긁히면 빨리 나을 수 있지만 옷에 흠집이 생기면 쉽게 고칠 수 없기 때문이오."

"당신의 부인이 당신을 맞으러 나올 때 왜 화려한 옷을 입었습니까?

"그녀는 내 눈이 다른 여인을 향하지 않게 하려고 그렇게 했소."

"당신의 부인이 먼저 집에 들어가고, 그다음에 당신이 들어가고, 나중에 우리를 들어오도록 허락한 이유는 무엇입니까?"

"내가 그 이전에는 당신들에게 눈을 돌리지 않으려고 신중을 기했기 때문입니다."

"당신은 식사하면서 왜 우리에게 같이 먹자고 권하지 않았습니까?"

"나에게는 우리가 다 먹을 만큼 충분한 빵이 없었습니다. 나는 당신들이 분명 나의 청을 거절하리라는 사실을 알았기 때문에 괜히 빈말을 하고 싶지 않았습니다."

"당신은 왜 큰아들보다 작은아들에게 더 많은 빵을 주었습니까?"

"왜냐하면 큰아들은 하루 종일 집에 있기 때문에 배가 고프면 언제라도 먹을 수 있지만 작은아들은 온종일 학교에 가 있기 때문입니다."

"왜 당신의 아내가 기도하는 쪽에서 먼저 구름이 나타났습니까?"

"그것은 여자가 남자보다 더 직접적으로 자선을 많이 베풀기 때문입니다. 그녀는 항상 집에 있으면서 굶주린 사람에게 음식을 대접합니다. 그러나 남자는 궁핍한 사람들에게 잔돈 몇 푼을 줄 수 있을 따름이지요."

불가능한 요구

이삭 루리아, 또는 아리 하코데쉬^{거룩한 사자}라고 그 이름이 널리 알려진 한 랍비가 살던 시절에 유대인을 가혹하게 학대하는 어떤 왕이 있었다. 어느 날 왕은 유대인들에게 단시일 내에 엄청난 금액의 돈을 내놓으라는 칙령을 발표했다. 그는 유대인들이 이 명령을 따르지 않는다면 자기 왕국에서 추방하겠다고 위협했다.

유대인들은 이 왕의 포고문을 읽고는 옷을 찢고 재를 머리에 뒤집어쓰며 통곡했다. 그들은 하느님께 자기들에게 역사하셔서 다가올 파국에서 건져 달라고 열심히 기도했다. 왜냐하면 유대인들은 매우 가난했기 때문이다. 왕이 요구하는 돈을 도대체 어디에서 마련할 수 있단 말인가? 결국 그들은 '거룩한 사자^{獅子}'를 머리에 떠올렸다. 그래서 그가 살고 있는 사페드에 두 사람의 사자^{使者}를 파견했다.

사자들을 태운 배가 무사히 이스라엘 땅에 도착하자 그들은 곧장 대상들과 함께 사페드까지 갔다. 그들은 금요일 늦게 그 도시에 도착했다. 때는 마침 거룩한 안식일이 막 시작될 무렵이었다.

그들은 곧바로 랍비 이삭을 찾아갔다. 그는 새하얀 옷을 입고 예배드리는 제자들에게 둘러싸여 있었다. 그의 얼굴은 봄날의 태양처럼 빛났고 마치 하느님의 천사와도 같은 모습을 하고 있었다.

"그대들은 어떤 이유로 사페드까지 오게 되었소?"

랍비 이삭이 두 사자를 향해 물었다.

"저희는 저희가 망하지 않도록 이 땅에서 당신이 하느님께 간구해 주십사고 간청 드리러 왔습니다."

그리고 그들은 먼 왕국에 사는 자기들과 형제들이 당한 어려운 처지에 대해 이야기했다. 그들이 말을 마치자 랍비 이삭이 말했다.

"안식일의 평안을 슬픈 생각으로 더럽히는 것은 죄요. 내일 밤까지 나와 함께 머물다가 떠나시오. 모든 두려움을 떨쳐 버리고 걱정하지 마시오. 왜냐하면 하느님께서는 의인을 결코 버리지 않으시기 때문이오."

다음 날 저녁이 되자 랍비 이삭은 '안식일 신부'를 축복하여 떠나보낸 뒤 자기 제자들과 두 사자에게 말했다.

"긴 밧줄을 가지고 나를 따라오시오."

제자들과 두 사자는 랍비 이삭을 따라가 그가 시키는 대로 했다.

"이제 모든 힘을 다해 끌어당기시오."

제자들과 두 사자는 매우 궁금해하면서 밧줄을 끌어당겼는데 아래에서 커다란 무게가 느껴졌다. 그들이 그 것을 지상에 끌어올리고 보니 그것은 놀랍게도 화려한 왕의 긴 의자였다. 그리고 그 위에는 왕이 잠들어 있었다. 그들은 눈앞에서 벌어지는 일을 도무지 믿을 수가 없었다.

랍비 이삭은 잠자는 사람에게 다가가서 흔들어 깨우더니 소리쳤다.

"그대가 왕국 안에 있는 유대인들을 잔혹하게 억압하는 무자비한 왕인가?"

왕은 사지를 부들부들 떨면서 말했다.

"그렇습니다."

랍비 이삭이 왕을 향해 준엄하게 명했다.

"그러면 일어나라."

왕은 즉시 침대에서 일어났다. 얼굴에는 두려운 기색이 역력했다. 랍비 이삭은 긴 국자를 왕에게 건네주며 말했다.

"이 국자로 우물물을 다 퍼내거라. 새벽이 되기 전에 일을 마쳐야 한다."

왕은 국자에 구멍이 난 것을 알고서 울부짖었다.

"제가 1000년을 산다고 할지라도 이 쓸모없는 국자로는 우물물을 퍼낼 수 없을 것입니다."

"그대는 내가 명하는 바를 실행할 수 없다는 사실을 알면서 왜 그대의 왕국에 있는 가난한 유대인들에게 불가능한 일을 요구하는가?"

"당신 말씀이 옳습니다. 저는 명령을 취소하겠습니다. 단지 목숨만 살려 주십시오."

"그렇다면 네가 가진 도장을 새긴 반지로 네 말을 보증하라."

왕은 요구받은 대로 했다.

왕은 다음 날 아침 잠에서 깨어나 그 모든 일이 꿈이었다는 사실을 알았다. 그는 몸을 떨면서 중얼거렸다.

"지독하게 무서운 꿈이로구나! 그러나 꿈은 거짓에 불과해."

그리고 그는 곧 그 일을 마음에서 지웠다.

드디어 유대인들이 돈을 가져올 날이 되자 두 명의 사자가 왕에게 왔다. 그들은 왕의 명령을 취소한다는 문서를 보여 주었다. 왕은 그 문서에서 자기 직인을 발견하고는 소리쳤다.

"이것은 나의 직인이다."

그러고는 왕은 그들에게 선물을 주면서 평안히 떠나가게 해 주었다.

●──이스라엘 민담

랍비 솔로몬과 고드푸르아

위대한 학자인 랍비 솔로몬 벤 이삭^{락쉬} 시절, 프랑스에 고드푸르아 드 부용이라는 유명한 영주가 살고 있었다. 그는 전투에서 매우 용감한 영웅이었지만 파괴적이고 잔인한 사람이기도 했다. 랍비 솔로몬의 지혜에 대한 명성은 세상에 널리 퍼졌기 때문에 고드푸르아의 귀에도 들어가게 되었다. 고드푸르아는 랍비 솔로몬을 끌어들여 자기를 섬기게 만들려고 최선을 다했다. 그렇지만 모든 노력을 다해도 솔로몬은 자기 집을 떠나려고 하지 않았다.

고드푸르아는 솔로몬의 고집에 부아가 난 나머지 무장 병사를 데리고 솔로몬이 살고 있는 도시로 서둘러 갔다. 그가 솔로몬이 있는 학교에 도착하니 문이 활짝 열려 있었다. 거룩한 책들이 솔로몬의 책상 위에 널려 있었으나 솔로몬은 어디에도 보이지 않았다. 고드푸르아는 커다란 목소리로 솔로몬의 이름을 불렀다. 그때 어디선가 대답하는 소리가 들렸다.

"내 주여, 내게서 무엇을 원하십니까?"

고드푸르아는 목소리가 나는 쪽으로 고개를 돌렸으나 아무리 둘러보아도 솔로몬의 모습은 보이지 않았다.

"어디 있소?"

"나는 여기 있습니다."

"당신은 왜 모습을 드러내지 않소?"

"당신이 두렵기 때문입니다."

"두려워하지 마시오. 당신에게 아무 해도 끼치지 않겠다고 약속하리다."

랍비 솔로몬은 그제야 고드푸르아 앞에 모습을 드러냈다.

"당신은 과연 듣던 바대로 매우 지혜롭구려. 지금 나는 내가 가진 커다란 계획을 당신에게 말하겠소. 나는 예루살렘을 사라센으로부터 되찾으려 하오. 나는 큰 배 200척과 기병 10만 명을 수하에 거느리고 있소. 또한 에크론에는 내 깃발 아래 모일 7000명의 기병이 더 있소. 이런 군사들을 거느리고 나는 전쟁에 능한 사라센을 꺾을 계획이오. 자, 그럼 내가 승리할 전망이 어떠한지 두려워 말고 말해 주시오."

이에 랍비 솔로몬이 대답했다.

"당신은 예루살렘을 정복할 것이지만 단지 사흘 동안만 다스리게 될 것입니다. 나흘째 되는 날, 사라센 인들이 당신을 패배시킬 것이고 당신은 단지 기병 세 사람만 데리고 도망하게 될 것입니다."

고드푸르아는 솔로몬의 말을 듣고는 잔뜩 화가 나서 고함을 쳤다.

"잘 들어 둬, 유대인아! 만약 내가 네 명의 기병과 함께 돌아온다면 너의 시체를 개에게 던지고 왕국 안에 있는 유대인들을 모두 죽이고 말겠어!"

결국 단 한 가지만을 제외하고는 랍비 솔로몬이 말한 대로 모든 일이 일어났다. 그 한 가지란 고드푸르아가 돌아왔으되 세 명이 아니라 네 명의 기병과 함께 돌아온 것이다. 그래서 그는 유대인 학자에게 복수할 수 있다고 생각하며 속으로 매우 기뻐했다.

그런데 고드푸르아가 랍비 솔로몬이 사는 곳에 도착했을 때 돌 하나가 상인방(上引枋)에서 떨어져 병사 한 사람과 그가 탄 말이 죽었다. 고드푸르아는 그 광경을 보고 겁에 질렸다. 그는 비로소 랍비 솔로몬이 커다란 지혜로 모든 일을 내다보았다는 사실을 알게 되었다. 그래서 고드푸르아는 랍비 솔로몬에게 존경을 표하러 그를 만나러 갔다.

그러나 고드푸르아는 랍비 솔로몬을 만나지 못했다. 그가 찾아갔을 때 랍비 솔로몬은 이미 자기 조상에게 돌아간 뒤였기 때문이다. 그래서 고드푸르아는 이 지혜로운 학자의 죽음을 슬퍼하며 그냥 돌아갈 수밖에 없었다.

랍비 암람의 라인 여행

교사 랍비 암람은 메이엔스의 고향 마을을 떠나 쾰른으로 갔다. 거기서 그는 탈무드 학교를 개설했다.

그는 나이가 들어 기력이 쇠하자 자기에게 고향으로 돌아갈 힘이 남아 있지 않다는 사실을 알았다. 그래서 그는 제자들에게 자기가 죽거든 시신을 메이엔스로 옮기고 조상들의 무덤 곁에 묻어 달라고 말했다. 학생들은 그런 여행은 자기들에게 매우 위험한 일이라고 대답했다. 이에 랍비 암람은 다음과 같이 말했다.

"내가 죽은 뒤에 시신을 깨끗하게 씻어라. 그리고 그것을 관 속에 넣고 그 관을 작은 배에 실어라. 그러면 배가 출발하여 물결을 따라 라인 강 위쪽으로 갈 것이다. 이렇게 하여 나는 목적지에 도달할 것이다."

드디어 랍비 암람의 영혼이 떠나자 학생들은 약속한 대로 했다. 그들은 관을 배에 싣고 그것을 물결에 내맡겼다.

뱃사공들은 관을 담은 이상한 작은 배를 보고는 그 속에는 필경 자기들이 마을에 묻어 주어야 할 거룩한 사람의 시신이 담겨 있다고 생각했다. 그래서 손을 뻗어 배를 끌고 가고자 했으나 놀랍게도 배는 스르르 뒤로 미끄러져 그들의 손을 빠져나갔다. 그들은 하느님의 손길이 있음을 깨닫고는 이 사실을 관계 당국에 알렸다.

이 사실이 널리 퍼지자, 이 이상한 광경을 보기 위해 사람들이 구름처럼 강가로 몰려들었다. 그들 중에는 유대인도 여럿이 있었다. 뱃사공들은 다시 한 번 배에 손을 대어 보았다. 그러나 그 작은 배는 다시 그들의 손을 빠져나갔다. 배는 약간 떨어져 떠 가더니 유대인들이 서 있는 곳으로 왔다. 이를 본 관리들은 유대인들에게 얼른 배에 타서 이 이상한 일을 끝내라고 말했다.

유대인들이 손을 대자 배는 그들을 향해 재빨리 움직여 왔다. 그들은 배에 올라 관 뚜껑을 열었다. 그 안에는 현인의 시신과 히브리 말로 된 두루마리가 있었다. 그들이 두루마리를 펼치자 다음과 같이 적혀 있었다.

'메이엔스의 거룩한 공동체에 속한 사랑하는 형제들과 친구들이여, 나는 쾰른에서 세상을 떠나 당신들에게 옵니다. 청하노니 나를 우리 조상들이 누워 있는 장소 가까이에 묻어 주시오.'

유대인들은 두루마리에 적힌 내용을 읽고 애곡했다. 그들은 관을 배에서 끌어내어 라인 강 둑에 올려놓았다. 그러나 메이엔스의 기독교인 관리들은 거룩한 사람의 관을 유대인의 손에 두려고 하지 않았다. 그래서 그들을 쫓아 버리고 시신을 적절한 장소에 매장하고자 관을 들었다. 그러나 관은 그 자리에서 꼼짝도 하지 않았다. 그리하여 그들은 파수병을 두고 그 장소에 '암람의 예배당'이라고 불리게 되는 예배당을 세웠다.

유대인들은 랍비 암람의 시신을 돌려 달라고 관헌에 탄원했으나 아무 소용이 없었다. 그 뒤 매일 밤 랍비 암람의 영혼이 메이엔스에 있는 학생들에게 꿈으로 나타났다. 그는 학생들에게 자기를 조상들이 누워 있는 곳에 묻어 달라고 간절히 부탁했다.

학생들은 죽은 랍비의 절박한 호소를 들어주기 위하여 상의했다. 어느 어두컴컴한 밤, 그들은 도시 밖의 나무에 매달려 있는 범죄자의 시신을 끌어내렸다. 그들은 그 시신에 랍비 암람의 수의를 입히고 랍비의 관 속에 넣었다. 그리고 거룩한 사람의 시신을 유대인 묘지로 옮긴 후 유대인의 관습과 의식에 따라 영원한 안식을 취하도록 해 주었다.

(중세의 암람 전설은 의심할 바 없이 성 엠메람에 관한 전설과 비슷하다. 7세기에 뮌헨에서 사망한 그 독일 성자는 아무도 타지 않은 거룻배에 실려졌다. 그런데 물결을 따라 믿을 수 없는 속도로 이사르 강에서 다뉴브 강을 따라 레겐스부르크까지 왔다. 이 기적을 기념하기 위하여 엠메람은 신성시되었고 그의 이름을 딴 교회가 도시 외곽에 건립되었다. 엠메람에서 암람으로 이름이 바뀐 사실은 그리 복잡한 과정을 거친 것은 아니었다. 또한 여러 유대 문헌에는 암람이 '레겐스부르크의 암람'으로 언급된 것도 특기할 만하다. 그렇지만 전설 외에 그의 역사성을 입증할 만한 것은 아무것도 알려진 것이 없다.─엮은이)

랍비 마티티야의 선견지명

랍비 마티티야 벤 헤레쉬는 아주 경건한 사람이었다. 그는 깨어 있는 모든 시간을 학교에서 율법을 설명하면서 보냈다. 그는 태양처럼 빛났고 그의 얼굴은 천사처럼 순수했다. 그는 일평생 여자에게 눈길을 준 적이 없었고 그의 생각은 항상 정결했다.

어느 날 사탄이 갑자기 그를 주목하고는 분개하면서 중얼거렸다.

"저런 미남이 어찌 정결하게 살 수 있는가?"

사탄은 곧 하느님께 가서 여쭈었다.

"마티티야 벤 헤레쉬를 어떻게 보십니까?"

하느님께서 말씀하셨다.

"그는 진짜 성인이다."

사탄은 웃으며 하느님께 청했다.

"제가 그를 죄짓도록 유혹하게 허락해 주십시오."

하느님께서 말씀하셨다.

"네가 시도해 보아야 실패할 것이다. 그러나 나는 너에게 그를 시험할 기회는 주겠다."

그래서 사탄은 여인의 모습으로 변장했다. 어찌나 아름다운지 그런 굉장한 미모를 가진 사람은 심지어 천사들까지 유혹할 정도로 매력적이었던 두발가인의 누이 나아마 이래 처음이었다.

사탄은 그렇게 아름다운 모습을 하고 성인 앞에 섰다. 그러나 랍비 마티티야는 정숙하게 그의 눈길을 딴 데로 돌렸다. 그러자 사탄은 바로 그의 오른편에 앉았다. 그러나 랍비 마티티야는 머리를 왼쪽으로 돌렸다. 그러고는 몹시 괴로워하며 기도하기 시작했다.

"주님, 저를 보호해 주십시오. 제가 악령에게 굴복하고 죄를 짓게 된다면 무슨 일이 일어나겠습니까?"

랍비 마티티야는 기도를 마치고 즉시 제자 한 사람을 불러 불과 못을 가져 오라고 했다. 그는 못을 불 속에 넣은 다음 발갛게 달구었다. 그리고 여인의 미모에 대한 유혹을 떨쳐 버리고자 뜨거운 못으로 자기 눈을 찔렀다.

사탄은 이 모습을 보고서 몸을 부들부들 떨면서 공포에 질린 모습으로 얼굴을 떨어뜨렸다. 바로 그 순간 하느님께서 라파엘 대천사에게 다음과 같이 명하셨다.

"너는 랍비 마티티야 벤 헤레쉬를 찾아가 그의 눈을 고쳐 주어라."

대천사는 즉시 지상으로 내려가 랍비 마티티야 앞에 섰다. 그러자 랍비 마티티야는 방문객의 기척을 느끼고는 누구냐고 물었다.

"나는 라파엘입니다. 하느님께서 당신을 고쳐 주라고 하셨습니다."

"평안히 가십시오. 나를 이대로 버려두십시오."

천사 라파엘은 하늘로 돌아가 성인이 치유받기를 거절한다고 하느님께 말씀드렸다. 그러자 하느님께서 말씀하셨다.

"랍비 마티티야에게 가서 하늘과 땅과 의와 정의의 주재인 내가

●──이스라엘 민담

악령이 그를 이기지 못하게 하겠다고 전하여라."

대천사는 즉시 랍비 마티티야에게 가서 하느님의 말씀을 전했다. 랍비 마티티야는 그제야 큰 소리로 이렇게 말했다.

"그러면 나를 고쳐 주시오."

파이블이 잃은 것과 얻은 것

옛날 폴란드의 도시 프스지크에 하시드파의 한 사람인 파이블이 살고 있었다. 그는 착하고 정직했다. 그는 오직 담배와 양파 냄새가 나는 낡은 옷만 입었고 머리에는 담비 꼬리와 모피로 만든 스트레밀만 썼다. 그의 얼굴에는 길고 꼼꼼하게 곱슬거리는 구레나룻이 있었다. 도시 전체에서 그의 수염과 비교할 만한 것은 없었다. 그는 마치 신부의 결혼 예복처럼 자신의 구레나룻을 자랑스럽게 여겼다.

그러나 그는 여전히 자신의 학문을 더 소중하게 생각했다. 그는 하루 종일 프스지크에 있는 학교, 베이트 하미드라쉬에 앉아 있곤 해서 밤늦게라도 그 자리에는 따뜻한 온기를 느낄 수 있었다. 나머지 하시드파 사람들은 일이 끝난 후에 학교에 왔다. 중고 상인은 물건을 샀다가 다시 판 뒤에 왔고 구두 수선공은 구두를 다 꿰맨 다음에, 짐꾼은 짐을 다 배달한 다음에 왔다. 그들의 손가락은 매일 열심히 노동한 결과 굳은살이 박이고 시커멓게 되었다. 반면 파이블의 손가락은 책장보다 거친 것은 어떠한 것도 만져 보질 않았기 때

●──이스라엘 민담

문에 새털처럼 부드러웠다. 정말로 파이블은 마치 자기가 책을 직접 쓰기라도 한 것처럼 행동했다.

파이블은 짧은 시간 안에 말씀들을 잘 이해한 것처럼 잘난 척을 했으나 사실은 모든 것을 혼동했다. 아침에 읽은 것은 저녁에 잊어버렸고, 밤에 배운 것은 자고 나면 머릿속에서 다 빠져나갔다. 그의 머리는 점점 나빠져 갔다. 그의 학식은 모두 뒤죽박죽이 되어 다음 것을 공부하다 보면 책 한 권 분량을 다 잊어버리기도 했다. 만약 파이블이 피스지크에 있는 하시드파 사람들을 무시하지 않고 그들의 학문적 토론에 참가했더라면 그는 자기 머리가 텅 비었다는 것을 깨달았을 것이다.

그러나 파이블은 어느 누구와도 이야기를 나누는 데 흥미가 없었다. 그는 다른 사람들과 떨어져 앉았으며 어느 누구와도 이야기하지 않았다. 그는 다른 누구보다도 자기가 토라를 잘 이해하고 있다고 확신했으며 이러한 자기 학식에 대한 자만심은 날로 더해만 갔다.

이처럼 달이 가고 해가 바뀌었다. 파이블은 현명한 사람, 즉 호쳄^{하찮}이 된 것을 기뻐했으나 그의 소망이 모두 이루어진 것은 아니었다. 그에게는 한 가지 걱정이 있었는데, 다른 사람에게는 별로 문젯거리가 되지 않는 것이었다. 아침에 일어나 학교를 가고 싶었는데 옷을 찾을 수가 없었다. 지난밤에 카프탄이나 스트레밀을 어디에 두었는지 정말 기억할 수가 없었다. 왼쪽 구두를 찾으면 오른쪽 구두가 안 보이고 가까스로 둘 다 찾으면 구두끈이 없었다. 그럴 때면 그는 자기 자신을 확신하며 중얼거렸다.

"아, 이러한 것이 학식 있는 위대한 사람들의 운명인가 보다. 그들의 마음은 하늘에 닿아 있으니 하찮은 땅 위의 일들은 생각할 겨를이 없나 보다."

그러던 어느 날 악마의 무리가 파이블에게 왔다. 먼저 그는 안경을 찾을 수 없었으나 결국 그럭저럭 그것을 찾았다. 그러나 방 전체가 엉망이 되었다. 이불, 주전자, 펜 등 모든 것이 한곳에 쌓여 있었다. 파이블이 간신히 옷을 찾아 학교에 갔을 때는 정오가 다 되었다. 그는 학교에서 많은 시간을 배우지 못하고 놓친 것을 생각하니 마음이 아팠다. 그래서 그는 마음속으로 생각했다.

'이런 식으로 계속 살 수는 없어. 오늘 밤에는 목록을 만들어서 베개 밑에다 놓고 자야지. 그러면 내일 아침에 어떤 것도 찾을 필요가 없겠지.'

학교에서 돌아오자마자 파이블은 결심한 대로 했다.

'카프탄은 의자 위에 놓고.'

그는 커다란 종이 위에 쓰기 시작했다.

'스트레밀은 탁자 위에, 구두는 침대 밑에 놓고, 나는 침대 위에서 잠을 자고.'

마침표를 세게 찍은 뒤, 그는 종이를 베개 밑에 밀어 넣고 만족한 기분으로 잠자리에 들었다.

아침이 되자 파이블은 행복하게 잠에서 깼다. 그는 베개 밑에서 종잇조각을 꺼내어 손에 들고 발걸음을 떼었다.

"카프탄은 의자 위에."

그는 종잇조각에 쓴 것을 읽었다. 그래서 그는 카프탄을 의자 위에서 집어 입고 나머지 기록들을 계속 읽어 내려갔다.

"스트레밀은 탁자 위에."

역시 그것도 아무런 문제 없이 찾았고 마찬가지로 구두도 침대 밑에 있었다.

"나는 침대 위에 있고."

●──이스라엘 민담

그는 마지막 구절을 읽었다. 그러고는 얼른 침대 이불을 들췄다. 그 순간 그는 너무나 놀라서 얼굴이 창백해졌다. 침대는 텅 비어 있었다. 파이블은 두려운 생각이 들었다.

"이 프스지크에서 나보다 더 많이 알고 있는 하시드 인은 없어. 그러므로 내가 학식이 제일 높은 사람이야. 어젯밤 나는 물건들을 놓아둔 곳에서 직접 이것을 썼고, 종이에 적힌 대로 찾았더니 모든 것이 원래 그대로 분명하게 다 있었어. 현자의 말은 법과 같은 거지. 그런데 나는 나 자신을 찾을 수가 없어. 그렇다면 그것은 아마……."

파이블은 침을 꿀꺽 삼키고는 공포에 질린 목소리로 말했다.

"의심할 여지가 없어. 어젯밤 나는 사라져 버린 거야!"

그 도시 사람들은 그날 아침에 학교에서 파이블을 보지 못했고, 점심과 저녁에도 그의 흔적을 찾을 수 없었다. 그 다음 날도 마찬가지였다. 그에게 무슨 일이 일어났는지 아무도 알지 못했을뿐더러 그가 자기 자신을 찾아 세상을 여행하고 있는 줄도 몰랐다.

파이블은 숲과 들판을 헤매면서 낯선 마을에서 마을로, 발길 닿는 대로 돌아다녔다. 그러나 배가 고파지자 파이블은 더욱 불안해졌다.

'식사에 초대해 주는 사람이 어째서 한 사람도 없을까? 집에서라면 아내가 보살펴 주었을 텐데. 여기는 넓은 시골 들판이니 먹지 못하면 죽게 되겠지. 만일 내가 죽으면 나는 나를 다시는 찾지 못할 거야. 내가 나를 찾지 못한다면 어떻게 하늘의 재판소에 나타날 수 있을까? 나 말고 자신을 잃어버린 사람이 하늘에 또 있을까?'

파이블은 곤경에서 벗어나기 위해 고민하다가 커다란 정원이 있는 높고 아름다운 집을 보았다.

'굉장한 부잣집 같군. 이 집의 주인은 아무것도 필요 없을 거야. 나는 너무 배고파서 더 이상 걸을 수조차 없어. 여기서 먹을 것과 쉴 수 있는 잠자리를 좀 얻을 수 있다면 좋겠는데.'

파이블은 문을 두드렸다. 하인이 문을 열어 주자 파이블은 그에게 잠자리와 먹을 것을 좀 달라고 부탁했다. 그러자 하인은 그를 주인에게 안내했다.

"당신은 운이 좋습니다. 적당한 때에 찾아오셨군요. 원하신다면 침대와 식사를 제공해 드리겠습니다."

부자가 파이블에게 말했다.

"어떻게 하면 되겠습니까?"

파이블이 물었다. 그러자 부자는 따라오라는 시늉을 하며 파이블을 마구간으로 데려갔다. 훌륭한 백마가 말구유 옆에서 발길질을 하고 있었다.

"오늘 이 멋진 말을 샀습니다."

이 말은 굉장히 비싸기 때문에 튼튼한 문을 만들었습니다. 그러나 이 말을 지킬 사람도 필요합니다. 이 일을 해 주시겠습니까?"

파이블은 부자의 말을 듣고 기뻐하며 생각했다.

'말을 지킨다는 것은 쉬운 일이지. 나는 가만히 앉아서 어떻게 하면 나 자신을 찾을 수 있을지 고민하면 되겠군. 잘 먹고 잠도 잘 잘 수 있을 거야.'

파이블은 부자의 청을 주저 없이 승낙했다. 그는 맛있게 식사를 하고 어둠이 내리자마자 두꺼운 담요로 몸을 감싼 뒤 마구간 앞으로 가 앉았다.

파이블이 그 귀중한 흰말을 지키고 있는 동안 부자는 잠을 잘 수가 없었다. 그는 누군가가 그 말을 훔쳐 가지 않을까 두려워 밤새

●──이스라엘 민담

엎치락뒤치락했다.

 다음 날 아침 부자는 더 이상 불안한 생각을 버리고 말이 안전한지 직접 가서 보려고 자리에서 일어났다. 그는 옷을 입고 도둑처럼 조용하게 빠져나와 마구간으로 갔다. 그토록 부자를 잠 못 이루게 했던 흰말은 마구간에 그대로 있었다. 부자는 마음을 놓으며 파이블 쪽으로 고개를 돌렸다. 그는 부자가 들어온 것도 모르고 고개를 숙인 채 미동도 없이 가만히 있었다.

 '이 사람이 도대체 말은 안 지키고 뭘 하는 거지?'

 부자는 부아가 나서 파이블을 흔들었다.

 "자는 겁니까? 아니면 뭐 딴 것이라도?"

 파이블은 갑자기 나타난 부자를 보고서 놀라지도 않고 천연덕스럽게 대답했다.

 "내가 어떻게 잠을 자겠습니까? 생각 중입니다."

 "무엇을 말입니까?

 파이블은 심각한 표정으로 대답했다.

 "어떤 어려운 문제에 대해서지요. 만일 나무에 못이 박히면 그 구멍 난 나무한테는 무슨 일이 일어날까요?"

 부자가 놀라서 말했다.

 "이상한 것에 대해 생각하는군요. 난 말을 지키고자 당신을 고용했습니다. 그러니 그런 철학적인 생각일랑 말고 그 점을 명심하도록 해요!"

 파이블은 더 잘 지키겠다고 약속했다.

 그날 밤에도 파이블은 그 비싼 말을 지켰다. 다시 한 번 부자는 누군가가 말을 가져갈까 봐 잠을 잘 수 없어서 아침이 되자 몰래 마구간으로 갔다. 부자는 마구간에 말이 그대로 있는 것을 보고는 안심이 되었으나 파이블은 여전히 사람이 들어온 것도 모르고 고개를 숙인 채 앉아 있었다. 부자는 참을 수가 없어서 파이블에게 화를 냈다.

"어제 나는 좀 더 주의해서 말을 지키라고 말했는데 오늘 밤 당신은 더 엉망이군!"

"저도 이제 어쩔 수 없습니다. 저는 뭔가를 계속 생각해야만 하는 사람입니다. 저는 지금 촛불이 탈 때 초는 어디로 갔는지 생각하는 중입니다."

부자가 소리쳤다.

"당신은 별 볼일 없는 것일랑 생각하지 말고 내 말에 대해서만 생각하는 편이 좋을 것이오. 이번이 마지막 경고요. 만약 다시 한 번 당신의 의무를 게을리 한다면 당신이 굶어 죽더라도 내쫓을 것이니 명심하시오!"

사흘째 밤이 되자 파이블은 잔뜩 먹고 나서 전처럼 말을 지키기 위해 마구간으로 갔다. 자리를 잡자마자 그는 또 깊은 생각에 사로잡혔다. 그는 어떻게 하면 자신을 발견할 수 있을지 고민했다. 그러나 그것을 알기도 전에 날이 밝았다.

그때 갑자기 화가 난 주인이 그를 흔들었다. 그는 얼굴을 붉으락 푸르락하며 소리를 질렀다.

"뭐 하는 거요? 말이 없어졌단 말이오!"

파이블은 침착하게 고개를 끄덕였다.

"알고 있습니다. 나는 지금 말이 어디로 갔을지 생각하고 있습니다. 마구간도 여전히 있고 문도 튼튼하고, 나도 이렇게 앞에 앉아 있었는데 말입니다."

부자는 파이블에게 몸을 날려 흠씬 두들긴 다음 파이블이 그렇게 자랑하던 구레나룻을 모두 뽑아 버렸다. 그가 지르는 소리에 집 안의 사람들이 모두 깰 때까지 그는 파이블에게 온갖 저주를 퍼부었다.

파이블은 비 오듯이 매를 맞았다. 그의 몸은 불에 덴 것 같았다. 그러면서 그의 머릿속에 갑자기 어떤 생각이 떠올랐다.

'내 등의 고통을 느낄 수 있다면 그것은 분명 내 등이지. 그리고 내 등이 있다면 나 역시 거기에 있다는 거다. 드디어 나를 찾았어. 찾았다구!'

파이블은 기쁨의 눈물을 흘리며 그 부자한테서 도망쳐 가능한 한 빨리 집을 향해 달려갔다.

그때부터 파이블은 완전히 다른 사람으로 변했다. 그는 다른 하시드파 사람들에게 아무런 관심도 보이지 않다가 매를 맞음으로써 달라진 것이었다. 그는 자기가 아는 세계와는 다른 세계가 있다는 것도 알게 되었고 세상에서 자기가 가장 현명하다는 생각도 하지 않게 되었다. 그는 다른 하시드파 사람들처럼 나가서 일을 했고 결코 다시는 혼자 공부하지 않았으며 항상 다른 사람들과 함께했다. 그의 기억력은 좋아졌고 책 속의 지혜와 통하게 되었다. 파이블의 학식은 점점 높아져 그는 더 이상 단순한 궤변론에 빠지지 않았고 결코 다시 자신을 찾으러 가지 않아도 되었다.

삶은 닭

아주 오래전 우크라이나의 베르디체프 지역에, 유명한 랍비 레비 이츠하크가 살고 있는 근처에 하시드파 사람인 헤르첼이 살고 있었다. 혼자 살고 있는 그는 가난이 유일한 친구였다. 그러나 헤르첼은 아무렇지도 않았다. 그는 베르디체프의 랍비가 한 말을 반복하곤 했다.

"돈이 무엇 때문에 필요하지? 부자란 주는 사람이고, 가난한 사람이란 받는 사람이다."

헤르첼은 아무것도 줄 것이 없게 된 이후로 착한 사람들에게 약간의 빵과 잠자리를 청하며 이곳저곳을 떠돌아다녔다.

어느 날 점심때쯤 어느 여인숙에 도착했다. 주인 여자는 마음이 매우 고약해서 할 수만 있다면 숨쉬는 공기에 대한 요금까지 받아낼 만큼 지독했고 맹물로 수프 끓이기를 좋아했다. 그녀는 왕바랭이씨 수프를 식탁에 올려놓기 전에 양을 적게 하려고 세 번씩이나 냄비에 도로 따라 넣었지만 가격은 똑같이 비쌌다. 그녀는 수 마일 앞에 또 다른 여인숙이 없다는 것을 잘 알고 있어서 고객을 잃을 염려도 하지 않았고, 손님들이 주머니를 다 털든 말든 개의치 않았다.

헤르첼이 문을 열고 들어서자 여인숙 주인은 얼굴을 찡그렸다. 그녀는 그날 통과할 예정인 먼 도시의 부자 상인을 기다리고 있었는데, 그 대신 가난한 거지가 온 것이었다. 밖에는 비가 퍼붓고 있었고 더러운 옷을 입은 헤르첼은 보통 때보다 훨씬 더 꾀죄죄하게 보였다. 그의 얼룩덜룩한 가죽 코트는 너무 작아서 여며지지도 않았고, 바지는 줄로 묶은 채였을 뿐만 아니라 신발 사이로는 발가락이 튀어나와 있었다. 여인숙 주인은 퉁명스럽게 물었다.

"무슨 일로 왔소?"

헤르첼은 머뭇거리며 말없이 여인숙 주인을 바라보았다. 그러자 여인숙 주인은 짜증 섞인 목소리로 다시 물었다.

"무슨 일로 왔냐구요?"

"아내와 아이들이 죽어서 저를 돌봐 줄 사람이 아무도 없습니다. 부디 먹을 것 좀 주시고 옷이 마를 때까지 머물게 해 주십시오."

주인은 헤르첼의 말을 듣고는 화가 나서 생각했다.

'내가 만일 거지에게 돈을 준다면 돈을 버리는 거나 마찬가지겠지. 그러나 내가 그를 난로 옆에만 있게 한다면 손해는 없을 거야. 그러면 아무도 내가 몰인정하다고 말하지는 않겠지.'

그래서 그녀는 헤르첼에게 말했다.

"먹을 것은 줄 게 아무것도 없어요. 다 팔았으니까 내일까지는 음식을 살 수도 없구요. 그러나 원한다면 난로 옆 의자에 앉아서 옷은 말려도 돼요. 그렇지만 비가 그치자마자 당신은 갈 길을 가야만 합니다!"

그래서 헤르첼은 구두와 코트를 벗고 난로 옆에서 편안하게 쉴 수 있게 되었다. 그는 다리를 뻗고 의자에 등을 기대었다. 그런데 그 순간 갑자기 닭 냄새가 풍겨 왔다.

'무슨 일이지? 내가 배가 고파서 헛것이 보이나?'

헤르첼이 주변을 잘 살펴보니 난로 위에 커다란 솥이 있었다. 뚜껑이 오르락내리락하고 주인은 만족한 얼굴로 그 속을 들여다보고 있었다. 헤르첼은 주인에게 물었다.

"어떤 요리를 하십니까? 닭 냄새가 나는 것 같군요."

"무슨 생각을 하고 있는 거요? 먹을 게 아무것도 없다고 말했잖아요. 단지 빨래를 삶고 있을 뿐이에요. 그게 바로 닭 냄새 같기도 하죠."

그러나 헤르첼은 솥 안에 있는 것이 분명 닭이라고 생각했다. 그는 1킬로미터나 떨어진 곳에서도 닭 냄새를 맡을 수 있었다. 그는 닭다리, 날개, 부드러운 닭가슴살을 생각하자 입에서 군침이 돌았다. 그는 마치 뱃속에 철사가 들어 있는 것처럼 쑤시고 고파서 냄비를 쳐다볼 수도 없었다. 그는 눈을 감아 버리는 편이 낫겠다고 생각하고 눈을 감았다. 그러나 도저히 그 냄새에서 벗어날 수가 없었다. 그는 차라리 비를 맞으며 밖에 그냥 서 있는 편이 훨씬 좋았을 것이라고 생각했다.

여인숙 주인은 미동도 없이 앉아 있는 헤르첼을 보고 그가 잠들었다고 생각했다. 그녀는 혼자 중얼거렸다.

'가서 낮잠이나 자야겠구나. 어쨌든 비가 이처럼 쏟아지니 아무도 오지 않겠지. 부자 상인이 오기 전에 좀 쉬어야겠어.'

그녀는 닭을 마지막으로 찔러 보더니 난로에서 솥을 내려놓았다.

주인이 나가고 문이 닫히자 헤르첼은 눈을 떴다. 그는 주변을 돌아본 뒤 혼자 있다는 것을 알고 자리에서 일어났다. 그는 닭이 든

●──이스라엘 민담

솥을 붙잡고 먹기 시작했다. 그는 다리에서 시작하여 가슴, 날개, 목에 이르기까지 껍질 하나 남기지 않고 다 먹었다. 솥에는 이제 묽은 국물과 뼈만 남아 있었다. 헤르첼은 가방에서 그의 더러운 셔츠를 꺼내 솥에 집어넣었다. 그리고 뚜껑을 닫고는 전처럼 솥을 놔두었다.

여인숙 주인은 한 시간 후에 깨어났다. 밖을 내다보니 어느새 날이 맑게 개어 있었다. 그녀는 헤르첼에게 비가 그쳤으니 급히 갈 길을 가라고 말했다. 그러나 헤르첼은 여행할 기분이 아니었다. 맛있는 식사를 한 뒤라 그는 통나무처럼 깊은 잠에 빠졌다. 그녀는 어서 일어나라며 헤르첼을 마구 흔들었다.

그런데 바로 그때 문이 열리면서 오랫동안 기다리던 상인이 그의 하인과 함께 들어왔다. 상인은 들어오자마자 음식을 주문했다.

"가장 맛있는 걸로 주시오. 돈은 많으니까 특별히 맛있는 것으로 말이오."

"닭 요리를 했습니다. 아마도 한 번도 맛보신 적이 없는 요리일 것입니다."

그녀는 얼른 솥을 식탁 위에 올려놓으며 말했다.

"맛있게 드세요."

상인은 몹시 배가 고팠던 터라 잽싸게 포크로 솥 안을 찔렀다. 그러나 상인이 건져 올린 것은 닭이 아닌 더러운 셔츠였다. 상인이 어리둥절해하는 동안 셔츠에 붙어 있던 닭 뼈 두 개가 국물로 떨어졌다.

주인은 거의 정신을 잃을 뻔했다.

"분명히 그놈 짓이야!"

그녀는 막 구멍 난 구두를 신으려고 하는 그를 가리키며 날카롭게 소리를 질렀다. 그러자 헤르첼이 상인을 돌아보며 말했다.

"나으리, 제가 죄를 지었는지 판단해 주십시오. 제가 이 여자분한테 음식을 좀 달라고 했더니 거절했습니다. 그녀는 먹을 게 아무것도 없고 단지 빨래를 삶고 있다고 말했습니다. 빨래를 삶는 곳에 제 셔츠를 넣은 것이 뭐가 그리 잘못됐습니까?"

상인은 자리에서 일어났다. 그는 부자일 뿐만 아니라 신앙심이 깊어 가난한 사람을 돌봐야 한다고 믿고 있었다. 그런데 헤르첼이 인색한 하숙집 여주인을 어떻게 곯려 주었는지 알게 되자 그만 웃음이 나왔다.

"내가 이 집에서 먹지 않은 것은 좋은 일이다. 그 같은 구두쇠는 축복을 받을 수 없어. 그녀는 손해를 자초한 거다. 결국에 그녀는 사람이라면 누구나 가난한 사람들을 도와야 한다는 것을 깨닫게 될 것이다."

여인숙 주인은 화가 났다. 그녀는 닭과 함께 돈도 잃었다. 그러나 헤르첼은 즐거웠다. 그는 훌륭한 식사를 했고, 상인이 마차도 태워 주고 헤어실 때는 돈도 주었던 것이다.

●──이스라엘 민담

가장 좋은 의사

유대인들이 자기들의 땅에서 쫓겨나 전 세계로 흩어져 살기 시작한 지 한참 뒤에, 스페인의 코르도바 시에 마이몬이라는 유대인이 살고 있었다. 그는 학식이 풍부해 많은 사람들에게 존경을 받았다. 그는 서른이 다 되도록 장가를 가지 않았다. 만일 그가 어느 날 밤에 이상한 꿈을 꾸지 않았더라면 아마도 그는 평생을 결혼하지 않고 혼자 살았을 것이다. 수염을 길게 기른 한 노인이 나타나 그에게 이렇게 말했다.

"이웃 도시로 가서 푸줏간 집 딸과 결혼을 하여라. 언젠가는 이스라엘을 빛낼 아들이 태어날 것이다."

마이몬은 처음에는 별로 신경을 쓰지 않았으나 같은 꿈이 여러 번 되풀이되자 꿈속의 노인이 시키는 대로 했다. 그는 이웃 도시로 가서 푸줏간 주인을 찾아 딸과 혼인하게 해 달라고 말했다.

신랑과 신부가 결혼식에서 함께 술을 마신 지 1년이 못 되어 아들 모세가 태어났다. 모세 벤 마이몬은 어릴 적부터 지혜롭고 총명했다. 어른이 되었을 때에는 그의 현명함에 견줄 수 있는 유대인이 없었다. 그는 책을 쓸 만큼 학문이 깊었으며 몇 년 동안이나 이스라엘의 어린이들을 가르쳤다. 마이몬은 현자로서뿐만 아니라 의사로서도 커다란 명성을 얻었다. 그가 치료한 여러 왕족들은 그를 은인으로 여겨 잊지 않았다. 마이몬은 유대인들이 필요할 때는 언제든지 도와줬다. 그는 형제들이 위험할 때 그들을 보호했고 중상모략으로부터 구해 주었다. 유대인들은 그에게 항상 감사하며 지냈으나 그들의 적은 마이몬을 싫어했다.

어느 날, 마이몬이 치료를 잘한다는 말이 이집트 술탄에게까지 알려졌다. 술탄은 자기 주치의가 죽자 마이몬에게 그 자리를 제의했고, 마이몬은 이 제의를 수락했다. 이집트 최고의 수많은 의사들이 술탄을 모시는 특권을 차지하려고 경쟁하고 있었는데 외국인이, 더욱더 나쁜 것은 유대인이 그 자리를 차지하게 된 것이었다. 그 나라에 있는 의사들은 모두 마이몬을 시기하여 왕에게 그를 비방할 기회만 찾고 있있다. 마이몬이 궁정에 도착한 지 얼마 되지 않아 그와 그의 경쟁자들 사이에 학문적인 논쟁이 일어났다.

"태어날 때부터 눈이 먼 사람에게 시력을 되찾게 해 줄 수 있는 것이 우리의 기술입니다."

이집트 의사들이 주장했다.

"그것은 불가능합니다. 일단 시력을 가졌던 사람만이 치료될 수 있습니다."

마이몬이 반박했다.

이집트 의사들은 즉시 술탄에게 가 그 논쟁에 대해 전하고는 확신에 찬 목소리로 다음과 같이 덧붙였다.

"저희가 옳다는 것을 증명해 보이겠습니다. 결국 폐하께서는 마이몬이 의술의 개념이 없다는 것을 아시게 될 것입니다."

다음 날, 앞을 못 보는 한 남자가 술탄 앞에 불려 왔다. 이집트 의사가 말했다.

"이 불쌍한 사람은 태어날 때부터 보지 못했습니다."

그러고는 향기로운 연고로 그 남자의 눈을 문질렀다. 그러자 그 남자가 춤추며 웃기 시작했다.

"보인다! 태어나서 처음으로 보인다!"

술탄은 즉시 의심의 눈초리로 마이몬을 바라보았다. 마이몬은 담담한 표정으로 금방 치료받은 남자 앞으로 성큼성큼 다가갔다. 마이몬은 그 남자의 눈앞에 손수건을 접으면서 물었다.

"내가 손에 들고 있는 것이 무엇입니까?"

"빨간 손수건입니다."

그 남자가 대답했다. 마이몬은 웃으면서 술탄에게 돌아서서 말했다.

"폐하, 태어나서 처음으로 보는 사람이 색깔을 구별할 수 있겠습니까?"

술탄은 이 사건이 마이몬을 망신시키려는 연극임을 알고 화가 나서 왕궁에서 이집트 의사들을 쫓아냈다. 그 후에 이집트의 의사들은 전보다 더 마이몬을 증오했다. 마이몬은 그가 가는 곳마다 음모가 도사리고 있다는 것을 알았고 머지않아 경쟁자들이 다시 도전해 오리라는 것도 알고 있었다. 그들은 기회가 있을 때마다 마이몬을 비방했고 결국은 술탄의 고문관까지 다음과 같은 말을 하였다.

"폐하께서는 우리의 피가 흐르고 있는 제2의 의사를 두셔야 할 줄 압니다. 폐하께서 마이몬을 너무 믿고 계시니 언젠가는 후회하게 되실 것입니다."

그리고 그는 즉시 카문이라는 사람을 추천했다. 술탄이 물었다.

"무엇 때문에 두 명의 의사가 필요하다는 것이냐? 한 명이면 충분하다. 그러나 네 말대로 카문이 마이몬만큼 훌륭한 의사라면 내가 그 둘을 시험해 보겠다. 둘 중에 누가 더 나은지 알게 될 때 나는 그 한 사람만 선택하겠다."

술탄은 즉시 마이몬과 카문을 불러 말했다.

"너희는 모두 훌륭한 의사지만 나는 단 한 명만 택해 나의 건강을 책임지게 할 것이다. 너희는 각자 독약을 만들어 상대를 독살시켜야 한다. 둘 중 살아남는 사람이 우수한 사람으로 증명될 것이고 또한 나의 주치의가 될 것이다."

카문은 즐거워하며 집으로 갔다. 그는 이미 몇 사람에게 자기의 독약을 시험해 보았기 때문에 마이몬을 제거할 수 있다고 확신했다. 반면 마이몬은 매우 슬펐다. 그는 죽고 싶지도 않았지만 사람을 죽이고 싶은 생각도 전혀 없었다. 그는 밤낮 이 문제를 어떻게 해결할 것인지 열심히 생각했으나 아무리 생각해도 해결책이 떠오르지 않았다.

카문은 늘 초조하게 기회만 노리고 있었다. 결국 카문은 마이몬의 음식에 죽음의 독약을 섞어 넣고는 술탄의 시험이 자기에게 유리하리라고 확신했다. 그러나 마이몬은 어떻게 해야 할지 알고 있었다. 그는 해독제를 준비했기에 다음 날 아침 아무 일도 없었던 것처럼 술탄 앞에 나타날 수 있었다. 카문은 실망하여 얼굴을 찌푸리고는 두 번째 기회를 노리며 마이몬의 경비원이 잠들기를 기다렸다. 그러나 마이몬은 그의 경쟁자를 독살하려는 생각조차 하지 않았다. 그는 단지 자기 일만 묵묵히 계속하면서 카문의 음모에서 자신을 보호하기 위해 조심했다. 그러나 그는 카문을 만날 때마다 말했다.

"조심하시오. 내게도 다 생각이 있소."

카문이 다른 독을 만드는 데는 그리 오래 걸리지 않았다. 그는 계속 마이몬을 독살하려고 시도했다. 그러나 그 어느 것도 효과가 없었다. 카문은 불안했다.

"마이몬은 모든 것을 잘도 피하고 있다."

그는 혼자 중얼거렸다. 카문은 독살당하는 것을 막고자 모든 음식을 끓인 다음 속이 불처럼 활활 타오를 때까지 그것들을 삼켰다. 그러나 궁정에서는 허풍을 떨었다.

"나는 마이몬을 이길 수 있어. 그는 내 포도주에 가장 강한 독을 탔지만 나를 쓰러뜨리지는 못했지."

그러나 카문은 자신을 속이는 일이 더욱더 어려웠다. 그는 아무리 노력해도 마이몬이 자기를 독살하려는 단 한 차례의 시도도 발견하지 못했다. 그래서 그는 마이몬이 서서히 효과를 내는 특별히 약한 물질을 준비하고 있다는 생각을 하기 시작했다. 이러한 가능성을 생각하자 그는 자기가 보는 앞에서 짠 우유 이외엔 아무런 음식도 먹을 수가 없었다. 그는 점점 더 창백해져서 두 볼은 움푹 패이고 손까지 떨기 시작했다. 그는 더 이상 마이몬을 독살할 새로운 독을 만들 수 없었다.

어느 날 아침 카문이 평상시처럼 우유 항아리에서 우유를 마시고 있는데 마이몬이 지나가고 있었다. 마이몬은 건강해 보였다. 카문은 자기의 경쟁자가 얼마나 건강한지 보고는 갑자기 화가 폭발했다.

그런데 바로 그 순간 갑자기 마이몬이 멈춰 섰다. 그는 카문의 손에 있는 우유 항아리를 가리키며 말했다.

"당신이 마시고 있는 것을 보시오."

카문은 마이몬의 말에 갑자기 심장이 뛰기 시작했다. 그는 두려움에 몸을 부들부들 떨었다.

'내가 독을 마시고 있구나! 내가 독살당하고 있어.'

그는 반쯤 비운 항아리를 땅에 놓고 비틀거리면서 해독제를 찾으러 갔다. 그러나 그는 거의 세 발짝도 못 가서 죽고 말았다.

술탄이 고문관과 점성가와 화학자들을 데리고 즉시 왔다. 그들은 무슨 독이 카문을 죽였는지 알고 싶어했으나 마이몬은 대답하기를 거절했다. 그러고는 시동을 불러 카문의 항아리에 남아 있던 우유를 가져오라고 했다. 시동이 우유를 먹자 아무런 해도 일어나지 않았다. 그 순간 술탄의 고문관들이 소리치기 시작했다.

"유대인이 마법을 썼다! 사형에 처해야 한다!"

그러자 마이몬이 조용히 대답했다.

"무슨 말씀을 하시는 겁니까? 카문은 공포와 양심 때문에 죽은 것입니다."

마이몬은 참석한 사람들에게 모든 이야기를 들려주고 말을 마쳤으나 아무도 그를 믿지 않았다. 그러나 술탄은 마이몬의 지혜에 감탄했다. 그는 마이몬에게 많은 보상금을 내리면서 말했다.

"이제 나는 누가 가장 훌륭한 의사인지 알겠다. 몸을 치료할 수 있는 사람들은 많지만 너의 기술은 마음까지도 다스릴 수 있구나. 내 주치의로 계속 여기에 머물러라. 너뿐만 아니라 네 형제들도 이 땅에서 번성할 수 있게 해 주겠다."

마이몬은 술탄의 요청을 받아들여 그의 건강을 돌보았다. 그 후 마이몬의 직위를 노리는 경쟁자는 결코 나타나지 않았다.

●——이스라엘 민담

아브라함 이븐 에즈라의 몸값

　옛날에 톨레도 아브라함 이븐 에즈라라는 사람이 살고 있었다. 그는 많은 것을 알고 있으면서도 마음속에만 놀라운 생각들을 숨겨 놓았다. 그가 성경을 이야기하면 전에 한 번도 하느님의 가르침을 배운 적이 없는 사람들에게도 통했다. 아브라함은 다른 나라의 책을 읽을 수 있어서 그것들을 번역하기도 했고, 마음에서 느낀 것들과 톨레도에 살고 있는 유대인들에게 알려진 시와 노래, 이야기와 수수께끼들을 적기도 했다.
　그러나 아브라함을 괴롭히는 것이 하나 있었다. 그는 결코 학생이 부족하지는 않았다. 그러나 거지보다도 가난한 그에게 그것이 무슨 소용이 있겠는가? 말만 가지고는 빵을 살 수 없었기에 그는 돈이 필요했다. 그는 자신이 먹고살 수 있는 데 필요한 약간의 돈 이외에는 원하지도 않았다.
　문제는 지금껏 있었던 사람 중에서 아브라함은 가장 불운한 사람이라는 것이었다. 아버지한테서 적은 돈밖에 물려받지 못한 그는 사업을 하고 싶어했다. 그러나 그가 물건을 사기도 전에 돈을 몽땅 도둑맞았다. 세금 징수원이 되었을 때에는 전임자가 남겨 놓은 부채를 청산해야만 했다. 그는 회당의 하인이 되었으나 며칠 안에 다시 거리를 방황하게 되었다. 바람이 회당의 지붕을 날려 버렸기 때문이었다. 자신이 손대는 것은 무엇이든지 불행으로 막을 내리자, 아브라함이 위안을 삼을 것이라고는 시밖에 없었다.

어느 날 아브라함은 혼자 중얼거렸다.

"구걸하지 않고 살려면 무엇을 해야 할까? 내가 만약 수의를 팔기 시작하면 사람들은 분명히 죽는 것도 멈추겠지. 내가 만일 양초를 팔면 그때부터 해가 지지 않아 온 밤이 대낮 같을 거야. 내가 할 수 있는 최선의 일은 톨레도를 떠나는 거다. 아마도 다른 곳에 가면 지금보다는 좀 낫겠지."

그래서 아브라함은 톨레도를 떠나기 위해 전보다 더욱 절약하면서 그가 받은 것을 모두 저축했다. 그리고 드디어 어느 날 아침 다른 세상을 향해 떠나는 배를 탔다. 그는 해안선이 시야에서 사라질 때까지 서서 바라보며, 다른 곳에서 자기를 기다리고 있을 운명에 대해 곰곰이 생각했다. 그러나 행운은 그의 여행이 매우 다르게 끝나는 것으로 결정되었다.

끝없이 다가오는 파도 속에서 사흘 밤을 보내고 나흘째 새벽이 되었을 때, 배는 해적의 공격을 받았다. 해적들이 승객들에게 그들의 몸값을 준비하라고 하자 배의 갑판에는 금, 은, 향료, 비단, 가죽과 양털이 높이 쌓였다. 승객들이 다들 너무나 기꺼이 내놓은 바람에 그들이 가져온 것을 다 쌓아 놓을 수가 없을 정도였다. 오직 아브라함만이 그들 앞에 서서 쳐다만 보고 있었다. 그는 혼자 생각했다.

'톨레도의 불운이 여기까지 따라오다니…… 아무것도 좋아진 게

없구나. 가진 게 하나도 없는데 어떻게 풀려날 수 있을까?'

가장 재물이 많은 사람은 어느 부유한 상인이었다. 그의 하인들이 세 개의 커다란 상자를 가지고 왔다. 첫 번째에는 진주가, 두 번째에는 보석이, 그리고 세 번째에는 돈이 가득 들어 있었다. 그 부자는 자기의 화려한 옷을 추가하면서 마음속으로 생각했다.

'아무도 나만큼 보물을 갖다 놓지 못했으니 나는 분명히 살려 주겠지.'

그러나 해적 두목의 생각은 그렇지 않았다. 첫 번째 승객이 해적 앞으로 나가 재산을 내놓자 그가 말했다.

"어쨌든 이것은 내 것이다."

그리고 그는 자기 부하들에게 그 불행한 자를 바다 속으로 처넣으라고 명령했다. 두 번째, 세 번째 승객도 똑같은 운명을 만났다. 오래지 않아 가장 부유한 그 상인 역시 파도 속으로 사라졌다. 갑판 위에 남은 마지막 사람은 아브라함 이븐 에즈라였다. 해적 두목이 아브라함에게 물었다.

"너는 네 목숨을 위해 무엇을 내놓겠느냐? 너도 보았다시피 이제 나는 굉장한 부자가 되었다. 살고 싶거든 금이 아닌 것을 내놓아라."

아브라함은 조용히 말했다.

"전 드릴 게 아무것도 없습니다. 시와 노래, 이야기와 수수께끼 이외에는 가진 것이 없습니다. 그것이 제가 가지고 있는 전부입니다."

그러자 해적 두목이 말했다.

"이 갑판에 있는 것은 모두 내 것이라고 말할 수 있는데 네 머릿속에 있는 것들만은 나도 어찌할 수가 없구나. 그것으로 몸값을 지불해도 좋다. 잘 들어라. 만약 내가 풀 수 없는 수수께끼를 낸다면 너를 살려 주겠다. 그러나 만약 그렇지 못하면 다른 사람들처럼 너를 바다에 던져 버리겠다."

아브라함은 잠시 생각하더니 말했다.

"땅이 없는 전장이고, 왕자가 없는 왕이고, 옷이 없는 여왕, 말이 없는 기사, 창문이 없는 성이 무엇이겠습니까?"

해적 두목은 눈썹을 찌푸리며 온종일 그것에 대해 생각해 보았으나 문제를 풀 수 없었다. 마침내 그가 말했다.

"우리는 긴 여행에서 수수께끼로 시간을 보내곤 한다. 그러나 그처럼 어려운 문제는 한 번도 듣지 못했다. 내가 졌다."

아브라함이 말했다.

"땅이 없는 전장은 체스 판입니다. 왕과 여왕, 기사, 성은 모두 그 체스들입니다!"

해적 두목은 수수께끼를 무척 좋아했다. 그는 아브라함을 해안에 즉시 내려주라고 명령했다. 뿐만 아니라 그를 풀어 주기 전에 많은 선물도 주었다.

후에 아브라함은 사람들에게 자기가 목숨을 건진 이야기를 여러 번 했다. 그때마다 그는 다음과 같이 덧붙이는 말을 잊지 않았다.

"현명함은 어떤 보물보다도 가치가 있다. 그것을 믿지 않는다면 해적의 손에 붙잡혀 보아라!"

구원의 목소리

사소브 출신의 랍비 모세 라이브는 매우 너그러운 사람이었다. 그는 자신이 분쟁을 조정할 위치에 있게 되면 가능한 한 언제나 관대한 판결을 내리고자 애썼다.

한번은 공동체의 어떤 사람, 곧 쇼케트^{의식을 위해 짐승을 도살하는 사람}의 행동이 단정치 못하다고 하여 말썽이 일어난 일이 있었다. 모두 그 사람을 쫓아내자고 주장했다. 이 문제가 랍비 앞에 제기되었을 때 오직 한 사람만이 그를 옹호했다. 마음씨 착한 현인은 증인들의 말을 듣고 난 뒤 눈썹을 치켜뜨고 다음과 같이 판결했다.

"나는 그 쇼케트의 행동에 대한 모든 비난이 부당하다고 판결한다. 그러므로 그는 자기 자리를 지킬 수 있다."

그러자 모인 사람들이 웅성거리기 시작했다. 그 중 한 사람이 소리쳤다.

"랍비님! 당신은 어떻게 많은 사람들의 증거는 물리치고 오직 한 사람의 말만 취하실 수 있습니까?"

랍비는 부드럽게 말했다.

"하느님께서 아브라함에게 독자 이삭을 당신의 제단에 제물로 바치라고 명령하셨을 때 아브라함은 이삭을 죽이지 말라고 하는 천사의 말을 듣지 않았더냐? 비록 이것이 하느님의 뜻과 반대가 된다고 할지라도 하느님은 이 판단이 정당했음을 밝히셨다. 하느님께서 이같이 하신 이유는 분명하다. 어떤 사람을 징벌하는 데에는 고위 기관의 판결이 필요하다. 그러나 어떤 사람을 징벌에서 구해 내는 것은 아주 하찮은 근거에서 나오는 한 마디 말로도 가능하다."

국고를 채우는 방법

한번은 안토니우스 황제가 랍비 예후다 하나시에게 사자를 보내어 다음과 같은 질문을 했다.

"국고가 급격히 비고 있소. 당신은 어떻게 그것을 늘릴 수 있는지 말해 주실 수 있소?"

랍비 예후다는 한 마디 말도 없이 사자를 정원으로 데리고 갔다. 그러고는 묵묵히 자기 일을 했다. 그는 커다란 순무를 파내고는 그 자리에다 작은 순무를 심었다. 무와 사탕무도 똑같이 그렇게 했다. 예후다가 답을 않자 사자가 말했다.

"저에게 편지를 주십시오."

"당신은 편지를 받을 필요가 없소."

그래서 사자는 빈손으로 안토니우스에게 돌아왔다.

"랍비 예후다가 나에게 편지를 주던가?"

"아닙니다."

"그가 너에게 무슨 말을 하던가?"

"하지 않았습니다."

"그가 무슨 일을 해 보이던가?"

"예. 그는 저를 정원으로 데리고 가더니 커다란 채소를 파내고 대신 작은 채소를 심었습니다."

"그가 무슨 말을 하려는지 알겠구나."

황제는 탄성을 질렀다. 그는 즉시 모든 총독들과 세리들을 해고하고 그 자리에 명성은 없지만 더 정직한 관리들을 임명했다. 오래지 않아 국고가 다시 가득 차게 되었다.

압바 움나의 자선

유대인 의사 압바 움나는 의술뿐 아니라 경건성과 인간성으로 매우 유명했다. 그는 가난한 사람이나 부자나 차등을 두지 않았는데, 특히 학자들에게 주의를 기울였다. 그는 학자들에게는 치료비를 조금도 받으려고 하지 않았다. 그는 학자들을 자기의 동료로 생각했다. 그들은 마음의 질병을 고쳐 주기 때문에 어쩌면 자기보다 더 중요한 일을 하고 있다고 생각했다. 그는 사람들이 자기의 의술로 이득을 보는 것을 전혀 막을 생각이 없었고, 또 사람들이 자기가 내는 치료비가 적다고 얼굴을 붉히기를 원하지 않았기 때문에 진료실 앞에 조그마한 상자를 걸어 놓았다. 환자들은 상자에 자기들이 적당하다고 생각하는 금액을 넣으면 그만이었다.

그의 명성은 널리 퍼졌다. 하루는 학교장이었던 랍비 아바예가 그에 관한 이야기를 들었다. 아바예는 그 자비로운 사람에 대한 얘기가 모두 사실인지 알고 싶어서 몸이 약간 좋지 않은 두 제자를 그에게 보냈다. 의사 움나는 그들을 친절하게 맞아들이고는 약을 주고 하룻밤 동안 자기 집에 머물기를 권했다. 제자들은 그 제안을 기꺼이 받아들였다.

　제자들은 다음 날 아침까지 그의 집에 머물다가 떠나올 때는 자기들이 잠을 잔 의자 위에 덮여 있던 양탄자를 가지고 나왔다. 그들은 그것을 시장에 가지고 가서 그 친절한 의사가 올 때까지 기다리다가 그가 오자 짐짓 파는 체했다. 그리고 그에게 그 값이 얼마 정도 나갈 것 같은지 물어보았다. 압바 움나는 얼마를 댔다. 그러자 제자들이 물었다.

　"당신은 더 비싸다고 생각하지 않으세요?"

　"아닙니다. 내가 같은 것을 그 값으로 샀거든요."

　그제야 제자들은 이렇게 말했다.

　"착한 사람이여, 이 물건은 사실 당신의 것입니다. 우리는 이것을 당신 집에서 훔쳐 왔습니다. 이제 간청하건대 사실을 말씀해 주십시오. 당신은 양탄자를 잃어버린 뒤 우리에 대해 나쁜 감정을 가지지 않으셨나요?"

　"정녕 그렇지 않아요. 당신들도 이스라엘의 아들이 단 한 가지의 행동으로 이웃을 나쁘게 판단하거나 어느 누구에게 악한 감정을 가져서는 안 된다는 것을 알고 계시지요? 나는 양탄자가 나쁜 목적에 쓰이지 않을 것을 알기 때문에 당신들이 가져가는 것을 눈감아 주었지요. 그것을 파시오. 그래서 그 돈을 가난한 사람에게 나누어 주시오."

　제자들은 그의 요구대로 행했다. 그리고 제자들은 그를 매우 존경하며 그에 대하여 감사한 마음을 가지게 되었다. 이 이야기로 말미암아 그의 명성은 더욱 널리 퍼지게 되었다.

　그러나 의사 움나의 가장 고귀한 점은 가난한 사람들에게는 결코

●——이스라엘 민담

진료비를 받지 않고 그들이 병중일 때 위안이 될 만한 모든 것을 준다는 데 있었다. 그는 의술과 정성을 다하여 가난한 환자가 건강을 되찾으면 오히려 돈을 주며 말했다.

"이보게나, 이제 가서 빵과 고기를 사서 먹게. 지금 자네에게 가장 필요하고 가장 좋은 약은 그것이라네."

제4부

신기한 이야기들

렙 쉬메를의 죄와 물의 정령

옛날 콘스탄티노플에 바알 쉠 토브의 사촌 형제인 렙 쉬메를이 살고 있었다. 렙 쉬메를은 방탕한 사람인지라 죄를 많이 지었다. 그럼에도 그는 후회하는 빛은커녕 늘 이렇게 말하곤 했다.

"내가 두 번 죄를 짓건 스무 번 죄를 짓건 무슨 관계가 있는가? 연말에 모든 죄를 물가로 끌고 가 던져 버리면 그만이지. 새해에 나는 다시 깨끗한 사람이 되는거야."

렙 쉬메를은 매년 이런 식으로 살았다.

그런데 그가 죄를 호수 속으로 던져 버렸기 때문에 호수가 점점 더러워졌다. 더구나 그가 호수로 가지고 가는 죄의 양은 해마다 늘어났다. 그러나 그에게 그런 것은 아무 상관이 없었다. 오히려 그는 즐거워하며 외쳤다.

"호수는 우리 집 가까이 있다. 나는 죄를 짓고 멀리 갈 필요가 없지. 죄 보따리를 더 많이 버리도록 하자!"

그러나 렙 쉬메를의 아내는 하느님을 경외하는 신앙심 깊은 여인이었다. 하루는 그녀가 남편의 이런 모습을 보고 말했다.

"하느님께서 우리에게 아들을 주시지 않는 이유는 당신이 죄를 짓기 때문이에요."

렙 쉬메를은 건성으로 대꾸했다.

"당신은 진짜 그렇게 생각하오?"

"그래요."

"그래, 아마 그럴는지도 모르지."

렙 쉬메를은 잠시 심각한 표정을 지었으나 곧 더 이상 여기에 대해 생각하지 않았다.

그 해에 렙 쉬메를은 지금까지 지은 모든 죄보다 더 추한 죄를 범했다. 그 죄는 너무나 엄청나고 수치스러워서 마치 오물을 머금고 물을 뚝뚝 흘리는 스폰지와도 같았다. 그는 연말이 되어 죄를 호수로 던질 때까지 그 죄를 숨겨 둘 장소를 찾을 수가 없었다. 결국 그는 그것을 자기 집 지하실에 갖다 놓았다.

그러나 죄는 점점 자라나서 지하실에도 더 이상 죄를 보관할 수 없을 지경이 되고 말았다. 더러운 죄는 갈라진 틈으로 스며들더니 온 집 안의 방 안까지 새어들기 시작했다. 렙 쉬메를은 양팔로 죄를 잡고서 온 힘을 다한 끝에 겨우 문밖으로 밀쳐 낼 수가 있었다. 그러고는 집 밖으로 나와 호수까지 죄를 밀고 갔다.

그는 죄가 물에 가라앉자 기뻐하며 소리쳤다.

"자! 드디어 해치웠다."

호수는 이전보다 더 화를 냈다. "쉿쉿" 소리를 내며 요동치더니 죄를 물 밖으로 도로 던지려고 하였다. 그러나 아무리 몸부림치더라도 소용없는 노릇이었다. 왜냐하면 물은 새해에 사람들의 모든 죄를 받아들여 깨끗하게 하도록 정해져 있었기 때문이었다. 한참 있다가 호수는 다시 잠잠해졌고 죄를 정결하게 하는 작업을 시작했다. 그러나 호수는 렙 쉬메를의 행실을 잊을 수가 없어서 복수의 날이 오기를 기다렸다.

렙 쉬메를은 자신의 머리가 희끗희끗해진다는 사실을 알게 되었다. 그리고 그의 아내도 한창때를 지났지만 그들 사이에는 자식이 없었다. 드디어 그가 입을 열어 말했다.

"나는 사촌 형제인 랍비 바알 쉠 토브에게 가야겠소. 사람들은 그가 자기 문으로 들어오는 사람은 처음 보는 사람이라도 기적을 베풀어 준다고 하더이다. 나로 말하자면 집안 사람 아니오?"

그러고는 즉시 메드찌부쯔에 있는 랍비 바알 쉠 토브에게 가서 말했다.

"형제여, 나는 나이가 많이 들어 내 뒤를 이을 아들을 하나 갖고 싶소."

바알 쉠 토브는 잠시 그와 얘기를 나눈 뒤, 렙 쉬메를의 아내가 하느님을 공경하는 신실한 믿음을 지닌 여인이라는 사실을 머리에 떠올리고는 이렇게 말했다.

"집으로 가시오. 당신은 아들을 갖게 될 것이오."

렙 쉬메를은 더 이상 바랄 게 없다면서 기쁨에 겨워 춤추기 시작했다. 바알 쉠 토브는 조용히 머리를 흔들었다.

바알 쉠 토브의 약속은 이루어졌다. 그 해가 다가기 전에 렙 쉬메를의 아내는 건강하고 예쁜 아들을 낳았다. 렙 쉬메를은 뻐기면서 말했다.

"이제 바알 쉠 토브에게 다시 가서 그가 우리에게 한 일에 대해 감사를 표해야지."

그래서 그는 메드찌부쯔로 가서 바알 쉠 토브가 연구하고 있는 오두막집을 찾아갔다. 바알 쉠 토브는 깊은 연민에서 우러나오는 서글픔이 담긴 눈으로 렙 쉬메를을 바라보았다. 렙 쉬메를은 자기를 향한 그 눈길을 보자, 모든 즐겁던 말이 일순간 입술에서 사라졌다. 그는 아무런 이유를 몰랐지만 울고만 싶었다. 그래서 어린아이 마냥 엉엉 울었다.

그때 바알 쉠 토브가 말했다.

"당신의 아들은 튼튼하고 행복하게 자랄 것이지만 열세 살을 맞는 생일이 되면 물에 빠져 죽을 것이오."

렙 쉬메를은 여자처럼 울부짖다가 그에게 무릎을 꿇고는 도와 달라고 간청했다.

모든 사람이 잘 알다시피 랍비 바알 쉠 토브는 우는 것을 별로 좋아하지 않는다. 그러나 그는 렙 쉬메를의 아내가 하느님을 공경하는 신실한 믿음을 지닌 여인이라는 사실을 기억하고 있었다. 그리하여 그는 자기 사촌 형제를 불러 세워 놓고 말했다.

"당신이 버린 끔찍스럽게 더러운 죄 때문에 호수가 화를 내고 있소. 당신의 아들을 살리는 방법은 단 한 가지밖에 없소. 그것은 그 아이가 열세 살이 되는 생일날 물 가까이 가지 않게 하는 것이오."

렙 쉬메를은 진심으로 감사했다. 그는 자기가 언제 울었느냐는 듯 기쁨에 넘쳐서 중얼거렸다.

"그것은 그리 어려운 일이 아니지. 열세 살 생일이 되는 날 그 애를 물 가까이 가게 하지 않으면 된다."

그리고 그는 집으로 달려갈 채비를 차렸다. 그런데 막 떠나려는 순간 바알 쉠 토브가 그를 불러 말했다.

"내가 일러 준 사항을 기억하는 일이 쉽다고 생각하지 마시오. 당신은 분명 당신의 아들을 기다리고 있는 위험을 잊어버릴 것입니다."

렙 쉬메를은 펄쩍 뛰며 말했다.

"내가 어찌 그것을 잊어버릴 수 있습니까?"

그러나 바알 쉠 토브는 앞으로 렙 쉬메를에게 무슨 일이 일어날 것인지 잘 알고 있었기에 이렇게 말했다.

"당신이 가기 전에 당신이 그날을 잘 기억할 수 있도록 표지 하나를 가르쳐 주리다. 그날 당신이 눈을 뜨면 옷을 입게 될 것이고 왼쪽 발에다 양말 두 켤레를 신을 것이오. 그러고는 온 집 안을 뒤지면서 오른쪽 양말을 찾게 될 것이오. 바로 그날 당신이 양말을 찾을 수 없노라고 아내에게 얘기하면 끔찍한 일이 일어나게 될 것이오."

렙 쉬메를은 감사를 표하고 콘스탄틴으로 돌아갔다. 그리고 바알 쉠 토브가 한 말을 떠올리며 마음속으로 중얼거렸다.

'랍비는 양말에 대해서 얼마나 어리석은 말을 하는지!'

그래서 그는 그 이야기는 아무에게도 말하지 않았다.

아이는 자라났다. 아이는 당시 콘스탄틴에 사는 다른 어떤 아이들보다 힘이 셌다. 달리기도 잘했고, 멀리 볼 수 있었으며, 손동작도 아주 민첩하였다. 무슨 책이든지 그저 한 번 보기만 하면 다 기억했다.

그러나 아이는 다른 어떤 일보다도 수영을 좋아했다. 아이는 호수 바닥까지 잠수하여 이리저리 헤엄쳐 다니면서 아름다운 돌을 찾았다. 그리고 그것을 자기 어머니에게 갖다주었다.

아이는 몇 분 동안 잠수하는 법도 배웠다. 물고기들은 아이의 손으로 들어오기도 하고 나가기도 하며 아이와 놀았다.

렙 쉬메를은 자기 아들이 강하고 튼튼하게 자라는 것을 보고는 랍비 바알 쉠 토브가 말해 준 불길한 경고를 까마득히 잊어버렸다. 아들이 열세 살이 될 때까지 그는 랍비가 말해 준 예언을 조금도 생각하지 않았다. 그리고 자기 독자의 성인식$^{\text{Bar Mitzveh}}$을 성대하게 치르기 위해 준비했다.

아들이 열세 번째 생일을 맞는 날, 렙 쉬메를은 얼굴에 햇빛이 비칠 때쯤에야 일어났다. 그는 이전보다 햇빛이 더 따갑다고 생각했다. 동시에 자기의 온몸이 마치 용광로 속에 있는 것처럼 타고 있음을 느꼈다.

렙 쉬메를은 옷을 입기 시작했다. 어쩐지 그는 기분이 개운치 못했다. 그러나 그 이유가 잠을 충분히 자지 못한 데 있다고 생각했다. 햇볕이 얼굴에 내리쬐어 잠이 깬 것을 생각하니 그는 화가 치밀었다. 그의 머리는 열을 받아 뜨끈뜨끈했다.

렙 쉬메를은 왼발에 양말을 신었다. 그리고 몸에서 흘러내리는 땀을 닦기 위하여 잠시 동작을 멈추었다. 그러고는 자기가 무슨 일을 하는지도 모르고 다른 한쪽 양말을 왼쪽 발에 또 신었다. 그다음에 그는 오른쪽 양말을 찾았다. 옷가지 사이를 뒤져 보았으나 찾을 수 없었다. 침대 아래를 보았으나 거기에도 없었다. 그는 다른 쪽 양말을 찾으려고 일어나서 방 안을 껑충거리며 뛰어다니기 시작했다. 그는 옆방으로도 가 보았고, 온 집안을 들쑤시고 다니면서 의자를 넘어뜨리기도 하고, 무릎을 다치기도 하고, 넘어지기도 하고, 벽에 기대어 있기도 했다. 그러다가 날씨는 너무 덥고 다른 쪽 양말을 찾을 수 없었기 때문에 중얼거리다가 화를 내며 소리를 질렀다.

"무슨 일이에요?"

그의 아내가 남편이 지르는 소리를 듣고 잠에서 깨어나 물었다.

렙 쉬메를은 짜증을 내며 소리쳤다.

"내 양말은 어디 있소?"

그의 아내는 남편이 왜 화를 내는지 알아보려고 몸을 일으켰다. 렙 쉬메를은 자기 다리를 가리키며 중얼거렸다.

"누군가 내 양말 한 짝을 숨겨 놓았소. 나는 도저히 찾을 수 없소."

아내는 자기 남편이 한쪽 발에 두 양말을 신고 있는 것을 보았다. 그녀는 웃으며 말했다.

"여보, 보세요. 당신은 한쪽 발에 양말을 겹쳐 신고 있잖아요."

그러자 렙 쉬메를은 자기 발을 보았다. 바로 그때 불현듯 랍비 바알 쉠 토브가 자기에게 해 준 말이 떠올랐다. 렙 쉬메를은 몸을 부들부들 떨기 시작했다. 그리고 아들이 자고 있는 방으로 달려갔다. 그러나 아들은 이미 침대에 없었다.

렙 쉬메를은 문쪽으로 달려갔다. 그가 문에서 바라보니 아들은 이미 호수로 걸어가고 있었다. 렙 쉬메를은 아들을 향해 돌아오라고 크게 소리쳤다.

그러나 아들은 고개를 저으며 말했다.

"날씨가 너무 디워요. 수영할래요."

렙 쉬메를은 다시 큰 소리로 돌아오라고 소리쳤다. 그러나 아들은 여전히 고개를 저은 채 돌아오려 하지 않았다.

렙 쉬메를은 한쪽 발에만 양말을 신은 채 아들을 향해 달려가기 시작했다. 그러자 아들도 호수를 향해 달리기 시작했다. 렙 쉬메를은 아들이 이미 호숫가에 다다른 것을 보았다. 렙 쉬메를은 애가 타서 미칠 것 같았다. 그는 간절한 마음으로 소리쳤다.

"주여, 저를 도와주소서!"

그런데 그 순간 아들이 늙은 나무 뿌리에 걸려 넘어졌다. 그리고 아들이 다시 일어나기 전에 렙 쉬메를이 그 옆에 다다랐다.

렙 쉬메를은 아들을 집으로 끌고 와서 방에다 가두고는 문을 걸어 잠갔다. 그날은 날씨가 너무 더웠다. 아들은 문을 두드리며 소리쳤다.

"호수에 가게 해 주세요! 호수에 가고 싶어요!"

그러나 렙 쉬메를과 그의 아내는 문을 열어 주지 않았다. 결국 아들은 방 안이 너무 더워서 못 참겠다며 방 밖으로만 내보내 달라고 애원했다. 그래도 그들은 아들을 방 안에만 두었다. 그러자 아들은 몸을 식힐 물 한 그릇만 달라고 간청했다. 그러나 렙 쉬메를은 아들에게 먹을 물을 주는 것도 겁이 나서 못 들은 체했다.

여러 시간이 지난 뒤 아들은 탈진하여 방바닥에 쓰러져 잠이 들었다.

그날 아침에는 많은 사람이 수영을 하러 호수로 갔다. 태양이 높이 떠오르자 호수는 수영객으로 붐볐다. 사람들은 웃으면서 시원한 물속에서 즐겁게 놀았다. 그날따라 태양이 맹렬한 기세로 볕을 뿜어냈기 때문에 태양이 중천에 왔을 무렵에는 당시 콘스탄틴에 사는 거의 모든 사람들이 호수에서 수영을 하고 있었다.

가장 더운 정오 정각에 마치 물 가운데로 누가 돌을 던진 것처럼 물이 일렁이기 시작했다. 물결은 점점 퍼져 가더니 소용돌이가 되었다. 곧 소용돌이 가운데에서 손이 하나 물 위로 솟아올랐다. 이어서 두 번째 손이 나왔다. 두 손은 높이 솟구쳤다. 곧이어 팔이 완전히 드러났는데 푸른 바다갈대로 덮여 있었다. 그 이상한 형상은 이쪽저쪽을 천천히 둘러보며 모든 수영객을 찬찬히 들여다보더니 거칠고도 나지막한 소리로 이렇게 말했다.

"한 사람이 없다."

그러고는 다시 물속으로 잠겨 들어갔다.

해가 지고 밤이 되자 렙 쉬메를과 그의 아내는 아들이 탈진하여 잠자고 있는 방문을 열었다. 그리고 아들을 흔들어 깨워 그에게 먹을 것과 맛있는 음식을 주었다. 그러고는 열세 번째 생일잔치를 벌였다.

수상한 길동무

대속죄일용 키푸르 전 열흘 동안 참회하는 속죄의 기간이었다. 한 과부가 유대 민간의 고대 관습대로 자정이 지나면 속죄의 기도를 암송하기 위해 회당에 갈 계획을 세웠다. 속죄의 기도란 두려운 대속죄일의 예비로서 영혼을 정결케 하기 위해 드리는 참회의 기도이다.

첫 번째 속죄의 기도의 밤이 되자 과부는 잠자리에 들 수가 없었다. 그녀는 잠이 쏟아져 몹시 괴로웠으나 회당지기가 바깥문을 두드리며 깨우는 소리를 놓칠 것이 두려웠기 때문에 자리에 앉은 채로 그를 기다리기로 결심하였다. 그러나 졸음이 밀려와서 그녀는 그만 앉은 채로 잠이 들고 말았다.

과부는 흠칫 놀라 잠이 깨었다. 그녀는 자기 집의 겉문을 두드리는 큰 소리와 회당지기가 낮은 목소리로 노래하는 귀에 익은 낭송 소리를 들었다.

"일어나라, 자녀들아, 주님을 섬기어라!"

과부는 기도의 자리로 부르는 소리를 들은 것이 기뻐서 재빨리 숄을 두르고 바삐 집을 나섰다. 집 앞에 나와 보니 거리가 온통 캄캄했다. 과부는 좀 무서운 생각이 들었다. 그런데 그때 한 유대인 남자가 다가오더니 그녀에게 말을 건넸다.

"당신은 속죄의 기도를 드리러 회당에 가시는 중이지요?"

"예, 그래요."

"그렇다면 우리 함께 갑시다."

과부는 마침 어둠 속을 혼자 걷는 것이 두려웠던 터라 그 남자의 제안을 기쁘게 받아들였다. 그래서 그들은 회당을 향해 터벅터벅 걸어갔다.

마을은 깊은 잠에 빠져 있었다. 어떤 소리도 들리지 않았고 한 사람도 보이지 않았다. 과부는 왠지 이상한 생각이 들었다.

"정말 이해할 수 없네요. 다들 어디 있을까요? 다른 사람들도 우리처럼 분명히 회당지기가 부르는 소리를 들었을 텐데요."

그 남자는 과부를 안심시키려는 듯이 웃으며 말했다.

"사람들도 그 소리를 틀림없이 들었을 것이오. 아마 우리가 너무 늦게 출발한 것 같소. 우리가 회당에 도착하면 다들 거기 있는 것을 보게 될 거요."

그들은 마침내 회당에 도착했다. 율법궤$^{\text{Ark of Torah}}$ 앞에서 깜박거리는 제단불$^{\text{perpetual lamp}}$을 제외하고는 회당은 깊은 어둠 속에 잠겨 있었다. 과부는 조금 불안한 기분으로 여인들의 회랑으로 가는 계단을 올라갔고 남자는 회당의 입구가 있는 아래쪽에 남았다.

과부는 외롭고 불안했다. 아래의 남자를 제외하고 하느님의 집에는 아무도 없었다. 과부는 사람들을 기다리며 회랑에 앉아 있었으나 아무도 오지 않았다. 그녀의 불안은 점점 커져 갔다. 그녀는 아래를 내려다보았다. 그 순간 과부의 눈이 그 남자의 눈과 마주쳤다.

석탄처럼 어두운 그 눈은 활활 타오르고 있었다. 마치 예리한 칼로 찌르는 것처럼 자신을 바라보는 그 남자의 시선에 홀려 과부는 정신이 혼미할 지경이었다. 그녀는 덜덜 떨면서 식은땀을 흘렸다. 그녀는 시선을 그의 눈에서 떼어 버리려고 애썼으나 도저히 그렇게 할 수가 없었다.

과부는 그가 갑자기 자기를 향해 손을 내뻗는 것을 보았다. 그녀는 그 손이 점점 더 길어지면서 여인들의 회랑 바로 위로 다가오는 것을 공포에 질린 채 바라보았다. 긴 뼈로 된 앙상한 손가락들이 주욱 펼쳐졌다. 그것들은 이미 그녀의 목을 더듬으며 목졸라 죽일 기세였다. 그녀는 사력을 다해 부르짖었다.

"쉐마 이스라엘 아도나이 엘로헤누, 아도나이 에하드!" "이스라엘아 들으라. 우리 하느님 여호와는 오직 하나인 여호와시니!"

그다음에 그녀는 목을 움켜쥐고 있는 손가락들을 잡아떼었다. 그녀는 재빨리 계단을 내려가서 거리로 뛰쳐나갔다. 그녀는 숨이 끊어지도록 달리고 또 달렸다. 그녀는 감사해서 몇 번이나 중얼거렸다.

"사랑하는 하느님, 저를 이런 무서운 위험에서 구원해 주셔서 감사합니다!"

과부는 이제 그 회당 안의 남자가 인간이 아니고 자기를 해치기 위해 밖에 나온 변장한 악마라는 것을 확실히 알았다.

과부는 집에 도착하자마자 자정을 알리는 마을 시계 소리를 들었다. 그녀는 시간을 좀 더 잘 알았어야 했다. 그 시각은 회당지기가 심방을 돌기에는 아직도 너무 이른 시간이었다. 그래서 그녀는 의자에 편안히 기대어 회당지기가 문을 두드리기만을 기다렸다. 그러나 그녀는 곧 잠에 취해서 꿈속을 떠돌아다녔다.

갑자기 과부는 흠칫 놀라 잠이 깨었다. 그녀는 회당지기가 낮은 목쉰 소리로 바깥에서 낭송하는 음성을 들었다.

"일어나라, 자녀들아, 주님을 섬기어라!"

이어서 그녀는 자기 집의 바깥문을 두드리는 소리를 들었다. 그녀는 기도의 자리로 부르는 회당지기의 소리를 놓치지 않은 것에 감사하며, 다시 한 번 숄을 몸에 두르고 거리로 바삐 달려나갔다. 사람들이 단잠에 취하여 졸린 눈을 비비면서 집에서 쏟아져 나오고 있었다. 그녀는 회당을 향하여 걸어가는 예배자들의 흐름에 합류했다. 그녀는 예배 준비를 위해 기도 처소에 불이 환히 켜져 있는 것이 멀리 보이자, 안도의 한숨을 내쉬었다.

'이제 더 이상 이상한 일은 없겠지.'

과부는 깊은 생각에 잠겨 바삐 걸어가다가 문득 한 유대인이 자기 곁에서 걸어가고 있는 것을 알아차렸다. 그녀는 어둠 속에서 단지 그의 희미한 윤곽만을 알아볼 수 있었다. 그는 손에 커다란 기도서를 들고 있었다. 그는 경건한 태도로 그녀에게 물었다.

"회당까지 함께 걸어도 괜찮으시겠습니까?"

"물론이죠."

그녀는 감사해서 대답했다. 사실 그녀는 어둠이 무서웠기에 동행할 동반자를 발견한 것이 고맙게 느껴졌다.

"저는 조금 전에 당한 두려운 일에 대해 차마 이야기할 수가 없군요."

과부는 친절하게 이야기를 시작했다.

"왜요, 무슨 일이 있었는데요?"

"나는 의자에서 깜빡 잠들어 있었지요. 그리고 나는 속죄의 기도를 하라고 부르는 회당지기의 소리를 분명히 들었다고 생각했어요.

그래서 나는 회당을 향해 출발했습니다. 그때 나는 문 앞에서 한 유대인이 서 있는 것을 보았는데 그는 회당까지 나와 함께 걸어갈 수 있겠느냐고 묻는 것이었습니다. 내가 볼 때 그에게 이상한 점은 조금도 없었지요. 저를 믿어 주세요. 그는 당신과 조금도 달라 보이지 않았습니다. 그도 당신처럼 검은 턱수염이 있었고 커다란 기도서를 한 권 지니고 있었습니다. 회당에 도착하자 나는 여인들의 회랑으로 가기 위해 이층으로 가고 그 남자는 아래층에 남았습니다. 그때 나는 깜짝 놀랐습니다. 그는 불같이 쏘아보는 눈초리로 나를 바라보고 있었습니다. 나는 정신을 잃고 있다고 생각했습니다. 나는 그에게서 시선을 떼어 보려고 안간힘을 썼으나 그렇게 할 수 없었습니다. 그러자 그는 나를 향해 천천히 손을 뻗쳐 오는 것이었습니다. 그 손은 점점 더 길어지고 높아지면서 발코니에 있는 내 앞에까지 다가왔습니다."

"얼마나 높이요?"

그 남자가 궁금하다는 듯이 물었다.

"내 말이 거짓이라면 하느님께서 벌을 내리실 것입니다. 나는 그의 손이 여인들의 회랑 바로 위까지 다가왔다고 맹세할 수 있어요."

그녀의 동반자는 깜짝 놀라며 외쳤다.

"주여, 우리를 보호하소서."

이어서 그가 말했다.

"나는 단지 호기심으로 묻고 있소. 말해 주시오, 당신은 그의 손이 얼마나 높게 다가왔다고 생각하오?"

과부는 자신의 팔로 완만한 곡선을 위쪽으로 그리며 말했다.

"아, 위로 이만 한 높이였죠."

남자는 자신의 손을 위로 올리며 질문했다.

"이만큼 높이요?"

과부가 그의 손을 보니 그것은 점점 더 길어지면서 점점 더 높게 뻗치더니 마침내 큰 나무의 꼭대기에 닿았다.

과부는 두려움으로 덜덜 떨기 시작했다. 그녀의 가슴은 공포로 마구 뛰기 시작했기에 입으로도 그 진동을 느낄 수 있었다. 그녀는 크게 소리를 지르려고 했으나 목소리가 나오지 않았다. 그녀는 입술만 움직이며 소리 없이 기도했다.

"쉐마 이스라엘 아도나이 엘로헤누, 아도나이 에하드!"

그리고 그녀는 뛰기 시작했다.

"하하하 …… 호호호 …… 히히히."

그녀는 등 뒤에서 나는 끔찍한 웃음소리를 들었다. 그녀는 무서워서 정신없이 뛰었다. 그녀는 회당에 도착할 때까지 숨이 끊어져라 달리고 또 달렸다. 그녀는 커다란 위험에서 벗어난 후에 사색이 다 되어 관습을 따라 감사의 기도를 암송했다.

그녀는 생각했다.

'내가 당한 불상사는 내 죄로 말미암아 하늘이 내린 경고야.'

그러고 나서 그녀는 회개하는 심정으로 참회하는 속죄의 기도문을 읊조리기 시작했다.

●──이스라엘 민담

구두쇠의 개과천선

어떤 도시에 한 부자가 살았다. 그는 많은 토지와 금을 소유하고 있었으며 보석으로 채워진 값비싼 은그릇들로 가득 찬 금고를 가지고 있었다. 그는 부자였지만 구두쇠였다. 그는 가난한 자를 돕지 않았고, 고통 중에 있는 어느 누구도 돕지 않았으며, 심지어는 기부금을 내 달라고 부탁받을 것이 두려워 회당에 발조차 끊어 버렸다. 이러한 이유로 그에게는 '구두쇠'라는 별명이 붙었다.

그럼에도 불구하고 이 인색한 구두쇠도 인간적일 때가 있었다. 그는 이웃 신생아들의 할례 시행자로 자원 봉사하였고 여호와에 대한 신앙과 거룩한 율법에 그들을 맡겼다. 그는 결코 부자와 가난한 자를 차별하지 않는 헌신으로 이러한 의무를 수행하였으며, 이 목적을 위해 아주 먼 지역으로 여행하는 데 시간과 수고와 돈이 든다 해도 결코 단념하지 않았다.

어느 날 구두쇠가 집 앞에 서 있는데 어떤 낯선 남자가 다가와서 이렇게 말했다.

"아내가 방금 아들을 낳았습니다. 그래서 당신이 그 아이에게 할례를 해 주면 좋겠습니다."

구두쇠가 대답했다.

"그것은 나의 의무요. 잠깐만 기다리시오. 내 따라가리다. 그런데 당신은 어디 사시오?"

"저는 멀리 외딴 곳에 삽니다. 그러나 마차로 빨리 갈 수 있습니다. 제게는 좋은 말과 가벼운 마차가 있습니다."

구두쇠는 집 안에 들어가서 보물을 보관한 금고에 안전하게 자물쇠가 채워졌는지 주의 깊게 확인한 다음, 방문과 대문을 굳게 걸어 잠그고 그 낯선 남자를 따라갔다.

처음에 그 남자는 느리게 말을 몰았다. 시골 지경을 잘 아는 구두쇠는 자신들이 어디로 가고 있는지 알 수 있었다. 그러나 그 남자가 말을 채찍질하기 시작하자 그 마차는 굉장한 속도로 질주하기 시작했다. 안개가 깔리고 밤의 어두움이 내리덮일 때까지 들과 숲과 산과 골싸기를 지나 계속 질주했다.

이 모든 시간 동안 구두쇠는 새 한 마리 지저귀는 소리나 벌이 웅웅거리는 소리, 또는 시냇물이 콸콸 흐르는 소리조차 들어 보지 못했다. 마침내 달이 떠오르자 구두쇠는 공포의 눈으로 주위를 살폈다. 그는 말들의 그림자가 도무지 보이지 않는 것을 보고서 공포에 질렸다. 말들은 울음소리를 내고 발굽으로 길을 박차면서 아찔한 속도로 질주하고 있었다. 이 여행은 끝이 없는 것처럼 보였다. 구두쇠는 그 남자에게 떨리는 목소리로 물었다.

"날 어디로 데려가고 있소?"

그 남자가 구두쇠를 안심시키며 말했다.

"우린 곧 목적지에 도착할 것입니다."

──이스라엘 민담

과연 그 남자의 말대로 곧 먼동이 트기 시작하여 어느덧 안개가 걷히고, 태양은 어떤 작은 마을 위에서 눈부시게 빛나고 있었다. 그 마을은 푸르른 골짜기에 자리 잡고 있었다. 그것을 보자 두려워하던 구두쇠는 전에는 결코 느껴 보지 못했던 어떤 평화가 마음속으로 밀려오는 것을 느꼈다.

그 남자는 자신의 집으로 천천히 말을 몰았는데, 그곳에서 그 사람과 구두쇠는 "샬롬!" 하며 마음으로부터 문안하는 일단의 남자들에게 둘러싸였다. 주인이 자신의 손님을 집 안으로 영접하는 동안 하인들은 말을 마구간으로 끌고 갔다.

구두쇠는 깜짝 놀라 말없이 주변을 살피며 서 있었다. 보이는 물건마다 눈이 부시고 너무나 훌륭했다. 가구들은 금은보석으로 아로새겨져 있었고 문은 상아를 깎아서 만들었다. 집에 있는 자물쇠와 빗장, 그리고 못 하나하나까지도 금과 은으로 가공되어 있었다.

주인이 양해를 구하고 외출하자 구두쇠는 자신이 아까 본 것 중에서 어떤 값비싼 물건이 자신에게 선물로 주어질지 속으로 상상하기 시작했다.

그는 이 방 저 방으로 돌아다니다가 마침내 산모가 누워 있는 한 방을 발견하였다. 그 방은 얼마나 휘황찬란하였는지! 그 여자는 은제 침대에 누워 있었으며, 곁에 있는 금박으로 된 요람에는 갓난아이가 잠들어 있었다.

그 여자는 구두쇠를 보자마자 가까이 오라고 손짓했다. 그러고는 작은 목소리로 속삭였다.

"여기서 당신을 뵙게 되어 기쁘군요. 당신은 저를 위해 위대한 봉사를 하시게 될 겁니다. 저를 믿으세요. 저는 이 일로 늘 당신에게 감사를 드리지요. 그 보답으로 저는 당신에게 중요한 비밀을 알려 드리지요. 당신은 지금 인간들 가운데 있지 않다는 사실을 아셔야 해요. 여기 사는 자들은 귀신들이에요. 당신을 데려온 내 남편도 귀신이지요. 당신은 지금 사기와 기만이 쳐 놓은 덫에 걸려들었어요. 당신이 둘러본 금과 보석의 광채와 장엄함은 안개와 같이, 실제로는 존재하지 않는 환상과 어렴풋한 빛에 지나지 않지요."

이 말을 듣자 구두쇠는 그만 용기를 잃어버렸다.

산모가 말을 이었다.

"저도 당신처럼 인간입니다 저는 연약한 어린 시절에 이 악한 그물에 걸려들고 말았지요. 제 남편의 선물이 덫이 되어 제 이성을 눈멀게 했고, 그리하여 저도 모르는 사이에 귀신의 처가 되었지요! 저는 비록 구출되기에는 늦었지만 당신은 구원받을 시간이 아직은 남아 있습니다."

놀란 구두쇠가 부르짖었다.

"나도 틀렸소!"

"늦기 전에 당신에게 경고하겠어요. 여기 계시는 동안 어떠한 음식도 먹거나 마셔서는 안 됩니다. 마찬가지로 제 남편이 주는 선물은 그것이 값이 나가든 싸구려든 가리지 말고 절대로 받지 마세요."

구두쇠는 사지를 부들부들 떨며 그녀와 헤어졌다. 그는 슬픈 마음으로 자기가 두고 온 재산을 떠올렸다. 그는 이제 그 모든 것을 다 잃어버리는 것은 물론이거니와 자기의 운명까지도 귀신들의 손에 달려 있다고 생각했다.

밤이 이슥하자 바깥에서 시끄러운 말 울음소리가 들렸다. 귀신들을 실은 말과 마차들이 물 흐르듯이 계속 도착하고 있었다. 의심할 여지없이 그들은 할례 의식의 내빈으로 온 것이었다.

다시 구두쇠는 모자가 있는 내실로 들어갈 수밖에 없었다. 그는 갓난아이를 해치기를 즐기는 악령들과 귀신들에게서 아이를 보호하는 기도와 주문을 외웠다.

축하 잔치가 시작되자 귀신들은 흥에 넘쳐 즐거워했다. 그러나 구두쇠는 모든 음식과 음료를 거절했다. 빛나는 양초 불빛이 웅장한 실내를 환하게 밝히고 있었지만, 구두쇠의 마음은 한없이 어두웠다. 그는 아무것도 듣고 보지 않기로 결심했다. 그는 단지 그 불행한 산모가 자신에게 이야기한 무시무시한 일들만 골똘히 생각했다.

그날 밤 구두쇠는 잠을 이루지 못하고, 뜬눈으로 누운 채 긴장하고 있었다.

아침이 되자 주인 귀신은 악마 예배자들로 가득 찬 회당으로 구두쇠를 인도했다. 구두쇠는 선창자의 역할을 정중히 부탁받았다. 그는 근심으로 가득 차서 예배에서 노래했는데, 악마 회중이 자기를 따라 찬송할 때 무섭게 차가운 그들의 음성 때문에 피가 오싹 얼어붙는 것 같았다.

그들이 기도를 끝내고 아이를 데려오자 구두쇠는 할례 의식을 거행하였다. 모든 참석자들이 관습에 따라 간단한 음식을 들었으나, 구두쇠는 이 날이 자신의 특별한 금식일이라는 핑계를 대며 사양했다.

그러자 주인 귀신이 교활하게 큰 소리로 말했다.

"내빈을 잘 대접하는 것이 우리의 의무이니 저분이 우리와 함께 먹고 마실 수 있도록 저녁까지 잔치를 연기하세."

구두쇠는 가슴이 철렁 내려앉았다. 그는 자신의 영혼을 지옥의 파멸에서 구원할 수 있는 최선의 방법에 대해서만 생각했다.

그날이 어느새 휙 지나가고 밤이 돌아왔다. 주인 귀신이 와서 다른 귀신들이 둘러앉은 잔칫상으로 구두쇠를 인도했다. 그들은 내키는 대로 먹고 마시며 흥겨워했다. 오직 구두쇠만이 낙심한 채 조용히 앉아 있었다. 그는 먹고 마시도록 강요받자 이번에는 아프다는 핑계로 양해를 구했다. 귀신들의 쾌락이 강렬해지는 것처럼, 그의 공포도 점점 커져만 갔다.

갑자기 주인 귀신이 일어나더니 구두쇠에게 한 방을 가리키며 따오라는 몸짓을 했다. 구두쇠는 그를 뒤따라가며 공포에 질려 생각했다.

'이제 나는 이 땅에서 영영 사라지겠구나!'

주인 귀신이 문을 열자, 그 구두쇠는 아름답고 값비싼 은그릇들이 가득 진열되어 있는 것을 보고는 눈이 휘둥그레졌다. 주인 귀신이 말했다.

"당신이 제게 그런 훌륭한 봉사를 해 주셨으니, 약소하지만 감사의 표시로 기념품을 드리고 싶습니다. 여기 보시는 것 중에서 무엇이든지 좋은 것을 고르십시오."

구두쇠는 대경실색해서 황급히 말했다.

"우리 집에도 이런 것은 충분히 있소. 호의에 감사할 뿐이오."

주인 귀신은 한 마디 말도 없이 구두쇠를 다음 방으로 안내했다. 그곳에는 모든 물건이 금으로 되어 있었다. 주인 귀신이 물었다.

"이것들 중 어떤 것이 마음에 드십니까?"

구두쇠는 이번에도 역시 황급히 대답했다.

"친절에 감사하오. 그러나 우리 집에도 이런 것은 충분히 있소."

그러자 아무 말도 없이 주인 귀신은 구두쇠를 다음 방으로 안내했다.

그 구두쇠는 자신이 본 것에 흥분하여 말도 못하고 서 있었다. 그곳에는 아무런 웅장함이나 은의 광채, 혹은 금의 환한 빛도 없었다. 보이는 것이라고는 벽의 못에 걸려 있는 각양각색의 열쇠 꾸러미들

●──이스라엘 민담

뿐이었다. 그러자 주인 귀신이 투덜거렸다.

"이상한 일이군요! 내가 당신에게 처음에는 은으로 된 내 보물을, 다음에는 금으로 된 보물을 보여 주었으나 당신은 냉정하고 무관심했습니다. 그런데 내가 고작 흔한 철로 된 열쇠 꾸러미들을 보여 주니 당신은 깜짝 놀라는군요!"

그 구두쇠의 놀람은 무서운 공포 앞에서 갑자기 사라져 버렸다. 바로 앞에 있는 벽의 어떤 못에 눈에 익은 열쇠 꾸러미 하나가 걸려 있었던 것이다. 주인 귀신은 손을 내밀어 그것을 벽에서 끄집어 내렸다. 구두쇠는 떨면서 외쳤다.

"이것들은 내 열쇠로군! 정말로 이것들은 내 보물을 보관해 둔 금고의 열쇠들이야!"

주인 귀신이 차가운 음성으로 말했다.

"이것들이 당신 열쇠일지라도 무서워할 건 없습니다! 창백해지지 말고, 그렇게 떨지도 마십시오! 당신이 여기에 와서 훌륭히 봉사했고, 또 내게서 어떠한 선물도 받기를 거절했기 때문에 나는 다른 방법으로 감사를 표하고 싶습니다.

내가 귀신이라는 걸 아셔야 합니다! 나는 당신같이 사람들이 도와 달라고 외칠 때 가난한 자를 도무지 구제할 줄 모르는 인색한 자들이 소유하고 있는 모든 재물과 보물을 지배하는 모든 악령들의 왕이자 주인이지요. 또 당신 같은 부류가 결코 그 재물의 실제적인 소유자가 아니라는 사실도 아셔야 합니다. 우리 귀신들은 결코 그것을 즐길 수는 없지만 당신의 견고한 보관함의 열쇠를 잘 보관하고 있지요.

자, 여기 당신의 열쇠 꾸러미가 있소! 그것을 가져가 당신이 소유한 재물의 진정한 주인이 되시오!"

그 구두쇠는 재빨리 열쇠 뭉치를 잡아챘다. 주인 귀신이 마차를 불렀다. 그 구두쇠는 그것을 타고 날 듯이 떠나갔다.

구두쇠는 마차가 자기 집 앞에 멈추자 내렸다. 그러나 그의 발이 땅에 닿자마자 말과 마부는 모두 사라져 버렸다.

구두쇠는 집에 들어갔으나 과거와는 전혀 다른 사람이 되어 있었다. 그는 보물 상자와 견고한 함을 열고 그 안의 귀중품을 꺼냈다. 그는 구제금을 나누어 주고, 가난한 자들을 입히고, 불행한 사람들을 도와주었다. 새롭고 아름다운 삶이 그에게 시작되었다.

이후로 사람들은 그를 '구두쇠'라고 부르지 않았다. 그 대신에 사람들은 그가 보여준 고상한 모범을 기렸고 그가 죽자 영원한 안식을 빌며 명복을 빌었다.

●──이스라엘 민담

하느님을 속일 수는 없다

어떤 도시에 쌍둥이 자매가 살고 있었다. 그들은 모습이 너무나 닮아서 둘이 같이 있을 때에는 아무도 그들을 구분하지 못했다. 자매는 둘 다 결혼했는데, 그 중 언니는 아주 음란하여 자기 남편을 속이고 간음을 행하였다.

어느 날 이 음란한 언니는 정부情夫와 몰래 만나고 돌아와서는 자기 남편에게 다른 도시에 볼일이 있었다고 핑계를 댔다. 그녀의 남편은 아무래도 자기 아내가 미심쩍어서 너무나 고민스러운 나머지 대제사장에게 가서 쓴 물로 그녀를 시험해 보기로 했다. 그녀가 쓴 물을 마시고도 아무런 이상이 없다면 죄가 없다는 하느님의 증명이지만, 반대로 그녀에게 죄가 있다면 그 물 때문에 죽게 되어 있었다.

여인은 어쩔 수 없이 신성 재판神聖裁判을 받으러 대제사장에게 가려고 남편과 함께 집을 나섰다. 가던 도중에 그들은 쌍둥이 동생이 살고 있는 집을 지나게 되었다. 음란한 여인은 짐짓 죄가 없는 척하며 남편에게 말했다.

"여보, 당신이 이곳에서 기다리는 동안 동생의 집에 들어갔다가 오게 해 주세요."

그리하여 언니는 동생의 집으로 들어가서 그녀에게 말했다.

"얘야, 나 좀 도와줘! 지금 네 형부가 나를 대제사장에게 데려가서 쓴 물의 신성 재판을 받게 하려고 바깥에서 기다리고 있어. 자, 내 말 잘 들어. 네가 나를 위해 할 수 있는 일이 있단다. 우리는 모습이 똑같아서 만약 네가 내 옷을 입는다면 네 형부는 우리 둘을 구분하지 못해. 나는 죄가 있는 몸이니까 쓴 물을 마시게 되면 당장 죽지만 너는 아무 죄가 없으니까 그것을 마셔도 아무 상관이 없을 거야. 제발 내 대신 가서 내 목숨을 구해 줘!"

그래서 착한 동생은 부정한 언니와 옷을 바꿔 입고 바깥에서 기다리고 있는 형부에게 갔다. 그는 아무런 의심도 하지 않고 그녀를 대제사장의 집으로 데리고 갔다. 그곳에서 그녀는 쓴 물을 마셨고, 아무 해를 입지 않고 시험을 통과했다. 대제사장은 곧 여인의 무죄를 선언했고, 아내를 잘못 판단했다며 그 남자를 책망했다.

그 남자는 자기와 함께 있는 여자가 처제인 줄도 모르고 기쁜 마음으로 그녀와 함께 집으로 출발했다. 돌아오는 길에 그들은 또다시 처제의 집을 지나게 되었다.

그러자 처제는 신성 재판을 무사히 통과한 것을 동생에게 전하고 싶다며 잠시 들어가게 해 달라고 청했다. 그 남자는 기분이 좋았으므로 기꺼이 허락했다.

부정한 그 언니는 동생이 들어가자 달려나와서 맞이했다. 그녀는 눈물을 글썽이며 소리쳤다.

"네가 내 목숨을 구해 주었구나!"

●──이스라엘 민담

그러고는 동생을 끌어안고 키스를 퍼부었다.

그러나 그녀는 동생에게 키스할 때 동생의 입에 남아 있던 쓴 약초의 향기를 들이마셨다. 그리하여 약초가 온몸에 퍼져 갔다. 그녀는 신음 소리를 내며 마룻바닥에 쓰러져 죽었고, 시체는 퉁퉁 붓고 배가 터져 버렸다.

예루살렘 목수 아브라함과
나무 밑에 묻힌 돈

예루살렘에 어떤 부자가 살고 있었다. 어느 날 이방인이 값진 물건을 들고 부자에게 와서 그것을 잡히고 돈을 꾸고 싶다고 했다. 그래서 그 부자는 아내더러 금고를 열고 돈을 꺼내 오라고 말했다. 마음씨 고운 그의 아내가 위층으로 올라가서 금고문을 열고 돈을 꺼내려는 순간 어떤 음성이 들렸다.

"이 돈에 손대지 마라. 이것은 너의 것이 아니다."

그녀는 너무나 놀란 나머지 아래층으로 내려가 남편에게 그 일을 말했다. 남편이 위층으로 올라가 금고에서 돈을 꺼내려 하자 똑같은 음성이 들렸다.

"이 돈에 손대지 마라. 이것은 너의 것이 아니다."

그 역시 매우 놀랐다. 그러나 그는 정신을 차리고 말했다.

"이 돈이 나의 것이 아니라면 누구의 것입니까?"

그 음성이 답했다.

"네가 알기 원한다면 이야기해 주지. 이 돈은 예루살렘 목수 아

●──이스라엘 민담

브라함의 것이다."

그는 마음이 착한지라 다음과 같이 생각했다.

'이 돈이 내 것이 아니라면 내가 가지지 말아야지.'

그리고 그는 자기가 가진 모든 돈과 금은과 값진 물건과 장신구들을 가져다가 정원에 있는 나무에 구멍을 뚫고 그 속에 넣었다. 그런 다음 그는 하느님께서 자기에게 내린 불행을 체념하며 받아들였다.

이후 얼마 지나지 않아 커다란 홍수가 밀어닥쳤다. 많은 집과 나무가 씻겨 내려갔는데, 그 중에는 보물과 돈을 숨겨 놓은 나무도 있었다. 한 어부가 배를 타고 가다가 물 위에 떠 가는 나무를 보고 생각했다.

'저 나무는 아주 좋은 나무라서 목수에게 참 좋겠구나. 나는 예루살렘에 사는 아브라함이라는 목수를 알고 있지. 내가 그에게 저 나무를 가져다주면 꽤 비싼 값을 받을 수 있을 거야.'

그 어부는 잡은 물고기를 팔러 금요일에 예루살렘으로 갔다가 마침 안식일에 사용할 물고기를 사러 온 아브라함을 만났다. 어부가 아브라함에게 말했다.

"아브라함이여, 우리 집에는 내가 물에서 건져 올린 훌륭한 통나무가 있소. 그 나무의 재질이 매우 좋아 당신은 그것으로 쓸 만한 물건을 만들 수 있을 거요."

아브라함이 어부의 집에 가서 그 통나무를 보니 너무나 마음에 들었다. 그래서 자기 집으로 가지고 왔다. 그리고 그가 나무를 잘랐을 때 앞서 말한 착한 사람이 넣어 둔 굉장한 보물을 발견하게 되었다. 아브라함은 하느님께서 자기에게 내려주신 이 놀라운 행운에 감사했다.

얼마 지나지 않아 돈을 나무 속에 넣어 둔 그 착한 사람은 극도로 궁핍하게 되어 이리저리 구걸하러 다녔다. 어느 날 그는 아내에게 말했다.

"여보, 우리 예루살렘으로 가서 그 목소리대로 우리 돈이 목적지에 다다랐는지 알아봅시다."

그래서 그들은 짐짓 아무것도 모르는 체하면서 예루살렘에 있는 아브라함 목수의 집으로 갔다. 그들이 아브라함의 집에 도착했을 때 아브라함은 아들에게 줄 장난감을 만드느라고 분주했다. 아브라함의 식탁 위에는 자기들이 묻어 놓았던 아름다운 은그릇이 놓여 있었다. 마음씨 착한 이 두 사람은 그것을 보고 울기 시작했다. 아브라함의 아내는 이 가난한 사람들이 우는 모습을 보고 궁금해하며 왜 우는지 물었다. 그러나 그들은 대답하지 않았다. 마음씨 착한 아브라함의 아내는 필경 우는 까닭이 있을 거라고 생각하며 오랫동안 그 이유를 캐물었다. 그러자 결국 그들은 모든 이야기, 곧 그 모든 아름다운 그릇들이 원래 자기들의 것이었다는 것과 목소리를 들은 이야기, 나무 둥치가 물에 떠내려간 이야기를 했다. 아브라함의 아내는 그 모든 것을 어떻게 알 수 있느냐고 물었다. 그들은 이렇게 대답했다.

"우리는 목소리가 말한 대로 당신들이 가지고 있는 모든 장신구와 아름다운 물건들을 보았기 때문입니다."

아브라함의 아내가 이 이야기를 듣고 말했다.

"사랑하는 친구들이여, 안식일을 즐겁게 보내시오. 이 물건들이 당신들 것이라면 우리는 그것을 돌려 드리지요. 왜냐하면 우리는 하느님의 은혜로 당신들의 재산이 없어도 살 만한 충분한 재물이 있기 때문입니다."

●──이스라엘 민담

그러자 가난한 사람들이 말했다.

"아닙니다. 우리는 그것을 받을 수 없습니다. 만약 그 돈이 우리가 쓰도록 되어 있었다면 하늘에서 그런 음성이 들려오지 않았을 것입니다. 우리는 당신들이 그 돈을 쓰도록 정해져 있다는 사실을 압니다. 우리는 그것을 가지지 않겠습니다. 그렇게 되면 우리는 주님 앞에 죄를 짓게 될 것입니다."

그리고 그들은 입을 다물었다.

아브라함의 아내는 아브라함에게 이 모든 이야기를 했다. 그리고 그 가난한 사람들이 길을 가면서 먹을 수 있게 아브라함과 함께 빵을 만들었다. 그들은 빵에다가 양념을 치고서는 그 속에 아무도 모르게 400플로린이라는 큰돈을 넣었다. 그 이유는 아브라함이 다음과 같이 생각했기 때문이다.

'그들이 길을 가면서 먹도록 이 빵을 주어야지. 그들이 빵 상자를 열어 보면 400플로린을 발견할 수 있을 거야.'

일요일 아침에 그 가난한 사람들은 길 떠날 채비를 하면서 눈물을 글썽이며 아브라함에게 작별인사를 했다. 아브라함은 그들에게 돈을 주려고 했으나 그들은 받지 않았다. 아브라함 부부는 결국 그들에게 빵을 주며 말했다.

"이 빵을 가지고 가세요. 배가 고플 때 드시면 기운을 차릴 수 있을 것입니다."

그들은 그 빵도 받지 않으려고 하였으나 아브라함 부부가 강권했기 때문에 어쩔 수 없이 그것을 받아 떠났다.

도중에 그들은 어떤 도시에 도착하여 통행세를 물어야 했다. 그러나 그들은 돈이 없었다. 그래서 징수원에게 말했다.

"우리는 돈이 없으니 대신 이 빵을 받아 주시오"

징수원은 이 말을 듣고 생각했다.

'제때에 빵이 생겼구나. 이 빵을 예루살렘 목수인 아브라함의 아들 결혼식 때 선물로 주어야지. 그러면 그가 매우 기뻐할 거야.'

징수원은 빵을 받고 그 가난한 사람들이 통과하도록 해 주었다. 그러고는 예루살렘으로 가서 그것을 아브라함에게 주었다. 그리하여 아브라함은 다시 빵을 돌려받게 되었다.

이 이야기는 '은도 내 것이요, 금도 내 것이니라. 만군의 여호와의 말이니라.' 학개 2:8라는 성경의 구절을 우리에게 말해 준다. 원래 부자였던 그 부부는 결국 죽을 때까지 가난을 면치 못했다. 왜냐하면 그들은 자선 행위를 하지 않았기 때문이다. 그러므로 하느님께서 그들을 벌하셨다. 재산을 유지하려는 사람은 많은 것을 가난한 사람들에게 나누어 주어야 한다. 그러면 재산이 남게 될 것이다. 마찬가지로 사람이 자선을 베풀지 않는다면 그의 재산은 그에게 남아 있지 않고 이 두 사람에게 일어난 일처럼 사라질 것이다.

하느님께서 우리에게 좀 더 많은 복을 주시기를! 아멘, 셀라.

●──이스라엘 민담

아버지의 충고

 이슬람 사원과 유대인 회당으로 유명한 어느 도시에 외아들과 함께 사는 늙은 유대인이 있었다. 그는 아들을 신앙심이 깊은 사람으로 길렀다. 아들은 매우 잘생기고 재주가 많아 술탄의 하인 중에서 가장 높은 자리까지 올라갔다. 그는 식탁을 준비해 술탄과 술탄의 가족들에게 음식을 날라다 주고 포도주를 따라 주었으며, 그들의 식사 준비를 총감독했다. 아들은 곧 술탄의 총애를 받았고 그 노인은 아들에게 행운이 따르는 것을 보고 즐거워했다.
 그러나 아버지와 아들의 기쁨도 잠시였다. 병이 든 아버지는 의사의 얼굴을 보고 자기가 회복할 수 없다는 것을 알게 되었다. 그래서 그는 아들을 불러 말했다.
 "내가 죽으면 너는 세상에 혼자 남겠구나. 나는 네가 잘해 내리라 믿지만 오래 살고 싶으면 지금부터 내가 하는 말을 명심해 두어라. 교회를 지나다가 사람들이 그 안에서 기도하는 소리를 들으면 안으로 들어가 그들과 함께 기도하여라. 그리고 그곳에서 예배가 끝날 때까지 기다려라."

　노인은 말을 마치자 아들과 포옹한 뒤 곧 눈을 감았다. 아들은 아버지의 장례식을 치른 뒤 슬픔의 표시로 그의 기도 숄을 찢고 고대 율법대로 7일 동안 집을 떠나지 않았다.

　그 후 아들은 궁전으로 돌아갔다. 술탄은 노한 눈으로 단 한 번 그를 뚫어지게 쳐다보았을 뿐 어떤 말도 하지 않았다. 아들은 왕이 왜 그렇게 자기에게 화를 내는지 이유를 알고 싶었으나 소용없었다. 그가 없는 동안 한 장관이 그가 왕을 독살할 계획이라고 모함했다는 것을 아들은 알지 못했다. 그때부터 술탄은 그 아들을 믿지 않았다. 술탄은 자기가 먹고 마시는 모든 것을 그 젊은이에게 먼저 맛보라고 했다. 그리고 그가 가는 곳마다 몰래 사람을 보내 미행하게 했다.

　어느 날 술탄은 궁전에서 가까운 곳으로 말을 타러 갔다. 그는 말의 고삐를 풀어 마음대로 가게 했으나 결국 그의 부하들이 석회를 굽고 있는 곳에 도착했다. 술탄은 잠시 동안 그들을 쳐다보았다. 그의 증오심이 갑자기 어떤 생각을 불러일으켰다. 술탄은 즉시 그들 중에서 가장 나이가 많은 사람을 불러 말했다.

　"내일 아침 내가 어떤 사람을 한 명 보낼 테니 그를 즉시 뜨거운 가마 속으로 집어넣도록 해라."

　그 남자는 그 명령에 복종할 것을 맹세했고 술탄은 젊은이에게 말했다.

　"내일 아침 일찍 너는 가마터로 가라. 가서 가장 나이 많은 노인을 찾아 왕께서 약속을 잊지 말라고 명령하셨다고 말하여라. 일찍 출발하도록 해라. 아침은 준비하지 않아도 될 것이다."

　젊은이는 왕에게 인사를 하고는 내일 아침 늦잠을 자지 않기 위해 일찍 잠자리에 들었다. 그러나 그는 오래도록 잠이 오지 않았다. 그는 마음이 무거웠고 기분 나쁜 예감으로 괴로웠다. 반면에 장관은 매우 즐거운 밤을 보내고 있었다. 그는 포도주를 마시면서 하렘의 여자들과 날이 밝을 때까지 춤을 추며 놀았다.

젊은이는 일어나자마자 말안장을 채우고 가마터를 향해 출발했다. 그는 쉬지도 않고 계속 말을 타고 달렸다. 그런데 갑자기 그의 귀에 도시의 끝에 있는 회당에서 아침 기도를 하는 소리가 들려왔다. 그는 문득 아버지의 말이 생각나서 말을 잡아당겨 세웠다.

'아버지의 충고를 들어야겠어. 먼저 형제들과 함께 기도를 하고 서둘러서 술탄의 전갈을 전해야겠구나.'

그는 회당에 들어가서 안에 있는 사람들이 마지막 아멘을 하고 기도 숄을 접기 시작할 때까지 머물러 있었다.

젊은이가 기도하는 동안 그 장관은 지난밤에 마신 포도주에서 여전히 깨어나지 못하고 있었다. 술탄의 하인이 죽기를 초조하게 기다리고 있던 그는 가서 살인 장면을 보기로 마음먹었다. 그는 말안장을 채우고 할 수 있는 한 빨리 말을 달려 가마터로 갔다. 그리하여 젊은이가 도착하기도 전에 장관이 먼저 도착하는 일이 일어났다. 장관은 주변을 둘러보았으나 젊은이가 타고 온 말이 보이지 않자 가장 나이 많은 토기장을 불러 말했다.

"술탄의 명령을 잊지 않으셨겠지요."

장관의 이 말이 떨어지자마자 토기장은 장관의 허리를 잡아 눈 깜짝할 사이에 타오르는 가마 속으로 던졌다. 그리고 바로 그 순간 젊은이가 도착했다. 젊은이는 깜짝 놀라 토기장에게 물었다

"도대체 무슨 일을 한 것입니까? 왜 장관을 죽였습니까?"

토기장이 대답했다.

"걱정 말아요. 술탄이 이곳에 처음으로 도착하는 사람을 가마 속으로 밀어 넣으라는 명령을 내렸습니다. 방금 내가 한 일이 바로 그 일입니다."

이 말을 들은 젊은이는 공포에 사로잡혀 몸이 떨리기 시작했다.

'술탄이 준비한 내 운명이 얼마나 끔찍한가. 회당에 들어가라는 아버지의 충고를 따르지 않았더라면 그것으로 내 인생은 끝이 났겠구나.'

불안에 가득 찬 마음으로 그는 궁전으로 돌아와 술탄 앞으로 나아갔다. 술탄이 크게 소리를 질렀다.

"왜 내 명령에 복종하지 않았느냐?"

젊은이가 조용히 대답했다.

"말씀하신 대로 했습니다. 그러나 장관이 먼저 도착해서 토기장이 그를 가마 속으로 밀어 넣었습니다."

깊은 침묵이 흘렀다. 한참 동안 땅을 쳐다보던 술탄이 말했다.

"그 장관을 믿었을 때 내가 무슨 악마에게 씌웠나 보구나. 네가 나를 독살하려 한다고 그가 말했다. 그는 네가 죽기를 바랐으니 죄의 대가를 치른 셈이다. 네가 죽는 것을 보는 즐거움 대신에 그는 자신이 벌을 받은 것이로구나. 나는 더 이상 너의 충성심을 의심하지 않겠으니 전처럼 성실하게 나를 위해 봉사해 주길 바란다."

바시와 악마

스미르나에 고약한 아내와 살고 있는 바시라는 상인이 있었다. 그의 고약한 아내는 공주마냥 자존심이 강해 오만하고 건방졌다. 그녀는 항상 새 옷을 입고 싶어했으나 일을 할 줄은 몰라 바시에게 계속 다음과 같은 말만 했다.
"새 팔찌를 사 와요! 시장에서 비단도 사 오고요!"
불쌍한 바시는 어찌할 바를 몰랐다. 그러나 그가 아무리 노력해도 그녀를 만족시켜 줄 수는 없었다. 그가 흰색 비단을 사 오면 그녀는 파란색 비단으로 바꿔 오라며 돌려보냈다. 다시 파란색을 가져오면 그녀는 노란색 비단을 갖고 싶다고 했다. 그녀는 밤마다 바시에게 자신을 제대로 돌봐 주지 않는다며 불평했고, 고약한 성미로 언제든지 바시와 싸우려 들었다. 밖에 햇빛이 비친다고 하면 비가 올 것 같다며 빨래를 걷어 오라고 그를 내보냈고, 밤이나 낮이나 바시에게 소리를 질렀다. 바시가 화요일에 축제가 시작한다고 하면 그녀는 수요일까지는 시작하지 않는다고 했다. 그러고는 아무것도 준비하지 않아 바시만 창피를 당하곤 했다. 이런 일이 날마다 계속되었다.

그러던 어느 날, 마침내 바시는 도망가기로 마음을 먹었다. 그는 집을 조용히 빠져나와 아내가 잡을 수 없을 것이라는 확신이 들 때까지 달리고 또 달렸다.

바시는 이곳저곳을 방황하며 걷다가 사거리에서 한 남자를 만났다. 그 사람에게 모든 이야기를 털어놓자 그 남자는 바시를 껴안으며 말했다.

"우린 동지군요! 당신과 나는 한 배를 탄 것이나 마찬가지입니다. 비록 나는 힘이 센 악마이지만 나 역시 당신처럼 아내한테서 도망쳐야만 했습니다. 그녀가 소리를 지르면 수천 개의 드럼, 피리, 심벌즈, 트럼펫이 한꺼번에 울리는 것보다도 더 시끄럽거든요. 나는 짐승들을 무서워하지요. 혹시 뱀에 물리거나 천사에게 잡혀 죽음으로 인도되지 않을까 떨고 있지만 그래도 그 편이 집에 머무는 것보다는 훨씬 좋습니다."

악마는 그동안 참고 견뎌야만 했던 모든 고통을 바시와 연관지었다. 그리고 아내에 대한 생각만 해도 마치 아직도 고난이 계속되고 있는 것처럼 눈물을 흘렸다.

"바시, 당신을 만나게 되어 반갑습니다. 우리 앞에는 시련이 놓여 있습니다. 원한다면 곧 우리의 고통을 잊을 수가 있을 것입니다."

"내가 무엇을 할 수 있겠습니까?"

"나와 힘을 합치면 됩니다. 주의 깊게 들어요. 우리는 모든 병을 고칠 수 있다고 선전할 것입니다. 당신이 유명하게 될 때 나는 세상에 있는 왕들의 몸속으로 들어가 그들을 지배할 것입니다. 내가 그들의 힘을 탈진시키면 그들은 마지막이 다가오고 있다는 것을 알

●──이스라엘 민담

게 되겠지요. 그런 다음 우리는 계속해서 다른 왕국으로 가는 거요. 세상을 반도 돌기 전에 우리는 하늘 아래 가장 큰 부자가 될 것입니다."

바시는 악마의 생각이 매우 마음에 들었다. 그래서 즐거워하며 악마와 함께 여행을 계속했다. 곧 그들은 커다란 왕국에 도착했다. 악마는 바시를 데리고 거리를 지나면서 그가 훌륭한 의사라며 칭찬했다. 왕의 귀에까지 굉장한 의사가 도착했다는 소식이 들어갔을 때 악마는 왕의 몸속으로 들어갔다. 아무도 그 이상한 병을 고칠 수 없었다. 왕은 곧 쇠약해졌으나 왕의 주치의는 무력했다. 오래지 않아 여왕이 직접 바시를 찾아와 왕의 병을 고쳐 달라고 청했다.

"1만 길더네덜란드, 독일, 오스트리아의 옛날 금화를 주시면 고쳐 드리겠습니다."

바시가 말했다.

"왕의 전 재산이 2만 길더뿐이에요. 그러나 사흘 안에 고쳐 주신다면 말씀하신 대로 드리지요. 그러나 한 가지 조건이 있어요. 만약 성공하지 못한다면 당신을 사형시키겠어요."

바시는 알겠노라고 하고는 환자와 혼자 있게 해 달라고 부탁했다. 왕은 잠들어 있었다. 바시는 즉시 몸 안에 있는 악마에게 말했다.

"나와요. 우리는 여왕에게 1만 길더를 받게 되었소. 이젠 나와도 좋아요."

그러자 악마가 비웃듯이 말했다.

"내가 왜 나가? 나는 악마라구. 난 오직 네가 죽는 꼴을 보고 싶어서 협력한 것뿐이야."

바시는 가슴이 철렁 내려앉아 매달리듯 말했다.

"우리의 약속은 어떻게 되는 거요?"

"그게 뭔데?"

악마는 낄낄거리며 웃고는 바시가 아무리 간청을 해도 더 이상 아무 말도 하지 않았다.

낙담한 바시는 악마의 마음이 다음 날에는 누그러지기를 바라며 왕의 방에서 나왔다. 그러나 두 번째 날에도 세 번째 날에도 악마는 바시의 청을 들어주지 않았다. 악마는 같은 말만 되풀이했다.

"네가 죽는 것을 보고 싶어. 그런 즐거움을 포기하고 싶은 생각은 없어. 그러니 그만 빌라구. 시간 낭비일 뿐이라니까."

바시는 악마의 마음을 바꿀 수 없다는 것을 알고는 여왕에게 알현을 청했다. 그는 여왕 앞에 무릎을 꿇고 눈물을 머금은 채 말했다.

"저는 오늘까지 왕을 치료해야 한다는 것을 알고 있습니다만 제게 사흘만 여유를 더 주십시오. 만약 저를 죽이신다면 그나마 아무도 왕의 병을 고치지 못할 것입니다. 제가 묻히기도 전에 왕은 돌아가실 것입니다."

여왕은 바시를 무섭게 노려보았다. 잠시 침묵한 뒤에 그녀가 말했다.

"사흘만 더 기다리겠어요. 만약 나를 속일 생각이라면 다 소용없는 짓이니 그만두세요. 당신은 죽음을 피할 수도 없을 뿐만 아니라 예정보다 더욱 비참한 최후를 맞이하게 될 것입니다."

두려움을 극복하고 바시가 말했다.

"저는 하느님께 기도하겠습니다. 그리고 왕의 건강을 되찾을 수 있는 일이라면 무엇이든지 다 하겠습니다. 그러나 여왕님의 도움이 필요합니다. 왕을 궁전 안에서 가장 큰 방으로 모시고 가십시오. 그리고 전 지역에서 음악가를 불러오십시오. 그들에게 트럼펫, 피리, 드럼, 바이올린을 가지고 가서 제 명령을 기다리라고 하십시오."

여왕은 바시가 시키는 대로 했다. 해가 떴다 지고 마지막 날이 되자 왕궁은 음악가들로 꽉 찼다. 그들은 정확히 5555명이었다. 바시가 그들에게 말했다.

"내가 왕이 누워 계신 방문을 열 때 아주아주 시끄러운 소리를 내시오. 드럼을 두드리고 피리와 트럼펫을 부시오. 내가 고개를 끄덕일 때까지 멈추지 마시오."

바시는 왕이 누워 있는 방으로 갔다. 그가 문을 여는 순간 5555명의 음악가들이 힘차게 연주하기 시작했다. 아무도 지금껏 그와 같은 큰 소리를 들은 적이 없었다. 왕궁에 있는 모든 유리창이 깨지고 왕궁의 밑바닥부터 지붕까지 흔들렸다. 꽝꽝 울리는 소리가 수천 마일까지 울려 퍼졌다. 악마가 왕의 몸 안에서 소리쳤다.

"어떻게 된 거야? 도대체 이게 다 무슨 소란이지?"

바시가 왕에게 걸어갔다. 왕은 꼼짝도 않고 누워 있었고 거의 숨을 쉬지도 못할뿐더러 바시가 다가오는 것도 알지 못했다. 바시가 말했다.

"왕의 몸속에 있는 악마야! 너는 나를 속였어. 곧 나는 죽게 될 테지만 그래도 내가 너보다는 행운아지. 네가 여기 있다는 것을 알고 네 아내가 너를 잡으러 올 것이다. 알았니?"

악마가 소리쳤다.

"정말이야? 내 아내가 그렇게 화가 났어?"

그 말과 함께 악마는 즉시 왕의 몸속에서 뛰쳐나와 그 지독한 음악 소리가 들리지 않을 때까지 달아났다.

왕은 마치 긴 잠에서 깨어난 듯 건강하게 자리에서 일어났다. 음악가들이 연주를 멈추자 여왕은 남편을 껴안았고 바시에게 약속한 돈을 주었다.

다음 날 바시는 바다를 건너 항해를 떠났다. 그때 그는 고약한 아내가 결코 자기를 찾을 수 없다고 확신했다. 그는 유대인이 살고 있는 다른 땅으로 가서 새 가정을 이루었다. 그리고 죽을 때까지 가난뿐만 아니라 고난도 모르고 지냈다.

제 5 부

....

해학과 재담

....

좀 어처구니없는 사람들

● ——천국을 얻었는가?

어떤 경건한 사람이 랍비에게 물었다.

"제가 천국에 들어가기 위해서는 무엇을 해야 합니까?"

랍비는 잠시 생각하더니 말했다.

"당신이 영생을 얻기 위해서는 세 가지를 해야 하오. 당신은 자선을 베풀어야 하고, 병자를 돌보아야 하며, 죽은 자를 묻어 주어야 하오."

그 사람은 랍비에게 고맙다는 인사를 하고서 그곳을 떠났다.

그는 집으로 돌아오는 도중에 다리를 절룩거리는 거지를 만났다. 그 순간 그는 랍비의 말을 생각해 내고는 그 거지를 집으로 데리고 왔다. 그는 거지에게 풍성한 음식을 대접하고는 이로써 첫 번째 요건을 갖출 수 있게 해 주신 하느님께 찬양을 드렸다.

그런데 불행히도 그 걸인이 과식한 관계로 몸져누웠다. 그래서 경건한 사람은 거지를 침대에 눕히고 약을 주었다. 그런 다음 그는

● ——이스라엘 민담

랍비의 두 번째 교훈을 생각해 내고는 그것도 이미 이루었다고 기뻐하였다.

밤 사이에 걸인의 병세는 매우 악화되어 죽고 말았다. 아침이 되자 경건한 사람은 그 걸인을 묻을 준비를 한 뒤, 유대인 묘지에 안장해 주었다. 그런 다음 하늘을 향하여 눈을 들고 기뻐하며 외쳤다.

"이렇게 쉽게 천국에 들어갈 수 있게 해 주신 주님이여, 찬양받으소서!"

● ── 재단사의 기도

'가난한 자들의 랍비'로 유명한 베르디체프의 랍비 레위 이츠학이 어느 속죄일 저녁에 글을 읽지 못하는 재단사를 만났다. 랍비가 물었다.

"자네는 기도문을 읽을 수 없을 텐데, 오늘 같은 날 하느님께 무어라고 얘기하는가?"

재단사가 대답했다.

"저는 하느님께 이렇게 말합니다. 사랑하는 하느님, 당신은 제가 죄를 회개하기를 바라십니다. 그러나 저의 죄는 너무나 사소합니다. 솔직히 저는 남는 천 조각을 손님들에게 되돌려주지 않을 때가 있었음을 고백합니다. 저는 형편이 좋지 않으면 정결하지 않은 음식도 먹었습니다. 그렇지만 이런 것이 진짜 끔찍한 죄입니까? 이제 하느님, 당신의 경우를 살펴봅시다. 당신은 어머니들에게서 그 자식들을 빼앗았습니다. 그리고 아무 힘도 없는 아이들을 고아로 만들었습니다. 그러니 당신은 나의 죄보다 당신의 죄가 더 크다는 사실을 잘 아실 겁니다. 하느님, 그러니 제가 무슨 말을 하겠습니까? 우리 협상합시다. 당신이 제 죄를 용서해 주시면 저도 당신의 죄를 용서하겠습니다."

그러자 랍비 레위 이츠학이 소리쳤다.

"이런 어리석은 사람이 있나! 자네는 하느님을 너무 쉽게 용서하는군! 생각해 보게. 하느님이 유대 민족 전체의 죄를 속량하시게 만들 얼마나 좋은 기회였는가!"

● ── 논리적인 안경 찾기

나이 든 어떤 랍비가 잠시 방을 비웠다가 돌아와서는 안경이 없어진 것을 발견했다. 혹시 책갈피 속에 있을까? 그러나 없었다. 책상 위 어딘가에 있을까? 그것도 아니었다. 방 안에는 분명히 있겠지. 그러나 그것도 아니었다. 그래서 그는 탈무드 논쟁에 걸맞은 동작과 함께 옛날부터 전해 오는 즉석 노래를 부르기 시작했다.

"내 안경이 어디 있나? …… 누군가가 가지고 갔다고 생각해 보자. 안경이 필요한 사람이거나 혹은 안경이 필요 없는 사람이겠지. 안경이 필요한 사람이라면 벌써 안경을 가지고 있을 거야. 그리고 안경이 필요 없는 사람이라면 왜 그걸 가져갔을까?

좋다. 누가 그걸 팔 목적으로 가져갔다고 생각해 보자. 그는 그 안경을 안경이 필요한 사람에게 팔았든지 또는 필요하지 않은 사람에게 팔았든지 둘 중의 하나일 것이다. 그러나 안경이 필요한 사람은 안경을 가졌을 테고, 안경이 필요하지 않은 사람은 사려고 하지 않을 것이다. 그에겐 안경이 없어도 될 테니까.

그러므로 …… 이것은 안경이 필요한, 안경을 가지고 있는 사람, 곧 자기 안경을 잃어버리고 다른 사람의 것을 취했거나, 아니면 자기 안경을 콧등에 올려놓고 그 사실을 잊어버린 사람과 관계된 문제이다! 예를 들면 바로 나 같은 사람이다!"

● ── 이스라엘 민담

그리고 랍비는 자기의 분석의 마지막을 상징하듯이 엄지손가락으로 이마를 의기양양하게 쓸어 보고는 안경을 찾게 되었다. 그리고 랍비는 이렇게 중얼거렸다.

"하느님께 찬양을 돌리자. 내가 옛날부터 전해 오는 추론 방식으로 훈련을 받았기에 망정이지 그렇지 않았더라면 안경을 결코 찾을 수 없었을 거야!"

● ── 불쌍한 생선

브롱스의 유대인 마을 근처에 생선 장수가 살았다. 그는 가게에다 '이곳에서 신선한 생선을 팝니다.'라고 적힌 간판을 내걸었다.

손님이 가게에 들어와 궁금하다는 듯 물었다.

"간판에 무엇 때문에 '신선한'이라는 말을 붙였습니까? 당신 생선이 신선한 줄이야 물론 알아요. 그렇지 않으면 그것이 썩었다는 말입니까?"

"물론 그렇지 않지요!"

생선 장수는 황급히 나가서 '신선한'이라는 말을 지워 버렸다.

얼마 뒤 또 다른 손님이 들어와서 물었다.

"간판에 '이곳에서'라는 말을 붙일 필요가 있나요? 여기가 아니면 어디서 판단 말입니까?"

"당신이 옳소!"

생선 장수는 그렇게 말하고 나가서 '이곳에서'라는 말을 지워 버렸다.

나중에 또 다른 손님이 들어와 투덜거렸다.

"'팝니다'라니? '팝니다'가 도대체 무슨 뜻입니까? 분명히 당신이 생선을 거저 내주지는 않을 것 아닙니까?"

"물론 그렇지요."

생선 장수는 얼른 나가서 '팝니다'라는 말을 지웠다.

그 뒤에 목도리를 두른 어떤 나이 든 부인이 절름거리며 들어왔다. 그녀는 간판을 보더니 새된 소리로 종알거렸다.

"'생선'이라니? 그런 건 선전할 필요도 없어요! 정말이지, 1마일 밖에서도 냄새를 맡을 수 있다고요!"

● ——그는 치료비를 받을 자격이 없다

환자들보다 진찰료에 관심이 많았던 조그마한 읍의 의사가 한번은 가난한 재단사의 병든 아내를 치료해 달라는 부탁을 받았다. 의사는 진찰을 마친 뒤 남편을 보며 말했다.

"이 병은 치료에 아주 많은 시간이 걸리기 때문에 당신이 치료비를 제대로 낼 수 있을지 의심스럽소."

남편이 걱정스러운 얼굴로 간청했다.

"제발, 선생님! 아내의 생명을 구해 주세요. 제가 가진 것을 모두 팔아서라도 치료비를 마련하겠습니다."

"만약 내가 병을 못 고치면 어떻게 하겠소? 그래도 똑같은 치료비를 줄 수 있겠소?"

그러자 남편이 부르짖었다.

"무슨 일이 일어나든지, 선생님이 그녀를 살리시든 죽이시든 치료비를 드릴 것을 약속합니다!"

그리하여 치료가 시작되었으나, 재단사의 아내는 며칠을 못 버티고 죽고 말았다. 의사는 당장 치료비로 1500루블을 요구했다. 아내를 잃은 그 사람은 그 돈을 지불할 수 없노라고 했다. 유대인의 관례대로 두 사람은 조정을 받기 위해 랍비를 찾아갔다.

● ——이스라엘 민담

지혜로운 랍비는 일이 어떻게 된 것인지 금세 알아차렸다. 그래서 의사에게 물었다.

"이 사람과 무슨 계약을 맺었는지 말해 주시오."

"제가 이 사람의 아내를 고치든 죽이든 관계없이 진료비를 받기로 했습니다."

"그래서 그녀를 고쳐 주었나요?"

"아닙니다."

"그럼 당신이 그녀를 죽였나요?"

"결단코 아닙니다."

"그렇다면 당신이 그녀를 고치지도 않았고 죽이지도 않았는데 어떻게 치료비를 요구할 수 있단 말이오?"

메시아께서 오시지 않는 이유

돈 한 푼 없는 가난한 사람^{하느님께서 우리에게 이런 운명을 당하지 않게 해주시기를!}이 있었다. 그는 몹시 가난했지만 하느님께서 명하신 대로 밤낮 순전한 마음으로 율법을 연구하며 앉아 있었다.

 어느 금요일 아침, 그의 아내는 거룩한 안식일을 기념하기 위한 최소한의 양식도 살 돈이 없다는 것을 알자 고래고래 소리치며 남편을 집 밖으로 쫓아냈다.

 "시장에 가 봐요! 이리저리 돌아보면 몇 푼이든 주울 수 있을 거예요. 그래야 아이들과 내가 거룩한 날 굶지 않을 거 아니에요!"

 가난한 남자는 우울한 표정으로 시장으로 발길을 옮겼다. 그는 생각했다.

 '아! 나의 운명은 얼마나 비참한가! 나는 율법 연구에 시간을 바치지 못하고 돈 벌 궁리를 해야 하는구나!'

 그가 고개를 푹 숙이고 걷고 있을 때 갑자기 옆에서 "샬롬!" 하고 인사하는 소리가 들렸다. 그도 "샬롬!" 하고 응답하며 고개를 들어

●──이스라엘 민담

보니 길다랗고 허연 수염을 기른, 놀랄 만큼 거룩한 얼굴을 한 노인이 서 있었다. 가난한 남자는 경외감에 차 물었다.

"노인장은 누구십니까?"

"나는 메시아니라. 나는 네가 슬퍼하고 있다는 사실을 안다. 너의 고통을 나에게 맡겨라."

그리하여 가난한 남자는 자기가 당한 커다란 곤경과 생활에 대한 염려 때문에 율법 연구에서 돌아서야 하는 서글픈 심정을 털어놓았다. 그러자 메시아가 그에게 말했다.

"그만 슬픔을 그쳐라. 내가 이 자루를 주마. 이것은 작지만 아주 놀라운 자루란다. 네가 바라는 것은 무엇이든지 줄 것이다. 넌 그저 손을 자루 속에 넣어 마음속에 바라던 것을 끄집어 내기만 하면 된다. 이 작은 자루는 또 다른 효력도 있다. 어떤 사람이 너를 해치려고 하거든 너는 '작은 자루야, 저자를 삼켜라.' 하고 말하기만 하면 된다. 이 자루가 틀림없이 네가 말하는 대로 할 테니까."

그는 기쁜 마음으로 그 작은 자루를 받고 진심으로 메시아께 감사를 표했다. 그러고는 불행한 처지에 있는 아내와 자식이 있는 집으로 돌아왔다.

그날부터 운명의 수레는 그에게 유리하게 돌아갔다. 그는 일이 잘되었고 이 땅에 있는 재물에는 전혀 부족함을 느끼지 못할 정도가 되었다. 그는 명예롭고 편안하게 살았다. 그는 자식들과 손자들이 잘 자라나 행복하게 결혼하는 모습도 보았다. 모든 슬픔은 그를 비껴 갔다.

그런데 불행하게도 부유하게 된 대부분의 사람들처럼 그도 자기의 영화가 어떻게 왔는지, 또한 그것을 가지고 선한 일을 하는 것과 동료들과 가난한 사람들, 고아들을 돕는 것을 잊어버렸다. 그는 심지어 율법 연구마저 포기했다. 그는 죽을 무렵에 후손들을 침상 옆에 앉히고 말했다.

"나에게 그 작은 자루를 가지고 오너라. 그것이 나를 죽음의 천사의 손에서 건져 줄 것이다."

후손들은 자기들이 부탁받은 대로 자루를 그에게 갖다주었다.

죽음의 천사는 그의 앞에 서서 물었다.

"당신의 이름은 무엇이오?"

그는 죽어 가면서도 소리쳤다.

"말하지 않겠소. 나를 평안히 버려두시오."

그러나 죽음의 천사는 그를 떠나려 하지 않았다. 그리고 거듭 그에게 물었다.

"당신의 이름은 무엇이오?"

죽어 가던 그 사람은 더 이상 죽음의 천사에게 저항할 수 없다는 사실을 알고는 작은 자루를 집어들고 소리치기 시작했다.

"작은 자루야, 작은 자루야! 죽음의 천사를 삼켜라."

그러자 죽음의 천사는 즉시 작은 자루 속으로 들어가 버렸다.

그러는 동안에 하늘의 심판관이신 하느님께서는 날마다 은혜의 보좌에 앉아 영혼을 잡아 오는 죽음의 천사를 기다리고 계셨다. 하느님은 기다리다 지쳐 천사 가브리엘과 미카엘을 땅으로 내려보내셨다.

"가서 무엇이 죽음의 천사를 붙잡고 있는지 알아보아라."

천사들은 즉시 그 사람에게 가서 물었다.

"죽음의 천사가 어디 있소?"

그는 대답하지 않았다. 천사들은 거듭 그에게 물었다.

그러자 그는 천사들의 성화를 더 이상 이길 수 없다는 사실을 알고는 작은 자루를 끄집어 내어 소리 쳤다.

"작은 자루야! 작은 자루야! 미카엘 천사를 삼켜라."

그러자 아뿔싸, 천사 미카엘도 작은 자루 속으로 들어가 버렸다.

천사 가브리엘이 일어난 일을 하느님께 보고 드리니 메시아는 불현듯 불쌍한 남자에게 작은 마술 자루를 준 사실이 생각났다. 그래서 하느님께 자기가 밑으로 내려가 그 사람을 만나 보겠다고 말씀드렸다. 그리고 즉시 그 사람을 찾아가서 준엄하게 물었다.

"너는 무슨 뜻으로 이런 일을 행하느냐? 그 까닭을 설명해 보아라."

그 남자는 그가 메시아인 줄도 모르고서 화를 내며 소리쳤다.

"왜 이렇게 자꾸 나를 야단치려고 내려오는 거요?"

그러자 메시아가 물었다.

"너는 내가 누군 줄 알고 있느냐?"

그러나 그는 메시아가 말을 채 마치기도 전에 마술 자루를 집어 들고는 소리쳤다.

"작은 자루야, 작은 자루야! 이 자도 삼켜 버려라!"

그러자 메시아 역시 작은 자루 속으로 사라졌다.

자, 여러분, 이제 메시아께서 왜 오시지 않는지 그 이유를 아시겠지요?

랍비와 제자들 1

●──추론

어떤 제자가 랍비에게 왔다. 그리고 자기 아내가 중병에 걸렸으니 자기 아내를 위하여 기도해 달라고 부탁했다. 랍비는 그에게 아무 염려 말고 집으로 가라고 말했다.

그런데 며칠 뒤 그 제자가 다시 와서 가슴을 치며 애곡했다.

"오, 랍비님, 아내가 죽었습니다."

랍비는 흥분하여 말했다.

"그럴 리가 없다. 내가 손수 죽음의 천사의 손에서 칼을 빼앗았는데!"

"랍비님, 그것은 제가 알 바가 아닙니다. 제 아내는 죽었습니다."

그러자 랍비는 한숨을 지으며 말했다.

"그렇다면 죽음의 천사가 그녀를 맨손으로 목졸라 죽였음에 틀림없구나."

●──이스라엘 민담

● ── 현실적인 기적

어떤 랍비의 제자가 기적을 일으키는 자기 스승에 대한 자랑을 늘어놓았다.

"우리 랍비님은 의자 위에 올라가서 그 빛나는 눈으로 땅끝까지 바라보실 수 있다."

이 말을 들은 어떤 사람이 물었다.

"당신의 랍비가 그렇게 멀리까지 볼 수 있으면서 의자 위에 올라가야 하는 이유가 무엇인가?"

제자는 자랑스럽게 대답했다.

"우리 랍비님은 현실적인 기적을 일으키시기를 원하신다."

● ── 스승 자랑

두 사람의 제자가 기적을 일으키는 자기 스승들에 대해 자랑하고 있었다. 한 사람이 이렇게 말했다.

"한번은 우리 랍비님이 길을 가시는데 하늘이 어두컴컴해졌다네. 그리고 천둥 번개가 치고 폭우가 내리면서 대홍수가 일어났는데 우리 랍비께서 어떻게 하셨는지 아나? 그분이 하늘을 보면서 손을 펴고 기도를 하시자 즉각 기적이 일어났네. 그분의 오른편은 캄캄하고 비가 내리고 있었고 왼편에도 캄캄하며 비가 쏟아지고 있었지만, 가운데는 맑은 하늘이 보이면서 태양이 빛나고 있었다네!"

다른 제자가 코웃음을 치면서 비웃었다.

"그것도 기적이라고 할 수 있나? 내가 우리 랍비님에 관한 얘기를 하지. 한번은 그분이 마차를 타고 가까운 마을로 가고 계셨네. 그날은 금요일이었네. 그분은 생각보다 약간 더 오래 그곳에 머물러 계셨지. 그분이 돌아오시는 길에 날이 어두워지고 있었는데 무슨 일이 일어났는지 아나? 그분은 꼼짝없이 들판에서 안식일을 보낼 수밖에 없지 않았겠나? 그래서 그분은 눈을 들고 좌우로 손을 펴셨다네. 그러자 즉각 기적이 일어났네. 그분의 오른쪽에도 안식일이고 왼쪽에도 안식일이었지만, 가운데는 아직 금요일이었단 말이네."

● ──기적과 이적

적대적인 진영에 속한 두 사람의 제자가 기적을 일으키는 자기 스승들에 대해 허풍을 떨고 있었다.

한 제자가 말했다.

"우리 랍비님은 말이야, 그 같은 분은 이 세상에 없어. 우리 랍비님이 일으킨 기적에 대해 네가 듣는다면 아마 머리카락이 쭈뼛 설 거야. 며칠 전에 그분은 예기치 못한 몇 사람의 손님을 맞았는데 부인이 '냄비에 물고기가 한 마리밖에 없어요.'라고 했지. 너는 그분이 화를 내셨을 거라고 생각하니? 결코 아니었어! 그분은 부인에게 '냄비를 다시 보시오.'라고 하셨어. 그래서 부인이 냄비를 다시 보니 물고기가 다섯 마리나 있었던 거야!"

다른 제자가 허풍떨지 말라고 질책하며 말했다.

"너의 랍비는 우리 랍비님과 비교가 안 돼 며칠 전에 우리 랍비님은 부인과 카드놀이를 하고 있었어. 부인은 퀸을 넷 가지고 있었지. 우리 랍비님이 어떻게 했다고 생각하니? 그분은 무심코 탁자 위에 카드를 놓았는데 킹이 다섯 장이었다구!"

다른 제자가 화를 내며 말했다.

"너는 웬 허튼소리를 하느냐! 카드놀이는 킹이 네 장밖에 없는 줄 잘 알 텐데!"

● ──이스라엘 민담

다른 제자는 이렇게 대답했다.

"그러면 우리 협상을 하자. 네가 너의 랍비 부인의 냄비에서 물고기를 한 마리 빼면 나도 우리 랍비님의 카드에서 킹을 하나 빼도록 하지!"

● ──좀 더 값싼 방법

놀라운 능력을 가진 어떤 랍비가 제자들 앞에서 학문적으로 설교하고 있었다. 그는 그들에게 『미드라시』에서 뽑아 낸 이야기를 해 주었다.

"어떤 부인이 너무 가난하여 아이를 먹일 수 없어서 숲에 자기 아이를 버린 적이 있었다. 아이는 나무 사이에 혼자 누워서 계속 울어 댔다. 어떤 나무꾼이 이 울음소리를 듣고 아기가 누워 있는 곳으로 달려갔다. 그는 아기를 안고 울음을 그치게 했다. 그러면서 그는 아기를 어떻게 키울지 걱정했다. 그는 비록 친절하고 자비롭기는 했지만 아주 가난했다. 하루 종일 일해도 몇 푼 벌지도 못하는데 아기에게 먹일 우유를 어떻게 살 수 있단 말인가.

너희들은 하느님이 무슨 일을 하셨으리라고 생각하느냐? 그분은 창조 이래로 유례가 없는 기적을 일으키셨다. 그분은 나무꾼에게 어머니의 젖가슴이 생기게 하셨다. 그 착한 사람은 이 기적을 하느님이 내리신 명령이라고 생각했다. 그래서 그는 집으로 가서 돈 한 푼 안 들이고도 아기에게 젖을 먹일 수 있었다."

랍비는 이 이야기를 마치고 주위를 둘러보았다. 모두 놀라는 듯한 표정을 지었다. 단지 한 제자만이 얼굴에 고민스러운 표정을 나타냈다. 랍비는 그 제자에게 이 이야기가 별로 재미없느냐고 물어보았다. 그러자 그 제자는 머뭇거리며 다음과 같이 말했다.

"별로 마음에 들지 않습니다. 저는 그 이야기를 이해할 수 없습니다. 저는 하느님께서 자연의 법칙을 어기시지 않고 다른 방식으로 자비를 베푸실 수 있었다고 생각됩니다. 왜 하느님께서는 그 남자에게 어머니의 젖가슴을 주셔야 했나요? 예를 들면 하느님은 하늘에서 많은 돈을 담은 가방을 떨어뜨리실 수도 있지 않습니까? 그 돈으로 그 가난한 사람은 아기에게 젖을 먹일 유모를 채용할 수도 있었겠지요."

랍비는 깊이 생각하고서 말했다.

"여보게, 그건 그렇지 않아. 자네도 무엇이 이익이 되는지 잘 아는 사람이지? 하느님은 나무꾼에게 젖가슴이 생기게 하실 수 있는데 왜 현찰로 그 많은 돈을 투자하시겠나?"

랍 비 와   제 자 들   2

●──빌려 주지 않을 구실

안식일에 어떤 가난한 가게 주인이 회당에서 랍비의 설교를 넋을 잃고 듣고 있었다. 랍비의 설교는 이러했다.

"이생에서 가난한 사람은 내세에서는 부자가 될 것입니다. 여기서 부자인 사람은 하느님이 정하신 법에 따라서 다음 세상에서는 가난하게 될 것입니다. 왜냐하면 모든 사람은 똑같은 하느님의 자녀요, 그분은 모든 사람에게 공평하시기 때문입니다."

며칠 후에 그 가난한 가게 주인은 랍비를 만나러 갔다. 그는 진지한 얼굴로 랍비에게 물었다.

"랍비님, 이 세상에서 가난한 사람들은 내세에서는 정말로 부자가 된다고 믿으십니까?"

랍비는 확신에 찬 목소리로 대답했다.

"그것은 아주 분명한 사실이오!"

"아시다시피 저는 가난한 가게 주인입니다. 제가 내세에서 부자가 된다는 말씀입니까?"

"물론이오!"

가난한 가게 주인은 너무나 기뻐 소리를 질렀다.

"그렇다면 랍비님, 저에게 100루블만 빌려 주십시오. 제가 내세에서 재산을 모으면 되돌려 드릴 테니까요."

랍비는 한 마디도 하지 않고 반짝이는 은화로 100루블을 세어 주었다. 가난한 상인은 자기 눈을 믿을 수가 없었다. 그가 돈을 받으려고 손을 내밀자 랍비는 그의 손을 막으며 물었다.

"친구여, 당신은 이 돈으로 무엇을 할 작정이오?"

"새 상품을 사렵니다."

"그것으로 돈을 벌 수 있다고 생각하시오?"

"그것은 하누카^{수전절}의 팬케이크처럼 잘 팔릴 것입니다!"

이 말을 들은 랍비는 주려던 돈을 도로 호주머니에 집어넣으면서 이렇게 말했다.

"그렇다면 나는 당신에게 100루블을 줄 수 없소. 당신이 여기서 부자가 된다면 저 세상에서는 가난하게 될 것이오. 그러니 당신이 저 세상에서 어떻게 채무를 갚을 수 있겠소?"

● ──탈무드 학습

어느 날 무식한 시골 농부가 랍비를 찾아왔다. 그는 우물쭈물하면서 랍비에게 말했다.

"랍비님, 저는 오랫동안 탈무드에 대해서 들었습니다. 저는 탈무드가 무엇인지 몰라서 아주 난처합니다. 제발 저에게 탈무드가 무엇인지 가르쳐 주십시오."

랍비는 마치 어린이를 대하듯이 빙그레 웃으며 말했다.

● ──이스라엘 민담

"탈무드 말이오? 당신은 농부이니까 탈무드를 잘 알지 못할 거요."

그러나 그 농부는 고집을 부리며 말했다.

"오, 랍비님! 저에게 가르쳐 주셔야 합니다. 저는 지금까지 랍비님께 어떤 부탁도 드린 일이 없습니다. 이번이 처음입니다. 저에게 탈무드가 무엇인지 가르쳐 주십시오."

랍비는 이윽고 입을 열었다.

"알겠소. 그럼 잘 들으시오. 두 명의 도둑이 굴뚝을 통하여 어떤 집의 거실로 들어왔는데 한 사람은 얼굴이 검게 되었고 다른 한 사람은 깨끗한 얼굴 그대로였소. 자, 그럼 어떤 사람이 세수를 했겠소?"

농부는 한참 동안 생각하더니 말했다.

"그야 물론 얼굴이 더러운 사람이겠지요."

이 말을 들은 랍비가 말했다.

"거봐요. 농부는 탈무드를 공부할 수 없다고 내가 미리 말하지 않았소? 얼굴이 깨끗한 사람은 더러운 얼굴을 한 사람을 보고는 자기도 얼굴이 더러운 줄 알고 세면을 하였소. 반면에 얼굴이 더러운 사람은 자기 동료의 깨끗한 얼굴을 보고는 자기 얼굴도 깨끗하다고 생각하고서 세면을 하지 않았던 것이오."

농부는 다시 생각해 보았다. 그러고는 환한 얼굴을 하더니 말했다.

"감사합니다, 랍비님! 감사합니다. 저는 이제 탈무드를 이해하겠어요."

이에 랍비는 지겹다는 듯이 말했다.

"거봐요. 내가 이미 말했지요. 당신은 역시 농부입니다! 농부가 아니고서야 두 도둑이 굴뚝을 통하여 어떤 집에 들어갔는데 왜 한 사람만이 얼굴을 더럽다고 생각할 수가 있겠소?"

● ——책에는 또 다른 쓰임새가 있다

 어느 날 한 낯선 사람이 학교에 들어왔다. 아무도 알지 못하는 처음 보는 얼굴이었다. 그는 아무 말도 않고 거룩한 노래에 관한 책이 쌓인 서가로 갔다. 그는 탈무드 2절판 책이나 라쉬의 주석책, 그리고 이븐 에즈라와 람밤의 두꺼운 책들을 꺼내기 시작했다.

 그때 학교에는 학자들로 가득 차 있었다. 그들은 믿을 수 없다는 듯이 그가 하는 행동을 쳐다보았다. 그 중 어떤 사람이 위험에 놀란 목소리로 속삭였다.

 "저 사람은 굉장히 학식 있는 학자임에 틀림없어!"

 또 다른 사람이 감탄하며 말했다.

 "내 생전에 저렇게 권위 있는 많은 책들을 한꺼번에 이용하는 학자는 본 적이 없어!"

 낯선 사람은 아주 익숙한 솜씨로 자기가 꺼낸 두꺼운 책을 차곡차곡 쌓았다. 그런 다음 그는 놀랍게도 책더미 꼭대기에 올라가서 자기기 서가 맨 위에 숨겨 둔 딱딱한 치즈를 꺼냈다.

● ——이스라엘 민담

지혜를 가진 사람들

● ──정직한 제자

어떤 랍비가 제자들의 정직성을 시험해 보고 싶어서 다음과 같이 물었다.

"네가 굉장한 돈을 줍는다면 어떻게 하겠느냐?"

한 제자가 말했다.

"저는 그것을 주인에게 돌려주겠습니다."

"너는 너무 쉽게 말하는구나. 나는 네 말을 믿을 수 없다."

또 다른 제자가 말했다.

"저는 제가 줍는 모습을 아무도 보지 않았다면 갖겠습니다."

"너는 솔직하긴 하지만 나쁘다."

세 번째 제자가 말했다.

"랍비님, 솔직히 말씀드려 그것을 갖고 싶은 유혹이 크게 들겠지요. 그럴 경우에 저는 하느님께 악에서 건져 주시고 그것에 저항할 수 있게 해 달라고 기도드리겠습니다."

랍비는 환한 얼굴을 하며 소리쳤다.

"하느님이 너를 지키시기를! 너야말로 내가 믿을 수 있는 제자로구나."

● ──탈영병

제정 러시아 시대에 지방 군인들에게 군량을 공급함으로써 많은 돈을 번 어떤 유대 상인이 있었다. 상인들이 으레 그러하듯이 그도 특별히 율법을 잘 알지는 못했지만 경건한 생활 태도에는 부족함이 없었다. 속죄일 전 '회개의 10일'이 되었을 때 그는 매일 밤 세리초스_{속죄의 기도} 기도를 암송하기 위하여 회당으로 갔다. 그는 거기에 나오는 축복의 히브리 말을 이해할 수는 없었지만 열심히, 그리고 정열적으로 기도했다. 그렇지만 그런 복된 시간이 지나가고 다시 침상으로 돌아오면 그의 정신과 육체는 기운이 쑥 빠지곤 하였다. 사흘 밤이 지난 뒤 그는 랍비에게 변명조로 말했다.

"저는 그렇게 이른 아침에 일어나는 게 몹시 힘이 듭니다. 저는 그 일에 익숙하지 않습니다."

랍비는 웃으면서 답했다.

"친구여, 당신은 제정 러시아의 군대와 교역 관계를 맺고 있으니 내가 하는 말을 잘 알아들을 수 있을 것이오. 당신은 군대가 여러 종류의 부대로 편성되어 있어서 각각의 역할이 다르다는 점을 알고 있을 게요. 거기에는 보병도 있고 기병도 있으며 포병, 공병 등 여러 종류의 군대가 있고 각 부대에 있는 병사들은 고유한 자기의 임무가 있소. 이제 물어봅시다. 예를 들어 보병에 속한 사람이 기병에 복무하고 싶다고 하여 자기 부대를 이탈하면 무슨 일이 생겨나겠소? 그가 군사 재판을 면할 수 있겠소?"

상인이 말했다.

"군사 재판을 받겠지요. 보병은 군기가 대단히 셉니다. 그렇지만 랍비님, 그게 제 이야기와 무슨 관계가 있나요?"

랍비는 부드럽게 말했다.

"친구여, 주님의 군대도 그 역할에 따라 여러 종류로 나뉘어 있다는 사실을 아시오. 율법학자는 군대로 치면 포병과 같소. 선행을 하는 사람들은 기병과도 같소. 또 자선을 베푸는 사람은 보병과도 같소. 나머지도 이런 식이오. 전능하신 분께서는 당신을 재물을 가지고 섬길 수 있는 자선 연대로 보내셨음이 분명하오. 그러므로 당신은 주님의 보병이오. 당신의 역할은 가난한 사람들을 돕고, 과부들과 고아들과 곤란을 당한 학자들을 부양하는 것이오. 군대 규율에 따른다면 당신은 지금 시간의 침상에서 편안히 잠을 자야 할 시간이오. 지금 당신이 여기 있다는 것은 당신이 속한 자선 부대를 이탈하여 율법학자들로 구성된 중갑 포병에 와 있는 격이오. 친구여, 당신의 소속은 이곳이 아니오. 최고사령관이신 하느님께서 당신을 찾으시기 전에 당신이 속한 연대로 돌아가는 것이 좋겠소!"

●──손을 대는 일

젊고 어여쁜 여인이 랍비에게 가서 간청했다.

"랍비님, 저를 축복해 주세요."

랍비는 두 손을 그녀의 머리 위에 올리고 축복해 주었다. 그렇지만 그는 자기가 축복하는 동안 그녀의 머리를 만지지 않으려고 조심했다.

그녀는 놀라서 물었다.

"왜 손을 제 머리 위에 얹지 않으시는 거지요? 손을 멀리하고서 하는 축복은 가까이 손을 대고 하는 축복보다 효력이 떨어지는데 말이에요."

"너는 금요일 밤에 촛불을 어떻게 켜느냐? 너는 손을 불 위에다가 대고 기도문을 낭송하느냐?"

"물론 그렇게 하지 않지요. 그러면 제 손이 타 버리게요!"

랍비는 웃으며 말했다.

"내 말을 믿으렴. 그 점은 나의 경우에도 다르지 않단다. 만약 내가 네 머리 위에 손을 얹는다면 나 역시 손을 태우고 말 것이다."

● —— 둘이 하나에 대항하다

어떤 환자가 의사를 찾아왔다. 의사는 진찰을 마친 뒤 그에게 말했다.

"친구여, 당신과 나 그리고 병을 합하면 셋이오. 만약에 당신이 내 편을 들게 되면 병이 혼자 남게 되니 우리 둘이 병을 쉽게 이길 수 있소. 그렇지만 당신이 나를 버리고 병의 편에 선다면 나는 혼자가 되므로 당신 둘을 이길 수가 없답니다."

(13세기 시리아의 역사학자 바르 헤브라에우스 Bar-Hebraeus의 기록에 나오는 이야기를 개작한 것이다.)

● —— 고통과 즐거움

어떤 유대인 아버지가 어린 아들을 데리고 처음으로 목욕탕에 갔다. 그들이 냉탕에 뛰어들 때 어린 아들은 추위에 벌벌 떨며 소리쳤다.

"오우, oy. 고통과 놀람을 나타내는 이디쉬 어 아빠, 오우!"

나중에 아버지는 아들을 탕 밖으로 끌어내고는 수건으로 몸을 문

● —— 이스라엘 민담

질러 준 뒤 옷을 입혔다. 어린 꼬마는 몸이 따뜻해 오자 기분이 좋아서 소리쳤다.

"아아, 아빠, 아아!"

그러자 아버지는 상냥하게 말했다.

"이삭아, 너는 차가운 욕탕과 죄의 차이를 알고 있니? 네가 냉탕에 뛰어들 때는 처음에 '오우!' 하고 말하고 나중에 '아아' 라고 말한단다. 그러나 네가 죄를 범할 때는 처음에 '아아' 하고 기분 좋게 말하다가 나중에 '오우' 하고 소리를 지른단다."

그럴싸한 대답

● ── 못생긴 약혼녀에 대한 처방

어떤 탈무드 학생이 아버지의 강요에 못 이겨 아주 못생긴 소녀와 약혼했다. 그는 이 문제를 두고 고민 고민하다가 랍비에게 상의하러 갔다. 그러고는 랍비를 보자마자 불만을 털어놓기 시작했다.

"랍비님, 정말로 그녀는 너무나 못생겨서 제가 그녀와 결혼한다면 저는 아주 비참해질 것입니다."

랍비는 냉정하게 그를 꾸짖었다.

"이보게, 머리를 쓰게나. 문제를 잘 생각해 보게. 그녀가 못생겼다고 해도 좋네. 자, 보게. 자네가 하루 종일 학교에 있을 때 그녀를 보겠는가? 아니네! 자네가 집에서 식사하는 동안 그녀를 보겠는가? 아니네! 자네가 밤에 잠이 들었는데 그녀를 보겠는가? 아니네! 그렇다면 물어보겠네. 자네는 무엇 때문에 흥분하고 있는가? 자네가 언제 그녀를 보겠는가?"

● ── 이스라엘 민담

● ――학자들은 왜 현명하지 못한 아내를 얻는가?

호기심이 강한 젊은 탈무드 학생이 랍비에게 물었다.

"아주 경건한 사람들과 학자들이 현명하지 못한 아내를 얻는 이유가 무엇입니까? 그것은 그들에게 당연한 보상입니까?"

랍비가 대답했다.

"내가 이야기를 하나 해 주지. 한번은 어떤 부자가 낯선 사람들을 식사에 초대했다네. 그런데 요리사가 그만 요리의 상당 부분을 너무 구워 버렸네. 여주인은 결례가 되지 않도록 손님들에게는 타지 않은 부분을 대접하고 자기 가족들에게는 탄 음식을 먹게 했지. 이보게나, 이 이야기는 경건한 학자들의 아내에게 적용되는 거라네. 지혜로우신 전능자께서는 현명하지 못하고 심술궂은 소녀뿐만 아니라 잘생기고 상냥한 소녀들도 창조하셨네. 그분께서는 낯설고 방탕한 사람들에게는 예의상 예쁜 여인을 아내로 주셨네. 그러나 그분의 가족이나 다름없는 경건한 학자들을 위해서는 현명하지 못한 아내를 예비해 두셨던 것이네."

● ――학자가 술에 빠진 이유

탈무드 학자가 술고래라? 들어 보지 못한 말이다. 그러나 그런 학자가 있었다. 한번은 그의 친구가 그를 책망했다.

"우리 현인들이 술 취하는 자네를 책망했다는 사실을 알지 못하는가?"

그러자 학자가 대답했다.

"말할 필요가 있나? 물론 나도 아네! 나는 술 취해 있는 것이 아니라 나의 슬픔을 익사시키려고 하는 중이라네."

친구가 물었다.

"그래, 슬픔을 익사시키는 데 성공했나?"

학자는 우울한 표정을 지으며 말했다.

"아니, 유감스럽게도 그렇게 하지 못했네. 알다시피 나의 슬픔은 아주 심술궂다네. 내가 마시면 마실수록 그것들은 헤엄을 더 잘 친다네."

● ── 랍비 부부

어떤 젊은 랍비가 있었다. 그는 아주 멍청했기 때문에 비록 학식은 있어도 되는 일이 없었다.

어느 날 주요 회당에서 새 랍비를 선출하게 되었다. 그 멍청한 양반 역시 후보가 되었다. 그의 아내가 그에게 말했다.

"당신은 멍청하니까 모든 문제를 나에게 맡겨요."

그래서 그는 아내에게 자기를 위하여 영향력 있는 표를 끌어오고 포섭해 오도록 위임했다. 그 결과 그는 아내와 하느님의 도움으로 그 직책에 당선되었다.

랍비가 된 그 사람은 이제 위엄이 생겨서 이전과는 다르게 행동했다. 그는 자기 아내에게 위엄 있게 말하기 시작했고, 모든 일을 그녀에게 지시하려고 들었다. 결국 그들은 싸우게 되었다. 그러자 아내가 남편을 닦아세웠다.

"다른 사람들에게는 당신이 대회당의 랍비일지 몰라요. 하지만 나에게 당신은 단지 나이 든 멍청이일 따름이에요! 당신은 당신이 랍비이기 때문에 내가 랍비 부인이라고 생각하고 있겠지요. 정말이지 그것은 순서가 바뀐 거예요. 당신만 빼고 다들 내가 랍비 부인이기 때문에 당신이 랍비인 줄 알고 있다고요!"

거지와 도둑들

● ──염치없는 손님

어떤 도시의 걸인이 가난한 농부에게 가서 하룻밤 재워 달라고 부탁했다. 농부는 유대인들이 전통적으로 한 푼 없는 낯선 사람들에게 하던 것처럼 그 거지에게 아주 잘 왔다며 환대했다. 그의 아내는 그에게 맛있는 것을 갖다주고 편안한 잠자리도 만들어 주었다.

그 걸인은 주인의 환대에 너무나 기뻐서 아침에 농부에게 말했다.

"나는 이곳이 아주 마음에 듭니다. 내일까지 이곳에 머무르도록 허락해 주시겠지요?"

예의바른 농부는 그렇게 하라고 대답했다. 그러나 전날처럼 그렇게 기분이 썩 내켜 하지는 않았다. 그날도 농부의 아내는 그 낯선 사람에게 먹을 것을 가져다주었으나 전날처럼 그렇게 풍부하게 주지는 않았다. 걸인은 점점 자신이 냉대받고 있다는 사실을 알았으나 별로 신경 쓰지 않았다.

다음 날 아침이 되자 걸인은 또 하루를 머물고자 결심했다. 그러나 이번에는 거절당할까 두려워서 허락을 요청하지도 않았다. 그런 식으로 그가 계속 농부 집에 머물렀으나 농부와 그의 아내는 아주 마음씨가 착했기 때문에 아무 말도 하지 않았다. 그렇지만 그들이 내놓는 음식의 양은 점점 줄어 갔다. 걸인은 마침내 화를 벌컥 내며 소리쳤다.

"무슨 놈의 대접이 이렇소? 당신들은 나를 굶겨 죽일 작정이오?"

농부는 얼굴을 붉히며 변명을 늘어놓기 시작했다.

"내 말을 믿어 주시오. 그것은 내가 인색하기 때문이 아니라오. 우리는 매우 가난해서 우리가 먹기에도 음식이 충분치 않소. 당신이 더 머물러 있으면 우리는 먹을 것이 하나도 없게 된다오."

그 걸인이 소리쳤다.

"이럴 수가! 내가 진작에 이 사실을 알았다면 애초에 당신들에게 대접받지 않았을 겁니다. 제발 저를 용서해 주십시오. 저는 내일 아침에 떠나겠습니다. 날이 밝을 때 일찍 깨워 주시면 고맙겠습니다."

다음 날 새벽에 농부는 그를 깨웠다.

"일어날 시간이오. 이미 닭이 울었어요."

그러자 그 걸인은 아주 기뻐하며 소리쳤다.

"뭐라구요? 당신들에게 아직도 닭이 있습니까? 그렇다면 하루 더 묵읍시다!"

● ──익히 알려진 이름

낯선 걸인이 어떤 부자에게 따뜻한 환대를 받고는 크게 감명받았다. 그는 구두쇠인 그 부자에게 말했다.

"당신의 환대는 참으로 따뜻했습니다. 그런데 당신은 내가 다른

● ──이스라엘 민담

도시에서 왔다는 사실을 어떻게 알았습니까?"

구두쇠가 말했다.

"당신이 나에게 왔기 때문이오. 이 도시에 사는 사람은 나에게 올 만큼 어리석지 않소."

● ─── 그녀는 그 일에 맛을 들였다

한번은 점잖은 과부가 이 집 저 집 다니면서 구걸하는 거지를 사랑하게 되었다. 거지가 그녀에게 말했다.

"당신이 원한다면 결혼합시다. 하지만 조건이 하나 있어요. 결혼식을 올린 다음 날부터 1년 동안 당신은 나와 함께 구걸하러 다녀야 합니다. 그 뒤에는 틀림없이 다른 직업을 찾겠소."

여자가 애원했다.

"그렇지만 이 도시에 있는 사람들은 모두 나를 알고 있어요. 부끄러워서 어떻게 구걸하러 다닐 수가 있어요?"

"걱정 말아요. 아무도 당신을 알지 못하는 다른 곳으로 가면 되지요."

그래서 그 과부는 거지와 결혼하여 1년 동안 꼬박 이 집 저 집으로 구걸하러 다녔다. 그렇게 1년이 지나고 거지는 아내에게 말했다.

"이제 4시를 알리는 종이 치면 우리가 결혼한 지 정확히 1년이 되오."

그러나 아내는 별다른 관심이 없는 듯이 보였다.

드디어 시계가 4시 종을 치자 거지는 기뻐하며 소리쳤다.

"이제 시간이 됐소! 우린 이제 다시는 구걸을 하지 않을 거요!"

그러자 그의 아내가 말했다.

"이 골목에 있는 집들이나 한 번 쭉 돌아요."

● ──걸인의 양자

 어떤 걸인이 금요일 저녁마다 안식일 음식을 먹으려고 부자의 집을 찾아왔다. 그런데 어느 금요일에 그 걸인이 낯선 젊은이와 함께 나타났다. 부자는 놀라서 물었다.
 "이 사람은 누군가?"
 그 걸인은 여유 있는 태도로 대답했다.
 "아, 당신께 미리 말씀드려야 했는데요. 이 애는 저의 새로운 양아들이지요. 저는 이 애에게 1년 동안 먹여 주기로 약속했답니다."

● ──구걸할 권리

 여러 해 동안 한 달에 한 번 백만장자 로드실트의 집에 나타나 각자 100마르크씩 받아 가는 형제 거지가 있었다. 그런데 그만 형이 죽어서 동생만 늘 하던 대로 그 집을 방문했다. 로드실트의 재산 관리인이 예전처럼 그에게 100마르크를 건네주자 거지가 항의했다.
 "그런데 잘못 주셨어요! 저는 형 몫까지 200마르크를 받아야 합니다."
 "그렇게는 안 되지. 당신 형은 죽지 않았소? 이것이 당신 몫인 100마르크요."
 그러자 거지는 화를 벌컥 내며 벌떡 일어서서 따졌다.
 "그게 무슨 소리죠? 우리 형의 상속자가 접니까, 로드실트입니까?"

● ──감사의 제목

 어떤 도둑이 조용히 기도드리고 있었다.
 "하느님, 도둑과 소매치기를 감옥으로 보내시어 벌주심을 감사

● ──이스라엘 민담

드립니다. 그렇지 않다면 이 직업에 너무나 많은 사람이 모여들어서 나 같은 가난한 도둑은 밥벌이도 못 했을 것입니다."

● ── 도둑들 사이의 신용

한 사람은 맹인이고 다른 한 사람은 절름발이인 두 사람의 거지가 유대인 소작농에게 와서 배가 고프니 먹을 것을 좀 달라며 사정했다. 농부의 아내는 그들 앞에 커다란 딸기 사발을 내놓았다. 맹인 거지는 자기 동료가 자신을 속이지나 않을까 두려웠기 때문에 재빨리 경고했다.

"내가 하나를 집고 네가 하나를 집어야 한다. 너는 항상 너의 차례를 기다려야 한다."

절름발이 거지도 좋다면서 기꺼이 동의했다. 그런 다음 그들은 맛있게 딸기를 먹는 데 너무나 열중했기 때문에 서로 말할 틈이 없었다. 그런데 맹인 거지가 갑자기 절름발이 거지의 목발을 잡더니 소리를 질렀다.

"이 거짓말쟁이야! 이 도둑놈아!"

절름발이 거지는 화를 내며 항의했다.

"네가 감히 나를 그렇게 부르느냐!"

맹인은 귀에 거슬리는 목소리로 말했다.

"이 자식아! 내가 너를 어떻게 달리 부르겠느냐? 나는 신사처럼 한꺼번에 두 개의 딸기밖에 먹고 있지 않는데 너는 내가 앞을 못 본다고 한꺼번에 네 개의 딸기를 먹고 있지 않느냐?"

절름발이는 놀란 표정으로 물었다.

"도대체 너는 내가 네 개씩 먹는지 어떻게 알았느냐?"

맹인 거지는 이렇게 쏘아붙였다.

"내가 왜 모르겠니? 5분 동안 내가 한꺼번에 두 개씩 먹는데도 네가 내게 욕하지 않는 것을 보아 네가 나를 속이고 적어도 한꺼번에 네 개씩 먹고 있는 것이 분명하지 않느냐!"

●──이스라엘 민담

구두쇠와 주정뱅이

●──술 한 통에 5코페이카

요셀과 멘델은 어떤 작은 마을에서 술집을 같이 경영하고 있었다. 어느 날 그들은 몇 루블을 모은 뒤 위스키 한 통을 사러 시내로 마차를 몰고 갔다.

그들이 돌아오는 길에 추위가 몰아쳤기 때문에 그 두 사람은 위스키를 한 잔 마시고 싶은 생각이 간절했다. 그러나 그렇게 하는 것은 아주 중요한 문제였다. 한 주일 동안의 그들의 생계가 바로 거기에 달려 있었기 때문이다. 그래서 그들은 마차에 술통을 얹으면서 한 방울도 손대지 않겠다고 서로 엄숙히 약속했다.

요셀은 임기응변에 아주 능한 사람이었다. 그는 호주머니를 들여다보고는 5코페이카짜리 동전을 찾아 멘델에게 건네며 말했다.

"여기 5코페이카가 있네. 술통에서 자네 몫의 위스키를 한 모금 주게."

멘델은 사업하는 사람이었으므로 흔쾌히 응했다.

"자네가 현금이 있으니까 나는 자네에게 한 잔 팔아야겠네."

멘델은 요셀에게 술을 조금 따라 주었다.

요셀은 술을 마시자마자 몸이 따뜻해져서 기분이 좋아졌다. 반면에 멘델은 추위에 코가 새파래졌다. 그는 운 좋게도 5코페이카를 주머니에 가지고 있었던 요셀 녀석이 얼마나 부러웠는지 모른다.

그러나 갑자기 그는 자기 호주머니에 동전이 있음을 알았다. 이제 그 동전은 자기 것이었다. 그런데 왜 요셀에게서 한 잔 살 수 없단 말인가? 그래서 그는 동업자에게 말했다.

"요셀, 여기 5코페이카가 있네. 자네 몫에서 나에게 한 잔 팔게나!"

요셀도 장사하는 사람이었으므로 "현금은 현금이지!"라고 하면서 멘델에게 한 잔 따라 주고는 돈을 도로 받았다.

이런 식으로 멘델과 요셀은 5코페이카 하나로 한 잔 한 잔 계속 서로에게서 사 마셨다. 그들이 술집에 돌아왔을 때는 완전히 취해 있었다.

요셀은 이렇게 소리쳤다.

"얼마나 대단한 기적인가! 한번 생각해 보게. 위스키 한 통을 단 5코페이카에 사다니!"

● ──구두쇠의 실험

독창적인 아이디어를 잘 생각해 내는 구두쇠가 있었다. 어느 날 그는 자기 말이 귀리를 너무 많이 먹고 있다고 생각했다.

"이 말이 우리 집을 거덜내는구나!"

그는 말의 여물을 줄이되 너무 급격히는 말고 매일 조금씩 적게 주기로 결정했다. 그는 이런 식으로 하여 말이 적게 먹는 데 익숙해지리라 생각했다. 시간이 지날수록 말이 점점 야위어 가기는 했지만 그 구두쇠는 말이 여물을 적게 먹는 것을 보고 몹시 기뻐했다. 물론 그는 자기가 아주 영리하다고 생각하고는 자기의 새로운 방법을 자랑하며 다녔다.

그러던 어느 날, 그의 부지런한 말이 땅바닥에 쭉 뻗더니 죽고 말았다. 구두쇠는 죽은 말을 내려다보면서 중얼거렸다.

"애석하다! 참으로 애석하다! 아무것도 먹지 않도록 훈련시키기도 전에 먼저 죽어 버리다니!"

● ── 자기 돈을 돌려받은 사람

일평생 인색하게 살았던 어떤 부자가 갑자기 병에 걸려 죽었다. 그의 혼이 저세상으로 가고 있는데 마귀들이 그의 손과 발을 잡고 지옥으로 던져 버렸다. 그는 소리치기 시작했다.

"도와주세요! 나를 잡아 주세요! 나는 지옥이 아니라 천국으로 가야 해요."

이 말을 들은 마귀들이 약을 올렸다.

"지상에서 좋은 일을 한 사람이라야 하늘나라에 올라갈 수 있다."

"20년 전에 나는 어떤 가난한 사람에게 1루블을 주었습니다. 나는 맹세코 그렇게 했습니다! 당신들의 장부를 보세요. 그러면 내 이름으로 그렇게 기입된 것을 알 수 있을 것입니다."

마귀들은 그를 어떻게 해야 할지 몰랐기 때문에 이 문제를 알아보려고 하느님께 급히 전령을 보냈다.

하느님은 화를 내며 명령하셨다.

"그 철면피에게 1루블을 돌려주어라. 그리고 지금 당장 지옥으로 보내라!"

● ──진정한 감사

 '곤드레만드레' 모트케와 '모주꾼' 피셀은 뉘우치는 마음이 들었다. 그들은 이 세상에 살아 있는 한 다시는 술을 한 방울도 입에 대지 않겠노라고 맹세했다. 그들은 이 일을 위해 굳게 악수하고는 집을 향해 출발했다.

 도중에 그들은 동네에 있는 술집 앞을 지나게 되었다. 그곳 분위기는 잔뜩 돋우어져 있었다. 흥겨운 노랫소리가 열린 창문을 통하여 그들에게까지 흘러나왔.

 모트케가 한숨을 쉬었다.

 "술집에서 보내는 시간은 얼마나 즐거운가!"

 피셀이 냉정한 목소리로 그에게 주의를 환기시켰다.

 "나는 우리가 다시는 저 가증스러운 곳으로 가지 않기로 뜻을 모았다고 생각했네."

 모트케는 다시 한숨을 쉬었다.

 "나를 다시 저곳으로 끄는 것은 오랜 나의 약점이네."

 피셀도 우울한 표정으로 숭얼거렸다.

 "그 점은 나도 마찬가지야."

 모트케가 제안했다.

 "우리 이제부터 눈 딱 감고 저곳을 보지 말고 여관까지 달려가세."

 피셀도 동의했다.

 "좋다! 유혹이 너무 강해."

 그래서 두 사람은 눈을 딱 감고 쏜살같이 술집을 지나 달렸다.

 잠시 뒤에 그들은 달리기를 멈추고 눈을 떴다.

 "이제 아무도 내가 약골이라고 말하지 못할 거야."

 모주꾼 피셀이 즐거운 표정으로 고함쳤다.

● ──이스라엘 민담

"모트케, 내가 강한 의지력을 가지고 있다는 것이 놀랍네. 이제 나는 모든 유혹을 이겨낼 수 있네. 나는 이 위험을 벗어나게 해 주신 하느님께 감사드리고 싶네."

곤드레만드레 모트케도 즐겁게 말했다.

"내가 할 이야기가 있는데 말이야, 우리 술집에 가서 술잔을 앞에 놓고 이 일에 대하여 감사드리는 게 어떻겠나?"

● ── 성인과 죄인

난봉꾼이요, 술고래요, 호색가인 부자가 어떤 도시에서 죽었다. 모든 사람이 그의 죽음을 슬퍼하며 마지막 안식처까지 영구 행렬을 따라갔다. 그의 관이 무덤으로 내려질 때 얼마나 많은 통곡 소리가 났으며 얼마나 애통하는 소리가 들렸는지 모른다. 나이 든 노인의 기억을 통해 보더라도 어떤 현인이나 랍비도 그렇게 많은 사람이 슬퍼하는 가운데 생을 마감하지는 않았다.

다음 날 다른 부자가 죽었다. 그는 성격이나 생활 태도에서 먼젓번에 죽은 사람과는 정반대였다. 그는 금욕적이었고 식사도 마른 빵과 순무로만 했다. 그는 일평생 경건하게 살았고 늘 탈무드를 파고들면서 학교에 앉아 있곤 했다. 그럼에도 불구하고 그의 가족 외에는 아무도 그의 죽음을 슬퍼하는 사람이 없었다. 그의 장례 행렬은 거의 주목받지 못하고 지나갔다. 그리고 단지 몇 사람만이 참석한 가운데 하관식을 치렀다.

그때 우연히 그 도시를 방문하고 있던 어떤 이방인이 이것을 몹시 궁금하게 여기며 물었다.

"이 도시 사람들의 이상한 태도에 대한 수수께끼를 풀어 주십시오. 난봉꾼은 존경받는데 성인은 무시당하다니요!"

어떤 사람이 대답했다.

"어제 장사 지낸 부자는 비록 난봉꾼에 술고래이기는 했지만 이 도시의 지도적인 자선가였습니다. 그는 마음을 편히 하고 즐거워하며 생의 모든 선한 것을 사랑했지요. 이 도시에 사는 사람들은 모두 그에게서 덕을 입었지요. 그는 이 사람에게서 포도주를 사고, 저 사람에게서 닭을 사고, 또 다른 사람에게서 거위를 사고, 또 다른 사람에게서 치즈를 샀지요. 그리고 그는 관대한 마음으로 값을 후히 쳐 주었지요. 그 때문에 우리는 그를 애도하며 그를 추모하는 것입니다. 그러나 저 성인 같은 사람은 도대체 어느 누구에게 소용이 되었나요? 그는 빵과 순무만 먹었으므로 아무도 그에게서 코페이카를 벌지 못했어요. 정말이지 아무도 그를 그리워하지 않아요!"

● ── 기도도 소용없을 때

한번은 성인과 죄인이 함께 바다 여행을 하였다. 그런데 갑자기 폭풍우가 몰아쳤다. 배는 곧 가라앉을 듯이 보였다. 모든 선원과 승객들이 기도하기 시작했다. 죄인도 기도하며 소리쳤다.

"오, 주여! 우리를 구해 주십시오."

그러자 성인이 급히 그의 입을 막으며 경고했다.

"쉿, 하느님께서 네가 이곳에 있다는 것을 모르시게 해라. 그렇지 않으면 우리 모두 끝장이다!"

● ── 주정뱅이의 기도

랍비가 죽을 지경에 이르자 그 지방에 사는 유대인들은 하늘의 심판자께 사형 언도를 내리지 않게 해 달라고 간청하기 위하여 금식일을 선포했다.

● ── 이스라엘 민담

온 회중이 기도와 회개를 위해 회당에 모인 바로 그날, 주정뱅이 한 사람이 술을 마시려고 동네 술집에 들어갔다. 다른 유대인이 그의 이런 행동을 보고 꾸짖으며 말했다.

"당신은 오늘이 금식일이므로 술을 마실 수 없다는 것을 알지 못하는가? 모든 사람이 지금 랍비를 위해 기도하고 있네!"

그래서 주정뱅이도 회당에 들어가 기도했다.

"사랑하는 하느님! 제가 술을 마실 수 있도록 우리 랍비님이 건강을 되찾게 해 주십시오."

랍비는 기적적으로 회복되었다. 그는 다음과 같이 경위를 설명했다.

"하느님께서 우리 마을의 주정뱅이를 오래오래 살도록 해 주시기를! 너희들의 기도는 그렇지 않았는데 그의 기도가 하느님께 들린 바 되었다는 사실을 알라. 그는 기도 속에 온 마음과 영혼을 쏟아 부었던 것이다."

● —— 땀을 흘리게 하는 유언장

평생을 가난한 사람들에게 한 푼도 주지 않던 어떤 구두쇠가 중병에 걸렸다. 그는 열이 펄펄 났지만 땀을 흘릴 수가 없었다. 그가 살아나려면 땀을 흘리는 것이 절실히 필요했다. 그래서 담당 의사가 온갖 동종同種 요법을 동원하여 그가 땀을 흘리도록 유도했지만 아무 소용이 없었다.

겁이 난 구두쇠는 랍비를 불렀다. 랍비는 거액의 자선금을 희사하는 유언장을 쓰라고 권고했다. 그러자 구두쇠가 소리쳤다.

"랍비님! 받아 적으세요. 받아 적으세요! 그것이 제 영혼에도 좋습니다!"

그래서 랍비는 그가 말하는 모든 것을 받아 적고 있는데 갑자기 구두쇠가 크게 고함쳤다.
 "잠깐만요, 랍비님! 저는 지금 땀을 흘리고 있어요!"

●──이스라엘 민담

부자와 가난한 자

● ──백만장자의 가격

　백만장자 브로드스카이가 우크라이나의 조그만 도시에 갔을 때 도시 사람들은 모두 그를 맞이하기 위해 거리로 쏟아져 나왔다. 그는 위풍당당하게 숙소로 안내되었고 그곳에서 아침 식사로 계란 두 개를 주문했다. 그가 식사를 마치자 여관 주인은 그에게 20루블을 요구했다. 브로드스카이는 깜짝 놀라며 물었다.
　"이 지방에는 계란이 그렇게도 귀하오?"
　여관 주인은 재빨리 대답했다.
　"아닙니다. 그렇지만 브로드스카이 같은 부자는 드뭅니다!"

● ──진정한 슬픔

　어떤 도시에서 가장 부자인 사람이 죽자 죽은 사람에게 마지막으로 경의를 표하기 위해 엄청나게 많은 문상객이 몰려들었다. 그 가운데 어떤 가난한 사람이 깊은 한숨을 내쉬며 영구 행렬을 뒤따라

가고 있었다. 이를 본 어떤 사람이 그를 가엾게 여기고 물었다.

"당신은 죽은 분의 가까운 친척입니까?"

"나는 그와 아무 친척 관계가 없어요!"

"그렇다면 당신은 왜 웁니까?"

"그래서 우는 겁니다."

● ── 가난한 사람들의 운

어떤 랍비가 부자들에게는 모든 것이 허락되는데 가난한 사람들에게는 그렇지 않은 이유를 설명해 달라는 질문을 받았다.

"부자와 가난한 자에 대한 율법이 따로 있습니까?"

랍비가 대답했다.

"그것은 행운의 문제요. 모세는 시내 산에서 내려오자 유대인들이 금송아지를 섬기는 것을 보았습니다. 그는 너무나 화가 난 나머지 십계명이 새겨진 돌판을 깨뜨렸지요. 당신들도 알다시피 율법을 새긴 서판은 아주 고귀한 보석으로 만들어져 있었지요. 사람들은 모세가 그것을 깨는 것을 보자 각 방향으로 튄 값진 조각을 주우려고 뛰어들었습니다.

자, 당신은 세상에서 누가 온갖 행운을 가지고 있다고 생각하십니까? 물론 부자들이오! 그들은 '너는 하라'는 글씨가 적힌 조각을 주웠소. 반면에 창조 이래로 멍청이였던 가난한 자들은 전혀 운이 없었지요. 서로 다투는 가운데 그들이 주울 수 있었던 것은 고작 '안 된다'는 단어가 적힌 작은 조각뿐이었소. 다 그런 거요!"

● ── 이스라엘 민담

현대의 소화(笑話)

● ──돈으로 하는 실험

어떤 무신론자가 기적을 일으키는 랍비를 만나러 왔다. 그는 인사를 마치고 자리에 앉자마자 1훌덴을 랍비에게 건네주었다. 랍비는 아무 말도 하지 않고 그것을 받고는 잠시 그를 바라보다 물었다.

"틀림없이 당신은 무언가를 위하여 나를 만나러 왔지요. 아마 당신의 아내가 자식을 못 낳으니 그녀를 위하여 기도해 달라고 찾아온 거지요?"

"아닙니다. 랍비님! 저는 혼인도 하지 않았습니다."

무신론자는 펄쩍 뛰며 대답했다. 그리고 또 1훌덴을 랍비에게 주었다. 랍비는 다시 아무 말 없이 호주머니에 받아 넣었다.

"틀림없이 당신이 나에게 무언가를 바라고 있소. 아마 당신은 하느님께 범죄하여 당신을 위하여 하느님께 대신 기도해 달라고 부탁하려는 것 같구려."

"아닙니다. 랍비님. 저는 어떠한 죄도 저지르지 않았습니다."

무신론자는 다시 1홀덴을 꺼내어 랍비에게 주었고 랍비는 그것을 말없이 호주머니에 받아 넣었다.
"사업이 잘 안 되어 나에게 축복해 달라고 온 것이오?"
랍비는 희망을 걸고 물어보았다.
"아닙니다, 랍비님. 올해에는 제가 하는 일이 아주 잘됩니다."
무신론자는 또 한 번 1홀덴을 랍비에게 주었다. 랍비는 약간 당황한 기색을 보이며 물었다.
"그럼 도대체 당신은 나에게서 무엇을 원하시오?"
이에 무신론자가 대답했다.
"아무것도 없습니다. 정말 아무것도 없습니다. 저는 단지 사람이 공짜로 얼마까지 받을 수 있는지 알고 싶었을 따름입니다."

● ──이 일에 적합한 재판관

어떤 마을 사람이 큰 도시에 있는 랍비를 만나러 가서 다음과 같이 말했다.
"랍비여, 저는 가까운 마을에서 왔습니다. 저는 하느님에 대항하여 송사를 하나 하려고 합니다. 그 이유는 이렇습니다. 제게는 아내와 1000루블이 있었습니다. 하느님이 무슨 일을 했는지 아십니까? 먼저 1000루블을 빼앗아 가고 그다음에는 아내를 빼앗아 갔습니다. 나는 하느님이 그 순서를 바꾸었다면 무슨 상관이 있을지 묻고 싶습니다. 만약 먼저 아내를 빼앗아 갔다면 저는 1000루블을 가진 홀아비였을 것입니다. 그렇다면 1000루블을 빼앗아 가기를 원했다고 할지라도 나에게는 아내와 1000루블이 남아 있을 것이 아닙니까?"
랍비는 약간 당황한 빛을 보이며 물었다.
"그런데 친구여, 그대는 왜 송사를 당신 마을에 있는 랍비에게

● ──이스라엘 민담

가져가지 않고 이리로 가지고 왔는가?"

마을 사람이 말했다.

"아주 솔직히 말씀드리겠습니다. 저는 우리 마을의 랍비가 하느님을 무척 두려워하므로 하느님께 결정을 맡길 것이라는 사실을 알고 있기 때문에 그에게 이 문제를 말씀드릴 수 없었습니다. 반면에 저는 당신이 하느님을 두려워하지 않는다는 것을 알기 때문에 당신에게서라면 이 송사에서 어느 정도 이길 가능성이 있다고 생각했습니다."

● ──빌려 줄 수 없다니!

최근에 폴란드에서 뉴욕 동부로 온 두 사람이 우연히 알게 되어 어느 날 만났다.

"어이! 사업이 잘되어 가나?"

"좋아."

"그렇다면 내게 5달러만 빌려 주겠나?"

"나는 자네를 알지도 못하는데!"

"참 재미있구나! 전에 내가 살던 곳에서는 사람들이 나를 알기 때문에 한 푼도 빌려 주지 않았는데, 이제 여기에서는 사람들이 나를 모르니까 빌려 주지 않는구나."

● ──그는 좀 더 천천히 했어야 합니다

어떤 랍비가 유월절 기간에 입을 새 바지 한 벌을 마을에 사는 재단사에게 주문했다. 재단사는 일을 무척 더디게 했다. 랍비는 그가 유월절까지 그 일을 마칠 수 있을지 염려되었다.

재단사는 유월절 바로 전날에 헐레벌떡 달려와서 바지를 건네주었다. 랍비는 바지를 받아들고 그에게 물었다.

"내 바지를 제시간에 갖다주어서 고맙소. 그러나 내 친구여, 하느님께서는 이렇게 넓고 복잡한 세계를 단 6일 만에 창조하셨는데, 당신은 간단한 바지 한 벌을 만드는 데 어찌하여 6주나 걸렸는지 그 이유를 말해 주겠소?"

재단사는 의기양양하게 중얼거렸다.

"그러나 랍비님! 하느님이 만드신 이 혼란을 보시고 그다음에 이 멋진 바지를 보십시오!"

● ── 할례 받은 증거

어떤 젊은 탈무드 학자가 민스크를 떠나 미국으로 갔다.

몇 년 뒤에 그는 옛 나라로 돌아왔다. 나이 든 그의 어머니는 그를 거의 알아볼 수도 없었다. 그는 아주 최신식으로 차려입었다. 대경실색한 그의 어머니가 물었다.

"너의 수염은 어디 갔니?"

"미국에서는 아무도 수염을 기르지 않아요."

"그러나 적어도 너는 안식일은 지켰겠지?"

"미국에서는 거의 모든 사람이 안식일에 일합니다."

늙은 어머니는 한숨을 쉬었다.

"음식 문제는 어떻게 했니?"

"아, 어머니, 미국에서 정결한 음식을 먹는 데는 너무 곤란한 점이 많아요."

나이 든 어머니는 머뭇거리다가 확신에 찬 목소리로 이렇게 속삭였다.

"아들아, 이 늙은 어미에게 말해 보아라. 너 할례 받은 것은 아직

● ── 이스라엘 민담

유지하고 있니?"

● ──시간을 절약하기 위하여
　루블린으로 가는 급행열차 속에서 어떤 젊은이가 외견상 부자인 듯한 상인 앞에 멈추어 서서 물었다.
　"시간 좀 말씀해 주시겠습니까?"
　상인은 대뜸 꺼지라고 소리쳤다.
　"뭐라구요! 왜 그러시는 거예요! 나는 당신에게 아주 정중한 태도로 공손하게 물었는데 그렇게 무례하고 거칠게 말하다니! 왜 그래요?"
　상인은 그를 보며 지겹다는 표정으로 말했다.
　"좋아, 여기 앉아 내 말을 들어 보게. 자네가 나에게 질문을 했네. 나는 자네에게 답을 해야 하지 않나? 자네는 나와 대화를 시작할 걸세. 날씨 얘기와 정치 얘기, 그리고 사업 얘기 말이네. 한 가지 얘기를 하면 다른 얘기로 넘어가게 되지. 자네도 유대인이고 나도 유대인이지 않나? 나는 루블린에 살고 있고 자네는 타지방 사람이네. 나는 호의로 자네를 우리 집 저녁 식사에 초대하겠지. 자네는 나의 딸을 만날 걸세. 그녀는 아주 아름답고 자네는 아주 잘생긴 젊은이네. 그렇게 자네가 몇 번 우리 집에 오게 되면 자네는 사랑에 빠질 걸세. 결국 자네는 내 딸에게 구혼을 하러 올 걸세. 그러면 복잡한 문제가 생기게 될 걸세. 그런데 젊은이, 나는 자네에게 이 사실을 말하고 싶네. 나는 내 딸이 시계도 갖지 못한 사람과 결혼하길 원하지 않는다네!"

● ── 선견지명을 가진 여행객

 어떤 여행객이 지친 표정으로 달리는 기차 안에서 편안하게 쉬고 있는데 웬 낯선 사람이 "샬롬!" 하고 예의바르게 인사하며 말을 걸어 왔다. 그 여행객은 늘 하던 식대로 "샬롬!" 하고 응대하지 않고 자기 얘기를 장황하게 늘어놓았다.

 "여보시오, 친구여, 잘 들어 보시오. 나는 바이알스톡에서 왔는데 지금 바르샤바로 가는 길이오. 나는 채소 도매상인데 그 규모는 별로 크지 않소. 나의 성은 코헨이라고 하고 이름은 모세요. 나는 아들이 하나 있는데 바르 미즈바$_{전신례의 13세 유대교 소년}$가 될 거요. 또 예쁜 딸이 둘 있는데, 하나는 결혼했고 다른 하나는 약혼했다오. 나는 담배나 술을 하지 않고 취미도 없소. 또 나는 정치에는 아무런 관심도 없소. 이제 내 얘기를 전부 한 것 같소. 혹시 빠뜨린 것이 있다면 격식 차리지 말고 지금 물어 주시오. 왜냐하면 나는 지금 엄청나게 피곤해서 한잠 자려는 참이기 때문이오."

● ── 부유한 아저씨

 어떤 은퇴한 뉴욕의 상인이 캣스킬 산맥에 커다란 여름 별장을 소유하고 있었다. 그는 따뜻한 마음씨를 가지고 있었기 때문에 여름이 되면 악몽과도 같은 시간을 보냈다. 크로커스 꽃이 피고 붉은 가슴울새의 유창한 노랫소리가 들리기 시작하면 브라운스빌에서, 동뉴욕에서, 미드우드에서, 서브롱스에서 가난한 친척들이 모두 무조건 그에게 몰려들었다. 그들은 낙엽이 질 때까지 한순간도 그를 편안히 두지 않고 사생활을 침해하였다. 그들은 그런 다음에야 뉴욕으로 돌아갔던 것이다.

 어느 날 그는 육촌 처남뻘 되는 젊은이와 시간을 허비하며 침울

● ── 이스라엘 민담

하게 앉아 있다가 한숨을 쉬며 말했다.

"자네가 이곳에 올 가능성은 이제 없겠지?"

젊은이는 열을 내며 항의했다.

"무슨 말씀을 하시는 겁니까? 당신은 왕 중의 왕이시잖아요? 그런데 제가 왜 다시 안 오겠습니까?"

그 왕은 가련한 목소리로 신음하며 말했다.

"자네가 가지 않는다면 어떻게 다시 오겠나?"

● ── 너무 늦었다

동부 지방에서 고물 행상이 죽자 그의 아내는 2000달러의 보험금을 받았다. 그녀는 이렇게 투덜거렸다.

"얼마나 운이 없는 사람인가! 우리는 40년 동안 가난하게 살아오다가 이제 하느님께서 우리를 부자로 만들어 주셨는데 솔^{Sol}은 그만 가 버리다니!"

● ── 계산

두 사람의 갈리시아 인이 비엔나로 이주해 왔다. 얼마 후 그들은 길에서 서로 만났다. 한 사람이 한숨을 내쉬며 물었다.

"비엔나는 살기가 어떻습니까?"

다른 사람이 쓰라린 표정으로 말했다.

"무덤에서 한 발자국 멀어졌지요. 당신은 어떻습니까?"

"그렇게 나쁘지는 않습니다. 내가 왜 불평하겠어요? 나는 먹고 살고 있는데요. 유대인이 더 많은 것을 요구할 수 있나요? 그렇지만 나는 최근에 몸이 아팠어요. 최근 3개월 동안 400홀덴이나 되는 돈을 진료비와 약값에 날렸답니다!"

그러자 다른 사람이 고향을 그리워하며 이렇게 외쳤다.

"아! 갈리시아 같으면 그 돈으로 적어도 6년을 아플 수가 있었는데!"

● ――한쪽 눈이 안 보이는 것만으로도 충분하다

어떤 맹인 거지가 뉴욕의 이스트 사이드에 있는 에섹스가(街)에서 구걸하기 위하여 양철통을 들고 서 있었다. 그는 지나가는 사람들을 향해 애절하게 우는 소리를 하고 있었다.

"이 앞 못 보는 사람을 도와주세요."

그때 마침 어떤 유대인 노파가 그 옆을 지나가게 되었다.

"아이구, 불쌍한 맹인 같으니라구!"

그 노파는 가엾은 마음에 얼른 주머니에서 1다임을 꺼내 주었다. 그러자 거지는 이에 감격하여 소리쳤다.

"저는 첫눈에 당신이 따뜻한 마음씨를 가지고 있다는 사실을 알았습지요."

● ――기도와 거래

가난한 바보가 있었다. 그는 너무나 불행했기 때문에 백일몽을 꾸는 것을 나쁘게 생각했다. 어느 날 그는 다음과 같은 기도를 드렸다.

"사랑하는 하느님, 새해에는 저에게 1만 달러를 주십시오. 제가 무슨 말을 할까요? 저는 당신과 거래하겠습니다. 저는 그 돈 가운데 5000달러를 자선 사업에 사용하고, 나머지 5000달러만 갖겠습니다. 저의 고상한 뜻에 대해서 의심을 품고 계신가요? 그렇다면 저에게 제가 쓸 5000달러만 주시고, 나머지 5000달러는 친히 자선 사업에 사용하십시오."

● ――이스라엘 민담

● ——산부인과 의사의 요령

부자인 레빈 씨는 자신은 비록 교육받을 기회가 없었지만 외동딸을 파리에 있는 '최종' 학교까지 보냈다. 그녀는 클리브랜드로 돌아오자마자 결혼했고 적절한 시간이 지난 다음 산부인과 병원에 입원했다. 담당 산부인과 의사가 그녀가 무엇을 하고 있는지 알아보려고 갔을 때 그녀는 힘없는 목소리로 신음하고 있었다.

"아이구야! 아이구야!"^{프랑스어}

그녀의 아버지는 너무나 놀라서 숨을 헐떡거리며 말했다.

"의사 선생님, 의사 선생님, 빨리요. 이 애가 출산할 모양입니다!"

의사는 아무렇지도 않은 듯 머리를 흔들며 말했다.

"아직 아니에요! 아직 아니에요!"

한 시간쯤 뒤 딸은 의사가 오는 소리를 듣고 달콤한 목소리로 흐느꼈다.

"의사 선생님, 아파요!"^{프랑스어}

레빈 씨는 손을 흔들며 열광적으로 외쳤다.

"선생님, 선생님, 빨리요. 이 애가 출산하려고 합니다!"

의사는 지겹다는 표정으로 아직은 아니라고 대답했다.

몇 분이 지나자 찢어지는 듯한 비명 소리가 병원 복도로 울려 퍼졌다.

"악, 엄마!"^{이디쉬어}

의사는 그 방으로 급히 뛰어들며 레빈 씨에게 말했다.

"이제는 출산합니다!"

● ——닥스훈트

러시아의 대지주가 대리인인 유대인을 불러 놓고 말했다.

"여기 25루블이 있으니 가서 닥스훈트를 사 오너라."

대리인은 사정하며 말했다.

"주인님, 그런 적은 돈으로 어떻게 좋은 닥스훈트를 살 수 있겠습니까? 저에게 50루블을 주시면 진짜 닥스훈트를 사다가 드리겠습니다."

지주는 그의 말에 고개를 끄덕이며 말했다.

"여기 25루블이 더 있다. 그러니 분명히 제일 좋은 놈으로 사 와야 한다!"

대리인은 자신 있는 표정으로 말했다.

"주인님, 그 점만은 염려 마십시오."

이윽고 떠날 시간이 되었다. 그런데 갑자기 대리인이 머뭇거리며 지주에게 사죄하듯이 물었다.

"주인님, 아주 죄송합니다. 도대체 닥스훈트가 무엇입니까?"

● ──너무 많이 쏘았군

유월절 휴가가 가까워 오자 곰멜에서 일하던 어떤 유대인 목수가 3개월분의 임금을 호주머니에 넣고 자그마한 마을에 있는 자기 집을 향해 가고 있었다. 그가 울창한 숲을 통과하고 있을 때였다. 그가 문득 고개를 들어 보니 강도가 총구를 자신에게 겨누고 있었다. 강도는 험악한 얼굴로 그에게 으르릉거렸다.

"돈을 내놓아라. 그렇지 않으면 쏴 버릴 테다!"

그 불쌍한 사람이 어떻게 하겠는가? 그는 꼼짝없이 돈을 내놓아야 했다. 강도가 돈을 자기 호주머니에 챙겨 넣는 동안 목수가 애원했다.

"이보시오! 이제 유월절이 다가왔소. 당신이 내게서 빼앗은 돈은 내 아내와 아이들을 위하여 새로운 옷과 닭고기와 포도주와 무교병을 사야 할 돈이오. 당신은 내가 집에 가서 숲 속에서 돈을 강도 맞았다고 아내에게 말할 때 그녀가 믿어 주리라고 생각하시오?"

"그건 내가 알 바 아니다!"

"어떻든 당신은 나를 좀 도와줄 수 없소? 내 아내가 나를 믿을 수 있도록 보이게 말이오."

"그럼 내가 어떻게 하란 말이냐?"

"나의 모자에 총을 한 방 쏴 주시오."

강도는 웃으면서 그 불쌍한 친구의 모자를 공중에 들고 마치 강도를 당한 것처럼 총을 쏘았다. 그러자 그는 기쁜 표정으로 강도에게 말했다.

"아주 좋아요! 자, 나의 외투에도 쏴 주시오."

강도는 이제 총알이 없다며 불평했다. 목수는 이 순간을 기다렸다는 듯이 기뻐하며 소리쳤다.

"그렇다면 이 좋은 친구야, 엿이나 먹어라!"

그러고는 강도를 흠씬 패 주었다. 그런 다음 그는 자기 돈을 가지고 유유히 자기 집을 향해 갔다.

● ──아주아주 옛날에

옛 물건에 아주 관심이 많은 어떤 남자가 골동품점에 들어가서 주인에게 희귀한 물건을 보여 달라고 요청했다. 가게 주인은 그에게 옛날 시계를 보여 주며 말했다.

"손님, 당신은 지금 세계 7대 불가사의한 창조품 가운데 하나를 보고 계십니다. 손님은 람밤^{마이모니데스}이 유명한 의사인 줄 알고 있지요? 자, 이게 바로 그가 차고 다니던 시계였습니다. 그는 환자의 맥

박을 잴 때 이것을 보았고 미국으로 여행갈 때에도 이것을 차고 갔습니다."

고객은 놀란 표정으로 말했다.

"도대체 무슨 말을 하는 거요? 람밤이 어떻게 미국에 갈 수 있었단 말이오? 그가 살아 있을 때에는 미국이 있는지도 몰랐어요!"

골동품 주인은 이렇게 말했다.

"맞습니다! 바로 그게 불가사의하다는 것입니다. 그 때문에 이 시계는 아주 값이 나가는 것이랍니다!"

● ─ 쉽게 풀리는 일

구트만 씨는 매일 오후에 비엔나에 있는 슐라고베르 카페에서 여러 친구들과 함께 카드놀이를 하곤 했다. 어느 날 오후, 그는 카드놀이를 하다가 갑자기 앞으로 넘어지면서 심장마비로 죽고 말았다. 그의 친구들은 이 슬픈 소식을 그의 아내에게 전달하기 위하여 친한 친구였던 루빈 씨를 보내기로 결정했다.

구트만의 아내는 예상치 못했던 방문객을 맞으면서 인사했다.

"안녕하세요, 루빈 씨. 어떻게 지내세요?"

"별일 있을 리 있나요? 좋지요."

"제 남편을 보셨습니까?"

"보았습니다."

"틀림없이 그 카페에서이지요?"

"그럼요."

"나는 그가 돈을 몽땅 날렸다고 해도 결코 놀라지 않아요!"

"그 말고 누가 돈을 잃었겠습니까?"

"뭐라구요! 그가 돈을 잃었다구요? 아마 그 몹쓸 사람은 충격을

● ─ 이스라엘 민담

받아서 죽었을는지도 몰라요!"

루빈 씨는 너무나 기뻐서 소리쳤다.

"알고 계시는군요, 구트만 부인. 내가 당신을 만나러 온 것도 바로 그 때문이에요!"

● ――어떤 질병

유명한 이디쉬 학자인 이삭 아위위치 박사는 염소 수염을 가지고 있어서 전형적인 유대계 러시아 의사처럼 보였다. 어느 날 나이 든 유대 여인이 그를 만나러 왔다. 그녀는 불만스럽게 말했다.

"의사 선생님, 저는 류머티즘 때문에 너무 괴로워 죽겠습니다. 제발……."

아위위치 박사는 그녀의 말을 가로막으며 말했다.

"미안합니다, 부인. 당신은 잘못 찾아왔어요. 나는 철학 박사입니다."

이 말을 들은 그녀가 물었다.

"의사 선생님, 말씀해 주십시오. '철학'은 무슨 병입니까?"

● ――장모의 상대성

"안녕하세요? 레빈 부인! 어떻게 지내세요?"

"아주 잘 지내고 있어요!"

"당신의 딸인 셜리는 어떻지요?"

"하느님이 축복해 주셔서 건강하답니다! 그 애는 얼마나 훌륭한 남편을 두었는지! 그 애에게 하루 종일 손에 물 한 방울 묻히지 않게 한다오! 그 애는 12시까지 침대에 누워 있다가 하녀가 갖다주는 아침을 먹지요. 3시에 삭스 5번가로 물건을 사러 가고 5시에는 리츠에서 칵테일 파티에 참석하지요. 셜리는 마치 영화배우처럼 옷을 입는답니다. 그런 행운에 대해서 무슨 말을 하겠어요?"

"당신의 아들은 어떻습니까? 듣기로는 당신 아들이 결혼했다던데요."

"맞아요, 결혼했어요. 그러나 불쌍하게도 행운이 따르지 않았답합니다. 그 애는 허영기 있는 한 여자와 결혼했지요. 당신은 우리 며느리가 하루 종일 무엇을 하는지 아십니까? 아무것도 하는 일이 없어요. 아무짝에도 쓸모없는 여자이지요! 그 애는 정오가 될 때까지 잠을 잡니다. 그리고 자기 침상에 날라오는 아침을 먹지요. 당신은 우리 며느리가 집에 관심을 기울이는 줄 아십니까? 절대로 아니에요. 그저 오후에 물건만 사러 다니고 자기 남편이 힘들게 벌어 온 돈을 마치 영화배우처럼 옷을 차려입는 데다 낭비한답니다. 그러고는 하루를 어떻게 마감하는지 아세요? 칵테일을 퍼마신답니다. 그런 여편네를 아내라고 부를 수 있습니까?"

●──이스라엘 민담

웃음을 무기 삼아

● ──선 택

자그마한 유대인 재담가가 근심에 잠겨 있었다. 그에게는 온 세상이 끝장난 듯이 보였다. 오랜 세월 동안 그는 바그다드에 있는 칼리프의 궁전으로 부름을 받아 사람들을 즐겁게 해 주면서 살아왔다. 그러나 한순간 생각 없이 행동함으로써 지배자를 불쾌하게 만들었기 때문에 사형 선고를 받았다. 칼리프가 말했다.

"그렇지만 네가 지금까지 나에게 재미있는 이야기를 해 준 것을 감안하여 네가 죽는 방법을 선택할 수 있도록 해 주겠다."

재담가가 대답했다.

"오, 은혜로운 칼리프여! 당신께서 아무 상관이 없으시다면 늙어서 죽는 방법을 선택하겠습니다!"

● ──유대인과 칼리프

옛날에 유대인을 혐오하는 아라비아의 칼리프가 있었다. 그래서 그는 다음과 같은 포고령을 내렸다.

"나의 왕국에 들어오는 모든 유대인은 경비원에게 자신의 신상을 말해야 한다. 만약 거짓말을 했다가는 목을 벨 것이고, 사실대로 이야기하면 교수형에 처할 것이다."

그 칼리프는 이런 식으로 해서 아라비아에 있는 모든 유대인을 몰살시키고자 했다.

그런데 어느 날, 유대인 한 사람이 왔다. 칼리프의 신하들이 그에게 자신의 신상에 대해서 말하라고 하자 그는 이렇게 말했다.

"저는 오늘 목이 베일 것입니다."

경비원들은 그의 말에 매우 혼란을 느끼고 상관에게 보고했다.

교활한 칼리프는 곰곰이 생각했다.

'음! 이것은 아주 어려운 문제다. 내가 유대인의 목을 벤다면 그가 진실을 말했다는 이야기가 된다. 그러면 법에 따라 교수형에 처해야 한다. 그러므로 그의 목을 벨 수 없다. 반대로 그가 교수형을 당한다면 그가 거짓말을 했다는 이야기가 된다. 그러므로 그의 목을 베어야 한다. 그러므로 그를 교수형에 처할 수도 없다.'

그래서 칼리프는 그 유대인을 풀어 주었다.

고난의 역사와 유대인의 해학

● ──현실주의자

아우스터리츠Austerlitz 전투의 포연과 포격 소리가 잠잠해진 후, 나폴레옹은 그날 영웅답게 함께 전투에 임한 여러 민족 사람들에게 상을 내리기로 했다. 그는 큰 소리로 외쳤다.

"용감한 영웅들이여, 그대들의 소원을 말하시오. 그러면 내가 그것을 들어주겠소."

한 폴란드인이 외쳤다.

"폴란드를 되돌려주시오."

"내가 그것을 들어주겠소."

한 가난한 슬로바키아 사람이 소리쳤다.

"나는 농부인데 나에게 토지를 주시오."

"그대는 토지를 가질 수 있을 거요."

한 독일인이 말했다.

"나는 양조장을 가지고 싶습니다."

나폴레옹이 부하를 향해 명령했다.

"그에게 양조장을 주어라!"

다음에는 어떤 유대인 군인의 차례가 되었다.

"자, 그대는 무엇을 원하는가?"

나폴레옹은 미소를 띠면서 재촉하여 물었다.

"폐하, 좋으시다면 저는 싱싱한 청어 한 마리를 가지고 싶습니다."

그 유대인은 얼굴을 붉히며 작은 소리로 말하였다. 나폴레옹은 의외라는 듯 어깨를 움츠리며 부하에게 말했다.

"좋다! 이 사람에게 청어 한 마리를 주어라!"

황제가 자리를 뜨자, 그 유대인 주위로 다른 영웅들이 몰려들었다. 그러고는 그를 힐책하기 시작했다.

"참으로 멍청하네! 생각해 보게. 우리는 원하는 것은 무엇이든지 선택할 수 있었네. 그런데 겨우 요구 사항이 청어 한 마리인가? 황제에게 그렇게 얘기해도 좋은가?"

유대인이 대답했다.

"우리는 누가 진짜 바보인지 알게 될 걸세! 자네들은 폴란드 독립이나 농장이나 양조장을 요구하였네. 그렇지만 그런 것들은 황제에게서 얻을 수 없을 걸세. 자, 보게. 나는 현실을 중시한다네. 내가 청어 한 마리를 요구하기는 했지만, 아마도 나는 그것을 가질 수 있을 걸세."

● ──언제나 두 가지 가능성이 있다

전쟁이 일어날 조짐이 보이자 예쉬바에 있는 두 학생이 사태를 논의했다. 한 학생이 말했다.

"나는 소집되지 않았으면 해. 나는 싸움 체질이 아니야. 나는 정신적인 용기가 없는 것은 아니지만 전쟁에서는 뒤로 물러나고 싶어."

다른 학생이 말했다.

"무언가 두려운 것이 있는 게로구나. 상황을 분석해 보자. 결국 두 가지 가능성만 남아 있다. 전쟁이 일어나든지 일어나지 않든지. 일어나지 않는다면 우리가 놀랄 이유가 없다. 일어난다고 할지라도 두 가지 가능성이 있다. 사람들이 너를 징집하든지 안 하든지 두 가지 말이다. 징집당한다고 할지라도 두 가지 가능성이 있다. 네가 전투에 참여하는 일을 맡게 될지 아니면 비전투 요원으로 일하게 될지 말이다. 비전투 요원으로 가담한다면 두려워할 게 무엇인가? 전투 요원으로 나간다고 할지라도 두 가지 가능성이 있다. 네가 부상을 입든지 입지 않든지 말이다. 네가 부상을 당하지 않는다면 두려워할 게 하나도 없다. 그러나 부상당한다고 할지라도 두 가지 가능성이 있다. 중상을 입든지 경상을 입든지 말이다. 네가 경상을 당한다면 별다른 문제가 없다. 또 네가 중상을 입는다고 할지라도 두 가지 가능성이 있다. 네가 죽든지 살든지 말이다. 네가 죽지 않는다면 살아나는 셈이다. 네가 죽지 않는다면 모든 일이 그렇게 나쁜 것은 아니므로 그다지 놀랄 까닭이 없다. 네가 죽는다고 할지라도 두 가지 가능성이 있다. 네가 유대인 묘지에 묻히느냐 그렇지 않느냐이다. 네가 유대인 묘지에 묻힌다면 두려워할 게 뭐 있느냐? 그리고 네가 유대인 묘지에 묻히지 않는다고 할지라도……. 그런데 왜 두려워하는가? 전쟁이 아예 일어나지 않을 수도 있지 않은가!"

● ──나폴레옹과 재단사

 나폴레옹 황제가 러시아에서 퇴각하는 동안 적군을 피해 도망치다가 어느 유대인 마을을 지나게 되었다. 그는 모든 도주로가 차단된 것을 알고는 유대인 재단사가 살고 있는 어떤 집으로 뛰어들었다. 그는 떨리는 목소리로 재단사에게 간청했다.

 "나를 빨리 숨겨 주시오! 러시아 인들이 나를 찾으면 죽일 것입니다!"

 자그마한 재단사는 그 낯선 사람이 누구인지 몰랐지만 인간에 대한 동정심 때문에 그를 숨겨 주기로 마음먹었다.

 "깃털 매트리스 아래로 들어가 가만히 누워 계세요!"

 나폴레옹은 매트리스 아래로 들어갔고 재단사는 그 위에 차곡차곡 매트리스를 더 쌓아 놓았다.

 얼마 지나지 않아 문이 '쾅' 하고 열리더니 손에 총칼을 든 러시아 군사들이 뛰어들어왔다.

 "여기 누구 숨은 사람 없소?"

 재단사는 짐짓 태연한 얼굴로 대답했다.

 "제 집에 숨을 정도로 어리석은 사람이 어디 있겠습니까?"

 군인들은 방 안을 샅샅이 뒤져 보았으나 아무도 찾을 수 없었다. 그들은 나가면서 확인하기 위하여 깃털 매트리스에 칼을 여러 번 찔러 보았다.

 드디어 문이 닫히고 나폴레옹은 깃털 매트리스 뭉치에서 기어 나왔다. 그는 죽은 사람처럼 창백한 얼굴이었고 온몸에는 땀을 흘리고 있었다. 그는 재단사를 돌아보더니 말했다.

 "내 사랑하는 친구여, 나는 당신에게 내가 나폴레옹 황제라는 사실을 알려 주고 싶소. 당신이 나를 죽음에서 건져 주었으니 나는 당신의 세 가지 소원을 들어주겠소. 당신이 어떤 것을 부탁해도 좋소."

자그마한 재단사는 한참 생각하더니 말했다.

"폐하, 제 집의 지붕이 지난 2년 동안 새고 있으나 그것을 고칠 돈이 없습니다. 부탁하건대 저를 위하여 그것을 좀 고쳐 주시겠습니까?"

이 말을 들은 나폴레옹은 참지 못하고 소리쳤다.

"멍청한 사람 같으니라구! 그것이 황제인 나에게 부탁할 수 있는 굉장한 소원이오? 그러나 괘념치 마시오. 나는 당신의 지붕을 고쳐 주겠소! 그럼 두 번째 소원을 말하시오. 그러나 이번에는 좀 그럴싸한 소원을 말하도록 하시오."

재단사는 머리를 긁적거렸다. 그는 정말 난감했다. 도대체 무슨 부탁을 한단 말인가. 그런데 갑자기 그에게 좋은 생각이 떠올랐다. 그는 환한 얼굴로 입을 열었다.

"폐하, 몇 달 전에 길 건너편에 다른 재단사가 가게를 열고 성업 중입니다! 수고스러우시겠지만 폐하께서 그에게 다른 장소를 알아보라고 부탁해 주시지 않겠습니까?"

이 말을 들은 나폴레옹은 경멸적인 어투로 소리쳤다.

"바보 같으니! 그러나 좋아요, 나의 친구. 당신의 경쟁자를 없애 주겠소! 그럼 이제 진짜 중요한 것을 잘 생각해서 말해 보시오. 그러나 이번이 당신에게 마지막으로 베푸는 호의라는 점을 명심하시오!"

재단사는 이맛살을 찌푸리며 생각하고 또 생각했다. 어느 순간 그의 눈에 갑자기 개구쟁이 같은 빛이 비쳤다. 그는 호기심이 잔뜩 어린 눈초리로 물었다.

"황제 폐하, 죄송하지만 저는 러시아 군사들이 깃털 매트리스를 창으로 찌를 때 어떻게 느끼셨는지 알고 싶습니다."

나폴레옹은 화가 나서 제정신을 잃은 모습으로 소리쳤다.

"바보 천치 같으니라구! 어찌 감히 황제에게 그런 질문을 할 수 있단 말인가? 나는 당신의 무례함을 결코 용서할 수 없다. 날이 밝으면 당신을 총살시키겠다!"

황제의 말은 실행에 옮겨졌다. 그는 세 사람의 프랑스 군인을 불러서 그 작은 재단사에게 수갑을 채워 감방으로 데려가라고 했다.

재단사는 그날 밤에 한잠도 이룰 수 없었다. 그는 몸을 떨며 울었다. 그런 다음 그는 고백 기도를 낭송하고 하느님과 화해했다.

새벽이 되자 그는 감방에서 끌려나와 나무에 묶였다. 사수들이 그의 맞은편에 도열하여 그에게 총을 겨누었다. 그 바로 옆에는 손에 시계를 찬 장교가 발사 명령을 내리기 위해 서 있었다. 장교는 손을 들고 세기 시작했다.

"하나—두울—셋—."

그러나 그가 채 셋을 마치기도 전에 황제의 부관이 말을 타고 뛰어들며 외쳤다.

"멈추어라! 쏘지 마라!"

부관은 재단사에게 다가가 말했다.

"황제 폐하께서 당신에게 특사를 베푸셨습니다. 그분은 또한 당신에게 이 쪽지를 전하라고 하셨습니다."

재단사는 큰 한숨을 내쉬고는 쪽지를 읽기 시작했다. 나폴레옹은 다음과 같이 써 놓았다.

'당신은 내가 당신 집의 깃털 매트리스 아래 있을 때 어떤 느낌이었는지 알고 싶어했소. 자, 이제 당신은 내가 어떻게 느꼈는지 알았을 거요.'

●—이스라엘 민담

● ——표적이 아니에요

제정 러시아 시대의 어떤 랍비 학교에 징병자를 찾으러 군인이 왔다. 그래서 모든 학생이 징집되었다.

병영에 들어간 학생들은 뛰어난 사격 솜씨로 장교들을 놀라게 만들었다. 따라서 전쟁이 발발했을 때 예쉬바^{탈무드} ^{대학}의 젊은이들은 모두 전방에 배치되었다.

파견대가 도착한 직후 공격이 개시되었다. 멀리 중립 지대에서 독일인들이 접근하는 것이 보였다. 러시아 장교는 크게 소리쳤다.

"사격 준비…… 조준…… 발사!"

그러나 총성이 들리지 않았다. 장교들은 고함을 질렀다.

"발사! 안 들리나? 발사해, 이 바보들아. 총을 쏘란 말이다!"

그러나 여전히 아무 일도 일어나지 않았다. 명령을 내린 장교들은 너무나 화가 나서 이성을 잃고 소리쳤다.

"왜 사격을 않는 거냐?"

젊은이들 중의 한 사람이 부드럽게 대답했다.

"저기 안 보입니까? 사람들이잖아요? 어느 누구도 다쳐서는 안 된다구요!"

● ——하느님은 최선을 다하셨는데

니콜라이 1세 황제가 모든 신체 건강한 유대인들에게 무기를 잡으라고 명령하는 포고문을 발했을 때, 어느 작은 러시아 도시의 유대인들은 자기들의 랍비에게 가서 하느님께 기도해 달라고 간청했다. 그들은 랍비를 붙들고 울부짖었다.

"무기를 잡는다면 우리 아들은 더 이상 유대인이 아닙니다!"

랍비는 금식하며 기도했다. 그리고 그 일을 마치자 그 도시의 유대인들을 한곳에 모아 놓고 말했다.

"나의 기도는 상달되었습니다. 하느님께서는 분명히 황제가 자기 포고령을 철회하도록 말씀하실 것입니다.

그러나 황제의 모병관이 와서 심지어 6, 7세 되는 어린 유대 소년들도 낚아채 가자 유대인들은 화가 나서 랍비에게 몰려갔다.

"당신은 하느님이 황제가 자기 포고령을 철회하도록 만드실 것이라고 말하지 않았습니까?"

"정말 그렇게 말했소! 정말이지 하느님께서는 하만이 자기 포고령을 철회하도록 만드시기도 하셨소. 그러나 그 개 같은 작자가 하느님께 순종하길 원하지 않는데 그것이 어찌 나의 잘못이란 말이오?"

● ──경찰관을 오해하게 한 죄

1881년, 러시아 황제는 악명 높은 반유대인법을 공포했다. 우크라이나의 작은 도시에 살던 세 사람의 유대인은 그 소식을 듣고 분통을 터뜨렸다.

"그는 천치이자 멍청이야!"

한 사람이 조롱했다.

"그는 마치 돼지처럼 보드카를 처마시지!"

다른 사람이 비웃었다.

"그것만이 아니야! 그는 도둑이라구! 그는 세금을 거두어 자기 호주머니에 넣고 있어!"

세 번째 사람이 고함을 질렀다.

그런데 그가 이 말을 마치자마자 마치 땅에서 솟아 나온 듯 경찰관 한 사람이 나타났다. 그는 으르렁거리며 말했다.

● ──이스라엘 민담

"이 선동적인 유대인들아! 잠깐만 기다려라. 너희들은 우리 거룩한 황제 폐하를 모욕한 혐의로 톡톡히 대가를 치르게 될 것이다. 나와 함께 가자. 너희들을 체포한다!"

그래서 세 사람의 유대인은 두려움에 떨면서 경찰서로 갔다. 경찰서장은 그들을 보자마자 크게 소리를 질렀다.

"너희들이 어떻게 감히 우리 경애하는 황제 폐하를 모욕할 수 있느냐?"

유대인들은 시치미를 뚝 떼고 대답했다.

"누가 황제에 대하여 말하고 있었나요? 우리는 단지 이스라엘의 적인 독일 황제 빌헬름에 대하여 이야기하고 있었을 따름입니다."

경찰서장은 이 말을 듣고 안도의 숨을 내쉬며 말했다.

"그렇다면 다음번에는 말을 조심해서 하도록 하시오. 경찰관이 어떻게 알겠소? 당신들이 천치니 주정뱅이니 도둑이니 하니까 당연히 우리 황제를 말하는 것이라 생각했던 거요."

● ──선동한 덕분에 건진 목숨

어떤 유대인이 드니에프르 강에서 허우적거리고 있었다. 살려 달라고 외치는 소리를 듣고 두 사람의 러시아 경찰이 달려갔다. 그런데 그들은 물에 빠진 사람이 유대인이라는 것을 알고는 즉시 그 자리에 멈춰 서서 이렇게 말했다.

"유대인이니 빠져 죽게 놔두자."

그 사람은 자기 몸에서 힘이 빠져 가는 것을 느끼고 온 힘을 다해 외쳤다.

"황제 타도!"

경찰관들은 이런 선동적인 구호를 듣자 물에 뛰어들어 그를 끄집어 내고는 체포했다.

● ——정결한 것

폴란드의 자그마한 시골에 있던 성경 교사가 병이 들고, 자기가 하는 일에 싫증을 느끼고, 배고픔과 추위를 겪게 되었다. 급기야 그는 강도 짓을 하기로 결심했다.

어느 날 그는 부엌에서 칼을 꺼내 들고 숲 속으로 들어갔다. 그리고 어떤 나무 뒤에 숨어서 사람이 지나가기만을 기다렸다. 드디어 그 도시에서 부유한 목재 장수가 아무 의심도 않고 터벅터벅 걸어오는 모습이 보였다. 그는 아무 말도 하지 않고 그를 향해 뛰어들며 마치 찌를 듯이 칼을 들이댔다. 그러고는 갑자기 무언가를 말하려다가 그만 칼을 땅에 떨어뜨리고 말았다. 그는 이렇게 중얼거렸다.

"당신은 운이 좋소. 나는 막 이것이 밀키히 칼^{유대교 의식법에 유제품에만 사용되는 칼}임을 알았소!"

● ——정당한 구분

유대인 회사의 직원이 어떤 소송 사건에서 증인으로 나와 달라는 출두장을 받았다. 재판이 시작되고 이윽고 증인 진술 차례가 되자 폴란드 재판관이 그를 호명했다.

"도살자 레비!"

그러자 그가 말했다.

"죄송합니다, 재판장님. 제 이름은 도살자 레비가 아닙니다. 저는 유대인 회사의 직원인 레비입니다."

그러나 재판관도 고집이 셌다.

"내 기록에는 당신이 도살자라고 나와 있소, 그러므로 나는 당신을 '도살자'라고 부르는 게 정당하오."

그는 위엄 있게 대답했다.

"재판장님, 저는 재판정 앞에 설 때는 팬^{Pan} 레비입니다. 제가 우리 유대인들 앞에 서서 예배를 인도할 때는 기도문 선창자 레비입니다. 그리고 제가 소 앞에 설 때는 도살자 레비인 것입니다."

● ── 하느님의 자비

우크라이나의 작은 마을에 엄청난 재앙이 다가오고 있었다. 유월절 직전에 어떤 농부의 어린 딸이 주검으로 발견된 것이다. 유대인을 싫어하던 사람들은 이 불행한 사건을 이용하여 농민들 사이를 재빨리 오가면서 유대인들이 무교병을 만들 기독교인의 피를 마련하기 위하여 어린아이를 살해했다는 말도 안 되는 소문을 퍼뜨렸다. 농민들의 분노는 하늘을 찌를 듯했고, 대학살이 임박했다는 소식이 온 마을에 들불처럼 번져 갔다.

경건한 사람들은 이 소식에 당황하며 회당에 모여들었다. 그들은 옷을 찢으며 성궤 앞에 엎드렸다. 그들이 하느님께서 개입해 주십사고 기도드리고 있을 때 회당지기가 숨을 헐떡이며 달려왔다. 그는 숨가쁜 목소리로 이렇게 말했다.

"형제들이여! 형제들이여! 놀랄 만한 소식이 있습니다! 우리는 살해당한 소녀가 유대인이라는 사실을 방금 알아냈습니다. 하느님께 찬양 드립시다.!"

● ── 그들은 일단 쏜다

한번은 순회 서커스단이 유대인 도시에 찾아왔다. 그들은 온갖 종류의 동물 공연을 했는데 그 가운데는 곰도 있었다. 그런데 어느 날 곰이 우리에서 뛰쳐나왔다. 그러자 경찰서장은 곰을 보는 즉시 사살하라는 명령을 내렸다.

곰이 도망쳤다는 소식에 도시 사람들은 겁에 질렸다. 급기야 어떤 유대인이 이웃 유대인에게 말했다.

"나는 이 도시를 떠나려네!"

"무엇 때문인가?"

"'무엇 때문인가' 라니? 자네는 곰을 보는 즉시 사살하라는 경찰서장의 명령도 들어보지 못했는가?"

"그러나 자네는 곰이 아니잖나."

"바로 그게 문제네. 조만간에 유대인이 총에 맞을 걸세. 사람들은 나중에야 곰인 줄 잘못 알았노라고 말할 테니까……."

● ——비밀 작전

제1차 세계대전 기간에 어떤 유대 병사가 포로를 잡아 오는 데 믹월힌 숨씨를 발휘했다 그는 밤늦게 총성이 멎고 사방이 고요할 때 전투가 벌어지는 중간 지대로 조심스럽게 기어갔다. 그리고 얼마 지나지 않아 포로들을 끌고 왔다. 그는 새벽이 될 때까지 밤새도록 이해할 수 없을 만큼 규칙적으로 이런 일을 해냈다. 그러나 아무도 그가 어떻게 그렇게 하는지 아는 사람이 없었다. 그는 심지어 자기 상관에게도 비밀을 털어놓으려고 하지 않았다.

그런데 그 부대 장군이 이 얘기를 듣고 그에게 엄하게 명령했다.

"이봐! 자네의 비밀을 말하게! 자네가 포로를 그렇게 쉽게 잡을 수 있다면 우리도 그렇게 다른 포로들을 잡을 수 있도록 방법을 가르쳐 주는 것이 자네의 의무이다."

젊은 병사는 당황한 기색을 보이며 이렇게 실토했다.

"장군님, 그 방법은 군사교범에 따른 것이 아닙니다. 저는 이렇게 했을 뿐입니다. 저는 밤늦게 가까운 적의 진지로 기어갔습니다. 그러고는 이디쉬 어로 소리칩니다. '모든 지역에 있는 유대인들이여! 우리는 죽은 친구를 위하여 카디쉬 기도를 낭송해 줄 열 사람이 필요하다.' 그러면 독일군 진지에서 유대인들이 죽 뛰어나옵니다. 그러면 우리 진지로 그들을 데리고 오는 것입니다."

● ── 최상의 호의

어느 날 히틀러가 베를린의 한 공원에서 말을 타고 있는데 그가 탄 말이 갑자기 무엇에 놀라 날뛰기 시작했다. 그는 당황하여 크게 소리쳤다.

"도와주시오!"

지나가던 사람이 달려가서 날뛰는 말의 고삐를 잡아 정지시켰다. 히틀러는 고마워하며 말했다.

"착한 사람이군요. 당신은 내가 누군지 아시오? 내가 당신의 지도자요! 그런데 당신은 누구요?"

그를 구해 준 사람이 몸을 부들부들 떨면서 대답했다.

"저는 유대인인 이스라엘 콘입니다."

히틀러는 한순간 놀란 표정을 짓더니 말했다.

"당신은 유대인일는지는 모르나 용감한 사람이오! 당신이 내 목숨을 구했으니 내가 당신에게 보답하기를 원하오! 내가 당신을 위하여 무슨 호의를 베풀어 주면 좋겠는지 아무 주저 없이 말해 보시오."

이스라엘 콘은 낙담한 표정을 지으며 중얼거렸다.

"호의라구요! 당신이 나를 위해 해줄 수 있는 최상의 호의는 호의라는 말을 전혀 입 밖에 내지 않는 것입니다!"

● ——자율적인 닭

 어떤 유대인이 겨드랑이에 닭 한 마리를 끼고 프랑크푸르트암마인 거리를 걷고 있었다. 나치 돌격대원 하나가 그를 제지하며 물었다.

 "유대인, 어디 가는가?"

 "닭에게 줄 모이를 사러 가게에 갑니다."

 "당신은 닭에게 무엇을 먹이는가?"

 "옥수수요."

 "옥수수라구! 독일인들은 굶주리고 있는데 유대인인 너는 닭에게 독일의 옥수수를 먹인다구!"

 돌격대원은 이렇게 말한 뒤 유대인을 때리고 자기 길을 갔다.

 몇 분 뒤에 다른 돌격대원이 그 유대인을 가로막았다.

 "개 같은 놈아, 어딜 가는가?"

 "닭에게 줄 모이를 사러 가게에 갑니다."

 "모이라구! 어떤 모이?"

 "밀을 좀 주려구요."

 "밀이라구! 독일인들은 굶어 죽고 있는데 너는 유대의 닭에게 밀을 준단 말이냐!"

 그렇게 말하고 그는 유대인을 심하게 두들겼다.

 마구 얻어맞은 불쌍한 유대인은 길을 계속 가다가 또 다른 돌격대원과 맞닥뜨렸다.

 "어디 가는가?"

 "닭에게 먹을 것을 주려고요."

● ——이스라엘 민담

"그래! 그럼 닭에게 무엇을 먹일 것인가?"

유대인은 절망적으로 소리쳤다.

"잘 들어요. 나는 몰라요. 나는 이놈에게 2페니를 주고 난 뒤 자기 좋은 대로 사 먹게 하겠어요.!"

결혼에 관한 우스갯 이야기

● ──철학과 국수

한번은 좀 모자라는 청년에게 청혼이 들어왔다. 불쌍한 친구 같으니라구! 그는 다른 사람들과 함께 있을 때 어떻게 행동해야 하는지 몰랐다. 세상 물정에 밝았던 그의 아버지는 그를 곤경에서 구해 내고자 다음과 같은 주의 사항을 일러 주었다.

"신부를 처음 만나면 너는 틀림없이 그녀에게 무슨 말을 해야 하는지 알 수 없을 게다. 그러니 그녀에게 좋은 인상을 주려면 내가 일러 주는 대로 하여라. 먼저 사랑에 대한 말로 이야기를 시작해라. 그런 다음에 가족 관계를 언급하고 약간 철학적인 내용으로 이야기를 마무리하여라."

청년은 진지하게 고개를 끄덕이고는 자기가 어떻게 행동해야 하는지 잘 이해했다고 대답했다. 그래서 그는 아버지의 축원을 받고 결혼 상대자를 만나러 갔다.

먼저 그는 여자의 부모도 같이 있는 것을 보고 큰 불편함을 느꼈

● ──이스라엘 민담

다. 그러나 미묘한 문제에 대하여 이야기를 나눌 때 그들이 자리를 떴으므로 약간 안심이 되었다. 그래서 그는 아버지의 조언을 기억하고는 신부감에게 재빨리 물었다.

"당신은 국수를 사랑합니까?"

그녀는 놀란 표정으로 대답했다.

"물론이지요. 제가 국수를 좋아하지 않을 이유가 있나요?"

잠시 침묵이 흐른 뒤 그가 다시 물었다.

"오빠가 있습니까?"

"아니요. 저는 오빠가 없어요."

청년은 매우 기뻤다. 아버지가 말한 두 가지 문제, 곧 사랑과 가족 관계에 대한 이야기를 무사히 마친 것이다. 이제 철학적인 이야기만 조금 하면 되었다.

그는 한참을 생각하다가 이마에 주름살을 지으면서 물었다.

"신부여, 만약 당신에게 오빠가 있었다면 그가 국수를 사랑했을까요?"

●──기성품 행복

어떤 젊은이가 씩씩거리고 있었다. 그는 중매쟁이를 비난하고 있었다.

"아니, 당신은 도대체 나에게 어떤 중매를 하시는 겁니까? 이 여자는 세 아이를 가진 어머니잖아요!"

중매쟁이는 이렇게 되받았다.

"그게 어떻다는 거요? 정말이지 그것은 오히려 좋은 거요. 당신이 만약 소녀하고 결혼한다면 아이를 낳기로 결정할 게 아니오? 이제 앞으로 세 아이를 낳으려고 한다면 얼마나 번거로운 일이오? 세 번 임신을 해야 하고 그때마다 번거로운 일이 생길 거요. 의사와 간호원과 병원과 약에 드는 시간 낭비, 힘의 낭비, 비용의 낭비가 얼마나 많겠소! 당신의 아내는 매번 출산한 뒤에 건강을 회복해야 하지 않겠소? 심지어 당신은 그녀가 요양하도록 시골로 보내야 할지도 몰라요. 당신은 직장이 도시에 있기 때문에 끔찍스럽게도 서로 떨어져 있어야 하지요. 그렇다면 당신은 얼마나 개 같은 인생을 살아가는 거요? 당신은 불결한 식단에서 식사해야 할 것이고 위장을 버리게 돼요. 뿐만 아니라 당신은 아내가 없는 동안 아이들을 돌보아야 합니다. 그렇기 때문에 내가 말하는 대로 당신이 세 아이를 가진 과부와 결혼한다면 완성품을 갖게 되는 거란 말이오. 그녀는 귀찮은 일을 다 끝냈어요. 이미 주문된 예쁜 세 아이를 둔 그녀는 당신 아내감으로 최고의 조건이요. 나의 친구여, 당신이 이 청혼을 받아들이지 않는다면 당신은 바보요!"

● ─ 진실은 드러나게 마련

 어떤 중매쟁이가 젊은이를 데리고 신부감을 찾아갔다. 그들이 집을 나설 때에 중매쟁이는 의기양양하게 말했다.
 "내가 그 집이 아주 훌륭한 가문이며 굉장한 부잣집이라고 말하지 않았나? 자네는 식탁 위에 있는 은그릇의 품질을 보았겠지? 순은제라구!"
 젊은이는 마지못해 동의했다.
 "그래요. …… 그러나 당신은 그들이 나에게 좋은 인상을 심어 주기 위해 은그릇을 빌려 왔을 가능성이 있다고는 생각하지 않으세요?
 중매쟁이는 화를 벌컥 내며 소리쳤다.
 "말도 안 되는 소리 말게! 누가 그런 도둑놈에게 은그릇을 빌려

●──이스라엘 민담

주겠나?"

● ──크게 얘기해도 돼요

어떤 젊은이가 중매쟁이를 옆에 불러 놓고 작은 소리로 말했다.

"당신은 사기꾼이요, 협잡꾼입니다! 나를 왜 여기에 데리고 왔습니까? 신부는 나이 들었고, 못생겼고, 혀 짧은 소리로 말하며, 사팔뜨기에다……."

젊은이가 채 말을 마치기도 전에 중매쟁이가 말을 가로막으며 이렇게 얘기했다.

"속삭일 필요 없네. 그녀는 듣지도 못하니까."

재치 있는 대응

● ──훅 불기

갈리시아의 재담꾼인 프로임 그레딩거가 어느 금요일 밤에 집을 향해 가고 있었다. 그가 자기의 경건한 조부모 집에 이르렀을 때는 자정이 넘어 있었다. 그런데 아직도 조부모 집에 안식일 촛불이 환하게 비치고 있는 모습을 보고 그는 놀라서 안으로 들어갔다.

"왜 안 주무십니까? 자정이 넘었는데요?"

조부모는 낙담한 표정으로 앉아 있었다. 할아버지가 그 이유를 설명했다.

"우리는 양초 때문에 잠을 이룰 수 없단다. 우리가 양초를 계속 켜두면 집에 불이 붙을 것 같고, 불어서 끄자니 거룩한 안식일이어서 안 되는구나. 게다가 우리 집에는 이것을 불어서 꺼 줄 농부 한 사람도 없구나."

프로임은 잠시 생각하다가 양초 앞에 서서 큰 소리로 물었다.

"할아버지, 부림절^{Purim}이 언제지요?"

● ──이스라엘 민담

그는 부림절 철자에서 P를 발음할 때 양볼에 바람을 잔뜩 넣었다. 그러자 양초가 즉각 꺼졌다. 그는 또 두 번째 양초 앞에 서서 물었다.

"유월절^{Passover}이 언제지요?"

그는 유월절을 발음할 때도 양볼에 바람을 잔뜩 넣고는 큰 소리로 말했다. 두 번째 양초도 역시 꺼졌다. 프로임은 조부모를 향하여 이를 드러내고 빙긋이 웃으며 말했다.

"이제 주무십시오. 우리 가운데 어느 누구도 안식일을 깨뜨리지 않은 데 대해 하느님께 감사드립니다."

● ── 목숨이 위태로우면

어떤 유대 상인이 사업 때문에 시골에 있는 폴란드 지주의 영지를 방문했다. 아침 식사 시간이 되자 그는 지주가 먹는 것을 보고만 있었다. 식탁에는 돼지고기 커틀릿과 포도주 한 병이 있었다. 주인은 그에게 식탁에 앉으라고 정중히 청하고는 돼지고기를 권했다. 그러나 그는 고맙다면서 사양했다.

"돼지고기를 안 좋아하십니까?"

"그 반대입니다. 아주 좋아합니다만 우리 유대인들에게는 금지된 음식이라서요."

지주는 웃었다.

"알겠어요, 알겠어요. 금지된 음식이라 이거군요."

지주는 다시 그에게 포도주 한 잔을 권했다. 유대 상인은 또 고맙다고 하고는 사양했다. 그것 역시 금지된 것이었다.

지주는 더 이상 참지 못하고 소리쳤다.

"당신들의 하느님은 참으로 냉혹한 분이군요! 당신들 어깨에다

질 수 없을 정도로 무거운 짐을 지워 놓았구려. 예를 들어 당신이 숲 속에서 길을 잃고 며칠 동안 먹을 것이 아무것도 없다고 생각해 봅시다. 허기에 지쳐 죽을 지경이 되었을 때 누군가가 와서 금지된 음식을 준다면 당신은 그걸 안 먹겠소?"

유대 상인이 대답했다.

"그것은 전적으로 다른 문제이지요. 우리 율법에는 인간의 생명과 건강이 위태로운 위기의 순간을 위한 조항도 있습니다."

그러자 지주는 갑자기 벌떡 일어섰다. 그리고 유대 상인을 죽일 듯이 노려보면서 권총을 확 끄집어 내더니 그를 겨누며 말했다.

"이 포도주를 마셔요. 안 마시면 쏘겠소!"

유대 상인은 눈 깜짝할 사이에 포도주를 마셨다. 지주는 그에게 총을 겨눈 채 잔에다가 다시 포도주를 채웠다. 유대 상인은 또 순식간에 그것을 마셨다.

지주는 권총을 내려놓고 웃으며 말했다.

"나에게 화내지 마시오. 그냥 장난쳤을 따름이니 용서하시오. 당신이 화를 내지 않을 줄로 아오."

유대인은 이렇게 대꾸했다.

"화를 내지 말라고요? 화내는 게 당연하죠! 당신은 조금 전에 돼지고기를 놓고 먼저 장난을 쳤어야 했단 말입니다!"

● ──몽테피오르와 반유대주의자

한번은 런던의 대귀족인 몽테피오르가 오스트리아 황제를 방문했다. 만찬 때 반유대주의자였던 제국 대신이 아프리카 여행담을 늘어놓았다. 그는 그 유대인 옹호자 몽테피오르에게 악의적으로 말했다.

"나는 그곳에서 한 마리의 돼지와 유대인도 보지 못했소."
이 말을 들은 몽테피오르는 이렇게 대답했다.
"그렇다면 각하와 제가 그곳에 가는 것이 좋겠습니다."

재담꾼 허셀

● ──허셀이 중혼자重婚者가 될 뻔한 이야기

허셀 오스트로폴리에르의 아내는 그를 못살도록 들들 볶았다.

"당신은 무능한 사람이에요. 당신은 불우한 사람에다 바보인데도 잘났다고 생각하고 있어요. 당신이 랍비와 회당의 재정 담당자와 시내의 모든 부자들에게 그렇게 건방지게 말하지 않는다면 우리의 형편이 이렇게 나쁘지는 않을 거예요!"

허셀의 아내는 그렇게 고래고래 소리를 질러 댔다. 허셀은 이 말을 듣고 화가 났다. 그래서 신랄한 어투로 말했다.

"당신은 참 설교를 잘하는구려. 당신은 왜 그렇게 열 명의 쓸모없는 친척보다 더 많은 고통을 내게 안겨 주는 거요?"

"도대체 무슨 소리를 지껄이는 거예요?"

"내 얘기를 한번 들어 보시오. 그러면 내 말을 알아듣게 될 거요. 오래전 내가 아직 젊고 잘생겼을 때, 그러니까 결혼을 막 한 직후에 걸어서 여행할 때였소. 내가 그날만큼 피곤하고 굶주린 때는 결코

● ──이스라엘 민담

없었소. 도중에 나는 또 다른 불쌍한 여행객을 만나게 되었소. 나는 그에게 '여보시오, 혹시 이 부근에 발병 난 여행객을 불쌍히 여겨서 먹을 것을 주고 잠자리를 제공해 줄 정도로 따뜻한 마음씨를 가진 사람이 사는 유대인 마을이 있습니까?'라고 물었소. 그는 '있지요. 이곳에서 멀지 않은 곳에 유대인 소작 농가가 있어요. 그 집 주인은 마치 유월절의 거위 요리처럼 돈을 많이 가지고 있어요. 그러나 그는 가난한 사람에게는 물 한 방울 주는 법이 없답니다. 그의 집에서 환영받는 사람은 오로지 중매쟁이뿐이지요. 왜냐하면 그에게는 아주 못생기고 나이 든 딸이 하나 있는데, 그는 어떤 희생을 치르고라도 그 딸을 결혼시키고 싶어하기 때문입니다.'라고 대답했소.

나는 이 말을 듣고는 그 구두쇠에게 갔소. 나는 나를 중매쟁이가 아니라 신부감을 찾고 있는 덕망 있는 젊은이라고 소개했소. 그 구두쇠는 나를 여러 날 머무르게 해 주고 술과 맛있는 식사를 대접해 주었소. 그러고는 자기의 사위가 되어 달라고 제안했소! 나는 그의 말에 동의했소."

허셸의 아내가 말을 가로막았다.

"철면피 같은 사람아! 버젓이 아내를 두고서 어떻게 그런 악한 일을 할 수가 있었단 말이에요?"

"진정해요, 진정해. 내 얘기를 끝까지 참고 들어 봐요. 우린 몇 주 뒤로 결혼식 날짜를 잡았소. 그동안 나는 호사스러운 대접을 받으면서 벌꿀에서부터 식초에 이르기까지 모든 것을 다 맛보았소. 결혼식 날이 다가오자 나는 모든 일을 털어놓고 사실을 밝히기로 했소. 그래서 나는 신부의 아버지에게 말했소. '장인어른, 들어 보십시오. 오늘이 결혼식 날이니까 나중에 저에 대하여 아무런 원망거리가 없도록 저의 가족에 대해 모든 사실을 말씀드려야 하겠습니다.' 그는 그렇게 하라고 했소. 나는 '저에게는 형이 하나 있는데, 아주 부도덕합니다.'라고 말을 시작했소. 그는 냉정한 표정을 지으며 그것이 무슨 상관이 있느냐고 하였소. 나는 계속 말을 이었소.

'저의 형수는 형에게 신실하지 못합니다.'

'자네의 형이 나를 귀찮게 하지 않는다면, 자네의 형수가 무슨 까닭으로 나를 귀찮게 하겠는가?'

'저에게는 쓸데없는 삼촌이 둘 있습니다.'

'아주 큰 골칫거리가 되겠구먼.'

'저에게는 여동생이 있는데 사생아를 낳았습니다.'

'뭐라고? 사생아라고? 아주 좋지 않군!'

'분명히 말씀드리건대, 저의 집안에는 주정뱅이도 많고, 노름꾼도 많고, 난봉꾼도 수없이 많습니다.'

그는 이런 말을 듣고도 얼굴에 미소를 지었소. 그러곤 이렇게 말했소.

'그것이 자네와 무슨 관계가 있는가? 우리로선 소를 끌어내고 헛간을 불사를 수밖에.'

나는 일이 잘못되고 있다고 느끼고서 결국 이렇게 말했소.

'그렇지만 장인어른! 저에게는 아내가 있습니다!'

그는 이 말을 듣자 화를 내며 펄펄 뛰었소. 그는 나의 목덜미를 붙잡고는 땅바닥에 내동댕이쳤소.

자, 그렇다면 당신이 우리 집안에 있는 열 명의 쓸데없는 친척을 하나로 합친 것보다 더 나쁘다는 사실이 입증되지 않았소?"

● ──불쌍한 암소

어느 안식일 오후에 허셀 오스트로폴리에르는 랍비의 연구실에서 창밖을 내다보며 서 있었다. 그러다가 그가 불쑥 랍비에게 물었다.

"랍비여, 우리가 안식일에 암소가 물에 빠져 죽어 가는 광경을 본다면 건져 주어야 하나요? 아니면 그냥 죽게 내버려 두어야 하나요?"

"물론 그냥 내버려 두어야지! 건질 수가 없지. 그런데 자네는 무엇을 보고 있나?"

"아무것도 아닙니다. 단지 어떤 암소가 호수에 빠졌을 따름입니다."

랍비는 한숨을 쉬었다.

"그러나 어떻게 하겠나? 율법이 금하는 일인데!"

"저것 보세요. 아! 이제 물이 소의 머리까지 찼군요! 말 못하는 불쌍한 짐승 같으니라고!"

허셸이 소리쳤다.

"그래도 어찌하겠나?"

"이제 더 이상 불쌍한 암소를 볼 수가 없군요. …… 물속에 가라앉아 버렸어요. …… 아이고, 불쌍해라!"

"허셸, 그것이 자네와 무슨 관계가 있는가? 왜 그렇게 자네가 슬퍼하는 거지?"

"랍비님, 말씀드리건대 참으로 안되었습니다. 참으로 안되었습니다."

"도대체 무슨 소리를 하는 거야?"

"랍비님, 그 소는 당신의 암소였습니다."

●──아주 꼭 맞는 옷

허셸의 옷은 낡다 못해 너덜너덜해졌다. 그는 품위 있는 사람들 앞에서 그런 모습을 보인다는 것이 수치스러웠다. 그러나 어떻게 하겠는가? 그는 돈이 한 푼도 없었다. 그러다가 그는 자기 아내가 몇 그로센을 가지고 있다는 사실을 눈치 채었다.

그는 엉뚱한 생각을 하기 시작했다. 그러곤 혼잣말을 했다.

'내가 마누라한테서 그 돈을 빼앗을 수만 있다면 새 옷을 살 수 있을 텐데!'

얼마 후 그는 사다리를 타고 다락방으로 올라갔다. 아내가 마침 그 아래에 있다가 허셀이 누군가에게 화를 내며 이야기하는 소리를 들었다. 그녀는 놀라서 소리쳐 물었다.

"허셀, 당신 지금 누구하고 얘기하고 있어요?"

허셀은 다락방에서 씩씩거리며 고함을 질렀다.

"누구라고 생각하오? 바로 '가난' 하고 얘기하고 있소."

"그가 도대체 어떻게 그곳에 올라갔는데요?"

"그는 몸이 아프고 초라한 방이 지겨워서 기분을 전환하기 위해 다락에 올라왔다고 얘기하고 있구려!"

"그가 당신에게서 무얼 원하고 있지요?"

"빌어먹을! 그는 새 옷을 바라고 있다오. 만약 내가 그를 위해 새 옷을 맞춰 주면 우리 집에서 나가 다시는 돌아오지 않겠다고 말하는구려."

허셀이 다락방에서 내려오자 아내가 말했다.

"우리가 그런 식으로 가난을 쫓아낼 수 있다면 돈을 들여서라도 그에게 새 옷을 맞춰 줍시다."

허셀이 비아냥거리는 투로 말했다.

"당신, 참으로 이상하구려. 돈이 나무에서 열린다면 그것으로 맛있는 푸딩을 해 먹겠소!"

결국 허셀의 아내가 고백했다.

"내가 2그로센을 모아 두었어요. 여기 돈이 있어요. '가난'에게 옷을 사 주어 그를 내보내서 우리와 손을 끊도록 합시다."

허셀이 돈을 받아들고 집을 나서려 하자 아내가 불러 세웠다.

"'가난'의 치수를 재어 가야 하잖아요."

허셀은 고개를 끄덕이고는 다락방으로 다시 올라갔다가 내려와서 말했다.

"그의 치수는 잴 필요도 없겠소. 우리는 깍지 속의 완두처럼 꼭 닮았거든. 조금도 다르지 않아요."

허셀은 재단사에게 가서 새 옷을 맞추었다. 옷이 완성되자 그는 그 옷을 입고는 어떠한 경우에도 벗으려고 하지 않았다.

아내가 애원했다.

"허셀, 당신은 왜 옷을 벗지 않아요? 만약 당신이 자기 옷을 입고 있다는 사실을 '가난'이 알기라도 한다면 굉장히 화를 낼 것이고, 우리 목줄을 죌 거예요."

그러자 허셀은 "당신 말이 옳아." 하며 옷을 벗어 들고 다락방으로 올라갔다. 그런데 잠시 뒤 그는 옷을 도로 가지고 내려왔다.

아내가 나무랐다.

"왜 옷을 그에게 주지 않았나요?"

허셀은 침통한 표정으로 말했다.

"소용없소. 옷이 그에게 맞질 않소."

"내가 듣기로는 당신과 그가 한 치의 오차도 없이 치수가 같다고 한 것으로 아는데요."

"그것은 사실이오! 그러나 그것은 우리가 그에게 새 옷을 주기 위해 돈을 쓰기 전의 일이오. 우리가 그 돈을 쓰자 우리는 더 가난하게 되었고, '가난'은 더 자라나 버렸단 말이오!"

● ──죽음에 이르는 길

　유명한 재담가 허셀 오스트로폴리에르는 재담을 하며 살았던 것처럼 입술에 재담을 담은 채 죽었다.

　랍비 보룩과 랍비의 제자들은 허셀의 침대 둘레에 서서 허셀이 하는 온갖 재미있는 이야기를 듣고는 놀라움에 입을 다물지 못했다. 랍비가 엄하게 그를 나무랐다.

　"당신은 죽는 마당에까지 그렇게 농담을 해야 하겠소? 그렇게 하지 않아도 될 만큼 생시에 충분한 재담을 하지 않았소? 당신은 지옥이 두렵지 않소?"

　"전혀 두렵지 않습니다. 저는 그곳에서도 역시 농담을 할 것입니다."

　허셀은 죽어 가면서도 그렇게 말했다. 그러자 랍비가 말했다.

　"그럼 예를 한번 들어 보시오."

　"죽음의 천사가 만약 저에게 율법 연구에 밤낮 헌신했느냐고 묻는다면 저는 이렇게 대답하겠습니다. '내가 학자가 아니라고 생각한다면 나를 당신의 양자로 만들지 마시오.' 또 그가 나의 이름이 무엇이냐고 묻는다면 '게젤'이라고 말하겠습니다. 물론 그는 '너의 이름은 허셀인데 무슨 말을 하는 거냐?'라며 화를 내겠지요. 그러면 저는 그에게 '내 이름을 알면서 왜 묻는 거요?'라고 말하겠습니다. 그리고 그가 저에게 '너는 인생에서 무엇을 이루었느냐? 너는 세상에서 잘못된 어떤 것을 고쳤느냐?'라고 묻는다면 저는 '고쳤느냐구요? 물론 고쳤지요. 나의 양말과 웃옷과 나의 바지와……'라고 대답하겠습니다."

　잠시 후 장례 조합 사람들이 도착하자 허셀은 숨이 넘어가면서도 그들에게 이렇게 말했다.

"친구들이여, 당신들이 나를 관 속에 집어넣을 때 겨드랑이 아래를 잡지 않도록 주의하시오. 그곳은 내가 매우 간지럼을 많이 타는 부위요!"

그렇게 허셸은 입술에 미소를 띤 채 숨을 거두었다.

바보 마을 체름의 유래

하느님이 세상을 창조하셨을 때, 사람의 영혼도 만드셨다. 하느님은 하나의 가방에는 현명한 영혼을, 다른 가방에는 멍청한 영혼을 넣으시고는 천사에게 명령을 내리시어 그것들을 땅 위에 골고루 나눠 주라고 하셨다.

천사는 그 가방을 가지고 땅으로 내려갔다. 그리고 세상을 날아다니며 가는 곳마다 현명한 영혼과 멍청한 영혼을 각각 한 줌씩 뿌려 세상에는 똑같은 숫자의 현자와 바보가 나타났다.

그러나 높은 산을 넘어가던 천사는 나무 꼭대기에 걸린 가방 하나를 빼내려다가 그만 실수로 가방에 커다란 구멍을 내고 말았다. 그 바람에 남아 있던 현명한 영혼이 모두 땅 위로 쏟아져 내렸다. 그래서 그곳에서 태어난 사람들은 모두 똑똑하고 빈틈이 없으며 뛰어난 능력을 가지고 있어서 현명한 사람들 중에서도 가장 현명한 사람들이 되었다. 그들은 폴란드 전역에 걸쳐서 유명한 사람들이 되었고, 그들의 행동으로 말미암아, 그들이 스스로 이름을 붙인 체름이라는 도시 또한 유명하게 되었다.

옛날 체름 사람들은 그들에게 알맞은 집을 짓기로 결정했다. 목재도 충분했다. 부주의한 천사가 그들 조상들의 영혼을 떨어뜨리고 간 산의 울창한 숲에서 가장 튼튼한 나무들만 골랐다. 얼마나 좋은 나무 기둥들인가! 그 나무들은 무려 열 사람이 들어야만 될 정도로 크고 무거웠다. 체름 사람들은 그것을 한 달 동안 운반해 갔지만 산에는 그들이 잘라 낸 나무보다 많은 나무들이 남아 있었다.

그들이 커다란 통나무를 아래로 운반할 때 리투아니아 출신의 유대인이 지나갔다. 그가 체름 사람들에게 물었다.

"어째서 그렇게 쓸데없는 데 힘을 들이십니까? 나무를 잘 굴리기만 하면 저절로 언덕 아래까지 굴러갈 것입니다. 그러면 그렇게 힘들게 일하지 않아도 될 텐데요!"

그들은 이 사실을 마을 원로들께 알리기 위해 달려갔다. 원로들은 마음을 열고 주의 깊게 듣는 사람들이었다.

"그 외국인의 충고를 고려해 봐야 할 것입니다."

그들은 진지하게 고개를 끄덕이며 말했다.

"이런 문제는 회의를 해야 합니다!"

그래서 체름에서 가장 현명한 사람들이 일곱 밤과 일곱 낮 동안 모여 회의를 했다. 그들은 아침에는 그 문제에 대해 곰곰이 생각해 보고 오후에는 찬반 양론으로 나뉘었다가, 저녁이 되었을 때 비로소 유대인 말이 옳다는 선언을 했다.

"왜 쓸데없이 통나무를 어깨에 메고 운반하는가?"

그들은 그 문제에 관해 공동 일지에다 길게 적어 놓았다. 원로들은 체름 주민들뿐만 아니라 리투아니아 출신의 유대인도 현명하다는 사실을 서면으로 확실하게 해 놓았다.

다음 날 체름 사람들은 위풍당당하게 산 위를 향해 떠났다. 마치 랍비의 아들이 결혼식이라도 하듯 음악이 울려 퍼졌다. 유대인 법에 있는 기쁨의 축제인 심핫 토라 때보다 더 즐거운 기분이었다. 가장 힘센 사람이 나무 기둥을 어깨에 둘러메고 있는 힘을 다해 운반하기 시작했다. 그들은 언덕에 도착해 통나무를 발로 살짝 건드렸다. 그들은 행복의 미소를 띠며 통나무들이 언덕 아래로 굴러가는 것을 바라보았다.

집을 지을 나무들이 충분히 모아지자 체름 사람들은 톱과 도끼, 망치와 대패를 가지고 일을 시작했다. 곧 도시 전체가 톱질하는 소리와 망치 소리로 가득 찼다. 집들은 마치 땅속에서 자라는 것처럼 점점 모양을 드러냈다. 산기슭 계곡에서 멀지 않은 곳은 모두 거리가 되었다. 그러나 체름 사람들은 옛 건물 그대로 짓는 데만 만족하지 않았다. 그들은 자기들의 키를 넘을 정도로 담을 쌓아올리지는 않아 집들이 너무 높지도 낮지도 않았다. 집들이 마치 잘 맞춘 조끼처럼 체름 사람들에게 알맞았기 때문에 어떤 방문자라도 금방 마을 사람 중 누가 크고 누가 작은지 알 수 있었다.

체름에 있는 사람들이 모두 자기 집을 갖게 되는 날이 왔다. 그들은 자신들의 몸 크기와 똑같이 집을 지어서 많은 통나무를 절약한 것을 기뻐하며 마을 한쪽 끝에서 다른 쪽 끝까지 으스대며 걸어갔다. 오리들도 위엄 있는 원로들 틈에 끼여 뒤뚱뒤뚱 걸었고, 염소들도 문틈에서 "음매음매" 하고 울었다.

그런데 자기들이 이룩한 일들을 자랑스럽게 살펴보던 체름 사람들 사이에서 갑자기 공포에 질린 울음소리가 나기 시작했다. 세상에, 그들은 회당을 짓지 않았던 것이었다! 체름에 있는 것이 모두 없어져 재가 된다 해도 그것은 그리 대단한 벌은 아닐 터였다. 지역

원로들은 그날 밤 회의에 들어갔고 새벽닭이 울 때쯤 회당이 마을 중앙에 세워져야 한다고 결정했다.

체름 사람들은 즉시 일에 착수했다. 그들은 시 중앙에 기초 공사를 하고 산 위에 있는 특별히 큰 나무들을 쓰러뜨려 살짝 밀어 산 아래로 굴려 보냈다. 밑에서는 더욱더 많은 사람들이 기다리고 있었다. 그들 중 열 명이 통나무를 어깨에 메고 마치 잘 훈련된 군인들처럼 회당 부지를 향해 출발했다. 그러나 그들은 멀리 가지도 못해 예기치 않았던 장애물을 만났다. 체름의 거리는 너무 좁아 그 큰 나무들은 맨 첫 집을 통과할 수 없었다. 아무리 노력해도 그들은 거리를 빠져나갈 수 없었고 회당의 토대에 조금도 가까워질 수 없었다.

체름 사람들은 고민 끝에 이 사실을 원로들에게 알렸고 원로들은 즉시 토의에 들어갔다. 원로들의 신중한 토의는 일주일씩이나 계속 진행되었다. 아침에는 우선 찬반 양론의 토의가 시작되었다. 그래서 그들은 오후 내내 그 문제로 고민했고, 조용한 저녁 내내 그것에 대해 골똘히 생각했다. 그러고 나서 그들은 포고령을 내렸다.

"회당은 지어야 합니다! 도중에 있는 모든 집을 즉시 헐어 버립시다!"

체름 사람들은 그들의 현명한 지도자들이 내린 결정에 대해 기뻐했다. 도시의 반을 헐어 버리고 그들은 회당이 세워질 장소까지 통나무를 운반한 뒤 다시 집을 지었다. 체름에 있는 사람들이 다 자기 집과 자신들의 회당을 가졌으니, 이제 오직 하나 미크베를 짓는 일만 남았다. 미크베는 마을 사람들이 안식일이나 축제 때에 몸을 씻을 수 있는 목욕탕이었다. 그들은 곧 마을 끝에 있는 시내 옆의 적당한 장소를 찾았다. 그 건물을 짓는 데는 역시 그리 오래 걸리지 않았다. 그들은 계획대로 벽과 지붕과 창문이 있는 미크베를 지었다. 한 가지 빼놓은 것이 있다면 그 안에 있는 의자였다.

체름 사람들 사이에 논쟁이 벌어졌다. 몇몇 사람이 말했다.

"의자를 매끄럽게 해서는 안 됩니다. 나무가 미끄러우면 사람들이 넘어지는 사고가 생깁니다."

다른 사람들이 반대했다.

"의자를 매끄럽게 하지 않는다면 우리는 거친 나무에 찔리고 말 것입니다."

그 문제는 매우 중요한 것이라서 지역의 원로들이 결정해야만 했다. 그들은 모여서 일주일간 밤낮으로 머리를 짜냈다. 이것은 특히 어려운 문제라서 그들은 아침에는 마음을 바꿨다가 저녁이 될 때까지 찬성과 반대로 나뉘어 심사숙고했다. 결국 그들은 다음과 같이 결정했다.

"양쪽 모두가 일리가 있는 말입니다. 그러므로 의자 널빤지의 한쪽은 매끄럽게 만들고 한쪽은 거칠게 만듭시다. 그래서 매끄러운 쪽을 아래로 하면 아무도 넘어지지 않을 것입니다."

그때부터 체름 사람들의 생활은 매우 좋았다. 아무런 문제가 없었고 자신들의 지혜에 매우 만족했으며 서로의 학식에 대해 칭찬했다. 그러나 오래지 않아 마을에는 공간이 부족하기 시작했다. 어린이들의 수는 자꾸 늘어만 가는데 집의 수는 항상 같아 체름의 원로들은 심각한 고민에 빠졌다.

'어디에 새로운 집을 지을 수 있을까? 땅은 더 이상 여유가 없는 것일까?'

그들은 일주일간 회의를 열었고 그것도 모자라 일주일을 더 의논했다. 그들은 찬반으로 나뉘어 고민했고, 아침에 내린 결정이 점심

● ──이스라엘 민담

때 저녁때가 되면 다시 바뀌었다. 그리고 모든 수염이 다 빠질 정도로 수염을 쓰다듬으며 생각에 골몰했다. 마침내 그들은 이렇게 결정했다.

'산을 조금만 뒤로 밀어야 한다. 그러면 모두 살 수 있는 여유가 생길 것이다.'

체름 사람들은 즉시 산을 밀기 시작했다. 바로 그때 세 명의 여행자가 그곳을 지나가게 되었다. 체름 사람들이 산을 미는 데 온 힘을 쏟고 있는 동안 그 세 사람은 살짝 그들의 코트를 가지고 급히 도망갔다. 체름 사람들은 전혀 알아채지 못했다. 그들은 땀에 젖어 있었고, 그들이 씩씩거리며 쉬는 숨소리는 1킬로미터 밖까지 들렸다. 점점 피곤해진 그들은 앉아서 휴식을 취했다. 그들은 좀 전에 코트를 놓아두었던 판판한 잔디 위를 믿을 수 없다는 듯이 놀라서 쳐다보았다. 그러고는 환희의 소리를 지르기 시작했다.

"우리가 얼마나 멀리 산을 밀었는지 봐라! 우리의 코트가 보이지 않을 정도라니까!"

체름 사람들은 한 번 더 산을 밀었다. 전보다 훨씬 왕성한 기운으로, 현명한 사람들이 사는 자기들의 도시가 점점 더 성장해 나가는 것을 꿈꾸면서 산을 밀었다.

체름의 현인들

● —— 실수

　체름의 랍비와 그의 탈무드 학생 하나가 여인숙에서 밤을 보내게 되었다. 학생은 여인숙 종업원에게 자기는 새벽차를 타야 하니 새벽에 깨워 달라고 부탁했다. 종업원은 그렇게 해 주었다. 학생은 랍비의 잠을 방해하고 싶지 않아서 어둠 속에서 살금살금 더듬어 가면서 옷을 주워 입었다. 그러나 너무 급히 서둘렀기 때문에 그만 랍비의 기다란 개버딘을 입고 말았다. 그는 역으로 달려가서 기차를 탄 뒤 거울에 자신을 비춰 보고는 너무나 놀라서 말문이 막히고 말았다. 그는 화를 내며 소리쳤다.
　"멍텅구리 종업원 같으니라구! 나를 깨워 달라고 했더니 랍비님을 깨우고 말았군!

● —— 황금 신발

　체름 시민들은 의사당에 모여서, 지혜로 명성을 얻은 자기들의 공동체가 최고의 현인을 선정하는 것이 응당 바람직하다는 결정을 내렸다. 이윽고 그들은 한 사람을 선출했다.

그러나 놀랍게도 최고의 현인이 길에 나섰을 때 아무도 그에게 주의를 기울이지 않았다. 왜냐하면 그가 다른 평범한 체름 시민과 같아 보였기 때문이다. 그래서 사람들은 그에게 황금 신발을 사 주었다. 그리고 즐거워하며 말했다.

"이제 다들 그가 최고의 현인이라는 사실을 알 수 있을 거야!"

최고의 현인이 황금 신발을 신고 나선 첫날에는 길이 진창이었다. 그래서 신발에 금세 진흙이 묻어 그것이 금으로 만든 것인지 알아볼 수 없게 되었다. 따라서 아무도 그가 최고의 현인인지 몰랐으므로 그를 주목하지 않았다.

최고의 현인은 그런 식으로 무시당하자 현인들의 시의회에 가서 불평을 터뜨렸다. 그는 위협하듯이 말했다.

"아무런 존경도 받지 못한다면 나는 사임하겠습니다!"

시의회 의원들은 동의를 표하며 말했다.

"당신이 전적으로 옳소! 우리는 무언가 획기적인 조치를 취할 것입니다. 최고의 현인의 위엄은 보호되어야 합니다!"

시의회 의원들은 그를 위해 황금 신발을 감쌀 수 있는 훌륭한 가죽 신발을 주문하였다. 그가 밖으로 나가자 가죽 신발은 황금 신발에 진흙이 묻지 않도록 보호해 주었다. 그러나 황금 신발의 광채를 볼 수 없는데 사람들이 어찌 최고의 현인을 알아볼 수 있었겠는가? 따라서 아무도 그에게 주의를 기울이지 않았다.

최고의 현인은 화가 나서 다시 시의회 의원들에게 소리를 질렀다.

"이것은 모욕이다. 아무도 알아주지 않는데 최고의 현인이 된들 무슨 소용이 있는가?"

시의회 의원들은 몹시 미안해하며 말했다.

"당신이 전적으로 옳습니다. 우리를 믿으십시오. 우리는 당신의 위엄을 보호하기 위하여 모든 노력을 기울일 것입니다."

그래서 그들은 최고의 현인을 위하여 새로운 가죽 신발을 구두 제작공에게 주문했다. 이 신발에는 구멍이 뚫려 있었다. 그리하여 황금 신발은 진흙으로부터 보호받을 수 있는 동시에 광채도 발할 수 있게 되었다. 이제는 모든 사람이 최고의 현인을 알아볼 수 있으리라고 생각되었다.

그러나 불행하게도 이번에도 계획대로 되지 않았다. 구멍을 통하여 진흙이 들어가서 가죽 신발뿐만 아니라 황금 신발까지 진흙으로 더럽혀 놓은 것이다. 아무도 그가 최고의 현인이라는 암시를 받지 못했으므로 사람들은 여느 때처럼 그에게 주의를 기울이지 않았다.

최고의 현인은 너무 화가 나서 몸까지 부들부들 떨며 소리쳤다.

"이것은 모욕이오. 나는 창피당했소. 이제 거리에 얼굴을 들고 나가지 않겠소!"

시의회 의원들은 그를 달래며 말했다.

"당신이 굴욕감을 느꼈다면 우리도 굴욕감을 느낀 것이 됩니다. 염려 마십시오. 무슨 조치를 취하겠습니다!"

그리하여 그들은 가죽에 난 구멍을 짚으로 막았다. 사실 짚은 진흙이 들어가는 것을 막아 주긴 했으나 광채를 볼 수 없다는 문제점은 그대로 남아 있었다. 또다시 최고의 현인이 지나가도 사람들은 여전히 그를 몰라보았다. 최종적인 해결책도 무위로 돌아가고 말았던 것이다!

그래서 체름의 시의회 의원들은 이 문제를 토의하고자 모두 한자리에 모여 엄숙하게 회의를 열었다. 오래고 열띤 토론 끝에 그들은 아주 효과를 볼 듯한 결론에 도달하게 되었다. 그들은 최고의 현인에게 다음과 같이 말했다.

"이제부터 보통 가죽 신발을 신고 밖으로 나가십시오. 그러나 모든 사람이 최고의 현인인 당신을 알아볼 수 있게 황금신을 양손에 끼도록 하십시오."

● ──무지와 수학

세상 물정을 전혀 모르는 체름의 젊은 학자가 어느 날 아침 아내가 출산하자 몹시 당황했다. 그래서 허겁지겁 랍비에게로 달려갔다. 그는 랍비에게 엉겁결에 말했다.

"랍비님, 참으로 이상한 일이 일어났습니다! 제발 저에게 설명해 주십시오. 저와 아내는 결혼한 지 석 달밖에 되지 않았는데 아내가 벌써 아이를 낳았습니다. 어떻게 이런 일이 있을 수 있나요? 아이가 태어나는 데는 아홉 달이 걸린다고 모두가 알고 있지 않습니까!"

세상에서 이름난 현인이었던 랍비는 은테 두른 안경을 쓰고는 깊은 생각에 잠겨서 이마에 주름을 잡았다. 그리고 입을 열었다.

"내 아들아! 너는 그런 문제를 가지고 조금도 생각을 하지 않는구나! 너는 아주 간단한 계산도 할 수 없더냐? 어디 한번 말해 봐라. 너는 아내와 3개월 동안 살았느냐?"

"그렇습니다."

"너희들은 함께 3개월 동안 살았느냐?"

"그렇습니다."

"너의 아내는 너와 3개월 동안 살았느냐?"

"그렇습니다."

"그럼 3개월 더하기 3개월 더하기 3개월은 총 얼마가 되느냐?"

"9개월입니다, 랍비님!"

"그렇다면 너는 왜 그렇게 어리석은 질문을 가지고 와서 나를 귀찮게 하느냐?"

● ──체름식 정의^{正義}

어느 날 체름에 커다란 재앙이 닥쳤다. 시내의 구두 수선공이 고객 한 사람을 살해했던 것이다. 그는 판사 앞에 끌려가서 교수형을 선고받았다.

판결문이 낭독되자 어떤 시민이 일어나서 소리쳤다.

"판사님께서는 그 구두 수선공에게 사형을 선고하셨습니다. 그는 우리 시내에 있는 단 한 사람의 구두 수선공입니다. 당신이 그를 교수형에 처한다면 누가 우리 구두를 수선해 줍니까?"

그러자 약속이라도 한 듯 체름 사람들이 한 목소리로 소리쳤다.

"누가 수선해 줍니끼? 누가 수선해 줍니까?"

판사도 동의한다는 듯이 고개를 끄덕이며 판결을 다시 심리한 뒤 말했다.

"존경하는 체름 시민 여러분, 당신들이 한 말이 옳습니다. 우리에게는 단 한 사람의 구두 수선공밖에 없기 때문에 그를 죽게 한다면 우리 사회에 커다란 손실이 될 것입니다. 그러나 우리 도시에는 지붕을 이는 사람이 두 명이기 때문에, 그들 중 한 사람을 대신 교수형에 처하도록 판결합니다!"

● ──안전 장치

회당에서 자선함 하나가 도난당하자 그것이 체름 사람들 사이에 추문거리가 되었다. 그래서 새로운 자선함을 마련하여 회당 입구

천장에 매달아 놓기로 만장일치로 결정했다. 이번에는 자선함을 천장에 바싹 붙여 닮으로써 어떠한 도둑도 거기에 손을 댈 수 없도록 하였다. 사람들은 이제 도난을 방지할 수 있다는 데 만족하면서, 그런 결정을 내린 현인에게 축하를 보내고 각자 집으로 돌아갔다.

그러나 회당지기가 새로운 문제를 제기했다.

"새로운 자선함이 도둑으로부터 안전한 것은 사실이지만, 자선하려는 사람 역시 돈을 넣을 수가 없습니다! 아무도 자선함에 손이 닿는 사람이 없어요!"

그러나 어떤 어려운 문제도 체름 사람들의 지혜를 당해 낼 수는 없었다. 즉각 자선함에 이르는 사다리를 놓아, 자선하는 사람이 자선함에 다다를 수 있게 하였다. 뿐만 아니라 어떤 경건한 사람도 다치지 않도록 바닥과 천장 사이에 사다리를 영구적으로 고정시켰다!

● ──사려 깊은 회당지기

체름의 어떤 사람이 시장에서 장사를 하다가 갑자기 죽었다. 그래서 랍비는 죽은 사람의 아내에게 회당지기를 보냈다. 랍비는 그에게 다음과 같이 주의를 주었다.

"가능한 한 아주 부드럽게 그녀에게 이 소식을 알리도록 조심하게!"

회당지기가 그 사람의 집에 가서 문을 두드리자 그의 아내가 문 쪽으로 걸어왔다.

"과부인 라헬이 여기 삽니까?"

"내 이름이 라헬이긴 하지만 나는 과부가 아니에요!"

회당지기는 큰 소리로 의기양양하게 웃으며 말했다.

"당신이 과부라는 데 얼마를 걸겠습니까?"

● ——수수께끼

한번은 체름의 한 현인이 베르디체프를 방문하여 예배가 시작되기를 기다리는 동안 회당 난로 주위에서 일군의 사람들과 어울리게 되었다. 낯선 사람을 본 회당지기가 그를 즐겁게 해 주려고 다음과 같은 수수께끼를 냈다.

"나의 아버지의 아들이지만 나의 형제는 아닌 사람은 누구일까요?"

체름의 현인은 답을 알아내기 위해 머리를 짰지만 아무 소용이 없었다. 그는 결국 모르겠으니 답을 말해 달라고 했다. 회당지기는 의기양양하게 대답했다.

"그건 바로 나요!"

체름의 현인은 그 재치 있는 수수께끼에 놀라서 집으로 돌아오자마자 곧장 다른 현인들을 소집했다. 그는 자신의 기다란 회색 수염을 쓰다듬으면서 깊은 생각에 잠긴 채 심각하게 말을 꺼냈다.

"여러분, 나는 여러분에게 수수께끼를 내서 여러분이 그 답을 맞추는지 볼 것입니다. 나의 아버지의 아들이지만 나의 형제가 아닌 사람은 누구입니까?"

체름의 현인들은 몹시 당황했다. 그들은 생각하고 생각하다가 결국 이렇게 말했다.

"모르겠습니다. 말해 주십시오. 그게 누구입니까?"

그 현인은 의기 양양하게 대답했다.

"그는 바로 베르디체프 회당에 있는 회당지기요!"

● ——세 금

체름의 두 현인이 깊이 있는 논쟁에 말려들었다. 한 사람이 물었다.

"내가 알고 싶은 것은 왜 황제가 나에게서 세금으로 1루블을 거두어야 하는가 하는 문제요. 그는 자기 소유의 조폐소를 가지고 있지 않소? 그는 틀림없이 마음 내키는 대로 많은 루블을 만들어 낼 수 있는데 왜 굳이 내게 세금을 거두어 가느냐 말이오."

그의 동료가 그를 비웃으며 말했다.

"현인이 하기에는 너무 어리석은 질문이구려! 자, 유대인을 예로 들어 봅시다. 유대인은 선행을 할 때마다 천사를 하나 만들어 냅니다. 그런데 도대체 하느님은 하늘에 이미 아주 많은 천사가 있는데 천사 한 명을 더하려고 그분께 당신의 선행이 필요하냐고 물을 수 있습니까? 분명히 그분은 원하는 대로 많은 천사를 만들어 내실 수가 있는데 말입니다. 그러면 하느님이 왜 그렇게 하시지 않느냐구요? 그것은 바로 그분이 당신의 천사를 좋아하시기 때문입니다. 세금에 대한 것도 마찬가지지요. 물론 황제는 자기가 하고 싶은 대로 많은 루블을 만들 수 있어요. 그러나 그는 당신의 루블을 갖고 싶어한단 말입니다!"

체름 사람들이 거래를 하다

체름에서 멀지 않은 조그만 마을에 심카라는 짐꾼이 살고 있었다. 그는 말 세 필과 커다란 마차를 가지고 사람들이 자기를 필요로 할 때면 언제든지 달려갔다. 심카는 늘에서는 건초를 운반했고, 어떤 때는 사과를 시장으로 가져가기도 했으며, 결혼 피로연에 손님을 모시고 가기도 했고, 죽은 사람들을 묘지로 데려가기도 했다. 그는 그 일로 돈을 잘 벌어 아내와 아이들과 함께 잘살았다.

그러나 어느 해에 심카에게 불행이 닥쳤다. 그의 말 중의 한 마리는 다리가 부러졌고, 다른 말은 병이 나서 심카는 두 번이나 유대인 백정을 불러야만 했다. 유일하게 남아 있는 말은 늙고 허약해서 마차를 끌 수 없었다. 심카의 아내는 불안한 얼굴로 그에게 물었다.

"이제 무엇으로 먹고살죠? 곧 돈이 다 떨어지면 우리는 구걸을 해야만 한다구요."

그러나 심카는 단지 웃기만 했다.

"걱정 말아요, 헨들. 체름으로 내려가면 살 수 있다는 것을 잊지 말아요. 거기 가서 체름 사람들을 상대로 장사를 하면 전보다 더 잘 살 수 있을 거요."

심카는 마지막 남은 말을 갈기가 반짝이게 몸치장을 한 뒤, 다음 날 아침 체름의 회당 근처 시장에 매어 놓았다. 그는 말발굽 주위에 한 줌의 은화를 뿌려 놓고 체름 사람들이 기도하러 가는 것을 보자 그 돈을 줍기 시작했다.

체름 사람들은 심카를 호기심 어린 눈으로 바라보았다. 지역의 원로인 가바이가 그에게 물었다.

"뭐 하는 겁니까? 돈을 떨어뜨렸나요?"

"아닙니다. 말이 돈을 주는 겁니다. 말이 재채기를 할 때마다 한 줌의 은화가 떨어져 나옵니다."

체름 사람들은 심카의 말을 듣고는 눈빛을 반짝이며 말을 보았다. 마을 위원들은 지방의 재정이 오랫동안 형편없었기 때문에 돈이 나오는 말을 기른다면 유용하게 쓰일 것이라고 생각했다. 체름 사람들은 곧 심카에게 그 신비한 동물을 팔라고 설득하기 시작했다. 그들은 그를 달래고 오랫동안 설득해서 결국 동의를 구했다. 심카는 가바이가 시민들에게 걷은 수백 냥의 금화를 주머니에 챙겨 대단히 만족한 기분으로 급히 집으로 돌아왔다.

아침 기도에서 돌아온 체름 사람들은 말을 잘 먹였다. 말은 귀리를 많이 먹었고 두 양동이의 물도 마시고 재채기도 했다. 그러나 아무리 주의 깊게 살펴도 말의 입에서 은화는 나오지 않았다. 두 번 세 번 재채기를 해도 마찬가지였다.

한편 심카는 잔치를 벌였다. 그는 번 돈을 맛있는 음식과 술을 사는 데 썼고, 푸림^{Purim}의 축제 때보다 더 즐거운 시간을 보내고 있었다. 그런데 별안간 그는 체름 시의 가바이와 함께 랍비가 오는 것을 보았다. 그는 급히 아내를 불렀다.

"헨들, 잘 들어요. 나는 정원에서 고양이 한 마리를 가지고 숲 속으로 가겠소. 체름 사람들이 오면 내가 장작을 구하러 갔다고 하시오. 다른 검은 고양이한테는 나를 잡으라고 해요. 자, 어서요."

심카가 서둘러서 집을 떠나자마자 체름의 가바이와 랍비가 나타났다.

"당신의 남편은 어디 있습니까? 그가 우리를 속였습니다."

헨들은 남편이 지시한 대로 대답했다.

"그이는 나무하러 갔습니다. 여러분이 하실 말씀이 있으시다면 그를 부르러 고양이를 보내겠습니다."

그녀가 고양이를 보낸 지 얼마 되지 않아 심카는 팔 안에 검은 고양이를 안고 돌아왔다.

랍비와 가바이의 화는 어느 정도 누그러졌다. 그들은 놀라서 심부름하는 고양이를 바라보았다. 그들은 체름에서도 그와 같은 것을 삿기 원했다. 고양이에게 돈을 지불할 필요도 없었고 날쌘 달리기 선수보다 더 빨리 소식을 전할 것 같았다.

그들은 곧 심카의 손을 잡고 애원하기 시작했다.

"이보시오, 말을 가지고 우리를 속인 것을 용서하고 돈을 더 많이 줄 테니 고양이 한 마리만 주시오."

심카가 소리쳤다.

"안됩니다. 이 고양이를 훈련시키는 데 얼마나 많은 시간이 들었는지 아십니까?"

랍비와 가바이는 그에게 애걸했다. 그들은 결국 200즐로티를 내고 고양이를 데려갔다. 체름에 돌아온 그들은 고양이에게 원로들을 불러오라고 말했다. 랍비와 가바이는 극히 미묘한 문제를 가지고

● ──이스라엘 민담

그들과 의논하고 싶어했다. 그 문제란 고양이에게 먹이를 밤에 주느냐 아니면 아침에 주느냐 하는 것이었다.

그러나 그들이 두 시간을 기다려도 아무도 오지 않았다. 심지어는 다음 날 아침이 되어도 아무도 오는 사람이 없고 고양이마저 돌아오지 않자, 그들은 고양이를 찾으러 밖으로 나갔다. 그들은 체름시 전체를 뒤지며 찾아다니다가 놀랍게도 그들의 심부름꾼인 고양이가 원로들의 집을 지나가지 않았다는 사실을 알았다. 그들이 명령을 지키지 않은 고양이에 대해서 물어보니 이미 심카는 집에 돌아가 햇볕을 쬐고 있다는 사실이 밝혀졌다.

체름 사람들은 이번에는 정말 화가 났다. 그들은 말뿐만 아니라 고양이 값도 심카한테 돌려받아야 한다는 결정을 내리고 다섯 명을 그의 집으로 보냈다.

한편 심카는 편안한 기분으로 먹고 마시면서 즐기고 있었다. 그러다가 그는 체름에서 오는 마차 한 대를 보았다. 그가 아내에게 말했다.

"헨들은 마룻바닥에 누워 죽은 것처럼 하시오. 내가 계란으로 이마를 세 번 톡톡톡 치면 다시 살아난 것처럼 깨어나시오."

체름 사람들이 방으로 들이닥치는 순간 헨들은 마룻바닥에 누웠다. 그들은 화가 나서 상기된 얼굴로 왔다가 심카가 자기 아내를 보고 슬퍼하는 것을 보고는 의심스러운 눈초리로 가만히 서 있었다.

"내 가엾은 아내가 죽었습니다. 그녀 없이 내가 무슨 일을 할 수 있겠습니까?"

심카는 눈물을 흘리면서 탄식했다. 그러다 갑자기 자기 아내를 껴안고 소리쳤다.

"자, 여보, 내가 당신의 목숨을 살려 주겠소."

그는 달걀 하나를 가지고 아내의 이마에 세 번 톡톡톡 친 뒤 말했다.

"나는 당신에게 죽음에서 깨어나라고 명령하겠소."

심카가 말을 마치는 순간 그의 아내는 메시아나 구원자가 죽음에서 건져 준 것처럼 건강하게 살아났다. 체름 사람들은 그 자리에 얼어붙은 듯이 서서 말과 고양이에 대한 보상을 받아야 한다는 것도 잊고 기적의 달걀을 바라보았다. 그리고 심카에게 간청했다.

"이봐요, 그 달걀을 우리에게 파시오. 300즐로티를 내겠소."

심카는 머리를 흔들면서 말했다.

"그럴 수 없습니다. 이 근처 수 마일 안에는 의사가 없습니다. 이 달걀이 없이 어떻게 살 수 있겠습니까?"

"그러면 400즐로티를 내겠소. 랍비의 아내가 죽었으니 그들을 도와야 합니다."

심카는 계속 거절했으나 결국 500즐로티에 계란을 내주었다.

그날 체름에는 큰 축제가 있었다. 그들은 죽음의 천사의 손에서 벗어나게 된 것을 기뻐했으며, 그 중에서도 단연 행복한 사람은 랍비와 그의 아내였다. 사실 그녀의 건강은 전날보다 더 나빠졌지만 랍비는 의사를 부르지 않았다. 그는 혼자 중얼거렸다.

"최악의 상태가 되어도 마법의 달걀을 가져오면 되니까."

그러나 랍비의 아내는 죽었다. 그 달걀은 아무것도 변화시키지 못했다.

장례식이 끝나자마자 체름 사람들은 심카가 이번에는 정말 벌을 피할 수 없을 것이라고 엄숙한 맹세를 했다. 그날 밤 그들은 그의 집에 몰래 들어가 침대에서 그를 끌어내 자루에 넣고 꽉 묶었다.

"말과 고양이와 달걀로 우리를 속였으니 우리는 너를 물 속에 처넣겠다."

그들은 심카에게 소리치고는 마차에 그를 실은 뒤 날이 밝자 강가로 데려갔다.

한겨울이라 강물은 꽁꽁 얼어붙어 있었다. 체름 사람들은 도끼를 가지고 얼음 구멍을 파느라고 한 명만 심카 곁에 남겨 놓았다. 순간 심카는 격렬하게 소리치기 시작했다.

"도와줘요. 나는 원치 않아요. 도와줘요. 나는 원치 않는단 말이오!"

"무엇을 원하지 않는다는 거요?"

심카의 보초가 호기심에 물었다.

"체름에서 부자가 되는 것 말입니다. 원로들은 나에게 도시의 모든 사람에게서 돈을 가져가라고 말했지만 나는 거절했어요. 그래서 그들은 나를 자루에다 묶었습니다. 만일 내가 그들이 원하는 대로 돈을 가져가지 않는다면 그들은 나를 강물에 던질 것입니다."

심카를 지키고 있던 체름 사람은 즉시 자루를 풀었다.

"그런 경우라면 내가 기꺼이 당신과 자리를 바꾸겠습니다."

그래서 심카는 그 보초를 자루에 묶은 뒤 집으로 급히 서둘러 갔다. 그는 아내와 아이들을 데리고 다른 마을로 이사를 갔다. 돈을 가지고 체름 시를 빠져나온 그는 좋은 집을 지었고 새로운 말과 마차를 사서 전처럼 그의 사업을 계속했다.

여러 해가 흐른 뒤 심카는 체름으로 돌아왔다. 그는 오랜 시간이 흘렀기에 아무도 그를 알아보지 못할 것이라고 생각했다. 그러나 그가 시장에 얼굴을 내밀자마자 사방에서 체름 사람들이 달려왔다. 그들은 그의 목을 붙잡고 원로원으로 데려갔다.

체름 시에서 가장 현명한 사람이 심카에게 물었다.

"우리가 당신을 자루에 넣어 묶어서 물속에 던지지 않았소?"

심카가 말했다.

"사실 물속에서 일어났던 일은 오직 저 혼자만 알고 있습니다. 제가 밑바닥까지 가라앉았을 때 천사가 헤엄쳐 와 자루를 풀어 주었습니다. 그리고 그들은 저를 금과 은으로 가득 찬 거대한 성으로 데리고 갔습니다. 그들은 금과 은을 자루 끝까지 가득 채워 주었고 많은 꿀 케이크와 천국의 포도주를 주었습니다. 저는 물속에서 천사들과 하루를 보내다가 그날 저녁에 집으로 왔습니다. 그들이 저를 뭍으로 안내해 주고 집으로 가는 길까지 알려 주었지요. 그날 이후로 저는 이렇게 부자가 되었습니다."

그 후로 체름 사람들은 심카를 괴롭히지 않았다. 그들은 모두 가서 보물을 찾기 원했다. 그들은 각자 자기가 물속에 들어가는 데 가장 적합하다고 우겼다. 그 도시에서 가장 현명한 사람들이 일곱 낮과 일곱 밤을 회의한 끝에 마침내는 체름을 위해서 일을 해 왔던 랍비와 가바이를 강물 속에 던져 넣기로 했다. 두 명을 담은 자루가 물속으로 사라지자 도시 사람들은 모두 기뻐했다.

체름 사람들은 랍비와 가바이가 그들에게 보석과 꿀 케이크와 천국의 포도주를 가져오기를 기다리고 있다. 그들은 오래오래 기다리고 있다. 그리고 시간을 초월하여 서로서로 자신들의 지혜와 그 도시의 명성에 대해서 이야기했다.

창조 시대 동물 유래담

● ——세상에서 가장 강한 무기

창조의 마지막 날인 여섯째 날에 하느님은 모든 동물을 모이게 하셨다. 동물, 새, 물고기, 파충류 들이 함께 모여 하느님의 놀라운 위엄을 찬양하며 자기들을 만들어 주신 하느님께 감사드렸다.

그런데 오직 한 마리의 양만이 슬픈 듯이 하느님 앞에 서 있었다. 하느님이 물으셨다.

"왜 그리 슬퍼하는가? 어찌하여 다른 동물들처럼 행복해 보이지 않느냐?"

"저도 그들처럼 기뻐하고 싶습니다. 그러나 하느님께서는 제게 자신을 지킬 만한 아무런 능력도 주지 않으셨습니다. 그렇다면 전 어떻게 제 목숨을 보존할 수 있겠습니까?"

하느님께서 물으셨다.

"곰이나 매의 날카로운 발톱 같은 것을 원하느냐?"

양은 머리를 저었다.

"그렇다면 사자나 늑대와 같은 이빨을 갖고 싶다는 말이냐?"

"아닙니다. 저는 아무도 해치지 않고 저를 지킬 수 있는 무기를 갖고 싶을 따름입니다."

하느님께서는 양의 말을 생각해 보시더니 다음과 같이 말씀하셨다.

"네가 사랑과 평화 속에서 살기를 원하기에 네 소원을 들어주겠다. 나는 네게 악에 대항할 수 있는 품성을 주겠다."

그리하여 하느님은 양을 겸손하고 믿음직스럽고 인내심이 많은 동물로 만들어 주셨다.

● ── 까마귀는 왜 껑충거리며 걷는가

하느님은 까마귀를 만드실 때에 강한 날개뿐만 아니라 튼튼한 두 다리도 주셨다. 그래서 까마귀는 잘 날 수 있을 뿐만 아니라 잘 걸을 수도 있었다. 어느 날 이를 뽐내고 있던 까마귀는 비둘기가 걷는 모양을 보고는 우쭐했던 마음이 사라져 버렸다. 까마귀는 생각했다.

'와! 멋지다. 굉장히 우아하네. 저렇게 걷는 게 품위 있는 걸음걸이로구나. 나처럼 우둔하게 걷는 것과는 다른걸.'

까마귀는 조심스레 비둘기가 걷는 모습을 살펴본 뒤 몰래 흉내 내기 시작했다. 까마귀는 발을 높이 들고 몸을 살짝 흔들면서 세련되고 위엄 있게 걸어 보았다. 그러나 그렇게 걷는 데 익숙지 않았던 까마귀는 갑자기 박자를 놓쳐 다리를 삐고 말았다. 까마귀는 부끄러워하며 옛날에 걷던 대로 걷고 싶었다.

마침내 다리가 다 나았다. 일어서서 처음으로 발걸음을 떼려고 했을 때 불쌍한 까마귀는 그만 까마귀답게 걷는 것을 잊어버리고 말았다. 저런, 아직 비둘기처럼 걷는 것도 배우지 못했는데! 그래서 까마귀는 껑충거리기 시작하더니 오늘날까지도 계속 그렇게 걷고 있다. 이런 것을 보고 사람들은 이렇게 말한다.

"지나친 욕심을 부리면 그나마 가지고 있던 것도 잃어버린다."

●──일흔이 넘은 선창자

하느님이 세상을 창조하실 때 먼저 동물을 만드시고 다음에 사람을 만드셨다. 하느님이 개를 만드셨을 때 개는 하느님께 이렇게 여쭈었다.

"제가 세상에서 무엇을 해야 하나요?"

하느님께서 말씀하셨다.

"네가 만약 순종하지 않으면 너를 때리는 주인을 갖게 될 것이다. 너는 뼈를 씹고 달을 보며 짖어야 할 것이다."

"제가 얼마나 오래 삽니까?"

"70년이다."

개는 깜짝 놀라 소리쳤다.

"뭐라구요? 개의 목숨으로 70년을 살라니요? 15년이면 충분합니다!"

하느님은 자비롭게 개의 의견에 동의하셨다.

"그러면 15년만 살아라!"

다음에 하느님은 말을 창조하셨다. 말이 하느님께 여쭈었다.

"저는 세상에서 무엇을 해야 하나요?"

하느님께서 말씀하셨다.

"너는 짐을 끌고 다니며 수고를 하는데도 매를 실컷 맞게 될 것이다."

"저는 얼마나 오래 사나요?"

"70년이다."

"뭐라구요? 70년 동안 말로 살라니요? 25년이면 충분합니다!"

하느님은 말에게 자비를 베푸셔서 25년만 살라고 하셨다.

하느님은 모든 동물을 창조하신 다음 기도문 선창자를 창조하셨다. 선창자는 하느님께 여쭈었다.

"저는 세상에서 무슨 일을 합니까?"

하느님은 이렇게 대답하셨다.

"너는 모든 결혼식과 할례식 연회장에서 노래를 불러야 할 것이다. 네가 회당에서 예배 때 노래하면 참석한 사람들은 감동할 것이다. 네 생애에는 끊임없는 기쁨이 이어질 것이다.

"저는 얼마나 삽니까?"

"70년이다."

"70년이라니요? 그것은 너무 짧습니다. 전능하신 하느님! 저에게 배당된 70년보다 더 오래 살게 허락해 주십시오."

하느님은 자비롭게 선창자의 의견에 동의하셨다.

"네가 원한다면 더 오래 살도록 하여라."

그러나 하느님께서 70년 이후의 연한을 어디서 구하셨겠는가. 그분은 단지 개와 말에게 할당된 연한을 떼어 그에게 주셨다. 그러므로 선한 친구여, 당신이 일흔이 넘은 선창자의 노래를 들을 때 개가 짖는 소리와 같다고 할지라도 놀라지 마라. 그리고 그와 함께 식사할 때 그가 말처럼 음식을 마구 먹어 대더라도 놀라지 마라!

제 6 부

유대인의 지혜

꾀 밝은 여우

● ──사자의 입냄새

　병든 사자가 한동안 음식을 먹지 못해서 숨쉴 때마다 고약한 냄새를 풍겼다. 사자는 숲 속에서 낭나귀 한 마리를 만났다. 사자는 당나귀를 향해 크게 숨을 한 번 내쉬고는 물었다.
　"내 숨쉬는 냄새가 고약하지?"
　생각이 단순한 당나귀는 그렇다고 대답했다.
　"너처럼 천한 것이 어찌 감히 백수의 왕인 나를 모욕하려 드느냐?"
　사자는 즉시 포효하며 당나귀를 삼켜 버렸다.
　잠시 뒤 사자는 곰을 한 마리 만났다.
　"내 숨쉬는 냄새가 고약하지?"
　곰은 미소를 지으며 말했다.
　"아닙니다. 당신의 냄새는 꿀보다도 달콤합니다."
　"이 아첨꾼아! 너는 어찌 감히 나를 속이려 드느냐?"

● ──이스라엘 민담

사자는 소리치며 곰도 역시 삼켜 버렸다.

이윽고 사자는 여우 한 마리를 만났다.

"친구여, 나의 숨쉬는 냄새를 맡아 보고 그것이 달콤한지 말하여라."

교활한 여우는 단번에 함정이 있음을 알았다. 그래서 아주 정중하게 이렇게 말했다.

"백수의 왕이여, 용서하십시오. 저는 도무지 냄새를 맡을 수 없습니다. 저는 감기가 걸렸거든요!"

● —— 멍청한 당나귀

어느 날 동물의 왕인 사자는 모든 대신들을 이끌고 아득히 먼 땅으로 항해하기로 결심했다. 사자는 당나귀를 불러 말했다.

"내 너를 믿고 모든 승객들한테 요금 걷는 일을 맡기겠다. 지금 당장 가서 내 명령에 복종하도록 하라."

당나귀는 즉시 배를 타는 입구에 서서 동물들에게 돈을 달라고 했다. 그러나 여우는 그 배를 무료로 타고 가고 싶었다. 그래서 당나귀에게 소리쳤다.

"네가 감히 나한테 요금을 내라고 하는 거냐? 왕을 호위하는 자는 요금을 낼 필요가 없다는 것을 모르느냐?"

당나귀는 고개를 갸웃거리며 말했다.

"사자님께서는 그런 말씀이 없으셨네. 정말로 왕께서 내게 모든 승객들한테 요금을 받으라고 명령하셨어. 그래서 나는 심지어 왕도 공짜로 배를 태워 주지 않을 작정이야. 돈이 모두 왕의 것은 아니잖니?"

화가 난 여우는 즉시 사자 왕에게 가서 당나귀가 한 말을 전했다.

사자는 그 말을 듣고 매우 화가 났다. 사자는 당나귀를 불경죄로 처형하라고 명령한 뒤 여우에게는 당나귀로 축제 음식을 준비하라고 했다.

여우는 사자가 말한 대로 당나귀를 가지고 요리하기 시작했다. 그러나 여우는 배가 너무 고파서 당나귀의 심장을 먹고 말았다. 사자는 여우가 음식을 내오자마자 이 사실을 대번에 알아차리고 화가 나서 소리쳤다.

"너는 뻔뻔스럽게 당나귀의 심장을 내놓지 않을 생각이더냐?"

여우는 조용히 말했다.

"용서해 주십시오, 위대하신 왕이시여. 왕에게 요금을 받겠다고 설치는 멍청한 동물이 심장을 갖고 있을 리가 있겠습니까?"

사자는 여우의 영리한 답변에 웃음을 터뜨리고는 여우를 벌하지 않았다.

●― 여우의 변호사 노릇

사자는 다른 동물이 자기 말을 듣지 않자 몹시 화가 났다. 두려움에 가득 찬 동물들은 자기들을 변호해 줄 동물을 찾았다. 여우를 제외하고는 아무도 그런 일을 맡으려 하지 않았다. 여우는 기꺼이 봉사하겠다고 했다.

"다들 나를 따라와! 나는 300가지나 되는 이야기를 알고 있어. 그 이야기를 하면 우리 왕의 마음이 풀어지시겠지."

동물들은 여우의 말에 매우 기뻐하며 다들 사자를 만나기 위해 출발했다. 그들이 좀 멀리 갔을 때 갑자기 여우가 멈췄다.

"무슨 일이야?"

동물들이 불안한 마음으로 물었다.

"200가지의 이야기라도 사자에게는 충분할 거야."

그래서 그들은 모두 다시 출발했다. 얼마 못 가서 여우가 다시 섰다.

"생각해 봐. 난 또 100가지의 이야기를 잊어버렸다니까."

여우는 부끄러운 듯이 말했다.

"어쩔 수 없지 뭐. 어쨌든 넌 여전히 100가지 이야기를 알고 있잖니. 서두르자, 사자가 더 화를 내기 전에."

곧 동물들은 사자의 동굴 앞에 도착했다. 동굴 안에서 무시무시하게 으르렁거리는 소리가 들려오자 동물들은 무서워 떨기 시작했다. 여우가 속삭였다.

"불행한 일이 일어났어. 단 한 가지의 이야기도 기억이 안 나. 내가 없어도 너희들끼리 잘할 수 있을 거야. 다들 자신의 실수에 대해 최선을 다해 답변하는 거야. 알았지!"

● ── 학자가 유리한 점

여우 한 마리가 나무 위를 올려다보다가 맨 윗가지에 까마귀 한 마리가 앉아 있는 모습을 보았다. 여우는 배가 고팠기 때문에 까마귀가 아주 먹음직스럽게 보였다. 그래서 까마귀를 아래로 내려오게 하려고 온갖 계교를 다 부렸다. 그러나 나이가 많아 현명한 까마귀는 경멸하는 태도로 곁눈질을 하며 아래를 내려다볼 뿐이었다.

여우는 궁리 끝에 농담조로 말했다.

"어리석은 까마귀야! 정말이지 너는 나를 무서워할 이유가 없다. 너는 새들과 짐승들이 다시는 싸울 필요가 없다는 사실을 알지 못하느냐? 너는 메시아가 곧 오신다는 소식도 듣지 못했니? 너도 나처럼 탈무드 학자라면 필경 이사야 선지자가 말한 대로 메시아가

오실 때면 '사자가 어린 양과, 여우와 까마귀가 같이 누우며 영원토록 평강이 있으리로다.' 라는 예언을 알 것이다."

그런데 그가 이렇게 달콤한 말을 하며 서 있을 때 사냥개 짖는 소리가 들려왔다. 여우는 두려움에 몸을 떨며 필사적으로 도망치기 시작했다. 까마귀는 나무에서 즐겁게 소리쳤다.

"어리석은 여우야! 너는 탈무드 학자이고 이사야 선지자가 어떻게 예언했는지 알기 때문에 두려워할 이유가 없다."

여우는 덤불 속으로 살금살금 숨어들면서 소리쳤다.

"정말이지 나는 이사야 선지자가 말한 내용을 알고 있어. 그러나 너도 알다시피 문제는 개들이 그것을 모른다는 것이야!"

● ── 여우와 물고기

어느 날 여우 한 마리가 강둑을 따라 걸었다. 여우는 물속을 들여다보다가 물고기 한 마리가 한곳에서 근심스러운 듯 이리저리 왔다갔다 하는 모습을 보고 물었다.

"넌 왜 한곳에서만 머물러 있니? 뭐가 무서운 거야?"

"모르겠니? 우리 주변에 그물이 쳐져 있잖아. 조심해서 그물을 피하지 않으면 우리는 끝장이라고."

배가 고픈 여우는 엉큼하게 말했다.

"불쌍하기도 해라. 너는 아는 것이라고는 무서움과 위험밖에 없구나. 땅으로 나오는 것이 어떻겠니? 여기는 그물이 없단다. 조상님들처럼 우리 함께 살자."

그러나 물고기는 여우의 교활함을 알고 있었기 때문에 그 꼬임에 넘어가지 않았다.

"넌 참 바보로구나. 너 정말 우리가 그렇게 멍청하다고 생각하는 거니? 우리가 살고 있는 물속에서도 이렇게 위험한데, 하물며 우리의 보금자리가 전혀 될 수 없는 마른 땅에서는 얼마나 큰 위험이 있겠니?"

여우는 물고기를 이길 수 없다는 것을 알고 실망해서 그 자리를 떠났다.

● ──여우와 어리석은 물고기들

거룩한 분께서 죽음의 천사에게 말씀하셨다.

"각 종을 한 쌍씩 바다로 던져 넣어라. 그러면 나는 너에게 그 모든 종류에 대한 지배권을 줄 것이다."

천사는 당장 명령대로 각 종을 한 쌍씩 바다로 던졌다. 여우는 천사가 오자 자신에게 어떤 일이 일어날는지 알고 서서 울었다. 그러자 죽음의 천사가 여우에게 물었다.

"너는 왜 우느냐?"

"당신이 바다 속으로 던져 버린 제 친구들 때문이에요."

"그렇다면 너의 친구들은 어디에 있느냐?"

여우는 해변으로 달려갔다. 죽음의 천사는 물속에 비친 여우의 모습을 보고는 자신이 이미 여우 한 쌍을 던져 넣었다고 생각했다. 그래서 자기 옆에 있는 여우를 바라보면서 소리질렀다.

"꺼지거라!"

여우는 즉시 도망갔다. 도중에 여우는 족제비를 만났다. 여우는 족제비에게 지금 자기에게 무슨 일이 일어났는지, 그리고 자기가 어떻게 했는지 말해 주었다. 그리하여 족제비도 죽음의 천사에게 가서 여우가 말해 준 대로 했다.

그 해 말에 리워야단은 바다 속에 있는 모든 생물을 집결시켰다.

그러나 이상하게도 여우와 족제비는 빠져 있었다. 왜냐하면 여우와 족제비는 바다로 들어오지 않았기 때문이다. 리워야단은 경위를 알아보도록 시켰고 여우와 족제비가 어떻게 도망쳤는지 듣게 되었다. 바다 속에 있는 생물들은 리워야단을 비아냥거리며 말했다.

"여우는 몹시 교활합니다."

리워야단은 불안하고 시기하는 마음이 생겼다. 리워야단은 커다란 물고기의 대표들에게 여우를 속여서 자기 앞으로 데리고 오라고 명령했다.

물고기 대표들은 해변에서 여우를 발견했다. 여우는 물고기들이 둑 가까이에서 놀고 있는 모습을 보고는 몹시 놀라서 그들에게로 갔다. 물고기들은 여우를 보고 물었다.

"당신은 누구세요?"

"나는 여우요."

"당신은 굉장한 영예가 당신을 위하여 예비되어 있다는 사실을 모르는군요. 우리는 당신을 위해서 여기에 왔습니다."

여우는 물고기들의 말에 귀를 쫑긋 세우고 물었다.

"그게 무엇이오?"

"리워야단이 아파서 죽을 지경이 되었습니다. 그는 당신을 다음 통치자로 임명했답니다. 왜냐하면 그는 당신이 다른 동물보다 더 현명하고 사려가 깊다고 생각하기 때문이지요. 우리와 함께 갑시다. 우리는 그의 사자요."

여우는 주저하며 말했다.

"그러나 내가 어떻게 바다 속으로 들어갈 수 있단 말이오?"

물고기들이 말했다.

"아닙니다. 당신은 우리의 등에 타세요. 우리가 당신을 바다 위로 태워갈 것이기 때문에 당신은 왕국에 도착할 때까지 발에 물을 한 방울도 묻히지 않을 거예요. 우리는 당신이 알지도 못하는 사이에 모시고 갈 것입니다. 우리와 함께 가서 우리를 다스려 주시고 왕이 되어 주십시오. 그러면 당신은 살아 있는 동안 즐거울 것입니다. 당신은 더 이상 먹이를 찾으러 나갈 필요도 없고 당신보다 더 강한 짐승들에게 잡아먹힐 염려를 하지 않아도 될 것입니다."

여우는 물고기들의 말을 믿었다. 여우는 한 물고기의 등에 타서 물고기들과 함께 바다 속으로 들어갔다. 그러나 여우는 곧 파도가 자신을 덮쳐 오자 속았다는 사실을 깨달았다. 여우는 울먹였다.

'화로다! 내가 무슨 일을 저질렀는가? 나는 남들에게 많은 속임수를 써 왔으나 이 물고기들은 내가 이제까지 한 속임수를 다 합한 것만큼의 술수를 내게 썼구나. 이제 어떻게 해야 이들의 손아귀에서 빠져나갈 수 있을까?'

그래서 여우는 물고기들에게 말했다.

"이제 나는 정말로 당신들 손에 들어갔으니 사실을 말해 주십시오. 당신들은 도대체 내게 어떤 일을 하려고 그럽니까?"

물고기들이 대답했다.

"이제 말하지. 사실은 리워야단이 너의 명성과 네가 아주 현명하다는 사실을 듣고는 너를 찢어서 심장을 먹고 현명해지겠다고 말씀하셨단다."

그러자 여우는 천연덕스럽게 말했다.

"아! 당신들은 왜 진작 그런 말을 나에게 하지 않았습니까? 그렇다면 나는 내 심장을 가지고 와서 그것을 리워야단 왕에게 줄 수 있었을 텐데. 그러면 그가 당신들에게 영예를 주었을 것입니다. 그러나 이제 당신들은 큰 곤경에 처하게 되었소."

"뭐라구! 당신은 심장을 갖고 있지 않다는 말이오?"

"물론 그렇소. 우리는 관례적으로 이리저리 돌아다닐 때는 심장을 집에 두고 다니지요. 우리는 심장이 필요할 때에만 가지고 다니고 그렇지 않으면 집에 놔둡니다."

물고기들은 크게 당황하며 물었다.

"우리는 어떻게 해야 하오?"

여우가 대답했다.

"내가 사는 집은 해변에 있소. 당신들이 좋다면 나를 데리고 왔던 곳까지 데려다 주시오. 그러면 나는 심장을 가지고 다시 당신들에게 올 것이오. 그래서 내가 심장을 리워야단에게 바치면 그는 나에게 상을 베풀고 당신들은 영예를 얻게 될 것이오. 그러나 만약 당신들이 심장도 없는 나를 이렇게 데리고 가면 그는 몹시 화를 내고 당신들을 잡아먹고 말 것이오. 나로 말하자면 다음과 같이 말할 것이기 때문에 두려워할 게 아무것도 없소. '나의 주여, 그들은 저에게 먼저 심장 애기를 하지 않았슶니다. 그리고 그들이 말했을 때에 내가 심장을 가지러 돌아가게 해 달라고 간청했지만 거절했슶니다.'"

물고기들은 즉시 여우의 말이 옳다고 생각했다. 그래서 여우를 다시 해변까지 데려다 주었다. 여우는 해변에 닿자마자 신나게 춤을 추었다. 그리고 모래 위에 나뒹굴며 웃었다. 물고기들은 영문도 모르고 소리쳤다.

"서두르시오. 빨리 심장을 가지고 오시오."

그러자 여우가 대답했다.

"이 바보들아! 꺼져라! 내가 심장이 없다면 어떻게 너희들과 함께 갈 수 있었겠느냐? 너희들은 심장 없이 돌아다니는 동물을 본

●──이스라엘 민담

적이 있느냐?"

물고기들은 그제야 자기들이 속은 것을 알고 한탄했다.

"네가 우리를 속였구나!"

"바보들아! 나는 죽음의 천사도 속였다. 하물며 어리숙한 너희 물고기들쯤이야 얼마나 속이기 쉬웠겠느냐!"

물고기들은 수치심을 안고 바다 속으로 돌아가서 모든 일을 리워야단에게 말했다. 리워야단이 말했다.

"정말 여우는 교활하고 너희들은 멍청하구나. '어리석은 자의 퇴보는 자기를 죽이며.' 잠언 1:32라는 말은 너희들을 두고 한 말이구나."

그리고 리워야단은 그 물고기들을 잡아먹었다.

동물들이 전해 주는 지혜

● ──지혜로운 새와 어리석은 사람

새 사냥꾼이 한번은 새 한 마리를 잡았다. 그러나 그 새는 일흔 가지의 언어를 이해할 수 있는 비범한 재주를 가졌다. 그래서 그 새는 자기를 잡은 사람이 쓰는 언어로 애원하며 말했다.

"저를 놓아주세요. 그러면 당신에게 세 가지 교훈을 드리겠어요."

새 사냥꾼이 말했다.

"먼저 그것을 나에게 말해라. 그러면 너를 풀어 줄 것이다."

"우선 약속을 지키겠다고 나에게 엄숙히 맹세해 주세요."

"나는 너를 풀어 주겠다고 맹세한다."

그러자 새가 말했다.

"주의해서 들으세요! 첫 번째 교훈은 이미 일어난 일을 절대로 후회하지 말라는 것이에요. 두 번째 교훈은 못 믿을 일을 믿지 말라는 것이에요. 그리고 세 번째 교훈은 얻을 수 없는 것을 얻으려고 절대로 애쓰지 말라는 것이에요. 자, 이제 약속대로 저를 풀어 주

● ──이스라엘 민담

세요."

새를 잡은 사람은 그 새를 풀어 주었다. 그러자 새는 날개를 펴고 근처에 있는 높은 나뭇가지 꼭대기로 날아 올라가서 아래에 있는 그 사람을 조롱하며 말했다.

"당신은 아주 천치로군요! 당신은 내가 몸속에 값으로 환산할 수 없는 보물을 가지고 있어서 그 마술적인 능력으로 지혜롭게 되었다는 것도 모르고 나를 풀어 주었군요."

새 사냥꾼은 이 말을 듣고는 새를 풀어 준 자신의 어리석음을 후회했다. 그는 손실을 만회하고자 새가 앉아 있는 나무에 올라가기 시작했다. 그러나 거의 반도 못 가서 손을 놓치고는 밑으로 떨어졌다. 그는 뼈가 부러진 채로 괴로워하며 누워 있었다.

새는 그를 내려다보며 웃었다. 그리고 그를 책망했다.

"당신은 참으로 바보로군요! 내가 당신에게 나의 지혜를 전해 준 지 몇 분도 지나지 않아 그것을 잊어버렸군요! 나는 당신에게 이미 일어난 일을 결코 후회하지 말라고 했어요. 그런데도 당신은 나를 풀어 준 것을 후회했지요. 나는 당신에게 믿을 수 없는 것은 믿지 말라고 가르쳐 주었어요. 그럼에도 불구하고 당신은 기적을 일으키는 보물이 내 몸속에 있다는 거짓말을 사실로 받아들였어요. 나는 먹을 것을 찾아 돌아다니는 평범한 새에 불과하다는 사실을 알았어야지요. 마지막으로 나는 당신에게 얻을 수 없는 것을 가지려고 애쓰지 말라고 했어요. 그렇지만 당신은 아무것도 가지지 않고서 날개가 달린 새를 잡으려고 했어요. 당신은 내 말에 주의를 기울이지 않았기 때문에 뼈를 부러뜨리고 피 흘리며 누워 있는 거예요. 당신 같은 사람을 두고 잠언에서는 '한 마디 말로 총명한 자에게 충고하는 것이 매 100대로 미련한 자를 때리는 것보다 더욱 깊이 박히느니라.' ^{잠언 17:10}라고 말하고 있어요. 불행하게도 사람들 중에는 당신 같은 얼간이가 아주 많아요."

● ──게으른 자가 당하는 화

어떤 이방인 농부가 돼지 한 마리와 어미 나귀, 그리고 새끼 나귀를 기르고 있었다. 그는 돼지에게는 먹이를 아주 많이 주었지만 나귀들에게는 먹이를 조금만 주었다. 새끼 나귀는 어미에게 말했다.

"우리 주인은 참으로 어리석네요! 엄마, 그를 위해서 일하고 짐을 끌어 주는 우리에게 이렇게 형편없는 먹이를 주다니 부당하다고 생각하지 않으세요? 하루 종일 빈둥거리며 아무 일도 하지 않는 돼지는 왜 마음껏 먹을 수 있는 건가요?"

어미 나귀는 새끼 나귀를 위로하며 말했다.

"조금만 기다려라. 돼지가 큰 불행을 당하는 꼴을 네 눈으로 보게 될 때가 반드시 온다. 농부가 돼지에게 마음껏 먹이는 것은 돼지를 사랑해서가 아니라 단지 돼지의 슬픔을 재촉하기 위해서라는 사실을 알아라."

그 이방인 농부는 다음 축제를 기념할 때 돼지를 도살했다. 그 이후에 어린 나귀는 음식을 받을 때에 돼지가 당한 슬픈 운명을 기억하고는 아껴서 먹었다. 어미 나귀가 이 모습을 보고는 타이르며 말했다.

"애야, 죽음을 불러오는 것은 많이 먹는 데 있는 것이 아니라 돼지처럼 아무 일도 하지 않고 하루 종일 빈둥거리는 데 있단다."

● ──이스라엘 민담

●──늑대와 동물들

옛날 옛날에 늑대가 잔인한 행동을 해서 심판을 받게 되었다. 모든 동물이 사자한테 불평했다.

"폐하, 저희들은 더 이상 늑대와 살 수 없습니다. 그는 가는 곳마다 파괴하고 죽이고 슬픔만 남겨 놓습니다. 피에 굶주린 그는 과부와 고아들을 만들고 있습니다. 간청하건대 부디 저희들을 도와주십시오."

사자는 매우 화가 나서 늑대에게 벽력같이 소리쳤다.

"어떠한 벌도 네게는 지나치지 않구나. 네가 얼마나 고통받는지는 문제 되지 않는다. 죽을 정도는 아닐 것이다. 그러니 앞으로 절대 잔인해서는 안 된다. 오늘부터 2년 동안 너는 단 한 마리의 동물이라도 죽여서는 안 된다. 네 죄를 생각하며 너는 오직 죽은 동물만 먹어야 하느니라."

늑대는 사자에게 2년 동안 한 마리의 동물도 죽이지 않겠다고 약속한 뒤 사자 앞을 물러나왔다. 그러나 얼마 가지 못해서 늑대는 한가로이 풀을 뜯고 있는 양 한 마리를 보았다. 늑대는 따뜻한 피가 먹고 싶어서 견딜 수가 없었다. 늑대는 생각했다.

'지금 내가 무엇을 하는 거지? 내가 2년 동안 신선한 고기를 먹을 수가 없다구? 하지만 맹세는 중요한 거야. 이렇게 쉽게 약속을 깰 수는 없다구.'

늑대는 신경질적으로 다리를 비비 꼬다 갑자기 좋은 생각이 떠올랐다. 늑대는 혼자 중얼거렸다.

"1년이란 뭐지? 하루란 어떤 것일까? 하루란 내가 볼 수 있다는 거지. 내가 볼 수 없으면 밤이 되는 거야. 내가 눈을 감으면 아무것도 볼 수 없고 그러면 밤이 되지. 또 내가 눈을 뜨면 볼 수가 있고,

그러면 당연히 낮이 되는 거야."

늑대는 재빨리 눈을 떴다 감았다 하면서 조심스럽게 셈하기 시작했다.

"떴다 감았다, 하루! 떴다 감았다, 이틀!"

늑대는 이와 같은 방법으로 730일, 즉 2년을 세었다. 그러고는 의기양양하게 외쳤다.

"사자에 대한 약속을 지켰다! 2년이 지났어. 그동안 난 단 한 마리의 동물도 죽이지 않았다구."

그리고 양에게 달려가 잡아먹었다.

악당들이란 믿을 수 없다. 그들은 항상 약속을 깰 생각만 한다.

섬세하신 하느님

어느 날 황제가 랍비 가말리엘에게 말했다.

"당신네 하느님은 도둑이다. 그는 왜 아담을 잠들게 해 놓고 갈비뼈를 훔쳐 갔는가?"

황제의 딸이 말을 가로막고 나서서 랍비 가말리엘에게 말했다.

"제가 아버지의 물음에 대신 답하겠어요."

그러고는 그녀는 황제에게 몸을 돌리면서 재판관을 불러 달라고 했다.

"무엇 때문에 재판관이 필요하니?"

황제가 놀라서 물었다.

"간밤에 제 집에 도둑이 들었어요. 그런데 도둑은 은으로 만든 주전자를 훔쳐 가고는 금으로 만든 주전자를 남겨 놓고 갔어요."

황제는 자기 딸의 말에 웃으며 말했다.

"그런 도둑은 매일 밤 나타나면 좋겠구나!"

"아담은 그런 행운을 얻지 않았나요? 하느님은 그에게서 갈비뼈

하나를 취한 대신 성실한 아내를 주셨지요."

황제가 말했다.

"내 생각으로는 하느님이 아담을 잠들게 만든 것이 잘못이란다. 하느님은 갈비뼈를 취하는 일을 은밀하게 하지 말았어야 했다."

그러자 황제의 딸은 느닷없이 고기 한 덩어리를 가져다 달라고 했다. 황제는 자기 딸의 말에 놀라기는 했지만 시종들에게 고기를 가져오라고 시켰다.

공주는 날고기를 가지고 아버지가 보는 앞에서 뜨거운 재 속에 집어넣고 구웠다. 고기 요리가 끝났을 때 그녀는 아버지에게 말했다.

"여기 있어요, 아버지. 이 고기를 드세요!"

그러나 황제는 역겨워하면서 먹지 않으려고 했다. 그는 처음엔 날고기를 보았는데 이제 재를 뒤집어쓴 모양을 본 것이다. 그는 소리쳤다.

"구역질이 나는구나!"

황제의 딸은 웃으며 말했다.

"거보세요. 만약 아담이 눈을 뜬 채 하느님께서 자기 갈비뼈를 취하셔서 여자를 만드는 것을 보았다면 그녀를 보기만 해도 역겨웠을 거예요."

(『탈무드』의 「아가다」에 나오는 이야기를 개작한 글이다.)

현명한 아들

아주 오래전 예루살렘에 부유한 유대인 상인이 살고 있었다. 그는 세계를 여행하며 많은 나라를 봤으나 바빌로니아가 가장 마음에 들었다. 그곳은 그가 사업을 하기도 했던 곳이며 그의 친구 라마이가 살고 있는 곳이기도 했다.

어느 해인가 그 상인은 많은 돈을 벌기로 작정했다. 그는 대부분의 재산을 금으로 바꿔, 바빌로니아에서 더 큰 부자가 되기를 희망하며 라마이를 방문하기 위해 길을 떠났다. 그러나 그는 힘든 여행으로 그만 병이 들고 말았다. 라마이 집에 누워 있을 때 계속해서 의사들이 그를 치료하러 왔으나 그는 자기가 낫지 못할 병에 걸렸다는 것을 알았다. 그래서 그는 라마이를 불러 말했다.

"나는 곧 죽을 것 같으니 내가 가져온 황금을 여기에 남겨 놓겠소. 내게는 오직 아들 하나뿐인데 거의 스무 살이 되었을 것이오. 이 황금을 그 아이에게 전해 주시오. 그러나 한 가지 조건이 있소. 내 아들이 현명하다는 사실이 세 번 입증되어야 하오. 만약 내 아들이 자신의 현명함을 증명하지 못한다면 배고프지 않을 정도만 주고 나머지는 라마이 당신이 보관하구려. 그가 낭비하는 것보다는 당신이 관리하는 것이 훨씬 좋을 것이오."

라마이가 그가 부탁한 대로 하겠다고 약속하자마자 그 상인은 곧 숨을 거두었다.

장례식이 끝나자 라마이는 상인의 아들에게 다음과 같은 편지를 보냈다.

'너의 아버님이 내게 모든 황금을 남겨 놓고 여기서 돌아가셨다. 나는 바빌로니아의 대도시에 살고 있다.'

그는 고의적으로 자기의 주소를 쓰지 않고는 도시에 살고 있는 사람들에게 자기가 어디에 살고 있는지 이방인에게 절대 말하지 말아 달라고 부탁했다.

"나는 어떤 젊은이의 현명함을 시험하려고 하기 때문입니다."

그가 덧붙여 설명했다. 시민들은 그의 득이한 제안에 대해 이상히게 생각하지 않고 그를 돕겠다고 약속했다.

오래지 않아 상인의 아들이 라마이가 살고 있는 도시에 도착했다. 그는 라마이의 집이 어디냐고 사람들에게 물어봤지만 아무도 그에게 대답하지 않았다. 그는 혼자 중얼거렸다.

"문제없다구. 내가 찾아내야지."

그는 시장에서 목재상을 하고 있는 아랍 인을 찾아가 말했다.

"이 장작더미를 라마이의 집으로 갖다주시오. 돈은 여기 있습니다."

그 아랍 인이 나무를 어깨에 짊어지고 가자 상인의 아들은 그를 따라 출발했다. 그들이 라마이의 집에 도착하자 라마이가 마당으로 나왔다. 그는 장작더미를 보고 놀란 눈으로 아랍 인에게 물었다.

"왜 나무를 가져왔소? 나는 이것을 주문한 적이 없는데."

상인의 아들이 나서며 말했다.

"저한테 물어보셔야 할 겁니다. 저는 아버지의 금을 찾아 예루살렘에서 왔습니다. 아무도 어르신이 살고 계신 데를 알려 주지 않기에 이런 꾀를 생각해 낸 것입니다."

라마이가 말했다.

"넌 멍청하진 않구나. 네 아버지도 너를 자랑스럽게 생각하실 거다. 어서 들어와 식탁에 앉아라. 이렇게 귀한 손님은 당연히 좋은 점심 대접을 받아야지."

식탁에는 일곱 명의 사람이 앉아 있었다. 상인의 아들, 라마이, 그의 아내, 그의 두 아들과 그의 두 딸이 있었다. 그러나 식탁에는 오직 다섯 마리의 닭이 있을 뿐이었다.

"자, 그럼 이스라엘에서 온 손님이 두 번째로 현명하게 대처하시는지 봐야겠군."

라마이는 혼자 중얼거렸다. 그리고 젊은이를 돌아보며 말했다.

"이 닭을 나눠 보도록 해라. 단 공정하게 해야 한다!"

"분부대로 하겠습니다."

상인의 아들은 즉시 닭을 나누기 시작했다. 그는 라마이와 그의 아내 앞에 첫 번째 닭을 놓았고, 두 번째 닭은 그의 두 아들에게, 세 번째 닭은 두 딸들 앞에, 그리고 나머지 닭 두 마리는 자기 앞에 갖다 놓았다.

"이것이 이스라엘의 관습인가?"

상인의 아들이 말했다.

"그것은 숫자에 맞춘 것입니다. 저는 닭 한 마리를 어르신과 부인께 드렸습니다. 그러니 셋이 됐지요. 어르신의 두 아들과 두 딸은 각각 닭 한 마리씩을 받았으니 역시 셋이 되었습니다. 그리고 전 혼자이니까 닭 두 마리를 받으면 또한 셋이 됩니다."

라마이는 혼자 생각했다.

'똑똑한 젊은이군. 이미 두 번이나 현명함을 보여 주었어.'

라마이는 점심 후에 상인의 아들을 데리고 시내로 나갔다. 라마이의 아내는 그들이 시내에 나간 사이에 암탉 한 마리를 요리했다. 그녀가 그것을 저녁 식탁에 올려놓자 라마이가 상인의 아들에게 말했다.

"우리는 점심때나 지금이나 식구 수는 똑같은데 암탉은 한 마리뿐이다. 이번에는 어떻게 나눌지 궁금하구나."

상인의 아들은 잠시도 주저하지 않았다. 그는 닭의 머리를 잘라 주인에게 주면서 말했다.

"집안의 어르신이므로 이 부분은 어르신 몫입니다. 그리고 아버지와 어머니는 머리와 목처럼 함께 결합되어 있으니 목은 부인 것입니다. 두 아들은 집안의 기둥이고 집안의 재물은 그들의 노력에 달려 있습니다. 그러므로 그들은 닭의 다리를 가져야만 합니다. 그리고 딸들은 결혼을 하면 집을 떠날 테니 날개보다 더 적당한 것은 없겠지요? 이젠 닭의 몸통 부분만 남았군요. 그것은 제가 먹겠습니다. 그것은 제가 이스라엘을 떠나올 때 타고 왔던 배의 선체와 같기 때문입니다. 그리고 고향으로 돌아갈 때 역시 저는 배를 타고 가야 하니까요."

라마이는 이 말을 듣고 상인의 아들에게 금을 갖다주면서 말했다.

"네 아버지께서 말씀하시기를 네가 세 번 이상 너의 현명함을 증명하기 전에는 금을 주지 말라고 하셨다. 너는 그것을 몰랐는데도 조건을 충실히 이행했구나. 자, 네 몫을 가져가거라. 그리고 오고 싶을 땐 언제든지 오너라. 우리는 변함없이 너를 환영할 것이다."

●──이스라엘 민담

상인의 아들은 라마이에게 아버지와 자기를 잘 대접해 준 것을 감사드렸다. 그리고 그는 라마이에게 후한 사례금을 준 뒤 다음 날 성지 팔레스타인을 향해 기쁜 마음으로 떠났다.

기적의 씨앗

　술탄이 다스리고 있는 땅에 예루살렘에 살았던 유대인들이 모여 살고 있었다. 술탄과 그의 부하들은 유대인들은 환영하지 않는다고 분명히 말했다. 유대인들은 도시 변두리의 오두막집에 기거하면서, 천하고 돈도 조금밖에 받지 못하는 직업만 가질 수 있었기 때문에 근근이 입에 풀칠이나 할 수 있을 정도였다.
　그 중에서도 더욱 가난한 사람이 있었다. 그는 아침부터 밤까지 물을 져 날랐으나 불쌍하게도 돈을 조금밖에 벌지 못해 약간의 빵밖에 살 수 없었다. 아이들이 많아 조금씩 나눠 주다 보면 각자에게 돌아가는 것은 약간의 빵 부스러기뿐이었다. 그 불쌍한 아버지는 어찌할 바를 몰랐다. 그는 더 일찍 일어나 더 늦게 돌아왔지만 생활은 조금도 나아지지 않았다. 가난이 계속되자 절망한 나머지 그는 다른 방도를 강구하기 시작했다. 그는 시장으로 가서 빵집 앞에서 사람들 사이에 있다가 주인이 보지 않는 틈을 타 빵 한 덩어리를 훔쳤다.

●──이스라엘 민담

그러나 이 불행한 남자는 그렇게 쉽게 빵을 훔칠 수는 없었다. 도둑이 도망가는 것을 알아차린 빵집 주인한테 곧 붙잡히고 만 것이다. 술탄의 경비병들이 와 증인의 말을 듣고는 그를 교수대로 끌고 갔다. 죽음을 앞둔 그 남자에게 사형 집행관이 물었다.

"마지막 소원이 있는가?"

그 가난한 남자는 슬프게 말했다.

"무슨 소원이 있겠습니까? 조금 있다가 저는 죽을 목숨입니다. 한 가지 슬픈 일이 있다면 비밀을 무덤 속까지 가지고 가야 한다는 점입니다. 제가 그 비밀을 알고 있는 유일한 사람입니다. 만일 술탄께서 저의 비밀을 아시게 된다면 분명히 관심을 보이실 것입니다."

군인들은 사형 집행을 멈추고 말했다.

"그를 술탄께 데려갑시다. 교수형이야 조금 기다리면 되지 않겠소. 혹시 그가 우리나라를 부자로 만들 수 있는 어떤 방법을 알고 있는지도 모르지 않소."

술탄은 시장에서 빵을 훔친 사람이 커다란 비밀이 있다는 말을 듣고는 그의 방에 있는 시종관을 모두 밖으로 내보냈다. 그리고 그 남자에게 말했다.

"이제 우리뿐이니 어서 말을 하게나."

"폐하, 저는 어떻게 씨를 뿌려야 하룻밤 사이에 석류나무를 다 자라게 할 수 있는지 알고 있습니다. 이것은 저의 아버지가 가르쳐 주신 것으로, 대대로 내려오는 집안의 비밀입니다. 원하신다면 이 궁전 안에서 그 방법을 폐하께 보여 드리겠습니다."

술탄은 매우 기뻐했다. 그는 기적이 이루어지는 것을 보고 싶어서 날이 밝자마자 석류나무를 심기로 결정했다.

다음 날, 그 시간에 맞춰 술탄의 궁전 안의 사람들은 모두 정원에 모였다. 그 남자는 작은 구멍을 파더니 손에 석류나무 씨를 들고 술탄에게 말했다.

"이 씨는 내일이면 나무로 자라날 것입니다. 단 한 가지, 한 번도 도둑질한 적이 없는 사람이 심어야 합니다. 저는 도둑이니까 제가 심을 수는 없습니다. 폐하께서 이 중에 한 명을 지적하신다면 내일이면 신선한 석류를 즐기실 수 있을 것입니다."

술탄은 고문관장을 돌아보고 명령했다.

"이 씨를 심으시오. 그리고 내일 아침 일찍 다들 함께 이리로 오시오. 정말로 석류나무가 자랐는지 알게 될 거요. 그때까지는 저 유대인을 살려 두시오!"

다음 날 아침 새벽녘에 술탄은 정원으로 갔다. 그는 기대가 너무 커서 밤새 한잠도 자지 못했다. 그는 고문관장이 씨를 뿌린 곳에 가까워지자 매우 초조해졌다. 이윽고 그와 시종들은 땅에 파인 조그만 구멍을 볼 수 있었다. 그러나 어디에도 진귀한 나무가 나올 조짐은 보이지 않았다. 술탄은 사형수를 데려 오라고 시켰다. 그가 나타나자 술탄은 벽력같이 소리쳤다.

"너는 대가를 치러야 한다. 아마도 밤중에 도망가려고 생각했을지 모르나 이제는 죽음으로 너의 어리석음을 후회하게 될 것이다."

그 가난한 남자는 조용히 술탄을 쳐다보았다. 그리고 입을 열었다.

"도망갈 생각은 없습니다. 저는 약속한 대로 기다리고 있습니다. 석류나무가 자라지 않는 이유는 폐하의 고문관장이 자격이 없기 때문입니다. 틀림없이 그는 어떤 것을 훔쳤을 것입니다. 그것이 바로 나무가 자라지 않은 이유입니다."

술탄이 고문관장에게 물었다.

"뭐라고 설명을 해야 하지 않겠소?"

고문관장은 얼굴이 붉어졌다. 그는 당황하여 머뭇거리더니 다음과 같이 말했다.

"폐하, 유대인의 말이 맞습니다. 오래전에 저는 폐하의 식탁에서 떨어져 카펫 밑으로 굴러간 반지를 가진 적이 있습니다. 부디 용서하여 주십시오. 즉시 돌려 드리겠습니다."

술탄은 얼굴을 찡그리더니 재정 담당관에게 씨를 심으라고 명령했다. 그러나 재정 담당관은 사정을 알고는 그 씨를 심으려고 하지 않았다. 그는 불안하게 다리를 비비 틀더니 잠시 후 조용하게 말했다.

"폐하, 제가 얼마나 많은 재산을 다루는지 폐하께서도 잘 아시리라 믿습니다. 저는 장부에 각각의 금과 다이아몬드를 기록합니다. 그러나 옛날에 한 번 저는 귀한 진주를 장부에 기록하지 않은 적이 있습니다. 오늘 중으로 진주를 다시 갖다 놓겠습니다. 부디 노여움을 푸시고 제가 도둑질한 것을 용서해 주십시오. 이제 저는 진실을 말씀드렸으니 이 씨를 뿌릴 수 없다는 것을 아셨을 것입니다."

무거운 침묵이 흘렀다. 술탄도 그의 시종들도 아무도 이야기하지 않았다. 마침내 술탄이 말했다.

"나 역시 결백하다고 말할 수 없다. 나는 아주 어렸을 때에 어머니의 상감무늬 바늘을 훔쳤다."

그러자 그 가난한 남자가 말했다.

"그렇습니다, 폐하. 어느 누구도 폐하보다 강하지 않습니다. 그리고 폐하의 시종관들은 각각 그들이 필요로 하는 모든 것을 가지고 있습니다. 그러나 폐하뿐만 아니라 그들 중 어느 누구도 훔친 적이 없다고 말할 수 있는 사람은 없습니다. 그러나 아이들이 굶주리지 않을 만큼 충분히 먹여 살리지 못한 저는 빵 한 조각을 훔친 죄로 죽게 되었습니다."

술탄은 미소를 띠며 말했다.

"알겠다. 너의 크나큰 비밀이란 바로 현명함이로구나. 그렇지만 그것을 누구에게도 전할 수가 없었구나. 너의 대담함과 기지를 높이 사 네가 도둑질한 것을 용서해 주겠다. 내가 빵값을 지불할 테니 이제 가도 좋다."

술탄이 그 유대인에게 많은 재산을 주어 그와 그의 가족은 다시는 배를 곯지 않았다.

여인숙 관리인의 현명한 딸

어떤 영주가 자기 영지에 세 명의 유대인 관리를 두었다. 한 사람은 산림을, 다른 한 사람은 방앗간을 맡았다. 그리고 가장 가난한 세 번째 사람은 여인숙을 경영했다. 어느 날 영주가 세 명의 관리인을 불러 놓고 말했다.

"나는 너희들에게 세 가지 질문을 하겠다. 세상에서 가장 빠른 것이 무엇인지, 세상에서 가장 뚱뚱한 것이 무엇인지, 마지막으로 세상에서 가장 귀한 것이 무엇이지 말해 보아라. 이 세 문제를 모두 맞히는 사람은 앞으로 10년 동안 나에게 세금을 바치지 않아도 된다. 그렇지만 올바른 답을 알지 못하는 사람은 내 영지에서 쫓겨날 것이다."

산림을 맡은 유대인과 방앗간을 관리하던 유대인은 그리 오래 생각하지도 않고 다음과 같이 말하기로 결정했다.

'세상에서 가장 빠른 것은 영주님의 말이고, 가장 뚱뚱한 것은 군인의 돼지이고, 가장 귀한 것은 영주님의 아내입니다.'

그러나 가난한 여인숙 관리인은 매우 걱정을 하며 집으로 돌아왔다. 영주의 물음에 답하기까지는 사흘 동안의 여유가 있었다. 그는 머리를 짜냈으나 도대체 무슨 답을 해야 할지 알 수가 없었다.

여인숙 관리인에게는 딸이 하나 있었다. 그 딸은 아주 예쁘고 현명했다. 딸은 아버지가 고민하는 모습을 보고 물었다.

"아버지, 무엇 때문에 그렇게 고민하세요?"

그는 딸에게 영주가 낸 세 가지 질문을 이야기했다.

"내가 고민하지 않게 되었니? 나는 생각하고 생각해도 답을 알 수 없구나!"

딸은 환하게 웃으며 말했다.

"아버지, 염려할 거 하나도 없어요. 문제는 아주 간단해요. 세상에서 가장 빠른 것은 생각이고, 가장 뚱뚱한 것은 땅덩어리이며, 가장 귀한 것은 잠이에요."

사흘이 지났을 때, 세 명의 유대인 관리인은 영주를 만나러 갔다. 산림을 맡은 유대인과 방앗간을 맡은 유대인은 자기들이 이미 작정한 답을 영주가 들으면 기분이 매우 좋아질 것이라고 생각하고서 자랑스럽게 그 답을 이야기했다. 그러나 영주는 그들의 답을 듣자마자 크게 소리쳤다.

"너희들은 틀렸다. 지금 당장 짐을 꾸리고 내 영지를 떠나거라. 돌아올 생각일랑 아예 하지 마라."

그러나 그는 여인숙 관리인의 말을 듣고는 매우 놀라워했다.

"나는 네가 한 대답이 마음에 드는구나. 그러나 나는 네가 스스로 그 답을 생각해 냈다고는 생각되지 않는구나. 솔직히 자백해라. 누가 답을 일러 주었느냐?"

"저의 딸입니다."

영주가 놀라며 소리쳤다.

"너의 딸이라구! 그녀가 그렇게 현명하다니 어디 한번 보고 싶구나. 사흘 안에 그녀를 데리고 오너라. 그러나 명심하여라. 그녀는 이곳에 걸어서도, 무엇을 타고도, 옷을 입은 채로도, 옷을 벗은 채로도 와서는 안 된다. 그녀는 또 나에게 선물 아닌 선물을 가지고 와야 한다."

여인숙 관리인은 이전보다 더 큰 근심에 싸여 집으로 돌아왔다.

"아버지, 왜 그러세요? 왜 근심하세요?"

여인숙 관리인은 딸에게 영주가 그녀를 보기 원한다는 것과 그의 지시 사항을 말했다.

"걱정할 게 뭐 있나요? 시장에 가셔서 그물, 염소 한 마리, 비둘기 한 쌍, 고기 여러 파운드를 사서 제게 갖다주세요."

여인숙 관리인은 딸의 말대로 물건을 사다 주었다.

정해진 시간에 그녀는 옷을 벗고 그물로 몸을 감았다. 그래서 그녀는 옷을 입은 것도 아니고 벗은 것도 아니게 되었다. 그리고 그녀는 염소 위에 올라타고서 발을 땅에 대었다. 그래서 그녀는 탄 것도 아니고 걷는 것도 아닌 격이 되었다. 그리고 그녀는 비둘기 두 마리를 한 손에 잡고 다른 한 손에는 고기를 잡았다. 이런 모양으로 그녀는 영주의 성에 도착했다.

영주는 그녀가 오는 모습을 보며 창가에 서 있었다. 그는 그녀가 가까이 오자 개를 내보냈다. 그녀는 개들이 자기를 공격하려 하자 고기를 땅에 떨어뜨렸다. 개들은 곧 고기 위로 달려들었고 그녀는 무사히 집으로 들어갔다.

"저는 당신에게 선물 아닌 선물을 가지고 왔습니다."

여인숙 관리인의 딸은 영주에게 말하면서 두 마리의 비둘기를 쥔 손을 펼쳐 보였다. 그러자 비둘기들은 손에서 놓여나 창밖으로 날아가고 말았다. 영주는 그녀의 재치에 탄복했다.

"아, 얼마나 영리한 소녀인가! 나는 너와 결혼하고 싶다. 그러나 단 한 가지, 너는 나의 일에 절대로 간섭하지 말아야 한다."

그녀는 약속을 했고 드디어 영주의 아내가 되었다.

어느 날 그녀는 창가에 앉아 있다가 어떤 농부가 울면서 지나가는 모습을 보았다. 그녀는 왜 우느냐고 물었다. 그러자 그 농부가 말했다.

"저는 이웃 사람과 헛간을 나누어 쓰기로 했습니다. 그는 그곳에 수레를 갖다 놓았고 저는 암말 한 마리를 놓았습니다. 어젯밤 제 말이 그 사람의 수레 밑에서 새끼를 낳았습니다. 그러자 그 이웃 사람은 그 망아지가 자기 것이라고 주장했습니다. 그래서 저는 그를 영주님 앞으로 끌고 갔는데, 글쎄 영주님은 그 사람을 두둔하시면서 망아지가 그의 것이라고 말씀하셨습니다. 얼마나 부당한 일입니까?"

영주의 부인이 된 그녀가 말했다.

"내 말대로 하시오. 가서 낚싯대를 가지고 내 남편이 기거하는 창문 앞에 앉으시오. 그 옆에는 모래더미가 있을 것이오. 당신은 그곳에서 낚시하는 척하시오. 내 남편은 분명히 놀라면서 당신에게 어떻게 모래더미에서 물고기를 잡으려고 하느냐고 물을 것이오. 그러면 당신은 '수레가 망아지를 낳는데 하물며 모래더미 속에서 물고기를 못 잡겠습니까?' 라고 대답하시오."

농부는 그녀가 시키는 대로 했다. 그러자 정말로 그녀의 말대로 모든 일이 되었다. 영주는 농부의 말을 듣고 물었다.

"네가 한 대답이 네 머리에서 나오지는 않았지? 어디 솔직히 말해라. 누가 너에게 그렇게 말하라고 하더냐?"

"영주님의 아내입니다."

화가 치민 영주는 아내에게 가서 불호령을 내렸다.

"당신은 내 일에 간섭하지 않겠다고 한 약속을 지키지 않았소. 가서 내 재산 중에서 가장 값지다고 생각하는 것을 가지고 친정으로 가시오."

그녀가 답했다.

"잘 알겠습니다. 말씀하신 대로 가겠습니다. 그러나 떠나기 전에 당신과 마지막으로 식사나 함께하고 싶습니다."

그가 동의하자 그녀는 식사 중에 그에게 많은 포도주를 권했다. 그는 너무 많은 술을 먹은 나머지 졸음을 이기지 못해 깊은 잠에 빠져들었다. 그러자 그녀는 마차를 준비시키고 잠든 그를 데리고 친정으로 갔다.

영주는 술이 깨어 자기가 어디에 있는지 알고는 매우 놀라서 물었다.

"내가 어떻게 이곳에 오게 되었소?"

그녀가 실토했다.

"당신을 이리로 오게 한 사람은 바로 저예요. 제게 가장 값진 소유물을 하나 택해서 친정으로 돌아가라고 말씀하신 것을 잊으셨나요? 그래서 저는 당신의 모든 소유물을 찾았지요. 그러나 당신만큼 값진 소유물을 찾을 수 없어서 당신을 데리고 온 것입니다."

영주는 너무나 기뻐서 말했다.

"당신이 나를 그처럼 사랑한다니 다시 성으로 갑시다."

그래서 그들은 화해하고 여생을 행복하게 잘 보냈다.

머리털이 수염보다 먼저 희게 되는 이유

러시아 황제가 여행을 떠났다. 도중에 그는 밭을 경작하고 있는 가난한 유대 농부를 만났다. 황제는 농부가 수염은 검은데 머리는 하얀 모습을 보고 매우 놀랐다. 그래서 그에게 물었다.

"니는 어찌하여 머리는 하얀데 수염은 검은가?"

그 유대 농부가 대답했다.

"제 수염은 제가 성인식을 한 이후에야 자라나기 시작했습니다. 결국 머리털은 수염에 있는 털보다 더 오래되었으니까 이미 오래전에 하얗게 된 것입니다."

황제는 감탄하여 소리쳤다.

"너는 참 현명하구나. 네 명예를 걸고 이 설명을 어느 누구에게도 반복하지 않겠다고 약속하여라. 나는 네가 나를 100번 본 후에야 그 비밀을 드러낼 것을 허락한다."

황제는 농부와 헤어져 여행을 계속하다가 페테르부르크로 돌아갔다.

황제는 성으로 돌아오자마자 모든 대신과 현자들과 자문관들을 소집했다. 그리고 이렇게 말했다.

"내가 그대들에게 아주 곤란한 문제를 내겠소. 그대들이 답할 수 있는지 들어 보시오."

"오, 왕이시여! 말씀하십시오."

"머리털이 수염보다 먼저 하얗게 되는 이유가 무엇이오?"

현자들은 놀라서 아무 말도 못했다. 그들은 어떻게 대답해야 할지 몰랐다. 현자들이 쩔쩔매는 모습을 보고 황제가 말했다.

"내가 한 달 동안 생각할 여유를 주겠소. 열심히 생각해서 한 달 뒤에 답을 가지고 나에게 오시오."

현자들은 오직 황제가 자기들에게 낸 문제를 푸는 데에만 골몰했다. 그러나 한 달이 다 되었는데도 아무도 답을 찾아내지 못하자 그들은 몹시 침울해졌다.

그러나 한 대신은 황제가 그 곤란한 문제를 자기들에게 낸 날에 수도 바깥에서 막 돌아왔다는 것을 생각해 내고는 일말의 희망을 가졌다. 그래서 그는 문제를 근원까지 추적하기로 했다. 그 대신은 황제가 밟은 길을 따라가다가 황제와 말을 한 바로 그 가난한 유대 농부와 마주치게 되었다. 그는 농부가 머리는 하얀데 수염은 검은 것을 보고 그를 알아보았다. 그 대신이 물었다.

"이런 이상한 현상이 생긴 이유가 무엇인가?"

유대 농부는 딱 잘라 말했다.

"아쉽지만 저는 당신께 대답해 드릴 수 없습니다."

그 대신은 돈을 내보이며 말했다.

"당신이 나에게 비밀을 말해 주면 내가 후하게 보상하리다."

그 가난한 유대 농부는 잠시 머뭇거리다가 이렇게 말했다.

"저는 가난한 사람입니다. 저는 돈이 몹시 필요합니다. 당신이 저에게 은화로 100루블을 주신다면 비밀을 말하겠습니다."

그 대신은 즉시 농부에게 은화 100루블을 주었고, 그 농부는 황제에게 한 대답을 해 주었다.

그 대신은 그 길로 황제를 찾아가서 대답했다. 그러나 황제는 그가 어떻게 답을 알아냈는지 금방 알았다. 그래서 그 유대인을 불러들였다. 황제는 몹시 화를 내며 크게 소리쳤다.

"네가 나에게 한 약속을 깬 대가로 어떤 벌을 받아야 할지 아느냐? 내가 너에게 비밀로 하라고 명령하지 않았느냐?"

이에 유대 농부가 대답했다.

"저는 정말 약속을 지켰습니다. 당신께서는 제가 당신을 100번 본 다음에는 그것에 대해 말하도록 허락하셨음을 기억하셔야 합니다."

황제가 노여움에 몸을 떨며 소리쳤다.

"무례한 놈 같으니라구! 네가 감히 어떻게 나에게 뻔뻔스러운 거짓말을 한단 말이냐? 너는 나를 단지 한 번만 보았다는 사실을 알지 않느냐?"

유대 농부는 사실을 말씀드렸다고 우겼다. 그러고는 자기 가방에서 은화 100개를 끄집어 내어 보이며 말했다.

"보십시오. 이 루블마다 당신의 초상이 새겨져 있습니다. 저는 이 모든 것을 보았으니까 당신을 100번 본 것입니다. 당신의 대신에게 제가 대답한 것이 잘못되었습니까?"

황제는 크게 기뻐하며 소리쳤다.

"얼마나 현명한 사람인가! 그대는 벌이 아니라 상을 받을 만하다! 이곳 궁정에 나와 함께 머물러 내가 항상 그대의 조언을 들을 수 있게 하라."

그래서 그 가난한 유대 농부는 황제의 제일가는 자문관이 되어 페테르부르크에서 황제와 함께 살았다. 황제는 그에게 자문을 구하지 않고는 어떠한 결정도 내리지 않았다. 그리고 황제가 가는 곳에는 그 유대인이 항상 동행했다.

지나친 욕심쟁이

 옛날 폴란드에 어떤 불쌍한 상인이 살고 있었다. 그 상인은 부양해야 할 식구는 많은데 사업이 되지 않아 어느 날 외국에 가서 좀 더 잘살아 보기로 마음을 먹었다. 그는 남아 있던 돈을 모두 아내에게 주고 아이들과 작별을 고한 뒤 무거운 마음을 안고 외국으로 떠났다.
 상인은 많은 나라를 다녔고 가는 곳마다 돈을 벌었다. 예전에 그를 따라다니던 불행이 이제는 성공으로 변해 그에게 미소짓고 있었다. 그는 장사를 한 지 채 1년도 되기 전에 600즐로티가 짤랑거리는 지갑을 셔츠 밑에 보관할 수 있었다.
 "하느님이 나를 버리지 않으셨어. 몇 달 안에 지금껏 번 것보다 더 많이 벌 수 있겠지."
 그 상인은 즐거워하며 혼자 중얼거렸다. 그러나 아내와 아이들이 생각나자 기쁨도 점점 사라졌다. 그는 고향이 그리워졌고 아내와 아이들이 너무너무 보고 싶었다. 그는 그들에게서 한 발짝도 떠날 수 없었다. 그는 가지고 있는 물건을 모두 팔아 가능한 한 빨리 고향을 향해 떠났다.

상인은 집으로 가는 도중에 어떤 도시의 변두리에서 하룻밤을 보내게 되었다. 신앙심이 깊은 유대인들이 일도 여행도 하지 않는 안식일이 다가오자 그도 역시 재빨리 안식일을 준비했다. 그는 주택가 근처에 구덩이를 파고 가지고 있던 모든 돈을 숨긴 뒤, 옷을 깨끗이 갈아입고 맑은 양심으로 회당에 갔다.

상인이 돈을 숨긴 곳에서 가장 가까이 있는 집에는 어떤 노인이 살고 있었다. 사람들은 모두 그를 믿음이 깊고 정직한 사람이라고 알고 있었으나 사실 그 노인은 탐욕스러운 사람이었다. 그는 창문을 통하여 웬 낯선 사람이 땅에 무엇인가 숨기는 것을 보고 상인이 사라지자마자 다시 땅을 파 보았다. 그리고 600즐로티가 들어 있는 지갑을 발견해 그것을 집으로 가져왔다.

안식일이 끝나고 상인은 돈을 숨긴 곳에 와 보았으나 이미 돈은 사라진 뒤였다. 그는 눈물을 흘리며 슬프게 중얼거렸다.

"아내와 아이들을 위해 선물을 살 수도 없구나. 지금에야 비로소 행운이 깃들기 시작했는데 이렇게 다시 모든 것을 잃어버리다니!"

상인은 구덩이 가까이에 있는 노인의 집을 보며 생각했다.

'저 집에 살고 있는 노인이 내가 돈을 숨기는 것을 보고 가져간 것이 분명해. 하지만 아무도 내가 돈을 파묻은 것을 보지 못했으니 그를 도둑이라고 고소하면 그는 나를 거짓말쟁이라고 몰아붙이겠지.'

그 상인은 어떻게 해야 할지 곰곰이 생각해 보았다. 잠시 후 그는 도둑맞은 사실을 모르는 체하고 그 노인의 집으로 가 문을 두드렸다.

"안녕하십니까? 여기가 초행길이라 도움을 청하고자 왔습니다.

마을 사람들이 어르신의 지혜로움을 칭찬하기에 이렇게 찾아온 것입니다. 제 말씀을 들어주시리라 믿습니다."

칭찬에 마음이 풀린 노인은 그 상인을 안으로 들어오라고 했다.

"어떻게 도와 드릴까요? 할 수만 있다면 내 기꺼이 도와 드리리다."

"저는 시골 주변에서 거래를 하고 있습니다. 여기에 아는 사람이 없다 보니 강도를 당할까 두려워서 비밀 장소에 600즐로티가 들어 있는 지갑을 숨겨 놨습니다. 그런데 제가 지금 수천 즐로티의 빚을 받았는데, 지갑을 묻어 둔 곳에 숨겨야 할지 아니면 정직한 사람에게 맡겨야 할지 도무지 결정을 할 수가 없습니다."

노인은 웃으면서 말했다.

"물론 내가 돈을 숨겨 줄 수도 있지요. 그러나 제 의견을 말씀드리자면 그 지갑을 땅에 묻으시는 것이 좋을 듯하군요. 아무도 보지 않게 밤에 묻으시지요. 그리고 가장 좋은 방법은 600즐로티를 숨긴 장소에 묻는 것입니다. 당신은 여기를 잘 모르니까 한곳에 숨겨 놓는 것이 훨씬 좋을 것입니다."

"도움 말씀 대단히 감사합니다."

상인은 노인에게 작별인사를 하고는 급히 그 집을 떠났다.

상인이 문을 닫고 나가자마자 노인은 600즐로티가 든 지갑을 꺼냈다. 그는 생각했다.

'상인이 그 비밀 장소에 수천 즐로티를 다시 묻겠다고 했지. 만약 그가 600즐로티를 거기서 발견하지 못한다면 그는 다른 장소를 선택하겠지. 지갑을 갖다 놓은 다음 상인이 수천 즐로티를 묻으면 그때 몽땅 다 파내 와야겠구나!'

어둠이 내리자마자 노인은 600즐로티를 훔친 곳에 다시 그 지갑을 묻었다. 그것이 바로 상인이 고대하던 것이었다. 상인은 노인이

●——이스라엘 민담

지갑을 묻고 자리를 뜨자마자 구덩이 속에서 잃어버렸던 돈을 찾아갔다. 단 1즐로티도 없어지지 않았다. 상인은 만족한 듯 혼자 중얼거렸다.

"그 노인은 더 많은 것을 원했지만 이젠 아무것도 갖지 못하겠지. 그 노인은 대가를 치른 것뿐이라구!"

그렇게 해서 돈을 되찾은 상인은 집으로 돌아가 아내와 아이들과 함께 즐거운 시간을 보냈다.

지혜가 담긴 이야기들

● ──탐욕에 대항하는 교활함

어떤 교활한 사람이 부유한 이웃에게 가서 은수저를 빌려 달라고 부탁했다. 부자는 그에게 그것을 주었다. 며칠 뒤 수저를 빌린 사람은 그것과 함께 작은 순가락도 같이 가지고 왔다. 부자가 물었다.

"그것은 왜 가져왔소? 나는 하나만 빌려 주었는데 말이오?"

그 사람은 이렇게 대답했다.

"당신의 숟가락이 이 작은 숟가락을 낳았어요. 따라서 둘 다 당신 것이기 때문에 엄마 숟가락과 아기 숟가락을 가져다 드리는 것입니다."

부자는 그 사람이 말하는 것이 터무니없이 들리기는 했지만 욕심이 많았기 때문에 그것을 받았다.

며칠 뒤 그 교활한 사람은 부잣집으로 가서 커다란 은잔을 빌려 달라고 했다. 부자는 그의 청을 들어주었다. 며칠 뒤 그 사람은 그 은잔과 함께 작은 은잔을 가지고 나타났다. 그는 부자에게 그것을

● ──이스라엘 민담

건네며 말했다.

"당신의 은잔이 이 작은 은잔을 낳았습니다. 둘 다 당신 것이기 때문에 이렇게 돌려 드리는 것입니다."

얼마 뒤에 그 교활한 사람은 세 번째로 부자를 방문하여 말했다.

"당신은 나에게 금시계를 빌려 주시지 않겠습니까?"

부자는 그가 작은 시계를 가지고 올 것이라고 생각하고는 기꺼이 다이아몬드가 박힌 자신의 금시계를 빌려 주었다.

그러나 하루가 가고 이틀이 가고 사흘이 되었지만 시계를 빌려 간 사람은 나타나지 않았다. 부자는 더 이상 참을 수가 없어서 시계를 돌려 받기 위해 그의 집으로 갔다.

"내 시계가 어떻게 되었소?"

그 교활한 사람은 깊은 한숨을 내쉬며 말했다.

"슬픈 일입니다! 유감스럽게도 당신의 시계는 죽어 버렸습니다! 나는 어떻게 할 수 없었어요."

부자는 화를 내며 말했다.

"죽다니! 무슨 말을 하는 거요? 도대체 시계가 어떻게 죽을 수 있는 거요?"

이 말을 들은 교활한 사람이 대답했다.

"숟가락이 작은 숟가락을 낳을 수 있고 술잔이 작은 술잔을 낳을 수 있다면, 시계가 죽는다는 사실이 뭐가 그렇게 놀랍습니까?"

● ──모든 사람은 칭찬받기를 좋아한다

왕자가 중병에 걸리자 왕은 전국에서 유명한 의사들을 모두 불러들였다. 의사들은 왕자를 고치고자 백방으로 노력했으나 효험을 보지 못했다. 이에 실망한 왕은 왕자의 병을 고칠 수 있다고 생각하는 사람은 누구든지 왕궁으로 불러들이라는 명령을 내렸다.

왕궁에서 멀리 떨어진 어느 도시에 가난하기도 하고 명성도 없는 의사가 살고 있었다. 그는 왕의 포고령을 듣고 수도를 향하여 발걸음을 옮겼다.

그는 왕자를 진찰하자마자 흔한 병의 일종이라는 것을 알았다. 그 병은 어느 곳에서나 많이 자라는 여러 가지 약초를 끓여서 먹으면 나을 수 있었다. 그러나 그 자리에는 나라에서 유명한 의사들이 참석해 있었기 때문에, 그는 자기가 만약 그 약초를 말하면 그들이 시시한 치료법에 불과하다고 비웃지 않을까 극히 염려되었다. 그래서 그는 이 문제를 신중히 생각한 끝에 조심스럽게 다음과 같이 말하였다.

"고명하신 의사님들, 저의 짧은 지식으로는 왕자님의 병은 아주 흔한 몇몇 약초를 달여 먹으면 치유될 수 있다고 봅니다. 그러나 저의 의학 지식이 몹시 부족하기 때문에 이 약을 조제할 수 있을지 매우 의심스럽습니다. 그러므로 여러분의 높은 지식에 의지하기를 간청합니다."

칭찬을 들은 의사들은 그 가난한 동료 의사가 지시한 대로 약초들을 준비했다. 그리하여 왕자의 병이 쉽게 나았다.

● ──착한 사람의 선견지명

한번은 어떤 귀인이 굉장한 식탁용 유리 식기를 선물로 받았다. 그 하나하나가 너무나 아름다워 보기에 좋았다. 귀인은 그 유리 식기를 기쁘게 받고는 보답으로 훨씬 값비싼 선물을 보내 주었다. 그 뒤에 귀인은 유리 식기를 하나하나 들더니 땅바닥에 내동댕이쳐 깨뜨려 버렸다. 그의 종들이 이 광경을 보고 그 까닭을 묻자 그는 다음과 같이 대답했다.

"나는 내 성격을 잘 안다. 나는 성미가 급하다. 틀림없이 얼마 지나지 않아서 너희들 가운데 누군가가 모르고 이 값진 그릇을 깨뜨리게 될 것이고, 그러면 내가 그를 벌주게 될 것이다. 그래서 나는 그럴 바에야 그 이전에 내가 이 그릇들을 깨뜨리는 편이 나을 것이라고 생각했다."

● ──자식의 사랑

어떤 부자가 자기 아들을 신임하여 자기가 살아 있을 때 모든 재산을 넘겨주었다. 그런데 얼마 뒤 아들은 아버지를 소홀히 하고 천대하며 거지들 사이에 거하도록 보내 버렸다.

어느 날 그 노인은 누더기 옷을 걸친 채 자기 손자를 만나 날씨가 너무 추우니 아버지에게 말해서 자기에게 몸을 덮을 망토를 가져다 달라고 부탁했다.

오랫동안 간구한 끝에 아들은 손자에게 다락에 올라가서 벽에 걸려 있는 어떤 망토를 가져오라고 말했다. 손자는 다락에 올라가서 칼을 들고 망토를 반으로 잘랐다.

아들은 한참이 지나도 손자가 다락에서 내려오지 않자 무엇을 하나 궁금하게 여기면서 다락으로 올라갔다. 손자는 바쁘게 망토를 자르면서 이렇게 말했다.

"망토의 반은 할아버지에게 드리고, 나머지 반은 제가 컸을 때 아버지에게 드리려고 자르는 중이에요."

그는 아들의 말을 듣고 크게 놀랐다. 그리고 자기의 행위가 악했음을 깨닫고 아버지를 모셔다가 극진히 대했다.

● ──선견지명이 있는 아버지

　공장과 다른 사업체를 가지고 있는 부자가 있었다. 그는 그 도시에 하나뿐인 포도주집의 지배인이기도 했다. 그에게는 두 명의 아들이 상속인으로 있었다. 하나는 존경받을 만하며 예의바른 사람이었고 다른 하나는 주정뱅이에다 낭비가 심했다.

　어느 날 부자는 자기 인생도 이제는 끝나 가고 있다고 느꼈다. 그래서 공장과 다른 재산을 방탕한 아들에게 넘겨준다는 유언장을 작성했다. 착하고 올바른 아들에게는 단지 포도주 술집 하나만 남겨 주었다.

　그의 친구들은 그를 책망하며 말했다.

　"자네는 어떻게 그렇게 어리석은 짓을 하는가? 자네는 도대체 왜 자네가 평생 모은 재산을 낭비만 하는 쓸모없는 주정뱅이에게 넘겨주려고 그러는가?"

　부자는 이렇게 답변했다.

　"정말이지 나도 그 문제를 놓고 신중히 생각해 보았네. 만약 내가 포도주 술집을 그 쓸모없는 아들에게 넘겨준다면 그 애는 틀림없이 그 길로 자기 술친구들과 함께 털어 마실 게 분명하네. 그래서 나는 이런 상황을 방지하려고 정신이 온전하고 예의바른 아들에게 포도주 술집을 넘겨주고, 다른 재산을 그애 형에게 넘겨준 것이네. 모든 것이 아주 간단하네! 내 포도주 술집은 이 도시에 있는 유일한 술집이므로 방탕한 아들은 나쁜 친구들과 함께 술 마시러 올 게 틀림없네. 나는 그 애가 공장과 다른 모든 것을 털어먹을 것을 의심하지 않네. 그렇다면 포도주 술집과 아울러 나머지 재산도 가지게 될 사람은 나의 착한 아들이 아니겠나?"

● ──이스라엘 민담

● ── 앞을 내다볼 줄 아는 아버지

어떤 부유한 상인이 종을 데리고 먼 바닷길을 떠났다. 아내가 없는 그에게는 아들이 하나 있었는데, 그가 길을 떠나자 아들만 남았다. 그 아들은 아주 경건한 사람으로 거룩한 학문을 배우는 학생이었다.

그런데 길을 가는 도중에 상인이 몸져눕게 되었다. 결국 그는 모든 재산을 청지기로 따라온 종에게 물려준다는 유언을 남긴 채 죽고 말았다. 단지 자기 아들에게는 그의 모든 재산 가운데 한 가지만을 선택할 수 있다고 기록하였다.

상인이 죽자 동행한 종은 상인이 지닌 모든 돈과 유언장을 가지고 이스라엘 땅으로 돌아왔다. 그는 주인의 아들에게 말했다.

"당신의 아버지는 죽었소. 그는 모든 재산을 나에게 물려준다는 유언을 남겼소. 그러나 당신에게는 모든 소유물 중 단 한 가지만 선택하도록 하셨소."

이 말을 들은 아들은 가슴이 찢어질 듯 아팠다. 그는 랍비에게 가서 자초지종을 이야기했다. 이 말을 들은 랍비는 다음과 같이 말했다.

"당신의 아버지는 현자요, 놀라운 식견을 가지신 분입니다. 나는 그가 틀림없이 이렇게 생각했을 것이라고 확신합니다. '내가 재산을 아들에게 물려준다면 틀림없이 종이 재산을 가로챌 것이다. 그러니 차라리 종을 후계자로 삼는 것이 낫다. 그러면 종은 재산을 자기 눈 속에 있는 사과처럼 아낄 것이다. 그러므로 내 아들은 재산 가운데 한 가지만 선택한다고 할지라도 충분하다.' 이제 내가 결론적으로 말하겠습니다. 당신과 종이 재판관에게 가서 유언장을 내보일 때 이렇게 말하시오. '나의 아버지는 내게 한 가지 선택권을 주셨습니다. 그러므로 나는 이 종을 선택하겠습니다.'"

랍비는 계속 말을 이었다.

"이제 안심하시오. 그 종이 당신에게 속한다면 그가 당신의 아버지에게서 물려받은 모든 것은 당신의 것입니다."

그리하여 아버지를 잃은 그 아들은 랍비가 시킨 대로 했다. 결국 그는 자기 아버지의 모든 재산을 소유할 수 있게 되었다. 왜냐하면 종이 가진 모든 것은 주인에게 속한다고 법으로 정해져 있었기 때문이다.

(이 글은 『미드라시』에 나오는 이야기를 개작한 것이다.)

●──모든 관습에는 이유가 있다

어떤 유복한 상인이 있었다. 그는 머리가 좋고 세속적인 이익에 밝은 사람으로 갓 결혼한 아들 내외를 부양하면서 살고 있었다. 아들은 성품이 좋고 마음씨도 고왔다. 그는 자선 사업에 힘을 기울여 도움을 요청하는 가난한 사람들을 기꺼이 도왔다.

어느 날 상인의 며느리가 아들을 낳았다. 상인은 이를 기념하기 위하여 손자에게 할례를 베푸는 날 커다란 잔치를 벌이기로 했다. 잔치가 시작되기 직전 상인의 아들은 아버지에게 다음과 같이 말했다.

"아버님, 손님들의 좌석 배치를 어떻게 할까요? 아버님께서 예전에 하시던 대로 부자들을 상석에 앉히고 가난한 사람들을 문간에 앉힌다면 제 마음이 무거울 것입니다. 아버님도 아시다시피 저는 가난한 사람들을 사랑합니다. 이 잔치는 적어도 저의 아들을 기념하기 위한 것이니까 아무런 존중도 받지 못하고 사는 사람들을 귀히 대접할 기회를 주십시오. 따라서 가난한 사람들을 상석에 앉히고 부자들을 문간에 앉히겠다고 저에게 약속해 주십시오."

상인은 아들의 이 이야기를 주의 깊게 듣더니 입을 열었다.

"아들아, 한번 생각해 봐라. 세상에서 행하는 방법을 바꾸는 일은 쉽지 않다. 모든 관례에는 다 이유가 있다. 이런 식으로 생각해 보아라. 가난한 사람들이 왜 잔치에 오겠니? 물론 그들은 배가 고파서 맛있는 음식을 먹고 싶기 때문이다. 부자들은 왜 잔치에 오겠니? 자기들이 존중받기 위함이다. 그들은 자기 집에도 맛있는 음식이 많이 있기 때문에 먹기 위해서 오는 것은 아니다. 그러면 가난한 사람들이 상석에 앉아 있다고 생각해 보자. 그들은 사람들의 눈을 의식해야 할 것이다. 그러므로 마음껏 먹을 수도 없게 될 것이다. 그들은 자기들이 먹고 싶은 음식도 먹지 못하게 된다. 그들이 눈치 보지 않고 마음껏 먹을 수 있는 문간에 그들을 앉게 하는 것이 그들을 위하여 더 낫다고 생각하지 않니? 뿐만 아니라 네가 말하는 대로 부자들을 말석에 앉힌다고 생각해 보자. 그들이 모욕당했다고 생각하지 않겠니? 그들은 먹기 위해서 온 것이 아니라 존중받기 위해서 온 것이다. 네가 그들을 존중해 주지 않는다면 그들은 무엇을 얻고 돌아가겠니?"

(이 글은 『두브노의 설교가의 비유』에 나오는 이야기를 개작한 것이다.)

교훈을 주는 우화

● ——가장 가치 있는 것

한번은 이스라엘 땅에 혹심한 가뭄이 들었다. 랍비 압바후는 꿈 속에서 펜타카카라는 사람이 비를 구하는 기도를 하기에 가장 적합한 사람이라는 하늘의 계시를 받았다.

랍비 압바후가 잠에서 깨어 꿈을 생각해 보니 너무나도 이상했다. 그는 펜타카카라는 사람이 부도덕한 인물임을 알고 있었다. '펜타카카'라는 이름 자체가 그리스 어로 '다섯 가지 끔찍한 악을 가진 인물'이라는 뜻이 있었다. 랍비 압바후는 꺼림칙하기는 했지만 그를 부르러 갔다. 랍비는 그를 만나서 물었다.

"당신은 무슨 일을 하시오?"

"저는 부도덕한 여자들의 뚜쟁이입니다. 그런 여자들이 사는 평판 나쁜 집을 꾸며 주기도 하고 그녀들을 아름답게 치장해 주기도 하며, 그녀들을 위하여 춤을 추기도 하고 악기를 연주하기도 합니다."

랍비 압바후가 다시 물었다.

● ——이스라엘 민담

"그대는 좋은 일을 한 적이 있는가?"

펜타카카의 답은 이러했다.

"한번은 제가 평판 나쁜 집을 막 닫으려고 할 때 구석에서 슬피 울며 서 있는 한 낯선 여자를 보았습니다. 저는 그녀에게 왜 울고 있느냐고 물었습니다. 그녀는 이렇게 대답했습니다. '제 남편은 지금 채무자의 집에 잡혀 있습니다. 저는 그를 구해 낼 돈이 없습니다. 그를 풀어 주기 위하여 저는 몸을 팔려고 이곳에 왔습니다.' 저는 이 이야기를 듣고 제 침대와 이불을 팔아서 그녀에게 그 돈을 주며 말했습니다. '여인이여! 가서 남편을 풀려나게 하시오. 그렇지만 낯선 사람에게 몸을 팔지는 마시오.'"

랍비 압바후는 펜타카카에게 머리를 숙였다.

● ──장미나무와 사과나무

장미나무 한 그루가 사과나무 곁에서 자라고 있었다. 보는 사람들마다 장미나무의 매혹적인 향기와 아름다움에 찬사를 보냈다. 이런 찬사를 들은 장미나무는 허영심에 사로잡혀 사과나무에게 말했다.

"누가 나와 비교할 수 있는가? 나만큼 중요한 존재가 누구인가? 내 꽃은 보기에 아름답고 향기는 모든 꽃 가운데 으뜸이지. 사실 사과나무 너는 나보다 크기는 하지만 사람들에게 무슨 즐거움을 줄 수 있니?"

이에 사과나무가 대답했다.

"네가 아주 멋있고 향기롭다는 점에서는 나보다 더 낫다. 그러나 너는 고운 마음씨에서는 나와 견줄 수 없어."

장미나무는 도전적으로 물었다.

"무슨 소리야, 네가 자랑할 게 뭐가 있니?"

이에 사과나무가 대답했다.

"너는 사람들이 네 꽃을 꺾으려고 할 때 가시로 찌르지. 그렇지만 나는 심지어 내게 돌을 던지는 사람에게도 나의 과실을 준단다!"

● —— 누가 더 나은가

어느 날 숲 속에 있는 나무들이 과일나무들을 비웃기 시작했다.

"너희는 너무 약하구나! 마치 난쟁이 같아. 바람이 심하게 불어도 너희가 흔들리는 소리를 거의 들을 수가 없어. 우리가 얼마나 크고 우아한가 좀 봐라. 그리고 우리의 가지가 바람 앞에서 얼마나 크게 우는지도 들어 보라구!"

과일나무들이 대답했다.

"자랑할 게 하나도 없다. 비록 우리가 작고 우리의 모양이 너희들보다 좋지는 않지만 사람들은 우리를 더 좋아한단다. 우리가 사람들에게 맛있는 과일을 주니까 그들은 우리를 보살펴 주고 좋아한단 말이야. 너희는 위로 뻗으면서 아름다움을 과시하지만 아무도 너희의 열매를 원치 않는데 무슨 소용이 있겠니?"

● —— 낡은 외투 비유

새 아마포 한 조각이 자기의 아름다움과 좋은 질을 뽐내고 있었다.

"나는 얼마나 아름다운 옷이 될 것인가!"

아마포는 허영심에 가득 차서 소리쳤다. 그리고는 고개를 돌려보니 거의 닳아빠지고 흙이 묻은 외투 한 벌이 구석에 아무렇게나 처박혀 있었다. 새 아마포는 그 낡은 외투를 비웃으며 말했다.

● —— 이스라엘 민담

"끔찍하게 더러운 누더기야! 저주나 받아라. 너는 얼마나 볼썽사나운 꼴을 하고 있는지나 아니?"

며칠 뒤 새 아마포의 주인이 그것으로 옷을 지어 입었다. 그러나 밖에 나갈 때는 새 옷 위에 외투를 걸쳐 입었다. 새 옷이 낡은 외투를 알아보고는 분개하여 소리쳤다.

"네가 내 위에 있을 정도로 그렇게 중요하니?"

이에 낡은 외투가 말했다.

"처음에 사람들은 나를 빨기 위해서 가지고 갔다. 사람들은 먼지와 흙과 모래를 털어 내기 위하여 나를 몽둥이로 세게 내려쳤다. 작업이 끝났을 때 나는 자신에게 말했다. '다시 깨끗해지려면 이 모든 고통을 참아야 한다. 이제 내 모습을 보아라. 이전보다 더 낫고 멋있지 않은가?' 내가 그렇게 중얼거리고 있을 때 사람들은 나를 뜨거운 물속에 담갔다가 다시 미지근한 물에 담갔다. 그들은 나를 씻고 헹구고 말리고 눌러 폈다. 그러고 나니 내 모습이 아주 멋지게 보였다. 그때 나는 고생을 하고 나서야 멋진 모습을 갖게 된다는 사실을 깨달았다."

● ──천국이 어디 있는가?

어떤 랍비가 꿈속에 천국으로 들어갔다. 그곳에서는 놀랍게도 현인들이 탈무드에 나와 있는 어려운 문제에 관하여 토론을 벌이고 있었다. 랍비는 소리쳤다.

"이것이 천국에서 받을 보상이란 말인가? 그들은 왜 땅에서와 똑같은 일을 하고 있는가?"

그러자 그를 꾸짖는 소리가 들려왔다.

"이 어리석은 사람아! 너는 현인들이 천국에 있다고 생각한다.

그러나 사실은 정반대다. 천국이 현인들 속에 있는 것이다."

● —— 어머니

　어떤 왕이 도시를 건설하기로 결정하고 후보지를 물색했다. 점성가들은 어떤 어머니가 자발적으로 데리고 온 아들을 산 채로 벽에 가두어 두면 그 자리를 알 수 있다고 말했다. 3년 뒤에 어떤 여인이 열 살 먹은 소년을 데리고 왔다. 소년을 벽에 가둘 준비가 다 되었을 때 그 소년이 왕에게 말했다.
　"제가 점성가들에게 세 가지 질문을 하도록 허락해 주십시오. 그들이 올바른 답을 한다면 그들은 징조를 바로 본 것이고, 그렇지 않으면 그들이 틀림없이 잘못 판단한 것입니다."
　왕이 요청을 수락하자 소년이 말했다.
　"이 세상에서 가장 가벼운 것과 가장 달콤한 것과 가장 힘든 것이 무엇입니까?"
　사흘 뒤에 점성가들이 대답했다.
　"가장 가벼운 것은 깃털이고, 가장 달콤한 것은 벌꿀이고, 가장 힘든 것은 돌이다."
　이 말을 들은 어린 소년은 웃으면서 말했다.
　"누구라도 그 정도는 말할 수 있지요. 세상에서 가장 가벼운 것은 어머니의 품안에 있는 외아들입니다. 세상에서 가장 달콤한 것은 어머니가 아기에게 주는 젖입니다. 가장 힘든 것은 어머니가 자기 자식이 벽 속에 생매장되도록 내어주는 일입니다."
　점성가들은 일순간 어리둥절했으나 곧 자기들이 별을 잘못 읽었음을 고백할 수밖에 없었다. 그래서 그 소년은 목숨을 구했다.

● —— 이스라엘 민담

● ──힘의 비밀

　물이 솟아올라 영광의 보좌에 거의 다다랐다. 그러자 하느님께서 소리치셨다.
　"물아! 잠잠하여라."
　그러자 물은 우쭐거리며 자랑했다.
　"우리는 피조물 중에서 가장 강합니다. 우리가 땅을 뒤덮어 버리도록 해 주십시오!"
　하느님은 이 말을 듣고 화를 내며 물을 꾸짖으셨다.
　"이 허풍선이들아! 너희의 힘을 자랑하지 마라. 나는 너희에게 모래를 보낼 것이다. 그러면 모래가 너희를 대항하여 방벽을 쌓을 것이다."
　물은 모래를 보곤 그 작은 알갱이를 조롱하기 시작했다.
　"너처럼 작은 알갱이가 나를 대항하여 어떻게 설 수 있느냐? 우리 중의 가장 작은 물결도 너를 뒤덮을 수 있다."
　모래 알갱이는 이 말을 듣고 겁이 났다. 그러나 그들의 지도자가 그들을 위로하며 말했다.
　"형제들이여! 겁내지 맙시다. 우리는 작고 하나로는 보잘것이 없습니다. 바람은 우리를 땅끝까지 날려 버릴 수도 있습니다. 그러나 하나로 뭉치면 우리가 어떤 힘을 가지고 있는지 물이 알게 될 것입니다!"
　모래 알갱이들은 이 위로의 말을 듣고 온 지면에서 날아들어 바닷가에 차곡차곡 쌓였다. 그들은 모래더미를 이루고, 언덕을 이루고, 산을 이루고, 물을 막을 수 있는 거대한 방벽을 이루었다. 물은 모래 알갱이의 거대한 군대가 하나로 뭉친 모습을 보고는 겁을 먹고 물러났다.

격언, 잠언, 금구들

- 거짓말은 한 마디도 해서는 안 되지만 어떤 진실 역시 말해서는 안 된다.
- 하느님 앞에서는 울고 사람들 앞에서는 웃어라.
- 침묵은 지혜를 둘러싼 울타리이다.
- 당신이 돕지 않아도 태양은 진다.
- 당신의 친구에게는 친구가 있다. 그리고 당신 친구의 친구에게도 친구가 있다. 조심해야 한다.
- 성은 흔들릴 때에도 그 이름이 성이다. 똥더미는 높아지더라도 역시 똥더미에 불과하다.
- 백치의 행운은 자신이 모르는 것을 알지 못한다는 것이다.
- 손님과 생선은 사흘이 지나면 썩은 냄새가 난다.
- 사람은 말하는 법은 일찍 배우지만 침묵하는 방법은 늦게 배운다.
- 사랑할 수 없는 사람은 아첨하는 법을 배워야 한다.
- 사랑과 자비의 일에 참여하지 않으면서 단지 종교에 대해 연구

——이스라엘 민담

하는 데만 몰두하는 사람은 하느님 없는 사람과도 같다.
- 수의에는 호주머니가 없다.
- 세상에 고통스러운 일이 생기면 이스라엘이 가장 먼저 느낀다. 세상에 좋은 일이 생기면 이스라엘은 그것을 가장 늦게 깨닫는다.
- 모든 사람이 먼지를 밟고 다니듯이 모든 나라가 이스라엘을 밟고 다닌다. 그러나 먼지가 쇠붙이보다 오래가는 것처럼 이스라엘은 그 압제자들보다 오래 남을 것이다.
- 진실하지 못한 평화라도 진실한 전쟁보다 낫다.
- 해독제를 알고 있다고 해서 독약을 삼키지 마라.
- 어떤 사람에게는 먹을 것은 있는데 식욕이 없고, 또 어떤 사람에게는 식욕은 있는데 먹을 것이 없다.
- 들어가는 것은 항상 빠져나오는 것보다 쉽다.
- 유대인 없는 수염보다는 수염 없는 유대인이 낫다.
- 열 번 길을 묻는 편이 한 번 방황하는 것보다 낫다.
- 사람들이 당신을 좋아하는 곳에는 가끔씩만 가라. 사람들이 당신을 미워하는 곳에는 결코 가지 마라.
- 의사와 외과 의사에게는 건강한 한 해가 되었으면 좋겠다고 인사하지 마라.
- 재산을 가지고 있는가? 잡고 있어라! 아는 것이 있는가? 침묵하라! 할 수 있는 일이 있는가? 행하라!
- 사람은 자신이 가지고 있는 것은 원하지 않고, 원하는 것은 가지고 있지 못하다.
- 개와 함께 누워서 잠자는 사람은 누구든지 벼룩이 옮는다.
- 늑대는 이빨을 다 잃어도 그 본성은 잃지 않는다.
- 나중에 두 마디 하는 것보다 미리 한 마디 하는 것이 더 낫다.

- 세 사람이 아는 것은 결코 비밀이 아니다.
- 아들은 결혼하면 자기 신부와 계약을 맺고, 어머니와는 이혼한다.
- 사람들은 부자에게 아첨하는 것이 아니라 오직 부자가 가진 돈에 아첨한다.
- 아름다운 것이 사랑받는 것이 아니라 사랑받는 것이 아름답다.
- 거짓말쟁이는 기억력이 좋아야 한다.
- 방앗간 주인이 굴뚝 청소부와 싸울 때 방앗간 주인은 검어지고 굴뚝 청소부는 희어진다.
- 하느님이 사람에게 귀를 두 개 주시고 입을 하나 주신 것은 많이 듣고 적게 말하게 하기 위함이다.
- 바보가 입을 다물고 있으면 현자들 축에 낀다.

세상에서 가장 강한 것

하느님께서는 세상에 열 가지의 강한 것을 창조하셨네.
바위가 강하다고 하지만 쇠가 그것을 깨뜨리네.
쇠가 강하다고 하지만 불이 그것을 녹이네.
불이 강하다고 하지만 물이 그것을 끄네.
물이 강하다고 하지만 구름이 그것을 가지고 다니네.
구름이 강하다고 하지만 바람이 그것을 흩뜨리네.
바람이 강하다고 하지만 사람이 그것을 참아 내네.
사람이 강하다고 하지만 두려움이 그를 부수네.
두려움이 강하다고 하지만 포도주가 그것을 적시네.
포도주가 강하다고 하지만 잠이 그것을 사라지게 하네.
잠이 강하다고 하지만 죽음은 그것보다 더 강하다네.

예루살렘이 왜 망했는가

예루살렘이 왜 망했는가?

예루살렘은 바로 안식일을 거룩히 지키지 못했기 때문에 망했다.

예루살렘은 바로 오전 기도와 오후 기도가 폐지되었기 때문에 망했다.

예루살렘은 바로 아이들이 제대로 교육받지 못했기 때문에 망했다.

예루살렘은 바로 사람들이 서로 수치심을 느끼지 못했기 때문에 망했다.

예루살렘은 바로 젊은이와 노인 사이의 구별이 없어졌기 때문에 망했다.

예루살렘은 바로 다른 사람에게 경고하거나 충고하지 않았기 때문에 망했다.

예루살렘은 바로 학자들이 경멸당했기 때문에 망했다.

예루살렘은 바로 마음속에 믿음과 소망을 가진 사람들이 사라졌기 때문에 망했다.

●──이스라엘 민담

예루살렘은 바로 엄격한 율법 문구에만 얽매였지 자비와 사랑으로 해석되지 않았기 때문에 망했다.

성전이 파괴된 그날부터 건전한 판단력을 가진 사람들은 끊어졌다. 사람들의 생각에 혼동이 일어났고, 사람들은 순전한 것을 추구하지 않고 단지 겉모습만 보고 어떤 것을 결정했다. 또 피를 흘림으로 거룩한 곳을 더럽혔으므로 하느님께 범죄했다. 성전이 불탄 것은 바로 피를 흘렸기 때문이다.

수수께끼

아담은 왜 그렇게 오래 살았는가?
장모가 없었기 때문이다.

*

한방에 전 세계 인구의 4분의 1을 죽인 사람은 누구인가?
가인.

*

세상 사람들이 다 함께 닭 우는 소리를 동시에 들은 곳은?
노아의 방주.

*

●──이스라엘 민담

단 한 사람의 유대인도 발견할 수 없는 곳은 어디인가?
기독교인의 묘지.

*

왕은 아주 드물게만 보고, 목자는 항상 보고, 하느님은 결코 보지 못하는 것은 무엇인가?
자신과 같은 존재.

*

누가 세상 모든 언어를 말할 수 있을까?
메아리.

*

자기 형제들과 비교해 보면 아주 작고, 아주 형편 없으며, 전적으로 무가치하지만 그들을 아주 크고 풍요롭게 만들어 주는 것은?
0이라는 숫자.

*

경건한 유대인이 차를 마시기 전에 하는 것은?
입을 벌린다.

모세가 말을 더듬어서 우리에게 좋은 점은?
계명과 율법과 규례의 수가 갑절이나 줄었다.

*

어떤 사람과 관계를 끊으려면 어떻게 하면 될까?
그가 부자라면 돈을 빌려 달라고 하고, 그가 가난한 사람이라면 돈을 빌려 주면 된다.

이스라엘 민담을 소개하며

•••••

아마도 지구상에서 최고의 이야기꾼은 바로 유대인일 것이다. 인류 최고의 유산인 성서^{聖書}를 써 후세에게 건네준 이들이 바로 유대인이다. 따지고 보면 성서도 결국 이야기이다. 성서에 묘사된 인물과 사건을 둘러싼 무수한 이야기들은, 민초들의 상상력^{想像力}과 학자들의 기지^{機智}가 어우러져, 창조적인 풍성한 수확을 거두었다. 이렇게 완성된 성서는 수천 년 동안 사람들의 생각과 마음을 사로잡았으며, 성서를 통해 영감을 얻은 수많은 세대에 의해 그 책은 더욱 빛나게 되었다.

아울러 2,500여 년을 '영원한 방랑자'로 세계 곳곳에 흩어져 살던 유대인들은 생존을 위한 투쟁 속에서 민족과 문화적인 정체성을 유지하며 자신만의 수많은 전설과 설화를 창조하였다. 이러한 이야기들은 선과 악, 빛과 어둠, 슬픔과 해학, 정직과 수치를 병치^{竝置}시켜 삶의 자리에서 맞닥뜨린 운명과 역설을 조화롭게 풀어내고 있다. 그런 의미에서 민담은 한 민족에 대한 생생한 기록이자 생명력의 맥박이며, 가식 없는 민족의 초상화이다.

레전드^{legend}라는 말은 '읽어야 할 무엇'이라는 라틴어 레젠다^{legenda}에서 유래한 말이다. 이 말은 본래 종교적 의무로 '읽어야' 했던 성인들의 이야기를 가리키는 말이었다. 레전드, 즉 전설^{傳說}은 여러 세대에 걸쳐 읽고 또 읽는 옛 이야기이지만, 새 세대들이 늘 새롭게 다시 읽는다는 점에서 새로운 이야기이다. 다시 말해서 한번 만들어진 이야기는 시대마다 자신의 이야기를 제련하여 정제하고, 정화시켜 다듬어서 옛 본문에 삽입시킴으로써 중단 없이 새로운 이야기로 만들어진다. 그래서 한 민족이 살아가는 한 민족의 전설은 늘 살아 있다. 전설은 인간 정신의 영원한 신비이다.

    기원전 6세기경, 오랜 구전口傳과 전설을 수집하여 정리한 이야기인 성서는 본래 교육의 산물이었다. 성서는 회당의 성회에서 봉독奉讀되고, 학자들이 설교說敎한 예배를 위한 것이었다. 성서는 긴 시간 설교자들의 강론과 해석이 첨가되면서 수많은 전설을 쌓아 갔다.

    초기 유대교 문헌은 기원전 200년부터 기원후 600년까지 약 800여 년 동안 랍비들이 집필하고 편집한 이야기들이다. 이 문헌들에는 유대인의 일상생활에 관한 온갖 법규와 규례 혹은 관습 등을 정리한 『미쉬나Mishinah』와 미쉬나 본문에 대해 다양하고 방대한 분량의 해설을 덧붙인 『탈무드Talmun』, 히브리 성서의 해석서인 『미드라시Midrash』, 여러 랍비들의 강론집 등이 있다. 여기에는 수많은 이야기, 즉 민담이 포함되어 있다.

    중세 유대교 문헌은 초기 유대교 문헌에 대한 해설들과 옛 전설들을 수집하는 작업이 중세까지 계속되면서 14세기에 남부 프랑스와 아라비아에서 만들어진 대규모 편람을 의미한다. 여기에는 성서의 전설들만 국한된 것이 아니라 중세의 전설들, 즉 과거에 뿌리를 두지만 독창적인 창작물과 동서 문화 교류 과정에서 발생한 유대인의 삶의 정황이 결합된 이야기들이 포함되었다. 다시 말해서 디아스포라의 삶 속에서 새롭게 경험한 이야기들과 이슬람의 서구 정복 과정에서 발생한 동서양의 혼합물로서의 문학과 예술과 철학 등이 새롭게 추가된 것이다. 전설이 살아남으려면 온고이지신溫故而知新, 즉 '과거(의 이야기)를 새롭게 함'이 필수 요건이다.

    이처럼 성서와 이후의 문헌들에 나오는 이야기들, 즉 『하가다Haggadah』의

옛 설화들은 끊임없이 부활되었으며, 새로운 경험과 문화와 만나면서 언제나 새롭게 수정되며 내려왔다. 특히 중세의 유대신비주의와 계몽주의 시대의 하시디즘은 유대인 전설의 부흥기를 구가하였다. 카발라Kabbalah와 『조하르Zohar』, 하시딤이 낳은 설화와 전설은 유대문화의 깊이와 너비를 가늠하는 기준이 되었다.

『이스라엘 민담』은 상당부분 루이스 긴즈버그(1873~1953)가 집대성한 성서와 유대인의 설화모음집으로부터 온 것들이다. 리투아니아 코브노Kovno 태생의 긴즈버그는 18세기의 대학자이자 '유대교 최후의 고전주의자'라 불리는 랍비 엘리야의 마력적인 힘과 영감을 이어 받고, 근세 유럽의 전통이 가장 잘 살아있던 시대정신의 세례를 받아 탈무드와 랍비의 구전 전승, 유대인이 살던 모든 지역에서 떠돌아다니는 전설들을 감탄스러울 정도로 잘 정리한 전설적인 인물이다.

그는 히브리어는 물론 그리스어와 라틴어로 쓰인 구전 민담들 가운데 비슷한 이야기들을 비교해 가면서 민담의 원형을 복원하려 하였다. 촌철살인의 역사적 통찰력은 민담 연구가로서 그가 보여준 탁월한 예시라 할 수 있을 것이다. 다만 그는 당시의 관행에 따라 민담의 출처에 관한 정보를 밝히지 않음으로써 민담 연구의 발전을 완성하지 못했다는 평가를 받기도 한다. 하지만 전설의 특성상 이야기의 진화과정을 추적해 내는 것이 큰 의미가 없을 뿐만 아니라, 민담의 속성상 그 출처와 뿌리를 그 자신조차 쉽게 확증하기는 어려웠을 것이리라.

이야기꾼으로서의 자질을 천부적으로 타고난 긴즈버그는 여러 세대에 걸친 수많은 책에 산재해 있던 서로 상반되고 얽힌 이야기들을 모아서 하나로 꿰어 놓았다. 그의 책에는 이집트와 바빌로니아, 페르시아와 인도, 그리스와 로마, 중세 유럽과 이슬람 세계 등 서양에서 동양으로, 다시 동양에서 서양으로 오랜 방랑을 통해 터득한 상상력의 산물들이 위대한 민간전승의 유포자들인 유대인의 입을 통해 전해진 이야기들을 총망라하고 있다.

그가 수확해서 창고에 모아 둔 보고의 매력은 경탄할 만한 학식에 있다기보다는 가장 비천한 것이 가장 고상한 것과 어울리는 단순성과 소박함 때문이리라. 그는 "민초들에게 호소력이 있다는 것과 주로 민초들에 의해 만들어진다는 이 두 가지 의미에서" 성서의 전설들이 인기가 있다고 믿었다. 그는 이 전설들을 민초들에게 되돌려주기를 원했다. 다시 말해서 그는 전설의 생명력은 민초들에게서 나오며, 민초들의 심금을 울리는 전설만이 살아남는다는 민속학의 법칙을 잘 알고 있었던 것이다. 민담은 민초들의 상상력의 산물이다.

『이스라엘 민담』은 앞서 언급한 루이스 긴즈버그의 『성서의 전설들』과 『유대인의 전설들』을 비롯하여, 나단 아우수벨이 펴낸 『유대전승백과』, 조철수 역주의 『선조들의 어록: 초기 유대교 현자들의 금언집』, 레오 파브라트의 『유태인 전래 이야기』 등에서 수집 · 정리하였음을 밝히는 바이다.

엮은이 최창모
••••••••

연세대학교와 동대학원에서 신학을 전공한 후, 예루살렘 히브리대학교 박사과정에서 이스라엘 역사와 히브리 문학 및 초기 유대교와 기독교 비교 연구를 하였다. 현재 건국대학교 문과대학(히브리 중동학 전공) 교수이다. 미국 UC 버클리, 영국 옥스퍼드대학, 예루살렘 히브리대학 등에서 교환 교수, 방문 교수를 지냈으며, 건국대 평생교육원장, KBS 객원 해설위원, 한국중동학회장을 거쳐 외교통상부 정책자문위원으로 활동 중이다.

지은 책으로는 『이스라엘사』, 『아그논 – 기적을 꿈꾸는 언어의 마술사』, 『돌멩이를 먹고사는 사람들 – 작지만 큰 나라 이스라엘』, 『금기의 수수께끼 – 성서 속의 금기와 인간의 지혜』, 『기억과 편견 : 반유대주의의 뿌리를 찾아서』, 『예루살렘 : 순례자의 도시』 등이 있으며, 번역서로는 이스라엘 최고의 작가 아모스 오즈의 소설 『나의 미카엘』과 『여자를 안다는 것』, 노먼 솔로몬의 『유대교란 무엇인가』, 안손 레이니의 『고대 히브리어 연구』 등이 있다. 「가인과 아벨 이야기(창 4장)의 구조와 의미」, 「전도서의 수사적 질문과 헤벨의 상징적 기능」, 「삼손의 수수께끼(사사기 14:14,18) 연구」 등 성서학 분야와 「S. Y. 아그논의 문학과 언어체계」, 「아모스 오즈의 서술구조 – 〈여자를 안다는 것〉을 중심으로」 등 현대 히브리 문학 분야, 「시온주의 운동의 이념과 유대 민족통합 전략」 등 역사 분야와 「유대교」, 「유대인의 종교교육」 등 종교 분야 및 「현대 사회의 폭력과 제노사이드」 등 현대문명 비판까지 다양한 분야를 아우르는 약 40여 편의 논문을 썼다.

세 계 민 담 전 집 15

이 스 라 엘 편
••••••••

1판 1쇄 찍음 2008년 6월 6일
1판 1쇄 펴냄 2008년 6월 13일

엮은이 최창모
편집인 목유경
발행인 박근섭
펴낸곳 (주)황금가지

출판등록 1996. 5. 3(제16-1305호)
135-887 서울 강남구 신사동 506 강남출판문화센터 5층
영업부 515-2000 / 편집부 3446-8733 / 팩시밀리 514-2643
www.goldenbough.co.kr

값 19,000원

ⓒ (주)황금가지, 2008 Printed in Seoul, Korea
ISBN 978-89-8273-595-0 04800
      978-89-8273-580-6 (세트)